Grundschule: Reform; Koedukation;

Marlies Hempel (Hrsg.)

Grundschulreform und Koedukation

D1935886

Marlies Hempel (Hrsg.)

Grundschulreform und Koedukation

Beiträge zum Zusammenhang von Grundschulforschung, Frauenforschung und Geschlechtersozialisation

Juventa Verlag Weinheim und München 1996

Staatsinstitut für
Schulpädagogik und
Bildungsforschung
— Bibliothek —

960477

Die Deutsche Bibliothek - CIP-Einheitsaufnahme

Grundschulreform und Koedukation : Beiträge zum Zusammenhang von Grundschulforschung, Frauenforschung und Geschlechtersozialisation / Marlies Hempel (Hrsg.). - Weinheim ; München : Juventa-Verl., 1996
ISBN 3-7799-0889-1
NE: Hempel, Marlies [Hrsg.]

Das Werk einschließlich aller seiner Teile ist urheberrechtlich geschützt. Jede Verwertung außerhalb der engen Grenzen des Urheberrechtsgesetzes ist ohne Zustimmung des Verlags unzulässig und strafbar. Das gilt insbesondere für Vervielfältigungen, Übersetzungen, Mikroverfilmungen und die Einspeicherung und Verarbeitung in elektronischen Systemen.

© 1996 Juventa Verlag Weinheim und München
Umschlaggestaltung: Atelier Warminski, 63654 Büdingen
Umschlagfoto: Wolfgang Schmidt, Ammerbuch
Printed in Germany

ISBN 3-7799-0889-1

Vorwort

Koedukation ist seit fast 100 Jahren ein diskutiertes bildungspolitisches Thema und bereits seit einem halben Jahrhundert gehört die gemeinsame Erziehung von Mädchen und Jungen - zumindest in den Anfangsjahren schulischer Bildung - zur Normalität des Schulalltags.

Die Ergebnisse der Schulforschung in den letzten 20 Jahren belegen aber, daß eine unreflektierte Koedukation allein noch kein Garant dafür ist, tatsächliche Chancengleichheit für beide Geschlechter zu realisieren. Auch die Erkenntnis, daß es trotz einer langen „koedukativen Tradition“ im Osten Deutschlands auch hier Erscheinungen eines „heimlichen Lehrplans“ der Geschlechtererziehung gab und gibt, durch den die Anpassung der Mädchen und Jungen an herrschende Geschlechtsrollenstereotype eher gefördert als überwunden wird, wirft bildungspolitisch und erziehungswissenschaftlich bedeutsame Fragen auf:

Wie fördert die Grundschule, die sich der Grundlegung der Bildung verschrieben hat, die Chancengleichheit der Geschlechter?

In welchem Umfang trägt die Grundschule zur Überwindung geschlechtshierarchischer Auffassungen bei und bestimmt auch auf diesem Gebiet die Bildungsreform mit?

Hat die Grundschule einen Anteil daran, daß zwar Mädchen heute über die besseren Zensuren und Schulabschlüsse verfügen, trotzdem aber in dieser Gesellschaft immer noch benachteiligt und nicht in ähnlicher Weise wie Männer durchsetzungsfähig und selbstbewußt sind?

Bei der Forderung nach einer kindgerechten Schule, der Individualisierung von Unterricht und der selbständigeren Arbeit der Kinder bleibt oft unberücksichtigt, daß Kinder heute auch in einer Zeit leben, in der ihre Identitätsentwicklung immer noch durch Männlichkeits- und Weiblichkeitsstereotype unangemessen beeinflußt wird. Gleiche Bildungschancen bleiben so ein Postulat. Im Rahmen der Grundschulreform wurden die Ergebnisse feministischer Schulforschung bisher durchaus zur Kenntnis genommen. Trotzdem zeigt der aktuelle Diskussionsstand, z. B. bei dem in Brandenburg diskutierten Reformprojekt “Kleine Grundschule”, daß der Zusammenhang von Bildungsreform und Geschlechterverhältnissen kaum reflektiert wird. Noch immer ist es nicht gelungen, die Bedeutung der sozialen Strukturkategorie „Geschlecht“ für die Erziehungswissenschaft und -praxis bewußt zu machen. Noch immer fehlen Akzente einer geschlechterbewußten Grundschulpädagogik. Die Individuation der Geschlechter im Spannungsfeld von Geschlechtertypisierung und geschlechterdifferenter Subjektivität bedarf unter den Bedingungen eines zweigeschlechtlichen Kultursystems aber einer angemessenen Unterstützung.

Die Forschungstagung „Grundschulreform und Koedukationsdebatte“, die im Januar 1996 an der Universität Potsdam stattfand, hatte sich zum Ziel gesetzt, neueste Ergebnisse zur Koedukations- und Geschlechterforschung zu diskutieren, die geeignet sind, bereits in der Grundschule einer Stabilisierung patriarchaler Machtverhältnisse bewußt entgegenzuwirken.

Es ist zu hoffen, daß die hier vorgenommene Auswahl der in Potsdam vorgestellten Forschungsarbeiten zum Zusammenhang von Grundschulforschung und Frauenforschung, zur Geschlechtersozialisation in der Grundschule, zum demokratischen Umgang von Mädchen und Jungen und zur Berücksichtigung der Kategorie ‘Geschlecht’ in der Grundschuldidaktik die Diskussionen zur Grundschulreform um diese inhaltlichen Perspektiven erweitern wird und für die Schulpraxis Akzente einer geschlechterbewußten Pädagogik setzen kann.

Ich bedanke ich mich an dieser Stelle beim Ministerium für Arbeit, Soziales, Gesundheit und Frauen des Landes Brandenburg, das die Potsdamer Forschungstagung finanziell unterstützt hatte und ganz besonders bei allen Autorinnen und Autoren, die diese Publikation ermöglichten.

Potsdam, im April 1996
Marlies Hempel

Inhalt

Konfliktbewältigung bei Mädchen und Jungen

Grundschuldidaktik und die Kategorie „Geschlecht"

Marlies Hempel

Grundschulreform und Koedukation

Die Grundschule als pädagogischer Raum für die Grundlegung der Bildung wird ihrer pädagogischen Verantwortung erst gerecht, wenn grundlegende Bildung nicht nur als Konzept dieser Schulstufe gesehen, sondern für jeden Schüler verwirklicht wird (vgl. Lichtenstein-Rother/Röber 1989). Die Strukturierung des pädagogischen Konzepts der Grundschule durch Grundlegung *und* Kindorientierung bestimmt auch - eigentlich seit den 20er Jahren - die Bildungsdiskussion und -praxis zur Reform der Grundschule. Bei der Weiterentwicklung dieser Schulstufe und ihrer Pädagogik sind bemerkenswerte Erfolge zu verzeichnen, die sich so in keiner anderen Schulform finden lassen. Trotzdem wird auch der Grundschule weiterer Reformbedarf bescheinigt. Der Paradigmenwechsel von einer Pädagogik des Beibringens zu einer Pädagogik der Selbstaneignung durch das lernende Subjekt scheint noch nicht gelungen zu sein (vgl. Ramseger 1994). Im Zentrum der Überlegungen steht zunehmend die Grundschule als Ganzes, als ein "System", in dem alle miteinander kooperierenden Personen die Schule, den Unterricht und das Gemeinwesen etc. als ein zusammenhängendes Netz begreifen und dabei die sich ständig verändernden gesellschaftlichen Rahmenbedingungen aber auch die Bedürfnisse und Interessen der Kinder berücksichtigen.

Als Zentrum des grundschulpädagogischen Diskurses läßt sich eine verstärkte Hinwendung zum Kind konstatieren: Die zukünftige Grundschule soll kindgerechter werden als bisher. Das klingt nach einer „Uralt-Forderung", hängt aber offenbar damit zusammen, daß Grundlegung *und* Kindorientierung nicht immer und überall als untrennbare widersprüchliche Einheit im Kontext Grundschule aufgefaßt wird. Drews macht darauf aufmerksam, daß ein Verständnis von Bildungsgrundlegung über die Kinder hinweg, ohne dabei das Kind als lebendiges Subjekt zu sehen, nicht auszuschließen ist (vgl. Drews 1993). Die Forderung nach individueller Förderung erwächst auch nicht mehr allgemein nur aus den unterschiedlichen Lernvoraussetzungen der Kinder, sondern spezifisch vor allem aus dem Individualisierungsanspruch der Mädchen und Jungen. Das Kind in seiner Individualität zu berücksichtigen, es als Subjekt seines Sozialisations- und Lernprozesses ernst zu nehmen, es tatsächlich auch seinen eigenen Fragen nachgehen zu lassen, rückt mehr und mehr ins Zentrum der bildungspolitischen Diskussion zur Reform der Grundschule (vgl. Fölling-Albers 1993, Neuhaus-Siemon 1994, Valtin 1994, Ramseger 1994). Damit sind weitreichende Konsequenzen für die Grundschul- und Kindheitsforschung und auch für strukturelle Veränderungen des Systems Schule verbunden (vgl. dazu Klafki 1992, Händle 1993, Preuss-Lausitz 1993, Hänsel 1994, Fölling-Albers 1995, Nyssen/Schön 1994, Faust-Siehl 1995). Ein Gedanke aber scheint insgesamt wenig im Blickfeld zu sein - der Zusammenhang von (Grund-)schulreform und den Geschlechterverhältnissen. „Welche Antwort jedoch auch immer auf die Krise von Schule gegeben wird, das Geschlechterverhältnis in der Schule wird in der Regel nicht thematisiert" (Nyssen 1995, S. 78).

Da Schule, auch die Grundschule, mit der Gesellschaft, ihren patriarchalen Strukturen und Geschlechterverhältnissen widersprüchlich verknüpft ist, reproduziert sie gesellschaftliche Machtverhältnisse, trägt letztlich auch sie heute dazu bei, daß Frauen immer noch „...tendenziell als Andere, Mindere, Benachteiligte gesellschaftlich verortet werden müssen..." (Dölling 1995, S. 20). Trotz der vermeintlichen Aufgeklärtheit der Moderne erzeugt, reproduziert und konstruiert Schule patriarchale Machtstrukturen, sanktioniert Abweichungen von der „Norm" und attribuiert immer wieder traditionelle, längst überholt geglaubte „typische" Einstellungen und Verhaltensweisen von den Geschlechtern und behindert so auch den Individualisierungsanspruch jedes Kindes. Schule ist integriert in den gesellschaftlichen Prozeß der kulturellen und symbolischen Reproduktion eines zweigeschlechtlichen Wertesystems. Das erfolgt nicht offiziell - Rahmenpläne und Schulgesetze postulieren fortschrittliche politische Auffassungen zum Geschlechterverhältnis. So heißt es z.B. im Gesetz über die Schulen im Land Brandenburg[1] im §4 (4):

> „Keine Schülerin und kein Schüler darf wegen der Rasse, Abstammung, Nationalität, Sprache, des Geschlechts, der sexuellen Identität, der sozialen Herkunft oder Stellung, der Behinderung, der religiösen, weltanschaulichen oder politischen Überzeugung bevorzugt oder benachteiligt werden. Einer Benachteiligung von Mädchen und Frauen ist aktiv entgegenzuwirken." (S. 15)

Im Abschitt 5 des gleichen Paragraphen wird ausgeführt, daß Schule die Bereitschaft und Fähigkeit der Schülerinnen und Schüler fördert,

> „sich für die Gleichberechtigung von Mann und Frau einzusetzen und den Wert der Gleichberechtigung auch über die Anerkennung der Leistungen von Frauen in der Geschichte, Wissenschaft, Kultur und Gesellschaft einzuschätzen" (S. 16)

---

[1] Es handelt sich hier um den Entwurf der Landesregierung Brandenburg, der am 24. Oktober 1995 verabschiedet wurde.

Die Prozesse der sozialen Konstruktion von Geschlecht verlaufen in der Schule eher subtil und heimlich. Die „Entdeckung" des 'heimlichen' Lehrplans der Geschlechtererziehung[2] an den Schulen durch die feministische Schulforschung hat letztlich auch eine neue Koedukationsdebatte[3] ausgelöst. Durch die Ergebnisse der Curriculum-, Unterrichts- und Schulentwicklungsforschung aus der feministischen Perspektive wurde nachgewiesen, daß mit der Einführung der Koedukation nicht a priori die Diskriminierung des weiblichen Geschlechts beseitigt worden war. Insofern kritisiert die neue Koedukationsdebatte[4], daß die bildungspolitischen Ansprüche zur Gleichberechtigung und Chancengleichheit der Geschlechter noch nicht die gegenwärtige Geschlechterrealität sind. Die unreflektierte gemeinsame Erziehung von Mädchen und Jungen fördert eher die Anpassung an herrschende Geschlechtsrollenstereotype und festigt so letztlich die patriarchalen Geschlechterverhältnisse. Bildungspolitische Reformüberlegungen sind ohne die Reflexion der Geschlechterverhältnisse unvollständig. Schule kann ihren emanzipatorischen Anspruch nur einlösen, wenn Kindorientierung auch heißt, Mädchen und Jungen als Subjekte der Aneignung des Systems der in unserer Kultur geltenden

---

[2] Der „heimliche Lehrplan" der Geschlechtererziehung (System der unbeabsichtigten und unbemerkten Auswirkungen von Geschlechterinteraktionen) hat dazu beigetragen, daß Frauen und Mädchen trotz formal gleicher Bildung keine gleichen Chancen in Schule und Gesellschaft haben. Die Forderung nach Aufdeckung und Abbau der offenen und 'diskreten' Diskriminierungen des weiblichen Geschlechts ist, wie die Ergebnisse der Koedukationsforschung belegen, nach wie vor aktuell (vgl. Faulstich-Wieland 1987 u. 1991; Glumpler 1993; Faulstich-Wieland/Horstkemper 1995; Hempel 1995).

[3] Vgl. dazu: GEW - Frauen: Koedukation. Texte zur neuen Koedukationsdebatte 1995 und u.a. Themenhefte zur Koedukation: PÄD EXTRA 9/1991, Bildung und Erziehung 1/1992, Pädagogische Welt 1/1994, Pädagogik 9/1994.

[4] Eine Koedukationsdebatte wurde vor der „Wende" in der DDR nicht geführt. Auf dem Gebiet der ehemaligen DDR gab es nie eine Alternative zum koedukativen Schulsystem und es gab auch nie eine öffentliche Diskussion darüber. Untersuchungen dieser koedukativen Praxis aus einer feministischer Perspektive konnte es unter den Bedingungen des politischen Systems der DDR nicht geben. Eine so angelegte schulbezogene Frauenforschung hätte dort ansetzen müssen, wo Frauen und Mädchen wegen ihres Geschlechts benachteiligt sind, um gezielt die strukturelle Benachteiligung des weiblichen Geschlechts in der Gesellschaft durch Bildung und Erziehung kompensieren zu können. Die Frauenfrage galt in der DDR aber als gelöst, insofern war es unmöglich, von einer Benachteiligung des weiblichen Geschlechts auszugehen, ohne ein grundlegendes Theoriepostulat der marxistisch-leninistischen Gesellschaftslehre anzutasten, wonach die 'Frauenfrage' eingebettet sei in die 'soziale Frage'. Als eine „Grundwahrheit" des Marxismus-Leninismus wurde die Erkenntnis betrachtet, daß der Prozeß der Befreiung der Frau untrennbarer Bestandteil des Kampfes der Arbeiterklasse zur Befreiung der Menschheit von Ausbeutung und Unterdrükkung sei, daß also der Kampf gegen Ausbeutung und Unterdrückung untrennbar mit dem Kampf um die Gleichberechtigung verknüpft ist. (vgl. Hempel 1995a).

„symbolischen Ordnung von Zweigeschlechtlichkeit“ (Hagemann-White 1984) zu verstehen.

Ergebnisse der feministischen Schulforschung

Zu den wichtigsten Erkenntnissen der feministischen Schulforschung gehört, daß die unterschiedliche Wertschätzung der Geschlechter in der Gesellschaft auch in der Einstellung der Mädchen und Jungen zur eigenen Geschlechtszugehörigkeit deutlich wird, indem häufig eine globale Aufwertung des „Männlichen“ und eine Abwertung des „Weiblichen“ zu konstatieren ist (vgl. Kampshoff 1992), die sich auch in den Schulbüchern widerspiegelt (vgl. Brehmer 1982, Fichera 1996). Diese unterschiedliche Wertschätzung wird auch im LehrerInnenverhalten sichtbar. Die Mädchen werden von ihnen zwar als fleißiger und ordentlicher, die Jungen aber als intelligenter und interessanter eingeschätzt. Diese tradierten Vorurteile prägen oft auch die Interaktionsprozesse im Unterricht. Jungen erhalten von den LehrerInnen mehr Aufmerksamkeit und feed-back als die Mädchen (vgl. Enders-Dragässer/Fuchs 1989). Lehrerinnen und Lehrer neigen dazu, auf Jungen mehr zu achten. Es konnte nachgewiesen werden, daß Jungen signifikant öfter aufgerufen und signifikant öfter gelobt werden als Mädchen. Sie werden auch signifikant häufiger getadelt und ermahnt wegen 'mangelnder Disziplin' und es erfolgt in den einzelnen Fächern eine unterschiedliche Behandlung von Jungen und Mädchen. Diese ist in Sachkunde und Mathematik am ausgeprägtesten, während es im Deutschunterricht am wenigsten zutage tritt (vgl. Frasch/Wagner 1982). In aktuellen, ähnlich angelegten Untersuchungen ist dies bereits nicht mehr in diesem Umfang nachweisbar (vgl. Kaiser 1994, Hempel 1995b). Das könnte dahingehend interpretiert werden, daß man das Klischee von der höheren Wertigkeit des Männlichen und die Unterschätzung der Leistungen und Fähigkeiten der Mädchen gegenwärtig, besonders in den neuen Ländern, nicht in dem Maße findet, wie in den westdeutschen und US-amerikanischen Untersuchungen der 70er und frühen 80er Jahre.

Eine weitere wichtige Erkenntnis der schulbezogenen Frauenforschung betrifft die Rolle des Selbstbewußtseins und Selbstvertrauens der Mädchen. Bei gleichem Schulerfolg weisen die Jungen gegenüber den Mädchen stets einen Vorsprung in ihrem Selbstvertrauen auf. Sie können den guten Schulerfolg besser in ein positives Selbstbild umsetzen als die Mädchen und sind auch gegenüber schulischen Mißerfolgen in ihrem Selbstvertrauen weniger anfällig. Ursache ist vermutlich, daß die mit der weiblichen Geschlechtsrolle verbundenen Erlebnisse der gesellschaftlichen Nachrangigkeit die positive Wirkung des Schulerfolgs teilweise zu unterlaufen scheinen, während sich bei Jungen gute Leistungserfolge und die positive gesellschaftliche Bewertung des Männlichen gleichgerichtet ergänzen (vgl. Horstkemper 1987). Durch die Koedukation werden zudem die geschlechterdifferenten Polarisierungen in frei wählbaren Unterrichtsfächern begünstigt und die Hemmschwellen und spezifischen Interessen der Mädchen in den mathematisch-naturwissenschaftlichen und technischen Fächern nicht berücksichtigt (Faulstich-Wielandt 1991, Hoffmann 1990). Damit ergeben sich „Geschlechterreviere des Wissens (Kreienbaum 1992) und es werden berufliche Präferenzen vorbereitet, die letztlich geringere Bezahlung, geringere Machtbefugnisse und geringere Aufstiegschancen nach sich ziehen (vgl. Metz-Göckel/Nyssen 1990).

Die durch den Ost-West-Vergleich möglich gewordenen neuen Einsichten im Rahmen der feministischen Schulforschung verweisen auf reale Veränderungsmöglichkeiten. Erste Untersuchungen zeigen, daß jahrzehntelange unterschiedliche Sozialisationsbedingungen in den alten und neuen Bundesländern und unterschiedliche Bildungs- und Erziehungskonzepte bestimmte Einstellungs- und Verhaltensunterschiede bedingen, die im Hinblick auf die Entwicklung der Geschlechterverhältnisse, auf geschlechterstereotypes Denken und auf die Entwicklung der Geschlechtsidentität von besonderem Interesse sind. Die z.B. seit Beginn des Schuljahres 1991/92 vom IPN in Zusammenarbeit mit dem Max-Planck-Institut für Bildungsforschung durchgeführte Längsschnittstudie „Bildungsprozesse und psycho-soziale Entwicklung im Jugendalter" (vgl. IPN-Blätter 4/94), machte deutlich, daß die mittleren Leistungen in den Fächern Mathematik, Physik und Biologie in den neuen Bundesländern tendenziell oder deutlich höher waren, als in den alten Bundesländern. Während in der DDR die Leistungen in Physik bei Mädchen und Jungen gleich waren, hatten die Mädchen die Jungen in Mathematik und Biologie überrundet. Trotzdem reichte die Leistungshierarchie nicht aus, um in Mathematik und Physik ein angemessenes Selbstkonzept der Mädchen zu entwickeln, was aber in Biologie gelang. Ursächlich wird für diese Entwicklung der pädagogische Leitgedanke in der DDR-Schule einer einheitlichen Erziehung verantwortlich gemacht. Die unerwünschten Leistungsunterschiede wurden durch spezielle pädagogische Maßnahmen kompensiert. Als pädagogische Herausforderung wird aus den Untersuchungsergebnissen abgeleitet, daß Mädchen trotz motivationaler Distanz und Selbstunterschätzung äquivalente Fachleistungen erreichen können. Die Entwicklung einer realitätsangemessenen Selbsteinschätzung müßte daher die vornehmliche Aufgabe des Unterrichts sein. Motivationsunterschiede auf Schwierigkeiten mit den „harten" Fächern zurückzuführen, sind nicht mehr haltbar.

Auch in Fragen der Berufsorientierung werden Unterschiede deutlich. Während die in den alten Bundesländern aufgewachsenen Mädchen schon früh einem systemimmanenten Erwartungsdruck in bezug auf ihre zukünftige Mutterrolle gegenüberstehen, scheint das im Osten anders zu sein. Die „Ostmädchen" wollen keine lange Kinderpause, während die Mehrzahl der „Westmädchen" dies beabsichtigt. Das Leitbild der erwerbstätigen Mutter muß bei den ersteren nicht legitimiert werden, die „Westmädchen" haben nach wie vor zwiespältige Gefühle (vgl. Kampshoff/Thierack 1995). Auch Untersuchungen bei Grundschulkindern im Osten zeigen, daß hier ein anderes Vorbild ihrer Mütter und ein anderes Frauenbild die Erfahrungen geprägt hat, die besonders die Lebensvorstellungen und Berufswünsche der Mädchen selbstbewußt beeinflussen und zeigen: Mädchen begrenzen sich im Grundschulalter noch nicht auf wenige Arbeitsbereiche oder solche, die in der gegenwärtigen Arbeitsmarkt-Realität vorwiegend von Frauen ausgeübt werden. Vielmehr wird auch ein großes Interesse an sogenannten Männerberufen sichtbar. Die eingeengte Berufsorientierung, welche in der Berufseinmündungsphase der jungen Frauen erkennbar wird, findet sich in den Berufswünschen der Grundschülerinnen so noch nicht wieder. Das unterstreicht die Notwendigkeit, diesen Prozeß bereits in der Grundschule, auch curricular, zu stärken und zu unterstützen (vgl. Hempel in diesem Band und Hempel 1995b). Handlungsbedarf wird gegenwärtig vorrangig in der Sekundarstufe I gesehen (vgl. Lemmermöhle 1995).

Grundschulreform und Geschlechterverhältnisse

Das zentrale Problem einer umfassenden Grundschulreform[5], die auch auf eine Veränderung der Geschlechterverhältnisse zielt, liegt aber nicht nur in der Veränderung einzelner curricularer Ansätze. Es sind vor allem die folgenden, eng miteinander verflochtenen Problemfelder, die in Theorie und Praxis stärker zu berücksichtigen wären: sehr allgemeine übergreifende pädagogische Grundsätze, curriculare Erweiterungen und Veränderungen des Unterrichts in der Grundschule sowie didaktisch-methodische und organisatorische Gestaltungselemente des Lebens und Lernens in der Grundschule.

Pädagogische Ausgangspositionen

Grundschullehrerinnen und -lehrer sind von einem Berufsethos geprägt, das der Gerechtigkeit im Umgang mit den Kindern eine hohe Priorität einräumt. Es ist insofern nicht verwunderlich, daß - wie unsere Befragungen[6] gezeigt haben - in bezug auf den Umgang mit Mädchen und Jungen die Annahme weit verbreitet ist, mit gleichen Anforderungen und Maßstäben a priori gleiche Bildungschancen für beide Geschlechter realisieren zu können. Auch Wissenschaftlerinnen und Wissenschaftler scheinen immer noch von der Annahme

---

[5] Grundlegende Veränderungen in der LehrerInnenbildung sind zweifellos damit ebenfalls verbunden. Da das hier nicht Gegenstand meiner Ausführungen ist, verweise ich vor allem auf Glumpler 1993 und 1994, Hartmann 1994, Hempel/Hartmann 1995.

[6] 71,8% der 255 in Brandenburg befragten LehrerInnen antworteten, daß die Erziehung zur Gleichberechtigung ein bedeutsames Thema sei, wobei am häufigsten mit dieser Zielstellung assoziiert wurde, daß Männer und Frauen, Mädchen und Jungen gleiche Rechte, Pflichten und Aufgaben haben sollten und daß beide Geschlechter gleich behandelt werden müssen. Im pädagogischen Alltag darauf abzuzielen, die Verschiedenheit der gleich zu Behandelnden zu berücksichtigen und ungerechtfertigte Unterschiede ausgleichen zu wollen, ist im Denken der LehrerInnen in bezug auf die Gleichberechtigung der Geschlechter wenig ausgeprägt.

auszugehen, das Ausklammern der Kategorie „Geschlecht“ und die Vernachlässigung der Analyse von Geschlechterdifferenz würde einer geschlechtsneutralen (und damit angeblich gleichen) Bildungs- und Erziehungsarbeit gerecht werden.

> „SchülerInnen und LehrerInnen werden nach wie vor überwiegend als geschlechtsneutrale Wesen angesehen, und die Struktur und Dynamik des Geschlechterverhältnisses bleibt ausgeklammert. Personen in der Schule, die handelnd miteinander umgehen, sind jedoch Männer und Frauen, Mädchen und Jungen. *Eine Personenorientierung, die die Geschlechtszugehörigkeit systematisch ignoriert, bleibt ein Widerspruch in sich“ (Nyssen 1995, S. 79).*

Jedem Kind gleiche Chancen in der Schule zu sichern setzt aber voraus, die individuellen und damit auch die immer noch vorhandenen Unterschiede wahrzunehmen, die aus der jeweiligen Geschlechtszugehörigkeit für die Identitätsentwicklung von Mädchen und Jungen erwachsen. Auch die damit verbundenen Einschränkungen/Behinderungen/Anmaßungen sind zum Ausgangspunkt pädagogischer Überlegungen zu machen. Ein Ausklammern der Kategorie „Geschlecht“ aus grundschulpädagogischen Überlegungen und Forschungsansätzen dagegen schränkt die Sicht auf die Welt der Kinder ein.

Dazu ein Beispiel, das beliebig zu erweitern und zu ergänzen wäre:

Cloer veröffentlichte sechzehn Thesen unter dem Titel „Alle Kinder stärken - die beste Schule gegen Gewalt“. Hier konstatiert er im Rekurs auf Becks „Risikogesellschaft“ (Beck 1986), daß unter den gegenwärtigen Bedingungen des ökonomischen, gesellschaftlichen und familialen Wandels viele Kinder abhängig und schwach bleiben müssen. Seine Reformintention lautet demzufolge: alle Kinder stärken! Dem ist uneingeschränkt zuzustimmen und eine solche Forderung ist nachhaltig zu unterstützen. Cloer formuliert aber seine Thesen in einer bereits in den 70er Jahren durch die feministische Schulforschung kritisierten Sprache der Geschlechternivellierung. Damit folgt er einem neutralisierenden Diskurs, der den geschlechterdifferenzierenden Blick auf die Kinder nur schwer ermöglicht. Die zweifellos wichtige These: „Kinder brauchen einen geschützten Raum“, hätte durch den Blick auf die Tatsache erweitert werden können, daß Mädchen und Jungen auch geschlechtshomogene Räume brauchen (vgl. Klees/Marburger/Schumacher 1989 und Sielert 1989). Eine weitere, hier abschließend erwähnte These lautet: Kinder brauchen eine Orientierung!

Aber brauchen nicht Mädchen und Jungen diese Orientierung in einer sehr unterschiedlichen, geschlechterdifferenten Art und Weise? Da die Identität der Person immer noch - wie oben erwähnt - durch die gesellschaftliche Geschlechterklassifikation mit ihren weitreichenden persönlichkeitstrukturierenden Auswirkungen berührt wird, müßte pädagogisch genau dort angesetzt werden, wo sich sozialisationsbedingte Stärken und Schwächen der Geschlechter zeigen, um die Entwicklung einer Geschlechtsidentität ohne „geschlechtsrollentypische“ Zuschreibungen, Setzungen und Erwartungen zu unterstützen. So wird zunehmend beklagt, daß es nicht nur die Mädchen sind, die so „behindert“ werden, sondern daß das gegenwärtige geschlechtsneutrale Design der Schule gerade Jungen wenig Orientierung bei der Suche nach ihrer Identität gibt. Auch in der Schule stehen die Jungen unter Druck, sie müssen

> „...cool und witzig sein. Wenn sie sich ihrer Gefühle unsicher sind, Schwächen zeigen oder Trost suchen, sind sie auf sich allein angewiesen; in der Familie wie auch in der Schule“, lautet das Resümee einer Befragung zehn- bis sechzehnjähriger Jungen zu ihrem Rollenverständnis im Schulalltag des Dortmunder Instituts für Schulentwicklungsforschung im Schuljahr 1994/95 (DLZ vom 11. Januar 1996, S. 7).

Eine das Geschlecht berücksichtigende Pädagogik muß, will sie die historisch überholten Stereotype vom Wesen des Mannes und der Frau nicht stabilisieren, sondern gleiche Lebenschancen emöglichen, Differenzen zwischen den Geschlechtern als soziokulturelle Differenzen verorten: also als Differenzen, die aus unterschiedlichen Lebensweisen, unterschiedlichen Lebenserfahrungen, unterschiedlichen Sicht- und Verarbeitungsweisen resultieren.

Denn: Mädchen und ihre Kompetenzen sind immer noch abgewertet und eingeschränkt. Mädchen haben häufiger sexuelle Gewalterfahrungen machen müssen und sie haben einen grundlegenden Zweifel an der eigenen Kompetenz. Jungen neigen zu unkontrolliertem Risikoverhalten, sind gewalt- und konfliktbereiter und haben gelernt, Gefühle eher zu verdrängen, um dem Mythos „Mann“ zu entsprechen[7]. Jungen haben häufiger die Fähigkeit erworben, sich durchzusetzen und zu behaupten, während viele Mädchen über ausgeprägtere soziale Fähigkeiten verfügen und sehr einfühlsam sind (vgl. Prengel 1994, Schnack/Neutzling 1990, Glücks/ Ottomeier-Glücks 1994).

Das Hauptproblem einer bildungspolitischen Reform unter Berücksichtigung der Geschlechterverhältnisse ist die Überwindung der kognitiven Stabilität der Zweigeschlechtlichkeit. Dieses - oft nicht bewußte - Wissenssystem ist bei Lehrerinnen und Lehrern in ein bewußt gehandhabtes Wissen zu „verwandeln“, das manche gewohnten Denkstrukturen grundsätzlich in Frage stellen kann. Sich der Bedeutung der sozialen Analyse- und Strukturkategorie „Geschlecht“ bewußt zu sein, bietet die Möglichkeit, Hierarchie, Konkurrenz, Selektion, Leistungsdruck und nicht zuletzt das Verhältnis von Mädchen und Jungen im Klassenzimmer auch als Ausdruck patriarchalischer Verhältnisse zu werten. Außerdem sind Lehrerinnen und Lehrer nicht „Außenstehende“ in

---

[7] Cristian Spoden nennt solche Mythen wie: „Ein Junge weint doch nicht!“; „Ein Indianer kennt keinen Schmerz!“; „Meiner ist länger als deiner!“; „Ein richtiger Mann läßt sich nichts gefallen!“; „Bloß kein Waschlappen sein!“; „Selbst ist der Mann!“; „Ein Mann muß immer können!“ (Spoden 1993, S. 108)

diesem Prozeß, sondern sie sind Personen mit einer spezifischen Geschlechtszugehörigkeit, mit einer solchen Lebensgeschichte und entsprechenden Erfahrungen. Auch Lehrerinnen und Lehrer können nicht *nicht* konstruieren, was heißt, wie Prengel hervorhebt, daß wir alle an den sozialen Konstruktionen Weiblichkeit und Männlichkeit unablässig bauen (vgl. Prengel 1995, S. 21). Die LehrerInnen sind zudem - bei allen Gemeinsamkeiten und Differenzen innerhalb und zwischen den Geschlechtern - nicht zuletzt positive oder negative Modelle für weibliche oder männliche Identitätsentwürfe ihrer Schülerinnen und Schüler (vgl. Nyssen 1995, S. 78/79). Die Geschlechterverhältnisse bewußt gestalten oder verändern zu wollen, setzt eine systematische Reflexion der Geschlechterverhältnisse voraus.

> „Je genauer wir uns der sozialen Konstruiertheit bewußt werden, desto verantwortungsvoller und auswählender können wir unser geschlechtliches, persönliches, berufliches und politisches Leben, unsere pädagogischen Projekte und unsere wissenschaftlichen Fragestellungen entwerfen!“ (Prengel 1995, S. 22)

Curriculare Überlegungen

Wird die Geschlechtszugehörigkeit ignoriert und bleiben die damit verbundenen Attribuierungen unreflektiert, so werden die Lernumwelten und sozialen Erfahrungen der Kinder nur unzureichend berücksichtigt. Dann bleibt auch ein wesentliches Lernfeld, die Geschlechterverhältnisse in Schule und Gesellschaft, ungenutzt. Wenn die zur „Normalität“ des Schulalltags gehörenden Sexismen, die die unterschiedliche Wertschätzung der Geschlechter in der Gesellschaft widerspiegeln und sich nicht selten in abwertenden Urteilen und Begriffen („Weiberkram“, „zickige Weiber“) äußern, als Lerngegenstand ungenutzt bleiben, werden nicht nur Vorurteile gefestigt und weitergereicht - hier wird vor allem eine der Hauptaufgaben der Grundschule nicht erfüllt, die Kinder bei der Selbstaneignung der Welt unterstützend zu begleiten und die eigenen Fragen, Sorgen und Probleme der Kinder im Unterricht aufzugreifen. Dazu gehört auch eine besonders intensive medienpädagogische Arbeit, bei der die Kinder Decodierungstechniken gerade im Hinblick auf die Botschaften zu den Geschlechterverhältnissen erwerben können, deren persönlichkeitsprägende Wirkungen sonst kaum in der Schule zu kompensieren sind (vgl. Grunwald-Merz 1993). Kinder im Grundschulalter sind diesen Themen gegenüber aufgeschlossen und interessiert, während ältere Schülerinnen und Schüler, auch Studentinnen und Studenten, sich der Auseinandersetzung mit den Geschlechterverhältnissen oft verschließen und z.T. massive Abwehrhaltungen[8] aufgebaut haben.

---

[8] Hartmann nennt z. B. das *Antiquieren* - z.B. mit Sätzen wie "Das sind doch olle Kamellen"/ *Nicht-Wahrhaben-Wollen* - z.B. mit Sätzen wie "Frauen und Männer sind doch schon längst gleichberechtigt" oder: "Aber so ist die Realität eben" /*Abwerten* -

Einige Fragen sollen die Ansätze deutlich machen, die auf eine entsprechende Erweiterung des Grundschulcurriculum zielen:

- Wie greift der Grundschulunterricht das Problem der gesellschaftlichen Geschlechterverhältnisse und Rollenstereotypisierungen als Unterrichtsthema auf und vermeidet bewußt geschlechtertypisierende Zuordnungen und Wertungen?
- Wie wird mit Rollenzuschreibungen in Lehrbüchern und Unterrichtsmaterialien umgegegangen?
- Wie werden die Leistungen von Frauen in der Geschichte der Menschheit und in der Wissenschaftsgeschichte „sichtbar" gemacht?
- Wie wird die gegenwärtige gesellschaftliche und häusliche Arbeitsteilung als ein Problem patriarchaler Geschlechterverhältnisse problematisiert?
- Wie versucht der Unterricht in der Grundschule, insbesondere der Sachunterricht, Neugier und Interesse für gerade solche Bereiche zu wecken, die traditionell nicht von Mädchen bzw. Jungen besetzt wurden?

Vereinzelt liegen bereits hervorragende Anregungen und Beispiele für den Unterricht der Grundschule vor, wie z.B. die folgende kleine Auswahl zeigt:

- „Das starke und das schwache Geschlecht - Projekte zum Umgang mit Geschlechtsrollenstereotypen" (vgl. Röhner 1993);
- „Jungen und Mädchen bauen eine Stadt und lernen voneinander" (Appel 1993);
- „Ist Eva neugieriger als Adam? Frauen- und Männerrollen in der Bibel" (Lang 1992);
- „Prinzessin Pfiffigunde träumt nicht vom Prinzen. Positive Darstellung von Mädchen in Bilderbüchern" (Lehmann/Schultz 1992);
- „Erfahrungen mit dem Lernziel 'Zärtlichkeit' in der Grundschule" (Godlewski 1990);
- „Sexualität in der Grundschule - Herausforderung für soziales Lernen" (Die Grundschulzeitschrift, Heft 65/1993);
- „Mädchen und Jungen im Mathematikunterricht" (Fischer 1994);
- „Hausarbeit in der Schule?" (Kaiser 1992);
- „Lebensplanung und Berufsorientierung - ein Thema für die Grundschule?" (Hempel/Hartmann 1995)
- „Mädchen und Technik. Beobachtungen und Untersuchungen im 3. und 4. Schuljahr" (Biester 1992)

---

z.B. mit Sätzen wie "Immer diese Emanzen!" /*Biologisieren* - z.B. mit Sätzen wie "Jungen sind nunmal schon vom Körperbau her stärker als Mädchen" ; "Da spielen die unterschiedlichen Hormone eine Rolle" / *Individualisieren* - z.B. mit Sätzen wie "Ich kenne Mädchen, die sind genau umgekehrt...". "Ich fühle mich nicht unterdrückt!" (vgl. Hartmann 1995a)

- „Frau in der Geschichte“ (Borries/Kuhn/Rüsen 1984);
- „Wissenschaft für Mädchen und andere kluge Köpfe“ (Wyatt 1996);
- „Sachunterricht in der Grundschule für Mädchen und Jungen“ (Kaiser 1989);
- „Felix strickt und Kathrin kickt - Rollenerwartungen an Jungen und Mädchen“. Arbeitsvorlage Sachunterricht.“ (Zenker-Schweinstetter 1992)

Didaktisch - methodische und schulorganisatorische Überlegungen

Differenzierung und Individualisierung kann nur erfolgreich sein, wenn geschlechterdifferente Zugänge und geschlechterdifferenzierende didaktische Ansätze das Lernen in der Grundschule prägen. Gerade wenn man die emanzipatorischen Fähigkeiten von Mädchen und Jungen fördern will, ist es unverzichtbar, daß sie sich aktiv an der Gestaltung ihres Alltags beteiligen, daß sie selbst Erfahrungen im (selbst-)kritischen Umgang miteinander und im Verändern der Geschlechterverhältnisse sammeln können. Hier können Normen und Werte des Miteinander, der Achtung und Akzeptanz des anderen Geschlechts erlebbar werden. Genauso selbstverständlich sollte es dazugehören, gleichgeschlechtlichen Konstellationen in verschiedenen Arbeits- und Lernzusammenhängen pädagogisch bewußt Raum zu geben. Gerade im Hinblick auf Gewaltprävention und den Umgang mit Konflikten liegen für die Grundschule interessante Erfahrungen vor (vgl. Rieger 1994 und Biscup/Brink/Pfister in diesem Band). Die Bedeutung der Geschlechterdifferenz und der Geschlechterverhältnisse für das soziale Klima in der Klasse, aber auch für Politik und Gesellschaft, besteht nicht nur im Sichtbarmachen der Tatsache, daß die Geschlechtszugehörigkeit eigene soziale Wirklichkeiten konstituiert und strukturiert, sondern vor allem in dem Anspruch, zur *Veränderung* gesellschaftlicher Strukturen beizutragen, die eine wirkliche Gleichberechtigung der Geschlechter ermöglichen. Dazu eignen sich in hervorragender Weise alle Formen der Gruppenarbeit, der Freien Arbeit und der Projektarbeit (vgl. Kaiser in diesem Band), aber auch solche Organisationsformen wie Mädchen- und Jungenkonferenzen (vgl. Brehmer in diesem Band). Christine Biermann und Marlene Schütte berichteten auf der Tagung „Grundschulreform und Koedukationsdebatte“ in Potsdam über die an der Laborschule Bielefeld praktizierte emanzipatorische Mädchen- und Jungenarbeit:

> „Es werden zunächst Fragen besprochen, Situationen geschildert, Streitigkeiten erzählt, die die Mädchen bzw. Jungen aktuell beschäftigen. Dies geht zum Teil von den SchülerInnen aus, zum Teil auch von den Erwachsenen. Oft geht es darum, Veränderungen innerhalb der Mädchen- bzw. Jungengruppe sowie im Verhältnis zwischen Jungen und Mädchen zur Sprache zu bringen, diese Veränderungen dadurch bewußt zu machen und soweit zu bearbeiten, daß die Mädchen und Jungen sich im Alltag bewußter verhalten können. Im Mittelpunkt jeder Konferenz stehen dann vorher festgelegte

Themen, die sich oft über zwei bis drei Sitzungen erstrecken. Bisher ging es dabei um die Vor- und Nachbereitung von Unterrichtseinheiten (z.B. "Liebe, Freundschaft, Sexualität"), um die Vorbesprechung geplanter Vorhaben (z.B. eines Saunabesuches), um Mädchen- und Jungenbilder in den Medien, um geschlechtsspezifische Zukunftsvorstellungen u.a. Die Konferenz schließt ab mit einem kleinen Kommunikationsspiel (z.B. "Anmache im Bus"). Bisher haben sich die SchülerInnen nur positiv geäußert. Außer bei Krankheit hat weder ein Junge noch ein Mädchen bisher eine Konferenz ausfallen lassen“ (genauere Beschreibung in: Biermann/Wachendorff 1992).

Zusammenfassung

Schule könnte zu einem Korrektiv patriarchaler Sozialisierungsmechanismen werden, wenn:

- LehrerInnen und SchülerInnen bewußt und systematisch die Auseinandersetzung mit den geschlechterabhängigen Erwartungshaltungen und Sozialisationsmustern der Gesellschaft führen, um Zuschreibungen, Klischees, Stereotype und Vorurteile zu erkennen;
- Schule sehr bewußt zum Erfahrungsfeld demokratischen Umgangs der Geschlechter untereinander gemacht wird (z. B. bewußte Abkehr von geschlechtshierarchischer Arbeitsteilung), um ein aktives persönliches Interesse und Engagement in der vorurteilsfreien Auseinandersetzung mit dem anderen Geschlecht zu erreichen;
- Interaktionen und pädagogische Intentionen entsprechend reflektiert werden, da Informationen immer auch durch die eigene kognitive Struktur geschlechterkategorisierend verarbeitet und strukturiert werden. Diese aktive Auseinandersetzung führt, verknüpft mit eigenen Erfahrungen, sowohl zu einer mehr oder weniger stabilen (soziopsychologischen) Geschlechtsidentität als auch zu einer relativ flexiblen Auffassung von den Geschlechterrollen;
- es möglichst repressionsfreie Gestaltungsräume für die Identitätsbildung gibt. Die Erkenntnis der Relativität der sozialen Erwartungen und das Wissen um die kulturell - historische Prägung der Geschlechtsrollennormen schaffen Freiräume für die Interpretation und Gestaltung der eigenen geschlechtlichen Identität, schaffen Voraussetzungen für eine selbstbestimmte Lebensplanung;
- durch die unterrichtliche Bildung auch Varianten und Möglichkeiten verschiedenster Lebensentwürfe angeboten und diskutiert werden, weil Identitätsbildung vor allem in der Auseinandersetzung mit den sozialen Erwartungen und den eigenen Gestaltungs- und Interpretationsmöglichkeiten erfolgt. Hier ist z.B. auch die gesellschaftliche Norm Heterosexualität (vgl.

Millhofer 1994, Hartmann/Holzkamp 1995) zu hinterfragen und es sind eine Vielzahl von Lebensgestaltungsmöglichkeiten in ihrer Unterschiedlichkeit gleichberechtigt zu vermitteln, um auch neue Vorbilder für das „Frausein" und das „Mannsein" zu entwickeln.

Die Auseinandersetzung mit den Geschlechterverhältnissen in einem kulturellen System der Zweigeschlechtlichkeit muß Inhalt der Allgemeinbildung und damit auch Gegenstand der Überlegungen zur Grundschulreform sein. Erst dann wäre es möglich, daß mit Hilfe der Schule die geschlechtsspezifische Sozialisation zu einem Prozeß der „Selbst-Bildung durch soziales Handeln" (vgl. Bilden 1991) werden kann.

Literatur

Appel, Katrin: Jungen und Mädchen bauen eine Stadt und lernen voneinander. In: Pfister, Gertrud/Valtin, Renate (Hg.): MädchenStärken. Frankfurt am Main 1993.

Beck, Ulrich: Risikogcsellschaft. Auf dem Weg in eine andere Moderne. Frankfurt 1986.

Bilden, Helga: Geschlechtsspezifische Sozialisation. In: Hurrelmann, Klaus/ Ulrich, Dieter (Hg.): Neues Handbuch der Sozialisationsforschung. Weinheim, Basel 1991.

Biermann, Christiane/ Wachendorf, Angelika: Mädchen- und Jungensozialisation an der Laborschule Bielefeld. Dokumentation der Berliner Fachtagung: Tatort Schule. Pädagogisches Zentrum Berlin 1992.

Biester, Wolfgang: Mädchen und Technik. Beobachtungen und Untersuchungen im 3. und 4. Schuljahr. In: Lauterbach, Roland/ Köhnlein, Walter/ Spreckelsen, Kay/ Klewitz, Elard (Hg.) : Brennpunkte des Sachunterrichts. IPN. Kiel 1992.

Brehmer, Ilse: Schule im Patriarchat - Schule fürs Patriarchat. Weinheim 1991.

Brehmer, Ilse (Hg.): Sexismus in der Schule. Weinheim 1982.

Borries, Bodo von/ Kuhn, Anette/ Rüsen, Jörn (Hg.): Frau in der Geschichte I/II/III. Düsseldorf 1984.

Cloer, Ernst: Alle Kinder stärken - die beste Schule gegen Gewalt. In: Schulverwaltungsblatt für Niedersachsen, Nr. 11/1994, S. 319 - 324.

Drews, Ursula: Ist Grundlegung von Bildung heute noch ein Thema für die Grundschule? In: Lehrer, Schüler, Unterricht - Handbuch für den Schulalltag. Länderausgabe Brandenburg. Loseblattausgabe, Grundwerk 1991. Berlin-Stuttgart, Februar 1993.

Enders-Dragässer, Uta/Fuchs,Claudia: Interaktionen der Geschlechter. Weinheim und München 1989.

Faulstich-Wieland, Hannelore (Hg.): Abschied von der Koedukation? Frankfurt am Main 1987.

Faulstich-Wieland, Hannelore: Koedukation - Enttäuschte Hoffnungen? Darmstadt 1991.

Faulstich-Wieland, Hannelore/ Horstkemper, Marianne: „Trennt uns bitte, bitte nicht!" Koedukation aus Mädchen und Jungensicht. Opladen 1995.

Faust-Siehl, Gabriele: Vorreiter der Schulreform? In: DLZ vom 30. 11. 1995, S.1.

Frasch, Heidemarie/ Wagner, Angelika C.: „Auf Jungen achtet man einfach mehr." In: Brehmer, Ilse (Hg.): Sexismus in der Schule. Weinheim 1982.

Fichera, Ulrike: Die Schulbuchdiskussion in der BRD - Beiträge zur Neugestaltung des Geschlechterverhältnisses. Frankfurt/Main 1996.

Fischer, Monika: Mädchen und Jungen im Mathematikunterricht. In: Hartmann, Jutta (Hg.): Die soziale Kategorie Geschlecht in der Ausbildung von Lehrerinnen und Lehrern, Heft 8, Technische Universität Berlin 1994.

Fölling-Albers, Maria: Der Individualisierungsanspruch der Kinder - eine neue pädagogische Orientierung 'vom Kinde aus'? In: Neue Sammlung, Velber, Heft 3/1993, S. 465-478.

Fölling-Albers, Maria: Kindheitsforschung und Schule. Überlegungen zu einem Annäherungsprozeß. In: Behnken, Imbke/ Jaumann, Olga (Hg.): Kindheit und Schule. Weinheim und München 1995.

Glumpler, Edith (Hg.): Koedukation. Bad Heilbrunn 1993.

Glücks, Elisabeth/ Ottomeier-Glücks, Franz Gerd (Hg.): Geschlechtsbezogene Pädagogik. Münster 1994.

Godlewski, Susanne: Erfahrungen mit dem Lernziel 'Zärtlichkeit' in der Grundschule. In: Horstkemper, Marianne/ Wagner-Winterhager, Luise (Hg.): Mädchen und Jungen - Männer und Frauen in der Schule. Die Deutsche Schule, 1. Beiheft 1990, 77 -88.

Grunwald-Merz, Christl: Geschlechtsspezifische Identifikationsangebote in Unterrichtsmedien. In: Glumpler, Edith (Hg.): Erträge der Frauenforschung für die LehrerInnenbildung. Bad Heilbrunn 1993.

Hageman-White, Carol: Sozialisation: weiblich - männlich? Alltag und Biographie von Mädchen. Band 1, Opladen 1984

Händle, Christa: Reichen Halbtagsschulen für Kinder von heute aus? In: Jahrbuch für Pädagogik 1993, Frankfurt 1992, S. 119 -132.

Hänsel, Dagmar: Kinder fordern uns heraus - Überlegungen zum Wandel des Lehrerseins. In: Schäfer, Gerd E.: Soziale Erziehung in der Grundschule. München 1994.

Hartmann, Jutta: Patriarchatskritik statt Geschlechterforschung. In: Feministische Kontexte. Zeitschrift für Hochschuldidaktik (Wien), Heft 2/1995, S. 115 - 130.

Hartmann, Jutta/ Holzkamp, Christine: Sensibilisierung für das Geschlechterverhältnis - Erfahrungen und Erkenntnisse aus der LehrerInnenbildung. In: Hempel, Marlies (Hg.): Verschieden und doch gleich. Schule und Geschlechterverhältnisse in Ost und West. Bad Heilbrunn 1995, S. 236 - 252.

Hempel, Marlies/ Hartmann, Jutta: 'Geschlecht' als soziale Kategorie in der Lehramtsausbildung. Potsdamer Studien zur Grundschulforschung. Heft 2/1994.

Hempel, Marlies (Hg.): Verschieden und doch gleich. Schule und Geschlechterverhältnisse in Ost und West. Bad Heilbrunn 1995.

Hempel, Marlies: Geschlechterverhältnisse und pädagogische Frauenforschung in der DDR. In: Hempel, Marlies (Hg.): Verschieden und doch gleich. Schule und Geschlechterverhältnisse in Ost und West. Bad Heilbrunn 1995a.

Hempel, Marlies: Gleichberechtigung und Chancengleichheit von Mädchen und Jungen an den Grundschulen des Landes Brandenburg. In: Hempel, Marlies (Hg.): Verschieden und doch gleich. Schule und Geschlechterverhältnisse in Ost und West. Bad Heilbrunn 1995b.

Hoffmann, Lore: Mädchen und Naturwissenschaften/Technik - eine schwierige Beziehung. In: Pfister, Gertrud/ Valtin, Renate (Hg.): MädchenStärken. Arbeitskreis Grundschule, Frankfurt/Main 1993, S.114 - 123.

Horstkemper, Marianne: Schule, Geschlecht, Selbstvertrauen. Eine Längsschnittstudie über Mädchensozialisation an der Schule. Weinheim und München 1987.

Kaiser, Astrid: Sachunterricht in der Grundschule für Mädchen und Jungen. In: FEMININ - MASKULIN. Friedrich Jahresheft VII, 1989, 121-123.

Kaiser, Astrid: Hausarbeit in der Schule? Pfaffenweiler 1992.

Kaiser, Astrid: Zur Interaktionsrelation von Mädchen und Jungen im Grundschulalter. In: Pädagogik und Schulalltag, Heft 4/1994. S. 558-567.

Kampshoff, Marita: „Wenn ich ein Junge wär, wär ich gern ein Junge und so bin ich gern ein Mädchen". Dortmund 1992.

Kampshoff, Marita/ Thierack, Anke: Geschlechtsidentität in Ost und West. Ein Werkstattbericht. In: Hempel, Marlies (Hg.): Verschieden und doch gleich. Schule und Geschlechterverhältnisse in Ost und West. Bad Heilbrunn 1995.

Klafki, Wolfgang: Allgemeinbildung in der Grundschule und der Bildungsauftrag des Sachunterrichts. In: Lauterbach, Roland/ Köhnlein, Walter/ Sprekkelsen, Kay/ Klewitz, Elard (Hg.): Brennpunkte des Sachunterrichts. IPN. Kiel 1992.

Klees Renate/ Marburger, Helga/ Schumacher, Michaela: Mädchenarbeit. Weinheim und München 1992.

Kreienbaum, Maria Anna: Erfahrungsfeld Schule. Koedukation als Kristallisationspunkt. Weinheim 1992.

Lang, Helmut: Ist Eva neugieriger als Adam? Frauen- und Männerrollen in der Bibel. In: Büttner, Christian/ Dittmann, Marianne (Hg.): Brave Mädchen, böse Buben? Weinheim und Basel 1992.

Lehmann, Kristina/ Schultz, Magdalena: Prinzessin Pfiffigunde träumt nicht vom Prinzen. Positive Darstellung von Mädchen in Bilderbüchern. In: Büttner, Christian/ Dittmann, Marianne (Hg.): Brave Mädchen, böse Buben? Weinheim und Basel 1992.

Lemmermöhle, Doris: Jugend Ost: Vorbereitung auf den Übergang von der Schule auf die Arbeitswelt. In: Hempel, Marlies (Hg.): Verschieden und doch gleich. Schule und Geschlechterverhältnisse in Ost und West. Bad Heilbrunn 1995.

Lichtenstein-Rother, Ilse/ Röber, Edeltraud: Die Grundschule, der pädagogische Raum für die Grundlegung der Bildung. Weinheim und Basel 1989.

Metz-Göckel, Sigrid/ Nyssen, Elke: Frauen leben Widersprüche. Weinheim und Basel 1990.

Milhoffer, Petra: Sexualität als Problem der Koedukation. Zur Verhaltenslenkung von Mädchen und Jungen in der Koedukation durch das kulturelle Diktat der „heterosexuellen Paarbildung". In: Glumpler, Edith (Hg.): Koedukation. Bad Heilbrunn 1994.

Neuhaus-Siemon, Elisabeth: Wie soll die zukünftige Grundschule aussehen? In: 3. Fachtagung zur Grundschulforschung. Kassel 1994, S.143-145.

Nyssen, Elke: Geschlechterverhältnisse und innere Schulreform. In: Hempel, Marlies (Hg.): Verschieden und doch gleich. Schule und Geschlechterverhältnisse in Ost und West. Bad Heilbrunn 1995.

Nyssen, Elke/ Schön, Bärbel: Wenn die Nebensache zur Hauptsache wird - Feministische Schulforschung und innere Schulreform. In: Jahrbuch für Pädagogik 1994, Frankfurt 1994, S. 343-362.

Prengel, Annedore: Perspektiven der feministischen Pädagogik in der Erziehung von Mädchen und Jungen. In: Glücks, Elisabeth/ Ottomeier-Glücks, Franz Gerd (Hg.): Geschlechtsbezogene Pädagogik. Münster 1994.

Prengel, Annedore: Wer sagt das Mädchen Mädchen sind...? Forschen und Erziehen im Wissen um die Widersprüche der Geschlechterverhältnisse. In: Hempel, Marlies (Hg.): Verschieden und doch gleich. Schule und Geschlechterverhältnisse in Ost und West. Bad Heilbrunn 1995.

Preuss-Lausitz, Ulf: Andere Jugend - andere Schulen? Thesen für eine veränderte Schulpädagogik. In: Jahrbuch für Pädagogik 1993, Frankfurt 1992.

Ramseger, Jörg: Gesellschaft im Umbruch - Was wird aus der Grundschule? In: Grundschulzeitschrift, Heft 71, 1994, S. 7-11.

Thürmer-Rohr, Christina: Weiblichkeit. In: Weibblick, Heft 17/1994.

Valtin, Renate: Wie soll die Grundschule der Zukunft aussehen? In: 3. Fachtagung zur Grundschulforschung. Kassel 1994, S. 146-149.

Wyatt, Valery: Wissenschaft für Mädchen und andere kluge Köpfe. Tessloff Verlag 1996.

Zenker-Schweinstetter, Erika Siglinde: Felix strickt und Kathrin kickt - Rollenerwartungen an Jungen und Mädchen. Arbeitsvorlage Sachunterricht. In: Sachunterricht und Mathematik in der Primarstufe. Heft 20/1992.

Annedore Prengel

Beobachtende Vernunft in der Grundschule - Zum Zusammenhang von Grundschulforschung und Frauenforschung[9]

I. Gemeinsamkeiten von Grundschulforschung und Frauenforschung

Grundschulforschung und Frauenforschung sind Forschungsansätze mit erstaunlichen Gemeinsamkeiten. Nur oberflächlich betrachtet haben Grundschulforschung und Frauenforschung wenig miteinander zu tun, weil ja die eine Richtung die Institution Grundschule und die andere weibliche Lebenszusammenhänge und gesellschaftliche Geschlechterverhältnisse untersucht. Bei genauerem Hinsehen wird klar: Beide sind relativ junge pädagogische Forschungsrichtungen, beide gehören nicht zum etablierten Hauptstrom erziehungswissenschaftlicher Empirie. Auffällig ist, daß nicht nur die Frauenforschung von Wissenschaftlerinnen betrieben wird, sondern daß auch in der Grundschulforschung eine relativ große Zahl von Frauen aktiv ist. Bekannte Grundschulforscherinnen sind, um nur einige wenige beim Namen zu nennen, zum Beispiel: Ilse Lichtenstein-Rother, Hildegard Kasper, Elisabeth Neuhaus-Siemon, Maria Fölling-Albers, Ariane Garlichs, Dagmar Hänsel, Renate Valtin und, von der gastgebenden Universität, Ursula Drews.

Grundschulforschung und Frauenforschung lassen sich hinsichtlich der Geschichte ihrer handlungswirksamen Denkfiguren unter bestimmten Gesichtspunkten parallelisieren: Demokratisierungsprozesse der Weimarer Zeit und der Nachkriegszeit brachten sowohl den Zielgruppen der Grundschulforschung, den Schulkindern, als auch den Zielgruppen der Frauenforschung, den Mädchen, einen Zugewinn an Gleichheitsrechten: Kinder aller Schichten und Kinder beiderlei Geschlechts wurden ab 1920 durch die Einrichtung der Einheitsschule Grundschule in eine gemeinsame Institution eingeschult. In der

9 Vortrag, gehalten am 26. 01. 1996 während der Forschungstagung „Grundschulreform und Koedukationsdebatte" an der Universität Potsdam.

vierzigjährigen Phase der Existenz beider deutscher Staaten kam es auf beiden Seiten zu je spezifischen Anstrengungen, die unter der Oberfläche der Gleichheit fortlebenden, quasi ständischen Benachteiligungen zu reduzieren. Für Frauenforschung und für Grundschulforschung gewann die Kategorie der Chancengleichheit gleichermaßen die Bedeutung eines zentralen erkenntnisleitenden Interesses. Durch Förderung und kompensatorische Erziehung sollten soziokulturelle und geschlechtsspezifische Benachteiligungen aufgehoben werden. Große Teile der Grundschulforschung und der Frauenforschung waren der Kritik der Chancengleichheit verpflichtet. Sie zeigten in immer neuen Facetten auf, wie die Kinder unterprivilegierter Schichten, beziehungsweise wie die Kinder des unterprivilegierten Geschlechts im Bildungsprozeß benachteiligt wurden. Beide sind dem Ziel gleichberechtigter Teilhabe in einer demokratischen Gesellschaft verpflichtet. Damit geht, ohne das Ziel der Chancengleichheit aufzugeben, bei beiden auch eine Wertschätzung von Heterogenität einher[10] (auf die ich später zurückkomme).

Hinsichtlich der Forschungssituationen gilt: Beide Richtungen weisen ausgeprägte bildungspolitische und pädagogisch-praktische Selbstverpflichtungen auf. Beide werden wegen eines Mangels an umfassenden empirischen Erhebungen mit großen Stichproben kritisiert. Dabei wird, teilweise zu Recht, ein Übergewicht an Praxisberichten, Einzelfalldarstellungen und methodisch ungesicherten qualitativen Studien kritisiert[11]. Auch mit einem theoretischen Problem haben beide zu kämpfen. Die für Grundschulforschung zentrale Kategorie der Kindheit und die für Frauenforschung zentrale Kategorie der Weiblichkeit stehen zur Diskussion. Der wachsende Einfluß konstruktionstheoretischer Erkenntnisse hat bewußtgemacht, daß Kindheitsforschung und Frauenforschung ihre Zielgruppen auch selbst konstruieren. Wider allen Augenschein und wider unsere alltägliche Erfahrung sollen die Gegenüberstellungen Kindheit und Erwachsensein ebenso wie Weiblichkeit und Männlichkeit nicht einfach von Natur aus so vorhanden, sondern von uns selbst gemacht sein.

Für die Grundschul- und Kindheitsforschung ist es relativ unspektakulär, darüber nachzudenken, welche Bilder vom Kind sie sich in ihren verschiedenen Ansätzen macht. Das Postulat vom Verschwinden der Kindheit von Neill Postman[12] beispielsweise konnte ihr wenig anhaben. Die Frauenforschung hingegen ist im Mark getroffen. Einige ihrer - ja durchaus - verschiedenen

---

[10] vgl. Prengel, Annedore: Pädagogik der Vielfalt - Verschiedenheit und Gleichberechtigung in Interkultureller, Feministischer und Integrativer Pädagogik, Opladen 1995.

[11] Ramseger, Jörg: Gibt es eine eigenständige Grundschulforschung?, in: 3. Fachtagung zur Grundschulforschung, Universtität-Gesamthochschule Kassel 1994, S. 8-22.

Tillmann, Klaus-Jürgen (Hg.): Jugend weiblich - Jugend männlich, Opladen 1992.

[12] Postmann, Neill: Das Verschwinden der Kindheit, Frankfurt/Main 1987.

Emanzipationsutopien wollen, um die Unterdrückung der Frauen aufzuheben, die sogenannte binäre, zweigeschlechtliche weiblich-männliche Struktur aufheben. Mit dieser Logik würden sie sich aber das Problem einhandeln, daß sie ihren eigenen Forschungsgegenstand und damit auch sich selbst abschaffen. Aber kann das ein Ziel feministischer Politik sein?[13] Denn zur Zeit stellt grundschulspezifische Frauenforschung immer noch ein spannendes Forschungsfeld mit großen, erst noch zu erforschenden Gebieten dar. Bei vielen Fragen steht sie erst am Anfang. Aber, so notwendig Frauenforschung ist, wir kommen auch nicht umhin, uns der grundlegenden Reflexion unserer Forschungsvoraussetzungen zu stellen. Sonst werden wir dogmatisch und borniert, ergehen uns in Empörung statt zu argumentieren, beschränken uns durch Selbstbehauptung, statt uns durch Selbstreflexion zu erweitern.

Darum möchte ich zunächst Aspekte der beobachtenden Vernunft[14] unter die Lupe nehmen und zunächst in aller Kürze über Erkenntnisprozesse selbst nachdenken.

II. Fragmente zur Theorie der Perspektivität

1. Ein Geschenk der Physik an die Philosopie

Beide, Frauenforschung und Grundschulforschung, haben im Spektrum erziehungswissenschaftlicher Forschung - gerade von ihrer relativen Außenseiterposition aus - sehr an Einfluß und Aussagekraft gewonnen. Es ist unumstrittene Leistung der Grundschulforschung, ein Wissen darüber gesammelt zu haben, daß in Grundschulen heute eine für alle Schulformen interessante Mischung aus Wissenschafts- und Kindorientierung im Unterrichtsalltag praktisch entwickelt wird und es ist unumstrittene Leistung der Frauenforschung, ein Wissen darüber gesammelt zu haben, daß Geschlechterverhältnisse alle Bildungsprozesse beeinflussen. Auf dem Hintergrund dieser erst einmal sicheren Plattform aus Wissen und Konsens möchte ich Fragmente aus einem offenen, experimentellen Prozeß des Nachdenkens über beobachtende Vernunft zur Diskussion stellen.

Im Jahr 1985 zeigte der Philosoph Francois Lyotard im Centre Pompidou in Paris in der Ausstellung „Les Immateriaux“ das Foto eines Blattes Papier unter dem Elektronenmikroskop[15]. Die Realität unserer ganz glatten ebenen Pa-

---

[13] Gildemeister, Regine: Die soziale Konstruktion von Geschlechtlichkeit, in: Ilona Ostner u. Klaus Lichtblau (Hg.): Feministische Vernunftkritik. Frankfurt/Main.1992, S. 220-253.

[14] Moravia, Sergio: Beobachtende Vernunft, Philosophie und Anthropologie der Aufklärung Frankfurt/ Berlin/ Wien 1977.

[15] Les Immateriaux, Album et Inventaire, Centre Georges Pompidou, Paris 1985.

pierblätter, über die ein Stift mühelos wie ein Schlittschuh gleitend rutscht, ist verschwunden. An ihre Stelle ist die Realität eines wilden, tief zerklüfteten Haufens Äste getreten, der unserem vertrauten Papier nicht mehr gleicht! Wer hätte nun recht: eine, die behauptete, Papier habe eine regelmäßig geschlossene Oberfläche oder eine, die behauptete, Papier habe gar keine Oberfläche, sondern sei ein Gestrüpp aus unregelmäßigen Fasern?

Der Bogen läßt sich noch viel weiter spannen, wenn wir von der Welt der für uns nicht mehr faßbaren Kleinheit in kosmische Dimensionen zu schauen versuchen. Der Astronaut Aleksei Leonow machte nach seinem Flug durch den Weltraum folgende Tagebuchaufzeichnung:

> „Was mich am meisten erstaunte war die Stille. Eine unvorstellbare Stille, wie sie auf der Erde niemals vorkommt. Eine Stille - so tief und vollständig, daß man den eigenen Körper zu hören beginnt: wie das Herz kämpft und die Adern pulsieren, man vernimmt sogar das Rauschen von Muskelbewegungen. Und am Himmel gab es mehr Sterne als ich mir hatte vorstellen können. Der absolut schwarze Himmel wurde vom Widerschein der Sonne leicht erhellt .... Die Erde war so klein, blau und rührend einsam - unsere Heimstatt, die wir erhalten müssen ... Sie erschien vollkommen rund. Ich glaube, mir ist nie so recht klar geworden, was 'rund' heißt, bis ich die Erde aus dem Kosmos gesehen habe“ [16].

Der Astronaut sieht unsere vielgestaltige Erdoberfläche als glatte Rundung. Und in der Stille ist sein Ohr geschärft für die Körpergeräusche, die wir normalerweise nicht wahrnehmen. Der andere Standpunkt produziert andere Wahrnehmungen!

Auch eine aus vorindustrieller Zeit stammende orientalische Sufi-Geschichte erzählt - auf ihre Weise - von den Möglichkeiten und Grenzen der Erkenntnis: Ein Wanderzirkus bringt in seinem Zelt einen unbekannten Gegenstand in eine Stadt. Die neugierigen Bürger tasten sich im dunklen Zirkuszelt an den fremden Gegenstand heran: „Der eine bekam den Rüssel des Elephanten zu fassen und meinte folglich, das Tier müsse einer Wasserpfeife ähneln, der zweite erfühlte ein Ohr und schloß, es sei eine Art Fächer, der dritte, der ein Bein anfaßte, konnte es nur mit einer lebenden Säule vergleichen und der vierte schließlich, der seine Hand auf den Rücken des Elephanten legte, war überzeugt, eine Art Thron vor sich zu haben“[17].

2 000 Jahre liegen zwischen den Geschichte von den verschiedenen Wahrnehmungsperspektiven auf den Elefanten und dem Blick durch das Elektronenmikroskop und dem Blick aus dem Kosmos. Bild, Tagebuchaufzeichnung

---

[16] Kelly, Kevin W. (Hg.): Der Heimatplanet, Frankfurt: Zweitausendeins-Versand 1989, S. 24.

[17] Shah, Idries: Die Sufis, Düsseldorf/Köln 1981, S. 41.

und Geschichte verdeutlichen, daß wir, wenn wir wahrnehmen und erkennen, stets einiges im Blick haben und anderes nicht. Jeder Blick in die Welt macht sichtbar und läßt unsichtbar. Wenn man nur einen kleinen Teil möglicher Perspektiven auf die Welt mit ihren gar nicht auf einmal faßbaren Unterschieden Revue passieren läßt, könnte man das sichere Gefühl für die reale Materialität verlieren. Der Begriff, der diese existentielle Tatsache meines Erachtens präzise faßt, ist der Begriff der „Perspektivität". Über Perspektivität nachzudenken ist faszinierend, denn dieser Begriff, der ursprünglich in der Kunst und in naturwissenschaftlichen Theorien (u.a. Optik, Geometrie und Relativitätstheorie) entfaltet wurde, ist zugleich geeignete Metapher für seelische, soziale und geistige Wahrnehmungsweisen[18]. Der Sozialwissenschaftler George Herbert Mead betont diesen Zusammenhang, wenn er sagt, Perspektivität sei das unerwartete Geschenk der Physik an die Philosophie[19].

Nach einem gedanklichen Ausflug in im großen wie im kleinen sehr ferne Wahrnehmungsweiten läßt sich wieder Boden unter den Füßen gewinnen, wenn wir uns wieder in die in unserem Horizont liegende Perspektive der Frauen- und Grundschulforschung mit ihren Möglichkeiten und Grenzen begeben. Es ist das Verdienst der pädagogischen Frauenforschung, in den letzten 20 Jahren die androzentrische Limitiertheit der Perspektiven der meisten erziehungswissenschaftlichen Strömungen bewußt gemacht zu haben. Die grundschulbezogene[20] Frauenforschung hat begonnen, neue Perspektiven auf die Sozialisation von Mädchen, aber auch von Jungen zu eröffnen und aus dieser Sicht die soziale Kategorie Geschlecht als Erklärungsansatz für vielfältige Geschehnisse in der Grundschule heranzuziehen.

2. Zur Kritik der Authentizität

Zur genaueren Klärung der Bedeutung von Perspektivität für die Frauenforschung eignet sich der Holzschnitt von Albrecht Dürer[21] „Der Zeichner des

---

[18] Mead, George H.: Philosophie der Sozialität. Aufsätze zur Erkenntnisanthropologie, Frankfurt 1969 S. 213 ff, W. Kambartel: Perspektive II. Kunst, in: Joachim Ritter und Karlfried Gründer (Hg.): Historisches Wörterbuch der Philosophie, Darmstadt 1989, S. 375-377.

Mommsen, Wolfgang J.: Der perspektivische Charakter historischer Aussagen und das Problem von Parteilichkeit und Objektivität historischer Erkenntnis, in: Reinhart Koselleck (Hg.): Objektivität und Parteilichkeit, München 1977, S. 41-44.

[19] Mead, G.H. a.a.O. S. 215.

[20] Pfister, Gertrud und Renate Valtin (Hg.): Mädchen Stärken. Probleme der Koeduktion in der Grundschule, Frankfurt 1993.

[21] Dürer, Albrecht: Die kunsttheoretischen Werke Bd. I: Underweysung der Messung, herausgegeben von A. Jaeggli und M. Steck, Zürich 1969, zitiert nach: Kutschmann, Werner: Der Naturwissenschaftler und sein Körper, Frankfurt 1986, S.21-27.

liegenden Weibes“ aus der ersten Hälfte des 16. Jahrhunderts, einer Zeit, in der die systematische Auseinandersetzung mit der Frage der Perspektivität in der Malerei hoch in Blüte stand.

In den Anfängen der Frauenforschung wurde dieses Bild gern benutzt, um das androzentrische Weltbild der okzidentalen Wissenschaft zu veranschaulichen. Der mit den Insignien der Definitionsmacht ausgestattete Mann entwirft mit Hilfe seines trennenden Rasters ein Bild von der jenseits der Scheibe liegenden Frau, die selbst schweigt. Auf eindrucksvolle Weise bringt das Bild die klassische polarisierende Geschlechterkonstruktion der bürgerlichen Gesellschaft zum Ausdruck: Weiblichkeit assoziiert mit Passivität, Emotionalität, Materie und Ohnmacht, Männlichkeit assoziiert mit Aktivität, Rationalität, Form und Macht. Anhand des Bildes lassen sich für Frauenforschung maßgebliche Veränderungsvorstellungen aufzeigen. Solche Emanzipationsvorstellungen richten sich an Frauen und an Männer. Sie wünschen zum Beispiel, der Mann solle sein durch patriarchale Entwürfe und Wahrnehmungsraster geprägtes Frauenbild aufgeben und beginnen, Frauen so wahrzunehmen, wie sie wirklich sind. Frauen sollten sich aus der zugewiesenen Objektrolle lösen und endlich ihr eigenes weibliches Leben leben. Eine andere, jüngere Richtung der Frauenforschung, ihre Variante der Geschlechterforschung, wünscht nun, wie eingangs erwähnt, die Aufhebung einer jeden Zweiteilung in weiblich und männlich, stört sich an Zweigeschlechtlichkeit als Grundstruktur überhaupt und entwirft alle Menschen grundsätzlich nur noch als Individuen. Diese Denkweise ist als Utopie von emanzipatorischer Politik und Pädagogik außerordentlich populär. Sie wird damit begründet, daß Zweigeschlechtlichkeit in all ihren Formen stets eine konstruierte Denk- und Handlungsfigur sei. Weil sie Konstruktion sei, und weil Differenz automatisch Hierarchie nach sich ziehe, müsse sie aufgegeben werden - so die innere Logik[22] des zentralen feministisch-konstruktivistischen Arguments.

Eine solche Denkweise legt, im Bild gesprochen, nahe, Frauen, auch Männer, könnten, wenn sie sich erst von den ihnen zugewiesenen Plätzen erhoben und die, sie wie eine Trennscheibe auseinanderhaltenden, Konstruktionen der Geschlechterdifferenz und -hierarchie zerstört hätten, zu ihrem authentischen Leben als Individuen finden und in einer unendlich freien, nicht mehr nur auf die zwei Möglichkeiten weiblich und männlich reduzierten geschlechtlichen Selbstverwirklichung leben. Für die Erziehungswissenschaft einschließlich ihrer Teildisziplin Grundschulpädagogik ebenso wie für die pädagogische Frauenforschung sind Utopien wichtig, weil sie helfen können, Erziehungsziele zu finden und zu begründen. Und selbst für eine feministische Pädagogik,

---

[22] Zusammenfassend vgl.: Prengel, Annedore: Wer sagt, daß Mädchen Mädchen sind....? Forschen und Erziehen im Wissen um die Widersprüche der Geschlechterverhältnisse, in: Marlies Hempel (Hg.): Verschieden und doch gleich. Schule und Geschlechterverhältnisse in Ost und West, Bad Heilbrunn 1995, S. 14-26.

die es ablehnt, stellvertretend für eine jüngere Generation die Lebensziele zu bestimmen, ist es im eigenen Interesse unverzichtbar, eine klare Position zu dieser Problematik zu finden und zu begründen. Es stellt sich also die Frage, ob sich Ziele der Frauenforschung an einer solchen Utopie orientieren können.

Aber ist nicht die Idee eines endlich authentischen, nicht konstruierten Denkens und Handels der Frauen und Mädchen illusionär? Wir können nicht nicht konstruieren. Wir können auch nicht bestimmen, wie wir konstruieren. Es gibt keinen unmittelbaren Zugang zur Realität der Welt. Diese ist, wie bereits die wenigen oben genannten Beispiele zeigen konnten, so vieldimensional, daß menschliches Wahrnehmungsvermögen immer nur Ausschnitte erfassen kann und diese Ausschnitte auch noch nach den, den Vorerfahrungen entsprechenden Gestalten interpretiert[23].

Ich meine, selbst wenn wir kritisieren, konstruieren wir. Kritik ist immer kritisch-konstruktiv! Sicher können wir Gedankengebäude kritisch auseinandernehmen, aber damit entledigen wir uns lediglich einer bestimmten Konstruktion oder Konstruktionsweise, nicht aber der Konstruiertheit überhaupt! Dekonstruktion ist selbst immer zugleich Konstruktion! Es gibt keine quasi neutrale Dekonstruktion von neutralem übergeordnetem Orte aus. Denn, wenn ich ein Gedankengebäude, wie zum Beispiel patriarchale Weiblichkeitsbilder, dekonstruktiv auseinandernehme, benutze ich dazu Werkzeug und die Art des Werkzeugs bestimmt die Größe und Beschaffenheit der Teile, die bei der Zerstörung des Ganzen entstehen. Auch ein Trümmerhaufen hat Strukturen, hat regelmäßig wiederkehrende Muster ausgebildet, selbst wenn sie den ehemaligen Bewohnern des Hauses, die noch an die alte Struktur gewöhnt sind, so fremd ist, daß sie alles nur als Chaos empfinden. Die Strukturen des dekonstruierten Materials sind abhängig von den Instrumenten der Dekonstruktion. Am Beispiel des Blattes Papier läßt sich zeigen: Die Struktur des zerstörten Materials hängt beispielsweise davon ab, ob ich es mit der Schere zerschneide zu vieleckigen, kantigen Schnipseln, mit den bloßen Händen zerreiße zu ausgefransten Fetzen, durch Wasser aufweiche in gequollene Fasern, durch Feuer verbrenne zu Asche und Rauch oder, um das Beispiel optisch durchzuspielen, ob ich mit bloßem Auge eine glatte Fläche, mit einer Lupe eine feine Oberflächenstruktur oder mit dem Elektronenmikroskop eine zerklüftete grobe Faserstruktur erkenne.

Eine Perspektive ist produktiv und eröffnet den Zugang zur Welt, denn sie schafft Möglichkeiten des Sehens und Handelns und eine Perspektive beinhaltet die Begrenztheit eines jeden einzelnen Zugangs zur Welt, denn sie macht jeweils nur bestimmte Denk- und Handlungsweisen möglich und andere nicht. Wir haben nicht die Wahl einer quasi neutralen oder endlich authentischen

---

[23] Lenk, Hans: Interpretationskonstrukte, Frankfurt 1993. Ich danke Eduard Kleber für mündliche Hinweise zu diesem Problem.

Annäherung! Wir können uns der Welt nur annähern in einem Wahrnehmungsmodus, wir können nur kritisch analysieren mit wie auch immer beschaffenen analytischen Kategorien, wir können uns nur verständigen durch Zeichensysteme. Ohne einen Modus, also ohne eine Art und Weise von Wahrnehmung, von Analyse, von Kritik und von Mitteilung können diese nicht praktiziert werden. Eine Sicht auf die Welt ohne eine - wie auch immer geartete Perspektive - mit je spezifischem Potential und je spezifischer Limitierung ist unmöglich. Ohne Perspektive sein, hieße weder wahrnehmen noch handeln zu können und hieße nicht, über den perspektivischen Begrenzungen stehen und alles sehen zu können. Das wäre, wenn man so will, die Gottesperspektive, die Vorstellung, Gottes Auge sieht alles, ohne Standpunkt und ohne Gesichtpunkt. Überall zugleich zu sein und in einem Nu Einblick in alle Ebenen zu haben, ist nicht denkbar. Es bleibt also nur die Wahl, daß Frauenforschung bewußt ihre Perspektiven wählt und einnimmt und sich um deren jeweilige Limitierungen nicht herummogelt.

Perspektivität[24] ist ein faszinierendes Schlüsselwort, weil es weder dunkel und nebulös, noch arrogant und besserwisserisch, noch skeptisch und pessimistisch, noch optimistisch und idealisierend ist, und auch nicht rationalitätskritisch als das ganz Andere der Vernunft daherkommt. Die Denkfigur der Perspektivität läßt anderes anders sein, ohne daß es sich als das weibliche ganz Andere stilisieren muß. Im folgenden Abschnitt möchte ich nun die Frage nach der Bedeutung von Perspektivität in der weiblichen Sozialisation und dem Verhältnis von Frauen und Mädchen zur Perspektivität aufwerfen.

3. Weibliche Sozialisation und Perspektivität

Wissen um Perspektivität enthält implizit zugleich ein Wissen um Mehrperspektivität. Die Pluralität der Perspektiven macht es möglich, über eine Perspektive hinauszukommen, indem man abwechselnd verschiedene Perspektiven einnimmt und so ein umfassendes Bild vom untersuchten Gegenstand gewinnt. In wissenschaftlichen und in alltäglichen Kommunikationsprozessen gelten solche Aussagen als wahr, die von mehreren Menschen aus mehreren Perspektiven für richtig gehalten werden. In diesem Sinne gilt ebenso, Konstruktion ist auch Kokonstruktion[25].

Frauenforschung kann für sich in Anspruch nehmen, der Pluralität von Perspektiven besondere Aufmerksamkeit zu schenken. Gabi Abels stellt in ihrer zusammenfassenden Analyse von Methoden der Frauenforschung fest, daß die

---

[24] vgl. zur Einführung in Perspektivitätstheorien: König, G.: Perspektive, I. Philosophie, Theologie, Geistes- und Naturwissenschaften,: in: Joachim Ritter und Karlfried Gründer (Hg.): Historisches Wörterbuch der Philosophie, Darmstadt 1989, S. 363-375.

[25] Edelstein, Wolfgang und Monika Keller (Hg.): Perspektivität und Interpretation. Beiträge zur Entwicklung sozialen Verstehens, Frankfurt 1982.

Frauenforschung neben der Anstrengung, den Forschungsgegenstand zu erfassen, sich besonders darum bemüht, die eigene Perspektive einer kritischen Analyse zu unterziehen. Frauenforschung beansprucht damit nicht, mit besonderen weiblichen Forschungsmethoden zu arbeiten, aber sie gibt der sozialwissenschaftlichen Forschung insgesamt Anstöße zu verstärkter mehrperspektivischer Reflexion. Frauenforschung hat, so Gabi Abels, zum Anwachsen all jener Ansätze geführt, die die Reflexion der Forschungsperspektive und der Anteile der Forschenden selbst praktizieren[26]. Manche Ergebnisse der Frauenforschung heben hervor, daß weibliche Sozialisation bei Mädchen und Frauen eine besondere Affinität zur Mehrperspektivität bewirkt. Manche Autorinnen sprechen Frauen zu, „in alle Richtungen zugleich" zu sehen[27]. Interessant ist an dieser Stelle auch die Rede von der Fähigkeit der Mädchen und Frauen zur Perspektivübernahme. Wenn es diese Fähigkeit gibt, und einiges spricht ja dafür, dann, so erklären manche Feministinnen, haben Frauen das gerade als Unterdrückte gelernt, denn historisch waren sie, um im Rahmen von patriarchalen Herrschaftsstrukturen zu überleben, gezwungen, die Absichten der Herrschenden zu antizipieren und das heißt, erkundend deren Perspektive einzunehmen[28]. Mädchen wird in der nach wie vor in Familien und Grundschulen verbreiteten geschlechtsspezifischen Sozialisation vermittelt, daß sie eher Wert erlangen können, wenn sie für andere sorgen, als wenn sie für sich selbst sorgen. Auf diese Weise lernen auch junge Generationen von Frauen, habituell die Sichtweisen anderer zu antizipieren. Mit der Fähigkeit, zwischen verschiedenen Perspektiven zu wechseln, in viele Richtungen zu denken, geht zugleich ein Problem einher, nämlich die Unfähigkeit, die eigene Perspektive durchzuhalten und offen zu den eigenen vitalen Interessen zu stehen. Aus diesen widersprüchlichen Wirkungen weiblicher Sozialisation geht, so ist festzuhalten, ein in Forschungsprozessen außerordentlich gewinnbringendes Vorgehen hervor. Denn wenn die Einflüse der Forschungsperspektive auf die Forschungsergebnisse mitanalysiert werden, steigert sich der Forschungsertrag.

III. Perspektiven feministischer Grundschulforschung

1. Frauen- und Geschlechtererforschung - Eingrenzung von Fragestellungen

Wie die Elefantengeschichte illustriert, leiden viele unproduktiv polarisierende Debatten darunter, daß die Abhängigkeit der Ergebnisse vom Gesichtspunkt

---

[26] Abels, Gabi: Zur Bedeutung des Female-Stream für die Methodendiskussion in den Sozialwissenschaften, in: Soziologie 1/1993, S. 6-17.

[27] Nölleke, Brigitte: In alle Richtungen zugleich, München 1985.

[28] Benjamin, Jessica: Die Fesseln der Liebe, Basel/ Frankfurt 1990.

der Forschenden nicht berücksichtigt wird. So halte ich zum Beispiel den Streit, ob sich Mädchen und Jungen eher gleichen oder eher unterscheiden für verfehlt[29]. Denn wenn ich zwei Menschengruppen - Mädchen und Jungen oder auch Ossis und Wessis - beschreibe, kann ich verschiedene Perspektiven einnehmen: Wenn ich nach Gemeinsamkeiten frage, erhalte ich ein Ergebnis, das Gemeinsamkeiten herausgefiltert hat. Wenn ich nach Gruppenunterschieden frage, erhalte ich ein Ergebnis, das die Gruppenunterschiede hervortreten läßt. Frage ich schließlich nach individuellen Unterschieden innerhalb einer jeden Gruppe, so werde ich solche finden. Und alle Ergebnisse können gleichzeitig wahr sein, weil es universelle Gemeinsamkeiten aller Kinder, kollektive Gemeinsamkeiten der einzelnen Gruppierungen und individuelle Differenzen gibt, die aus den unterschiedlichen Perspektiven transparent werden und die nicht ohne weiteres gewichtend verglichen werden können, weil sie in verschiedenen Hinsichten gültig sind. Vorhaben der Frauenforschung in Grundschulen haben also, wie alle Forschungen, Entscheidungen über die Eingrenzung ihrer Fragestellungen sowie ihre Untersuchungsgegenstände und deren Reichweite zu fällen. Untersuchungseinheiten[30] können sehr verschieden sein, wie die folgende Aufzählung zeigt:

- die Szene einer einzelnen Interaktionssequenz
- Kinderverhalten in einer Unterrichtsstunde
- die Biographie eines einzelnen Mädchens
- die Mädchen einer Klasse
- die Jungen einer Klasse
- Mädchen und Jungen einer Klasse einschließlich der verschiedenen Kulturen angehörenden sowie der behinderten und nichtbehinderten Kinder
- Mädchen und Jungen beziehungsweise Mädchen und Jungen einer Schule, eines Ortes, einer Region, eines Bundeslandes, eines Staates
- bis hin zum am weitesten generalisierenden Blick auf alle Kinder dieser Erde im Primarschulalter.

Wissenschaftliche Auseinandersetzungen gibt es auch in der Frauenforschung über die Möglichkeiten, Rückschlüsse von einer Ebene auf die andere zu ziehen. Kann ich Beobachtungen, die auf der Ebene von Einzelfällen gemacht worden sind, übertragen auf große Untersuchungseinheiten, die sehr viele oder

---

[29] vgl. zum Beispiel: Nunner-Winkler, Gertrud (Hg.): Weibliche Moral. Die Kontroverse um eine geschlechtsspezifische Ethik, Frankfurt/New York 1991. Beck, Gertrud und Gerold Scholz: Soziales Lernen in der Grundschule, Reinbek 1995, S.67

[30] vgl. Friebertshäuser, Barbara und Annedore Prengel (Hg.): Handbuch qualitative Forschungsmethoden in der Erziehungswissenschaft, Weinheim und München 1996.

gar alle Kinder umfassen? Und umgekehrt: Können empirische Daten, die aus der Untersuchung riesiger Stichproben gewonnen worden sind, bei Aussagen über konkrete Einzelfälle aussagekräftig sein? Wesentlich ist, daß ich die Untersuchungseinheit und -fragestellung bewußt wähle und kläre, welche Art von Erkenntnissen auf einer jeden Untersuchungsebene möglich ist. WissenschaftlerInnen, die große repräsentative Stichproben untersuchen, leisten es, tendenziell allgemeine, Mehrheiten betreffende Trends hinsichtlich weniger Facetten, zum Beispiel der Koedukation, herauszufinden. WissenschaftlerInnen, die qualitative Untersuchungen anhand von kleinen Stichproben oder wenigen Einzelfällen durchführen, können komplexe sehr facettenreiche Zusammenhänge von Koedukation erkunden und dann versuchen Generalisierungen herzustellen. Dabei darf man nicht vergessen, daß in die quantitativen Untersuchungen qualitative Interpretationen eingehen und daß in qualitativen Untersuchungen auch quantitative Methoden angewendet werden. Ein Methodenmix aus Teiluntersuchungen mit verschiedenen methodischen Ansätzen bringt ohnehin in vielen Fällen die aussagekräftigsten Ergebnisse. Eine allzu simpel kontrastierende Gegenüberstellung der beiden zentralen Forschungsstrategien ist natürlich sinnlos[31].

2. *Frauenforschung als Praxisforschung*

Ich möchte nun neben diesen im engeren Sinne wissenschaftlichen Forschungsansätzen eine weitere Form der Forschung behandeln. Zusätzlich zu quantitativen und qualitativen Untersuchungsperspektiven ist der für feministische Grundschulforschung bedeutende Zweig der Praxisforschung zu nennen. Praxisforschung lebt davon, daß die in der Praxis Tätigen selbst eine forschende Haltung einnehmen und Beobachtungen in ihrem Arbeitsfeld machen, um Erkenntnisse über bestimmte Kinder in einer bestimmten Klasse in einer bestimmten Schule zu sammeln mit dem Ziel, eine für diese Kinder in dieser Situation angemessene pädagogische Praxis zu gestalten[32]. Die Frauenschulforschung, auch im Primarbereich, verdankt der selbstevaluativen Forschung von Praktikerinnen einen großen Teil ihrer Substanz[33]. Für Grundschulforschung und für Frauenforschung kommt darum in den letzten Jahren, so meine These, der Praxisforschung eine besondere Bedeutung zu. Innovative

---

[31] vgl. Oswald, Hans: Was heißt qualitativ forschen? Eine Einführung in Zugänge und Verfahren, in: Prengel/Friebertshäuser a.a.O.

[32] Eberwein, Hans und Johannes Mand (Hg.): Forschen für die Schulpraxis, Weinheim 1995; Altrichter, Herbert und Peter Posch: Lehrer erforschen ihren Unterricht, Bad Heilbrunn 1994; Stübig, Frauke: Schulalltag und Lehrerinnenbewußtsein, Weinheim und Basel 1995.

[33] vgl. zum Beispiel: Röhner, Charlotte: Das starke und das schwache Geschlecht. Projekte zum Umgang mit Geschlechtsrollenstereotypen, in: Pfister/Valtin a.a.O., S. 135-155.

Grundschulpädagogik und geschlechterbewußte Koedukation sind zu einem beträchtlichen Teil hervorgegangen aus einer vielfältig betriebenen Praxisforschung. Sie war sich ihrer selbst oft zwar nicht bewußt und wurde auch oft unsystematisch betrieben. Sie fand aber dennoch statt und führte zu weitreichenden und tiefgreifenden Veränderungen im Grundschulalltag von Mädchen und Jungen.

Feministische und reformpädagogische Grundschulinnovation sind zustande gekommen, weil zahlreiche Lehrerinnen „etwas gemerkt" haben. Die Anfänge der Öffnung von Unterricht werden u.a. in Fortbildungsveranstaltungen immer wieder so beschrieben, daß eine Lehrerin wahrgenommen hat, daß sie in ihrer ersten Klasse Kinder sitzen hat, die schon gut lesen können und solche, die noch keinen einzigen Buchstaben kennen. Läßt die Lehrerin diese Wahrnehmung zu, nimmt sie sie ernst und zieht sie Konsequenzen daraus, so entstehen innovative Ansätze. Andere Lehrerinnen verschließen sich diesem Eindruck und beharren auf dem einmal gelernten didaktischen Stil. Die Anfänge der feministischen Pädagogik werden immer wieder so beschrieben, daß eine Lehrerin wahrgenommen hat, daß sie Mädchen in ihrem Unterricht seltener zu Wort kommen läßt und daß sie sich Strategien ausdenkt, um Gerechtigkeit herzustellen, zum Beispiel immer Mädchen und Jungen abwechselnd dranzunehmen oder ähnliches. Andere Lehrerinnen hingegen sind bis zum heutigen Tag davon überzeugt, daß sich solche Geschlechterdifferenzen in ihren Klassen nicht finden. Gerade die Koedukationserfahrungen in Grundschulen sind geeignet zu belegen, daß auch Praxisforschung durch methodische Systematisierung nur gewinnen kann. Ich erinnere an die alten Forschungsberichte von Dale Spender[34]. Feministische Lehrerinnen hatten bewußt mehr Mädchen drangenommen und meinten, sie hätten jetzt den Mädchen viel mehr Redezeit gegeben als den Jungen. Das systematische Auszählen von Anzahl und Dauer der Redebeiträge ergab aber ein ganz anderes Bild: Die Mädchen hatten trotz des subjektiven Eindrucks, sie seien bevorzugt worden, immer noch weniger Redezeit zur Verfügung als die Jungen. Die methodischen Möglichkeiten von Praxisforschung sind vielfältig: Tagebuchschreiben, jemanden um teilnehmende Beobachtung und feed-back bitten, ausgewählte Phänomene der Interaktion systematisch auszählen, eine Gruppe als Spiegel für Falldarstellungen benutzen, Erfahrungen mit kreativen Medien und freien Assoziationen zum Ausdruck bringen, sich experimentell mit der Perspektive anderer, etwa einer Schülerin, identifizieren und viele andere mehr. Allen Methoden gemeinsam ist, daß die gewohnte Perspektive verlassen wird und bewußt für bestimmte Zeit eine andere Perspektive eingenommen wird, um so eine neue Sichtweise zu gewinnen. In der Regel ist systematisch in fünf Schritte zu trennen: Fragestellung eingrenzen, Material sammeln, so deskriptiv wie möglich beschrei-

---

[34] Spender, Dale: Frauen kommen nicht vor. Sexismus im Bildungswesen, Frankfurt 1985.

ben, danach interpretieren und schließlich zu neuen Handlungsweisen finden. Man kann in diesem Innovationen hervorbringenden Prozeß der Praxisforschung zum Beispiel auf das einzelne Kind, auf Mädchen oder Jungen, auf Mädchen und Jungen einer Kindergruppe, auf die Einzelschule usw. focussieren. Hinzu kommt dann noch als ein zentraler Inhalt von Praxisforschung, Wahrnehmung und Reflexion des Selbst der Lehrerinnen und Lehrer, der Lehrer-Schüler-Beziehung, der Beziehung der Lehrkräfte untereinander und des eigenen professionellen Handelns, auch mit den unbewußten Anteilen. Die Option für Mehrperspektivität in der pädagogischen Grundschul- und Geschlechterforschung hat Auswirkungen auf das Verhältnis der drei Forschungskonzeptionen, der eher quantitativ, qualitativ und selbstevaluativ orientierten Ansätze zueinander. Im Wissen um die Möglichkeiten und Grenzen einer jeden Perspektive können sie einander in ihren spezifischen Leistungen und Bedeutungen anerkennen und voneinander lernen, ohne hierarchisieren zu müssen. Das deklamatorische, ohne genaue Begründung pauschal verurteilende Reden vom Fliegenbeinzählen quantitativer Forschung, von der mangelnden Wissenschaftlichkeit qualititativer Studien oder auch von der Betriebsblindheit der Praktiker könnte gelassen werden. Kritik an den je spezifischen Schwachpunkten all dieser Ansätze könnte genau argumentieren und zur Optimierung eines jeden Ansatzes genutzt werden, nicht aber zur Profilierung des einen über die entwertende, oft gar vernichtende Kritik am anderen.

Die im Konzept der Mehrperspektivität enthaltene Anerkennung der eigenen Grenzen und der Potentiale der anderen minimiert nicht etwa die Erkenntnismöglickeiten, sondern steigert sie, da ich lerne, die Forschungsgegenstände von so vielen Seiten her kennenzulernen, statt zu behaupten, nur meine Seite sei die wahre Seite. Grundschulforschung und Frauenforschung brauchen alle drei Forschungsperspektiven, alle sind unverzichtbar. Einige Beispiele belegen: Es ist wichtig, Daten in großer Zahl zu erheben, um zu wissen, wieviele Kinder im ganzen Land in jedem Jahrgang geboren werden oder wieviele Mädchen und Jungen im ganzen Land in jedem Jahr nach Abschluß der Grundschule in welche Schulform überwechseln. Es ist genauso wichtig, vielfältige Zusammenhänge einer komplexen Situation zu erfassen, um zu wissen, wie sich in pädagogischen Teams die komplexen Kooperationsstrukturen entwickeln. Es ist genauso wichtig, die durch das kontinuierliche Involviertsein einer Lehrerin möglichen Analysen und pädagogischen Entwürfe aus ihrer Innensicht kennenzulernen, um zu wissen, wie Unterricht zustande kommt.

Ich komme zum Schluß: Wissen sammeln, die Welt erkunden wollen ist kein Vorrecht der Wissenschaftlerinnen und Wissenschaftler, auch nicht der Pädagoginnen und Pädagogen. Neugierde ist vielmehr ein Habitus, ohne den kein Mädchen, kein Junge aufwachsen kann, denn sie müssen jeden Tag unendlich viel neues lernen. Den Wissensdurst jedes Mädchens und jedes Jungen zu achten, zu pflegen und ihn, wo er schon verschüttet ist, wieder aufzuwecken, halte ich für eine wesentliche Aufgabe der Grundschulpädagogik.

Im Ansatz der mehrperspektivischen Didaktik nach Hiller, Giel und Duncker[35] findet sich ein Unterrichtskonzept, das Kindern vielfältige Zugangswege zu den Gegenständen des Sachunterrichts eröffnet. Grundschulforscherinnen wie zum Beispiel Astrid Kaiser[36] und Charlotte Röhner haben die unterschiedlichen Perspektiven von Mädchen und Jungen auf Unterrichtsgegenstände in ihren Projekten der bewußten Bearbeitung zugänglich gemacht. Mehrperspektivität ist aber weit über die didaktische Dimension hinaus zentral für den Bereich des sozialen Lernens. Der Morgenkreis ist ein zentrales Medium sozialer Mehrperspektivität in der Grundschule[37]. Ein schwer zu erreichendes Ziel sozialen Lernens in der Grundschule ist, die eigenen perspektivischen Empfindungs-, Sicht- und Handlungsweisen wahrzunehmen und sie zu verbalisieren. Je besser Mädchen und Jungen lernen, ihren je eigenen Empfindungen, Wünschen und Gedanken Ausdruck zu verleihen, desto besser werden sie selbst und die Lehrerinnen und Lehrer verstehen, wie sie sich gleichen und wie sie sich unterscheiden. Die Grundschulforscherin Olga Jaumann präzisiert in diesem Sinne, wie Lehrerinnen und Lehrer Konflikte der Mädchen und Jungen in Grundschulen bearbeiten helfen können.

> „Jedes Kind darf nur noch von sich selbst, seiner persönlichen Befindlichkeit und seinem Anteil an dem Streit sprechen. Dabei zeigt sich meist der eigentliche Kern des Streites. Je häufiger so verfahren wird, desto schneller finden die Kinder selbst heraus worum es eigentlich geht, zum Beispiel, daß sich einzelne Kinder von einem Kind dominiert fühlen oder daß ein Kind andere quält und beschimpft. Es stellt sich heraus, daß die so gekennzeichneten Kinder selbst unter ihrem Verhalten leiden. Da alle veranlaßt wurden, zunächst nur ihre eigene Befindlichkeit zum Ausdruck zu bringen und Schuldzuweisungen zu vermeiden, sind sie nun auch eher in der Lage, sich in die Situation der anderen zu versetzen. Gemeinsam kann dann nach Lösungen oder wenigstens Erleichterungen gesucht werden“ [38].

Der eigenen Perspektive inne werden ist auch für die Mädchen und Jungen in Grundschulen folgenreich. Sie lernen anerkennen, daß andere eine andere Perspektive haben, die einem selbst erst einmal fremd ist. Die Anerkennung solcher Fremdheit zwischen den Geschlechtern und auch innerhalb eines Geschlechts ist die Basis von wirklicher Verständigung. Und das gilt, wie ich schon andeutete auch für das Verhältnis zwischen Ost und West, oder für das

---

[35] vgl. z.B. Duncker, Ludwig und Walter Popp (Hg.): Kind und Sache, Weinheim und München 1996, darin weitere Literatur zur mehrperspektivischen Didaktik.

[36] Kaiser, Astrid: Hausarbeit in der Schule? Pfaffenweiler 1992.

[37] vgl. den Beitrag von Friederike Heinzel in diesem Band.

[38] Jaumann, Olga: Perspektiven der Grundschulpädagogik, in: Imbke Behnken und Olga Jaumann (Hg.): Kindheit und Schule. Kinderleben im Blick von Grundschulpädagogik und Kindheitsforschung, Weinheim und München 1995, S. 183-197.

Verhältnis zwischen verschiedenen wissenschaftlichen Strömungen. Wenn die eine weiß, daß die andere aus anderer Perspektive auf die Welt schaut, wächst die Fähigkeit, informativ von sich und eigenen Projekten zu erzählen und wirklich Informationen aufnehmend zuzuhören. Durch solche durchaus distanzierte wechselseitige Anerkennung der Forschenden entsteht - vielleicht - eine Gemeinsamkeit der Verschiedenen.

Astrid Kaiser

Die kleine Grundschule als mädchen- und jungengerechte Reformschule

1. Schulreform und pädagogische Frauenforschung

Die pädagogische Frauenforschung hat sich bislang stärker auf die Kritik der herkömmlichen koedukativen Schule mit ihren mädchenausgrenzenden Schulbüchern, den auf Jungen ausgerichteten Inhalten und von ihnen dominierten Interaktionen verlegt. Bisher liegen keine konstruktiven Utopien veränderter Schulen vor. Selbst die Ende der 80er Jahre auf „Frauen-und-Schule-Kongressen" vorgestellte und sehr kontrovers diskutierte Zielvorstellung feministischer Mädchenschulen ist über die geschlechtshomogene Zusammensetzung und die Forderung fortschrittlich-feministischer Ziele nicht hinausgelangt. Angesichts vielfältiger Sparmaßnahmen im Bildungswesen gibt es gegenwärtig kaum konkrete Ansatzpunkte oder Anlässe für Utopien neuer Schulkonzepte wie zur Zeit des Aufbaus von Gesamtschulen Anfang der 70er Jahre. Lediglich die „Volle Halbtagsschule" (Glumpler 1992) und vereinzelte private oder staatliche Versuche wie die Reformschule Kassel (Laging 1990) oder die Laborschule in Bielefeld (von Hentig 1993) eröffnen bislang Raum für schöpferische pädagogische Initiativen.

Die im Land Brandenburg entwickelte „Kleine Grundschule", die mehr aus den sinkenden Geburtenzahlen und dem pädagogischen Willen zu wohnortnahen Grundschulen als aus innovativen Motiven heraus geboren worden ist, gibt einen in der heutigen bildungspolitischen Landschaft seltenen Impuls, konzeptionell „Schule neu denken" (von Hentig 1993) zu können. Zunächst bedeutet die „Kleine Grundschule" nicht mehr - aber auch nicht weniger! - als die Erhaltung einer wohnortnahen Grundschule, auch wenn nach üblichen Klassenbildungserlassen die Zahl der Schülerinnen und Schüler nicht ausreicht, um eine einzügige, nach Jahrgangsstufen gegliederte Schule zu führen. In der konkreten Verwirklichung bedeutet dies, daß eine jahrgangsübergreifende Gruppierung der Schülerinnen und Schüler in die Wege geleitet wird. Damit steht die Organisationsform der Jahrgangsklasse deutlich zur Disposition. Dies heißt schulreformerisch auch, daß neue Spielräume entstehen und daß es sich lohnt, über alternative Konzepte von Grundschule neu nachzudenken. Hier soll dies aus der Perspektive der pädagogischen Frauenforschung geschehen, um die Chance schulischer Innovation auch für eine Veränderung des Geschlechterverhältnisses produktiv zu nutzen. Es wird also danach gefragt, welche Erkenntnisse der bisherigen schulpädagogischen Geschlechterforschung für eine Weiterentwicklung eines Grundschulreformansatzes fruchtbar gemacht werden können. Hier gibt es aber bislang nur vereinzelte punktuelle Anknüpfungsmöglichkeiten.

Wenn wir uns die Themen und Aspekte der bisher entwickelten bundesdeutschen pädagogischen Frauenforschung ansehen, dann wirkt das Spektrum nur auf den ersten Blick sehr breit. Es reicht von der Frage der Leistungskurswahl (Brehmer u.a. 1989) über Computerkurse (Schwarz u.a. 1993), von der Berufsorientierung (Lemmermöhle-Thüsing 1992) zur Schulbuchkritik (Fichera 1990), von den Unterrichtsinteraktionen (Enders-Dragässer/Fuchs 1989) zur Koedukationsdebatte (Kreienbaum 1992), von der Differenzfrage (Prengel 1990) zur Sozialisationstheorie (Bilden 1985), von der Analyse der Situation der Mütter (Enders-Dragässer 1981) bis hin zur Frage „Frauen und Schulleitung" (Winterhager-Schmid 1995), von der feministischen Kritik an den Fachwissenschaften (feminin-maskulin 1991) hin zu einzelnen fachdidaktischen Unterrichtsvorschlägen (ebd.). Nur auf den ersten Blick macht die konkrete Themenvielfalt der deutschsprachigen pädagogischen Frauenforschung einen umfassenden Eindruck. Wenn wir diese Themen aber genauer mit dem Fragehorizont der Schulpädagogik vergleichen, wird der noch bestehende Eklektizismus der Frauenforschung deutlich. Schon allein bei der Koedukationsdebatte wird die Ungleichheit der Geschlechter primär am Beispiel des mathematisch-naturwissenschaften Unterrichts thematisiert, aber nicht an den in der Geschlechterfrage auch deutlich - wenn auch in anderer Form - differenzierenden Fächern Sprachen oder Biologie (vgl. die Kritik bei Faulstich-Wieland 1991, S. 81). Erst der Blick auf den gesamten Fragehorizont der Schulpädagogik, hier verstanden als reformorientierte, sozialkritische und praxisanleitende Handlungswissenschaft (wie sie etwa in den Publikationen des Arbeitskreises Grundschule und in reformorientierten Zeitschriften im schulischen Kontext zu formulieren begonnen wird) macht deutlich, welche Fragestellungen die pädagogische Frauenforschung bislang dezent umschifft hat. Dies ist keineswegs eine sekundäre Frage. Wenn wir die Schule als Matrix institutioneller, personeller und sozialer Kräfte verstehen (Weiler 1988), in der und durch die das Geschlechterverhältnis reproduziert und verändert wird, dann können die klassischen Problemstellungen der Schulpädagogik keinesfalls irrelevant für die pädagogische Frauenforschung sein. Ich nenne hier nur einige Kernelemente, die bisher allenfalls marginal von der pädagogischen Frauenforschung angeschnitten wurden, jedoch nicht zu eigenen theoretischen Bereichen geworden sind:

- Allgemeine Didaktik und Bildungstheorie
- allgemeine Lehr-Lernforschung

- pädagogische Konzepte wie z.B. Selbsttätigkeit, handlungsorientiertes/erfahrungsoffenes/wissenschaftsorientiertes Lernen
- Unterrichtsmethoden
- das Verhältnis von Erziehung und Unterricht („erziehender Unterricht")

Auch einige neuere Denkansätze innerhalb der kritischen Schulpädagogik können wir in der pädagogischen Frauenforschung kaum finden, da diese stärker am Modell eines fächergegliederten Gymnasiums mit nur auf der Ebene *äußerer* Differenzierung liegenden schulpädagogischen Veränderungsperspektiven orientiert ist.

Nun ist auch unter Schulpädagogik keineswegs ein fest definierter gegenständlicher Rahmen zu sehen. Neuere reformorientierte Ansätze weisen gegenüber den - in sich ebenfalls heterogenen - klassischen Konzepten deutliche Erweiterungen des gegenständlichen Spektrums auf. Danach fehlt bei der pädagogischen Frauenforschung etwa der Diskurs über die Entschulungsdebatte, die Gestaltung und Öffnung des Schullebens, die ökologischen Dimensionierung von Schule, die neuere an Wagenschein orientierte Diskussion um optimales Lehren sowie über Reformutopien wie Ökopädagogik oder Community Education, welche letztlich die Frauenfrage fundamental - nicht allein auf der Seite des privaten Haushaltes - berühren. Insbesondere die Dimensionen der Grundschulpädagogik mit ihren stärker subjektbezogenen Kategorien, wie sie etwa in der grundschuldidaktischen Kindheitsdebatte (vgl. Faust-Siehl u.a. Hg. 1990) in einer die gesellschaftlichen Dimensionen integrierenden Sicht entwickelt wurden (vgl. Kaiser 1995), sind bislang kaum in den Blick pädagogischer Frauenforschung geraten. Allenfalls punktuell werden einzelne grundschulpädagogische Innovationen - wie z.B. die integrative Pädagogik (vgl. Prengel 1990b) - auch unter geschlechtsbezogener Perspektive gesehen. Diese punktuell entwickelten Ergebnisse wären aber bereits - bei gemeinsamer Betrachtung - geeignet, neues schulpädagogisches Denken aus der Perspektive pädagogischer Frauenforschung zu entwickeln. Zumeist sind deren Ergebnisse noch hypothetischer Art, aber die vielfältigen Einzelansätze scheinen sich durchaus zu einem aussagekräftigen hypothetischen Konstrukt zu verdichten, das hier am Beispiel der „Kleinen Grundschule" konkretisiert werden soll.

Wichtige andere Impulse für geschlechtsbezogene Aspekte der Schulreform sind - so meine Hypothese - zur Zeit sehr wohl auch aus den allgemeinen Diskursen der Schulpädagogik zu entwickeln. Dies wirft zunächst die Frage auf, ob explizit nicht auf die Geschlechterfrage bezogene Theorien und Konzepte überhaupt für diese fruchtbar gemacht werden können. Ich gehe in diesem Zusammenhang davon aus, daß Geschlechterkulturen keine dualen Systeme sind, sondern hierarchisch verzerrte polare Spektren eines gemeinsamen gesellschaftlichen Zusammenhangs. Deshalb ist es denkbar, daß wir auch in der ohne die Geschlechterperspektive berücksichtigenden schulpädagogischen Forschung Ansatzpunkte für eine „geschlechtssymmetrische Didaktik" (verstanden im Sinne von Ilse Lenz [1990] als Verschiedenheit der Geschlechter ohne Hierarchie) finden. Nach dem bisherigen Stand der pädagogisch relevanten Geschlechtskulturenforschung scheinen diejenigen schulpädagogischen Prinzipien besonders ertragreich zu sein, die mehr ganzheitliche und subjektnahe Strukturen und Prozesse sowie generell auf Verschiedenheit angelegte Prinzipien thematisieren. Pädagogische Frauenforschung kann aber auch ein wichtiges Korrektiv für die Reformpädagogik insgesamt werden, wenn sie die darin eingeschlossene Begrenzung der Fragestellung auf pädagogisch-methodische Fragen (vgl. zur Kritik Hänsel 1989, S. 34) transzendiert und den Blick auf das Gesellschaftliche des weiblichen Lebenszusammenhanges lenkt. Eine derart verstandene Reformpädagogik kann nicht ohne die Perspektive der gesellschaftlichen Veränderungen von Schule und den Geschlechterverhältnissen gesehen werden. An dieser Stelle erhalten die reformpädagogisch begründeten Initiativen in Richtung auf eine Ganztagsschule oder „Volle Halbtagsschule" (vgl. Glumpler 1992) ihren Stellenwert auch in den schulpolitischen Tagesfragen und sind gleichzeitig pädagogische Zwischenschritte, die bedeuten können, daß die Kinder mehr Zeit beim Lernen gewinnen und die Mütter mehr Raum für ihr Leben.

Ich betrachte den Stand der Schulpädagogik zusätzlich selektiv, indem ich vor allem solche Fragestellungen beachte, die eine lebendige kindgerechte Schulreform zu entwickeln beanspruchen und wähle dabei diejenigen Aspekte aus, die mit den Fragestellungen einer geschlechtssymmetrischen Bildungstheorie eher korrespondieren. M.E. sind die folgenden Prinzipien für die pädagogische Frauenforschung aus dem gegenwärtigen Entwicklungsstand der Schulpädagogik besonders relevant:

- Allgemeindidaktik
- Öffnung der Schule für lebensweltliche Erfahrungen (dabei insbesondere Schulleben als Schulreformprinzip)
- Veränderung der Inhalte
- Theorien des heimlichen Lehrplans
- Veränderungen der sozialen Beziehungen und bezogen auf die Unterrichtstheorie
- innere Differenzierung als Unterrichtsprinzip
- Gruppenarbeit als Sozialform des Lehrens und Lernens
- problemorientiertes Lernen
- Abkehr vom expansionistischen Lernmodus/ veränderter Zeitbegriff beim Lernen

Lediglich die Debatte über den heimlichen Lehrplan ist auf die unterrichtlichen Interaktionen bezogen von der pädagogischen Frauenforschung aufgegriffen und weiterentwickelt worden (Enders-Dragässer/Fuchs 1989). Die Frage der Veränderung der Inhalte ist bislang sehr äußerlich im Hinblick auf das in Schulbüchern vermittelte Frauenbild behandelt worden. Ulrike Fichera beginnt aber schon seit einigen Jahren (Fichera 1990) die Schulbuchkritik zu allgemeindidaktischen Fragen weiterzuentwickeln. Auch andere theoretische Gedankenansätze zur Entwicklung eines feministischen Allgemeinbildungskonzeptes liegen bereits vor (vgl. B. Schaeffer-Hegel 1987, H. Ortmann 1990). Ansatzweise sind aus der feministischen Naturwissenschaftskritik erste Fragedimensionen eines veränderten curricularen Ansatzes aufgeworfen worden (Fox Keller 1986). Insgesamt sind diese allgemeinen schulpädagogischen Dimensionen noch nicht systematisch aus der Perspektive der pädagogischen Frauenforschung aufgearbeitet worden.

Generell implizieren meine Fragestellungen, die Allgemeindidaktik derart weiterzuentwickeln, daß der weibliche Lebenszusammenhang als gleichwertig anerkannt wird, so daß beide Geschlechter curricular verbindlich repräsentiert sind. Für konkreten Unterricht heißt dies, daß im Spektrum von Einheitlichkeit und Differenzierung gerade für Jungen besonders Anregungen in Richtung der Lernmöglichkeiten aus dem weiblichen Lebenszusammenhang ermöglicht werden und umgekehrt für Mädchen in einer neu definierten „gezielten Ungleichbehandlung" (Schefer-Vietor 1990, S.157) geschlechtsuntypische Kompetenzen wie der Umgang mit Macht oder öffentliches Auftreten besonders gefördert werden können. Dies spricht nicht gegen die gleichzeitige Förderung der Entwicklung eigener geschlechtlicher Identität in homogenen Gruppen. Die bisher vorliegenden Untersuchungen scheinen jedoch darauf hinzudeuten, daß das Transzendieren der jeweiligen Geschlechtertypologien, also ein erweitertes Potential (Metz-Göckel 1988), mit einer größeren Breite der Interessensentwicklung (z. B. bei technikinteressierten Mädchen; Faulstich-Wieland 1990, S. 112f) und mehr Ausgeglichenheit und Realitätstüchtigkeit zusammenhängt (Hagemann-White 1984, S. 26). Für diese Zielperspektive ist es wichtig, adäquate schulpädagogische Erkenntnisse für die pädagogische Frauenforschung aufzugreifen.

Hier werden zur Exemplifizierung des produktiven Zusammenhanges von grundschulpädagogischen Fragestellungen und Perspektiven der pädagogischen Frauenforschung nun einige ausgewählte Bereiche, die sich stärker auf Unterrichtsorganisation beziehen und allgemein auf die „Kleine Grundschule" übertragbar sind, vorgestellt.

2. Entwicklung des Schullebens in der „Kleinen Grundschule"

Die „Kleine Grundschule" ist bereits von ihrer Form her eine Institution, die eher geeignet zu sein scheint, bestimmte Aspekte einer gleichberechtigten Schule mehr zu berücksichtigen. Gerade die Aufhebung der Jahrgangsklasse gibt deutliche Impulse zur Aufhebung der Stundenschule mit ihren patriarchal bestimmten Tendenzen der „Sachzerstückelung" und der Ablösung der Inhalte vom sozialen Verwendungskontext (Kaiser 1995). Eines dieser Strukturmerkmale liegt in den größeren Chancen zur Entwicklung des Schullebens. Das vor allem auf Fröbel zurückzuführende und in der Reformpädagogik zu Beginn dieses Jahrhunderts stark diskutierte Prinzip des Schullebens hat zwei Begriffsebenen. Es kann einerseits im Sinne Petersens (1965 (46)) als Gemeinschaftsfiktion unter einer gemeinsamen geistigen Idee verstanden werden. Der Begriff Schulleben kann aber auch im Sinne Karsens (1920) Verschiedenheit der Interessen und veränderndes Handeln zulassen oder als partielle Antizipation von Möglichkeiten des sozialen Lebens mit der Verschiedenheit der Kulturen verstanden werden. Ein solch weit gefaßtes Verständnis des Schullebens (Gudjons 1980; Struck 1980; Reinert/Heyder 1983) bietet erst die Chance, den kulturellen Lebenszusammenhang auch des weiblichen Geschlechts schulisch adäquat erfahrbar zu machen, d.h. auch Veränderungen der Geschlechterbeziehungen in der Schule mit einzuschließen. Einige für die Geschlechterthematik in einer „Kleinen Grundschule" praktikablen Vorhaben wären über die Einrichtung einer schulischen Teeküche, Müslibar, Gesundheitsstation (z.B. Erste Hilfe bei kleinen Verletzungen), Fleckentfernungshilfe oder Reparaturwerkstatt für Kleidung oder Fahrräder zu erreichen. Wichtig bleibt dabei festzuhalten, daß die bloße Entwicklung eines Schullebens per se noch nicht geschlechtssymmetrische Lernerfahrungen hervorbringt, sondern daß diese gezielt von Lehrenden und Lernenden herausgearbeitet werden müssen.

Ein Argument für die Entwicklung des Schullebens als Bedingung für eine Entfaltung des Geschlechtspotentials, gerade auch der Jungen, ist einer Untersuchung in schwedischen Halbtags- und Ganztagskindergärten zu entnehmen (Karrby 1988). Danach waren in der Ganztagseinrichtung mehr informelle Erziehungsformen und ein mehr weiblich typisierter Gesprächsstil der Erzieherinnen - auch gegenüber den Jungen - zu beobachten als in der mehr formalisierten, durch feste Zeitrhythmen strukturierten Halbtagseinrichtung. Umgekehrt bedeutet die Öffnung von Erziehungsinstitutionen wie Schule und Kindergarten in Richtung auf mehr informelle Kontakte und Kommunikationsformen, daß die Stigmatisierung der Mädchen, z.B. in formalisierten Situationen wie Stuhlkreisgesprächen, bei denen die Erzieherinnen einen mehr männlich-öffentlichen Gesprächsstil an den Tag legten und die Mädchen deutlich weniger beachteten als die Jungen (Fried 1990, 69) sowie sie qualitativ in den Erziehungsinterventionen eher bremsten und entmutigten (ebd.), nicht perpetuiert wird. Neben diesen wenigen der pädagogischen Frauenforschung entstammenden Argumenten für ein entwickeltes Schulleben als Moment der Entfaltung auch von Geschlechtspotentialen (Metz-Göckel 1988) hat die Schulpädagogik mittlerweile eine breite Palette an wichtigen pädagogischen Gedanken entwickelt, von denen ich hier eine Dimension herausgreife, weil sie mir gerade unter der Perspektive der Jungenstärkung besonders wichtig zu sein scheint.

Bereits in den 70er Jahren, die m.E. in der jüngsten Wissenschaftsgeschichte zu leicht unter dem Etikett Fachorientierung undifferenziert abgewertet werden (vgl. Kaiser 1995), gab es etliche Publikationen vor allem aus dem Kontext des Sozialen Lernens, die eine didaktische Umorientierung von den abstrakten Fragen der Welt hin zum Ich als zentralem Moment sozialen Lernens befürwortet haben (vgl. Dreßler u.a. 1973; Garlichs 1985). Ich-Stärke als sozial bezogene Zielkategorie ist gerade für Jungen (vgl. Schnack/Neutzling 1990) von besonderer Relevanz. Wesentlich für die Geschlechterfrage ist, daß das Emotionale, die Beziehungsseite, also eine Dimension des weiblichen Lebenszusammenhanges, als allgemeindidaktische Orientierung anerkannt wird. Ein differenziertes Schulleben bringt in der Institution, die insgesamt gerade nicht nahräumlich strukturiert ist, gleichzeitig für Mädchen Anregungen für öffentliche Auseinandersetzungen, die ihren Aufforderungscharakter durch subjektive Ausgangssituationen erhalten. Die in der Laborschule Bielefeld etwa seit ihrer Gründung praktizierten Formen der „kleinen und großen Versammlungen" als Ergänzung zur Ich-Erfahrung, sowie die aktuelle Modifikation in Form von Mädchen- und Jungenkonferenzen (Biermann u.a. 1992) scheinen mir wichtige, situativ als sinnvoll erfahrbare Möglichkeiten zum Erlernen des öffentlichen Vertretens von Positionen zu sein. Selbsterfahrung für Jungen und Selbstverteidigung für Mädchen sind m.E. zwei polar zusammengehörige Prinzipien einer geschlechtssymmetrischen Didaktik, die unmittelbar mit den Zieldimensionen Beziehungsfähigkeit und Politikfähigkeit (Biermann u.a. 1992) korrespondieren.

Der Rekurs auf emotionales Lernen berührt auch auf der didaktischen Ebene ein Problem der Frauenforschung und Frauenbewegung insgesamt, nämlich das der männlichen Gewalt. Im Alltagserleben von Lehrkräften spielt die Aggressivität gerade von Jungen eine große Rolle (Schefer-Vietor 1990), aber auch für Mädchen ist dies eine belastende und einschränkende Erfahrung (Barz 1985). Pädagogische Veränderungen werden umso eher wirksam sein, wenn wir die Ursachen und Bedingungen der Entstehung von Gewalt näher untersuchen. So deuten viele der theoretischen Versuche, männliche Aggressivität zu erklären, auf das zentrale Moment der Angst und Angstabwehr hin (Schmauch 1987). In der pädagogischen Konsequenz heißt dies, daß in der Schule vor allem für Jungen der Umgang mit Angst gelernt werden muß (Schnack/Neutzling 1990, 146). Es liegen bereits einige konkrete Beispiele der symbolischen Angstbewältigung in der Klasse gerade für Jungen vor (Röhner 1985, 1987). Diese Ansätze verdeutlichen die fließenden Grenzen zwischen sozialem Lernen und den Realsituationen des Schullebens, das mir wegen der emotionalen Tiefe der Gewaltfrage eine intensive pädagogische Umgebung für mögliche Gewaltprävention darzustellen scheint. Aber bloße Strukturen allein können noch nicht substantiell verändernd wirken. Es kommt dabei wesentlich darauf an, daß die Menschen, insbesondere die Lehrerinnen und Lehrer, aber auch die Schülerinnen und Schüler aktiv und zielbewußt Veränderungen mittragen wollen. Ohne diese subjektiv getragenen Ziele kann ein noch so ausgefeilt entwickeltes Schullebensmodell nicht verändern. Das Bewußtsein über die soziale Konstruktion, Probleme und Veränderungsmöglichkeiten der Geschlechterbeziehungen in der Schule gilt es an erster Stelle zu entwickeln, damit die Chancen derartiger schulstruktureller Formen auch in der Tat genutzt werden. Insofern lege ich gegenüber dem geschlechtsneutralen Begriff von Schulleben bewußt den Akzent auf die Entwicklung eines geschlechtssymmetrischen Schullebens, in dem der Dialektik der Lebenszusammenhänge und Lebensweisen beider Geschlechter bewußt Raum gegeben wird.

3. Gruppenarbeit als Grundpfeiler einer mädchen- und jungengerechten „Kleinen Grundschule"

Jede Form der äußeren Differenzierung hebt die Kategorie Geschlecht mehr hervor und verstärkt dieses kulturell differenzierte Symbol - und damit auch die inhärenten Stereotypien. Eine äußere Gruppierung verschärft bürokratische Strukturen und zerstückelt den Schulalltag. Nicht nur aus diesen Gründen plädiere ich für die systematische Entwicklung von Formen der inneren Differenzierung als Momente einer geschlechtssymmetrischen Bildungstheorie. Die „Kleine Grundschule" verlangt geradezu nach mehr Kleingruppenarbeit, wenn verschiedene Jahrgänge zusammengefaßt werden.

Klafki (1992) unterscheidet die Kleingruppe (von 3 bis 6 Lernenden) im Unterschied zur Großgruppe (Klasse oder Jahrgangs- bzw. Schulversammlung). Er ordnet ihr die folgenden Funktionen zu: Intensität und Direktheit sei möglich und es bestehe eine Kommunikations- und Kooperationsbeziehung, auf die er besonders Wert legt. Die Gruppe als Sozialform wurde Anfang der 70er Jahre im Hinblick auf soziales Lernen besonders häufig propagiert. An das Miteinander in der emotional dichteren Beziehung der Gruppe wurde die Hoffnung geknüpft, kooperativ und nicht konkurrenzbetont zu lernen. Andere Positionen betonten mehr die Effektivität des Gruppenlernens oder ihren Stellenwert als Form der inneren Differenzierung, die nicht zuletzt unterschiedlichen Interessen und m.E. auch unterschiedlichen Kulturen Raum zu geben vermag. Wegen ihrer engeren sozialen Strukturierung wird der Gruppenarbeit - in Anbetracht der Interdependenz von Inhalten und Methoden - ein hoher Stellenwert für das soziale Lernen eingeräumt, denn sie zielt auf die Entwicklung sozial-emotionaler konkreter Beziehungen ab. Ich meine daran anknüpfend, daß gerade Gruppenarbeit besonders dem durch Hausarbeit - und darin zunehmend Beziehungsarbeit - bestimmten weiblichen Lebenszusammenhang adäquat ist. Als Lernform kann sie wegen des weiblich-privaten Charakters bessere Chancen für Mädchen (Dinter-Schöttler 1975) eröffnen und den Jungen neue Anregungen bieten.

Gruppenarbeit wird in der Schulpädagogik weniger unter didaktischer Perspektive als vielmehr als wichtige Form innerer Differenzierung verstanden. Erfahrungsgemäß führt innere Differenzierung nach Wahl - nicht durchgängig, jedoch in den meisten Fällen - zu geschlechtshomogenen Gruppen. Sie läßt untypisch entwickelten Jungen und Mädchen mehr Spielraum und bewirkt eine organisatorische Trennung, die dem Geschlecht als Kategorie nicht noch mehr Bedeutung beimißt, sondern die Sache oder den sozialen Inhalt mehr in den Vordergrund rückt. Es wäre jedenfalls kurzschlüssig, generell zu folgern, für die Identitätsentwicklung von Mädchen seien geschlechtshomogene Gruppen besonders förderlich (Kahlert u.a. 1992), denn das Geschlechterverhältnis ist keine konkret-räumliche, sondern symbolisch vermittelte Beziehung, die gerade in der Schule als auch selektiver Institution weitere problematische und widersprüchliche Prozesse hervorrufen kann.

Aus der Sozial- und Interaktionsforschung ist bereits hinlänglich bekannt, daß Mädchen im Unterricht, in der Schule, aber auch in anderen gesellschaftlichen Institutionen viel zur Entwicklung eines angenehmen Sozialklimas beitragen. Sie erhalten dafür aber keine adäquate Anerkennung, sondern erfahren auch paradoxe Abwertung (Enders-Dragässer/Fuchs 1989), diese Mädchenfähigkeiten werden in der Schule eher ambivalent eingeschätzt (Zinnecker 1972; Enders-Dragässer/Fuchs 1989). In der Gruppenarbeit ist aber gerade Kooperation ein institutionalisiertes und anerkanntes Leistungsziel und eröffnet die Chance, diese persönlichkeitsschädigenden Paradoxien aufzulösen. Dies ist insbesondere im Hinblick auf das Interaktionsverhältnis von Bedeutung, da durch häufigere Gruppenarbeit die öffentliche Bühne der Selbstdarstellung für Jungen im Klassenunterricht zumindest relativiert wird. Jedenfalls zeigen die Daten meiner neueren quantitativen Interaktionsstudien (Kaiser 1994d) deutlich, daß in der Gruppenarbeit den Mädchen mehr Gewicht eingeräumt wird. Die in der Schulpädagogik immer wieder positiv betonte Flexibilität der Gruppenarbeit sollte gerade die pädagogische Frauenforschung, die von Verschiedenheitspostulaten ausgeht, als fruchtbares Moment aufgreifen. So kann aus der Erkenntnis, daß ein in heterogenen Gruppierungen gebildetes spontanes Selbstkonzept (Hannover 1992) zu Typisierungen führt, auch häufigen flexiblen Gruppierungswechsel als pädagogische Konsequenz nach sich ziehen, um unterschiedliche Selbstkonzepte im Sinne der Entfaltung von Geschlechtspotentialen (Metz-Göckel 1988) zu ermöglichen.

Bislang wird die hier skizzierte didaktisch-methodische Fruchtbarkeit der Gruppenarbeit für ein verändertes Geschlechterverhältnis nur selten erwähnt (Knauf/Knauf 1991, 33) und allenfalls en passant oft von Lehrerinnen als Lösungsform gesehen (Schefer-Vietor 1990). In der Praxis vieler Schulen wird dagegen die Form der Gruppe rein organisatorisch als Tischgruppe mißverstanden, bei der oft Mädchen und Jungen zwangsweise bloß zusammengesetzt werden. Dies erweckt oft Aversionen und gibt nicht im Selbstlauf Chancen der Verständigung oder Annäherung. Dagegen ist zu erwarten, daß die Bewältigung realer problembezogener Arbeitsprozesse auch eine veränderte soziale Kontaktaufnahme zu initiieren vermögen. Hier gilt es in der „Kleinen Grundschule“ bewußt auf selbstgesteuerte kooperative Lerngruppen zu setzen, in denen die Inhalte im Vordergrund stehen und nicht Machtkämpfe um Status und Anerkennung. Gruppenarbeit darf dementsprechend nicht als organisatorischer Zwang im Sinne der häufig praktizierten koinstruktiven Tischgruppenregelung initiiert werden. So geraten Mädchen eher in die Rolle der „Hilfs-Löwenbändigerinnen“, die wegen ihres kultivierteren Sozialverhaltens für die

Disziplinierung der Jungen funktionalisiert werden. Vielmehr muß bei produktiver koedukativer Gruppenarbeit die Lösung konkreter Inhalte im Vordergrund stehen. Dann kommen die sachorientierten, kooperativen Fähigkeiten der Mädchen (Enders-Dragässer/Fuchs 1989) tatsächlich zur Geltung.

4. Veränderte Formen Freier Arbeit

Das Verhältnis von pädagogischer Frauenforschung und Schulpädagogik stellt sich keinesfalls als sich bereicherndes Ergänzungsverhältnis dar, sondern kann sich vielfach sehr konflikthaft entwickeln. So ist beispielsweise die schulpädagogische Tendenz zu Freier Arbeit oder Freien Texten nicht per se produktiv für die Geschlechterfrage, sondern auch hierbei können unmittelbar Geschlechtsstereotype wirksam werden und sich im Sinne einer Selbstsozialisation verstärken (vgl. Röhner in diesem Band). Eine flexibel-offene Schulpädagogik bedarf gerade wegen ihrer größeren Effizienz in Hinblick auf die Beeinflussung von Kinderpersönlichkeit in besonderem Maße einer Orientierung an der Geschlechterperspektive in jeder einzelnen Fragestellung als kritisches Korrektiv. Ich denke hierbei an Problembereiche, die sich bislang weitgehend ungeschoren von feministischer Kritik entwickelt haben, wie Schulanfang oder Projektunterricht. Am Beispiel der Freien Arbeit habe ich unter der Perspektive der Mädchengleichstellung herausgearbeitet, daß eine Abkehr vom in der Praxis vorherrschenden materialdifferenzierten Konzept hin zu dem mehr auf längerfristige Inhaltszusammenhänge angelegten projektorientierten Konzept dringend geboten zu sein scheint (Kaiser 1992b), um der Dominanz der Jungen im nachfrageorientierten Individualisierungskonzept der Materialdifferenzierung Grenzen zu setzen und die sozialen Kompetenzen der Mädchen zur anerkannten Lernnorm in mehr gruppenstrukturierter Freier Arbeit herauszustellen.

Ich habe bezogen auf die Thematik „Freie Arbeit“ die Konzepte Ottos (1912) und Gaudigs (1922a) kontrastiert (Kaiser 1922b) und dabei durchaus schon konzeptionelle Anhaltspunkte in Gaudigs Schriften gefunden, die mehr der Fragerichtung pädagogischer Frauenforschung entsprechen, weil sie von Bedeutung sind im Sinne der Entwicklung einer eher mädchengerechten sozial strukturierten Konzeption von Freier Arbeit. Dies wird dagegen in dem stärker liberalistischen Konzept Ottos kaum sichtbar. Denn Berthold Ottos Konzept besteht im Kern aus dem Plädoyer für „natürliche Lernmethoden“ gemäß dem biologisch aufgefaßten Erkenntnistrieb des Kindes. Er sieht - typisch neurousseauistisch - alles Lernen in Analogie zum „Unterricht in der Kinderstube“, der sich ohne künstlich geschaffene Lehrmittel vollzieht und „in dem das Kind dennoch recht viel gelernt (hat), wahrscheinlich den größten Teil von allem, was es überhaupt zu lernen hat“ (Otto 1912 (2), S. 1). Das Lernen soll im für das Kind günstigsten Augenblick erfolgen. In dieser Hinsicht spricht er ein wichtiges Merkmal von Freier Arbeit an. Seine radikale Schulkritik, Kinder seien eingesperrt, Schule sei besonders für jüngere Kinder schädlich und betreibe wesentlich inhaltsleere formale Bildung ohne die wirklichen Dinge zu betrachten, formulierte er vor allem in den Jahren, in denen er dafür kämpfte, seine eigenen Kinder nicht in die von ihm so bezeichneten „Zwangs- und Strafschulen“ (Roedl 1959, S. 15) zu geben. Er will anstelle der von ihm so bezeichneten „Zwangs- und Strafschulen“ fruchtbare Lernprozesse analog dem empathischen Umgang der Mutter mit dem wißbegierigen Kind entwickeln. Sein pädagogischer Grundgedanke ist dabei, daß die Kinder von sich aus Fragen entwickeln, auf die dann jeweils eine geeignete Antwort des Lehrers zu erfolgen habe. Aus seinen Erfahrungen mit dem Hauslehrerunterricht begründet er die Effektivität des gezielt auf den individuellen Entwicklungsstand des Kindes eingehenden Lehrprozesses. Sein Modell bleibt der Dialog zwischen Lehrer und Kind. Selbst später - nach Gründung der Berliner Hauslehrerschule - bleibt sein Ideal von Lernen dialogisch. So finden wir viele Schriftenpassagen, in denen Otto in allen Variationen immer wieder das Interesse des Kindes an die erste Stelle rückt und davon die pädagogischen Entscheidungen der Erwachsenen abhängig macht. Das liberale Modell, das von B. Otto vertreten wird, wirkt auf den ersten Blick ausgesprochen kinderfreundlich, denn nur deren Interessen werden bei ihm als Relevanzkriterien für Lernprozesse angelegt. Diese scheinbaren Freiheiten sind jedoch durch die Person der Lehrkraft, ihre Erfahrungen und ihr Wissen begrenzt. Gleichzeitig verhindert die dialogische Form Gruppenkooperation und begrenzt so didaktisch Entwicklungsmöglichkeiten der Lernenden. Gaudigs pädagogisches Hauptziel dagegen ist - ähnlich wie in vielen Appellen zur Freien Arbeit - die Entwicklung von zunehmender Selbsttätigkeit und Selbständigkeit der Lernenden, um den Lehrer von Tag zu Tag überflüssiger zu machen. Er wendet sich gegen die damals vorherrschende Methode der starren Lehrerfrage im Klassenunterricht (Gaudig 1929, S. 15) und setzt ihr die - vor allem auch geistig verstandene - Selbsttätigkeit der Lernenden als fruchtbares Lernprinzip entgegen, um dadurch den „Geist zu voller Freiheit zu entfalten“. D.h. ihm kam es ganz wesentlich auf eine - methodisch angeleitete - Denkschulung an, damit die Schülerinnen eigenständig zu Lösungen kamen. Sie sollten selbst die Fähigkeit zum Fragen erwerben. Er forderte wörtlich eine „planmäßige Arbeit, um den Geist zu voller Freiheit zu entfalten“ (Gaudig 1922b). Dabei entwickelte er im Laufe der Jahre immer differenziertere methodische Schritte, die auch die soziale Lernsituation fruchtbar entfalten sollten. So sah er schon früh die „Lenkung der Aufmerksamkeit der Schüler auf die geistige Arbeit ihrer Mitschüler“ (Gaudig 1922b) für lernförderlich an. Der Gedanke der Lernoptimierung durch soziale Lernformen kommt auch in den methodischen Empfehlungen der Arbeitsteilung und Arbeitsvereinigung (Gaudig 1922b, 14) zum Ausdruck. Freie Arbeit ist bei Gaudig kein Kulturtechnikenleistungssport, sondern soziales Miteinander. Er will die Klasse zu einer „sozialethischen Persönlichkeit“ (Gaudig 1922a, 23) entwickeln. Differenzierung läuft bei ihm gerade nicht auf atomistische Individualisierung hinaus, sondern führt zu einer Entwicklung des sozialen Zusammenarbeitens. Insofern enthält sein Konzept auch von der Form her das Lernen sozialer Kompetenzen. Auf das Problem der

Freien Arbeit bezogen heißt dies, daß wir Formen entwickeln müssen, die nicht die sozial isolierten Formularausfüllenden hervorbringen, sondern in Gegensteuerung zu gesellschaftlichen Segregations- und Atomisierungsprozessen eigenständige, lebensvolle mitmenschliche Lernsituationen ermöglichen.

Dies heißt für eine „Kleine Grundschule", daß die Einrichtung von „Freiarbeitsstunden" problematisch sein kann, weil sie zu bloßer Materialdifferenzierung führen können. Sinnvoller ist die Ankopplung der „Arbeitszeit" an vorangegangene Gesprächskreise, indem auch gemeinsame Vorhaben/Projekte oder Fragen bzw. Interessensgebiete von Kindergruppen im Vordergrund stehen.

5. Organisationsform der zwei-/dreiklassigen Grundschule: Modellutopie einer „Kleinen Grundschule"

Viele pädagogische Reformabsichten sind deshalb nicht in die konkrete Praxis umgesetzt worden, weil sie nicht in praxisadäquaten Kategorien formuliert worden sind. Deshalb sollen hier die in den letzten Abschnitten entwickelten Dimensionen einer mädchen- und jungengerechten „Kleinen Grundschule" in Form von konkreten organisatorischen Maßnahmen vorgestellt werden.

Modellskizze einer „Kleinen Grundschule"

a) zwei/drei feste soziale Gruppen („*Stammgruppen*") in jeder Schule, die jahrgangsübergreifend gegliedert sind und die gesamte Grundschulzeit eines Kindes bestehen bleiben; jede Stammgruppe ist primär Ort sozialer Kontakte, des Konfliktlösens und des Spielens, aber nicht der Leistungskonkurrenz

b) in diese „Stammgruppen", die bereits eine gewisse *Sozialkultur* entwickelt haben, werden die neuen Kinder des ersten Schuljahres aufgenommen; Abschied und Neubeginn, Trauer und Freude gehören somit konstitutiv zum Leben der Schule

c) z.T. Arbeit in effektiveren Großgruppen wie „*kleine Schulversammlung*" (Vortrag von Gedichten, Singen, Tanzen, Konfliktlösungsgespräche mit zwei Stammgruppen oder einer Stammgruppe und einer Lern-/ Projektgruppe)

d) „*große Schulversammlung*" (Theatervorführungen, gemeinsame Planungen von Festen mit allen Stammgruppen der Schule)

e) Lernen in von Lehrkräften zusammengesetzten *Kleingruppen* parallel zum Stammgruppenleben

f) weitgehend Auflösung der Fachstruktur

g) Rhythmisierung des Vormittags[39]:

h) hohe Ansprüche an die Teamarbeit und Kooperation der Teams, rotierende Schulleitung

i) Selbstevaluation des Innovationsanspruches im Kollegium und in der Schulgemeinde

6. Ausblick

Die hier vorgestellten Verbindungen schulpädagogischer Konzepte mit aus der pädagogischen Frauenforschung entnommenen Argumenten sind erste hypothetische Konstrukte, die es erst in der Praxis zu erproben und wissenschaftlich zu untersuchen gilt. Wesentlich ist dabei auch, daß die Innovationen nicht auf organisatorische Formen reduziert bleiben, sondern ebenfalls die Inhalte von Unterricht und die Personen, die Veränderungen tragen, miteinschließen.

Literatur

Barz, Monika: Jungengewalt gegen Mädchen. In: Valtin, Renate/Warm, Ute (Hg.): Frauen machen Schule. Frankfurt 1985, 120-124

Biermann, Christine/Wachendorff, Annelie: „Ganz ohne Jungen geht die Chose nicht ...! Bericht über die Arbeitsgruppe „Mädchen- und Jungensozialisation an der Laborschule Bielefeld“. In: Luca, Renate u.a. (Hg.): Frauen bilden - Zukunft planen. Bielefeld 1992, 280-293

Brehmer, Ilse u.a.: Mädchen, Macht und Mathe. Düsseldorf 1989

Dinter-Schöttler, Marianne: Gruppenunterricht versus Frontalunterricht. In: Diskussion Deutsch 1. Jg., 1975, 128-141

Dreßler, Gudrun u.a.: Lernziel Ich-Erfahrung. München - Berlin - Wien 1976

Enders-Dragässer, Uta/ Fuchs, Claudia: Interaktionen der Geschlechter. Sexismusstrukturen in der Schule. Weinheim - München 1989

Faulstich-Wieland, Hannelore: Technikdistanz von Mädchen? In: Horstkemper, Marianne/ Wagner-Winterhager, Luise: Mädchen und Jungen, Männer und Frauen in der Schule. Weinheim 1990, 110- 125

Faulstich-Wieland, Hannelore: Koedukation - Enttäuschte Hoffnungen? Darmstadt 1991

---

[39] Versammlung (verschiedene Größe an verschiedenen Tagen) - Spiel- und Arbeitsphase - kurze Gruppenversammlung (Vorbereitung des gemeinsamen Frühstücks - Frühstückspause - Spielpause im Freien - Gruppenversammlung - Spiel- und Arbeitsphase - kurze Gruppenversammlung (Planung der Essensvorbereitung) - Einkaufen, Essensvorbereitung (ca. 6 Kinder), Spiel- und Einzelarbeitsphase für die anderen Kinder - gemeinsames Essen - Abwasch, Reinigung (ca. 6 andere Kinder zusammen mit einer Reinigungskraft mit pädagogischer Zusatzfortbildung), die übrigen haben Spiel- und Einzelarbeitsphase - Zeit der besonderen Angebote durch „Lehrbeauftragte“ aus der Bevölkerung des Schulortes (Holzwerkstatt, Leichtathletik, Instrumentalunterricht) und Förderangebote durch Studierende.

Frasch, Heidi/ Wagner, Angelika C.: "Auf Jungen achtet man einfach mehr...". In: Brehmer, Ilse (Hg.): Sexismus in der Schule. Weinheim 1982, 260-278

Fried, Lilian: Ungleiche Behandlung schon im Kindergarten und zum Schulanfang? In: Horstkemper, Marianne/ Wagner-Winterhager, Luise: Mädchen und Jungen, Männer und Frauen in der Schule. Weinheim und München 1990, 61-76

Garlichs, Ariane: Selbsterfahrung als Bildungsaufgabe der Schule. In: Zeitschrift für Pädagogik. 31. Jg. 1985, H. 3, 365-383

Gaudig, Hugo: Didaktische Ketzereien. Leipzig - Berlin 1922b (5)

Gaudig, Hugo: Didaktische Präludien. Leipzig - Berlin 1929 (3)

Gaudig, Hugo: Die Idee der Persönlichkeit und ihre Bedeutung für die Pädagogik. Leipzig 1923. Repr. Heidelberg 1965

Gaudig, Hugo (Hg.): Freie geistige Schularbeit in Theorie und Praxis. Breslau 1922a

Glumpler, Edith (Hg.): Grundschule mit festen Öffnungszeiten. Mütterfreundliche Grundschule. Flensburg 1992

Gudjons, Herbert/ Reinert, Gerd- Bodo (Hg.): Schulleben. Königstein 1980

Hänsel, Dagmar: "Kindgemäßheit". Programm einer Pädagogisierung der Schule. In: Pädagogik 41. Jg. 1989, H. 5, 29-35

Hagemann-White, Carol: Sozialisation weiblich - männlich? Opladen 1984a

Hannover, Bettina: Spontanes Selbstkonzept und Pubertät. Zur Interessenentwicklung von Mädchen koedukativer und geschlechtshomogener Schulklassen. In: Bildung und Erziehung 45.Jg. 1992, H. 1, 31-46

Hentig, Hartmut von: Die Schule neu denken. München - Wien 1993

Hoffmann, Lore: Die Interessen von Schülerinnen an Physik und Technik. In: Die Realschule 1989, H. 5, 201-205

Horstkemper, Marianne:"Jungenfächer" und weibliche Sozialisation - Lernprozesse im koedukativen Unterricht. In: Horstkemper, Marianne/ Wagner-Winterhager, Luise: Mädchen und Jungen, Männer und Frauen in der Schule. Weinheim und München 1990, 97-109

Kahlert, Heike/Müller-Balhorn, Sigrid: Geschlechtertrennung in der Bildung - Eine Chance zur Emanzipation. In: Luca, Renate u.a. (Hg.): Frauen bilden - Zukunft planen. Bielefeld 1992, 128-143

Kaiser, Astrid: Koedukation als didaktische Differenzierung. In: Faulstich-Wieland, Hannelore (Hg.): Abschied von der Koedukation? Frankfurt 1987, S. 112-141

Kaiser, Astrid: Didaktische Differenzierung statt Koinstruktion. In: Pfister, Gertrud (Hg.): Zurück zur Mädchenschule? Pfaffenweiler 1988, 153-164

Kaiser, Astrid: Hausarbeit in der Schule? Pfaffenweiler 1992a

Kaiser, Astrid: Das Konzept "Freie Arbeit" im Spannungsfeld zwischen Materialdifferenzierung und Projektlernen - kritische Anmerkungen zu Problemen neuerer grundschulpädagogischer Bestrebungen. In: Die Deutsche Schule 84. Jg., 1992b, H.1, 42-49

Kaiser, Astrid: Beziehungsfähigkeit statt Gewalt in der Schule. In: Päd. extra 21. Jg. 1993, H.1, 4-9

Kaiser, Astrid: Von Mondphasen und Schmetterlingen ..., In: Päd.extra 22. Jg. 1994a, H.4

Kaiser, Astrid: Zur Interaktionsrelation von Jungen und Mädchen im Grundschulalter. In: Pädagogik und Schulalltag 49.Jg. 1994b, H. 4, 558-567
Kaiser, Astrid : Interaktionen von Mädchen und Jungen bei den matrilinearen Minangkabau. In: Unterrichtswissenschaft 22. Jg. 1994d, H. 4, 364-376
Kaiser, Astrid: Einführung in die Didaktik des Sachunterrichts. Baltmannsweiler 1995
Karrby, Gunni: Time structure and sex differences in Swedish preschools. Early Child Development and Care 39, 1988, 45-52
Karsen, Fritz: Die Schulgemeinde. In: Oestreich, Paul (Hg.): Entschiedene Schulreform. Berlin 1920, 134-142
Klafki, Wolfgang: Die Bedeutung der klassischen Bildungstheorien für ein zeitgemäßes Konzept allgemeiner Bildung. In: Zeitschrift für Pädagogik. 32. Jg. 1986, Nr. 4, S. 455-476
Klafki, Wolfgang: Lernen in Gruppen. In: Pädagogik 44. Jg. 1992, H.1, S.6-11
Knauf, Anne/Knauf, Tassilo: Mini-Macker. Rollenklischees in der Grundschule. In: PÄD EXTRA 19. Jg. 1991, H. 9, 30-33
Metz-Göckel, Sigrid: Geschlechterverhältnisse, Geschlechtersozialisation und Geschlechtsidentität. In: Zeitschrift für Sozialisationsforschung und Erziehungssoziologie 8. Jg. 1988, H.2, 85-97
Ostner, Ilona: Beruf und Hausarbeit. München 1978
Otto, Berthold: Der Lehrgang der Zukunftsschule I. Berlin 1912 (2)
Petersen, Peter: Der Kleine Jena-Plan. Weinheim 1965 (46)
Prengel, Annedore: Mädchen und Jungen in Integrationsklassen an Grundschulen. In: Horstkemper, Marianne/Wagner-Winterhager, Luise: Mädchen und Jungen, Männer und Frauen in der Schule. Weinheim und München 1990c, 32-43
Prengel, Annedore: Gleichberechtigung - Ein utopisches Ziel von Schulpädagogik und Lehrerinnenausbildung. In: dies. u.a. (Hg.): Schulbildung und Gleichberechtigung. Frankfurt 1987b, 25-36
Prengel, Annedore: Erziehung von Mädchen & Jungen. Plädoyer für eine demokratische Differenz. In: Pädagogik 42. Jg. 1990, H. 7/8, 40-44
Reinert, Gerd-Bodo/ Heyder, Sabine: Lebensort: Schule. Weinheim-Basel 1983
Roedl, Alfred: Berthold Otto - Leben und Werk. Frankfurt o.J. (1959)
Röhner, Charlotte: "Das vergißt Jochen nie!" - Wie geht man damit um: Gewalt von Jungen gegenüber Mädchen. In: Grundschule 17. Jg. 1985a, H. 2, 32-33
Röhner, Charlotte: Stark wie ein "Master" und bildschön wie "Barbie". In: Die Grundschulzeitschrift 1. Jg. 1987, H. 9, 19-23
Schaeffer-Hegel, Barbara: Plädoyer und Thesen für ein feministisches Bildungskonzept. In: Prengel, Annedore u.a. (Hg.): Schulbildung und Gleichberechtigung. Frankfurt 1987, S.121-129
Schefer-Vietor, Gustava: Suchbewegungen nicht-geschlechtstypisierenden Lernens in der Schule. In: Horstkemper, Marianne/ Wagner-Winterhager, Luise: Mädchen und Jungen, Männer und Frauen in der Schule. Weinheim und München 1990, 139-159
Schmauch, Ulrike: Anatomie und Schicksal. Zur Psychoanalyse der frühen Geschlechtersozialisation. Frankfurt 1987

Schnack, Dieter/Neutzling, Rainer: Kleine Helden in Not. Jungen auf der Suche nach Männlichkeit. Reinbek 1990
Struck, Peter: Pädagogik des Schullebens. München - Wien - Baltimore 1980
Valtin, Renate/ Warm, Ute (Hg.): Frauen machen Schule. Frankfurt 1985
Weiler, Kathleen: Women Teaching for Change. Gender, Class & Power. New York - Westport - London 1988
Whyte, Judith: Girl friendly science and the girl friendly school. In: Whyte, Judith u.a. (ed.): Girl friendly Schooling. London 1985

Ilse Brehmer

Starke Mädchen und sanfte Jungen - Aspekte einer reformierten Koedukation

Grundlagen dieser Überlegungen sind die Konzeption des Forschungsprojektes "Zur Erweiterung sozialer Kompetenz bei Mädchen und Jungen", die Erfahrungen im Projektverlauf und die wissenschaftliche Auswertung der Erhebungen (Fragebogen, teilstrukturierte Interviews und Dokumentation einzelner Unterrichtssequenzen durch Filmaufnahmen). Das Projekt hatte eine Laufzeit von drei Jahren (1991 - 1994) und wurde von dem "Ministerium für die Gleichstellung von Frau und Mann in NRW" gefördert. An dem Projekt beteiligt waren neben den wissenschaftlichen Mitarbeiterinnen LehrerInnen aus drei Schulen: der Laborschule, der Oskar Niemöller Gesamtschule in Bielefeld und dem Gymnasium in Lohfeld bei Bad Salzuflen. Untersucht wurden die Klassen 5 - 7. Wichtig für dieses Projekt war, daß die Anregung aus der Praxis kam, eine Gruppe von LehrerInnen der Laborschule hatten mich gebeten, die Begleitforschung zu übernehmen. So war von vornherein der Anspruch vorhanden, daß die PraktikerInnen in der Schule die Materialien und Strategien mitentwickelten.

Ich möchte jetzt als erstes die Grundlage dieses Projektes charakterisieren, die einerseits auf allgemeineren Überlegungen basieren und andererseits auf bereits vorliegende Forschungsergebnisse rekurrieren.

Der Beginn feministischer Schulforschung war die Offenlegung der Diskriminierung von Mädchen im koedukativen System (in Bezug auf Lehr-, Lerninhalte, Interaktionen, Selbstwertgefühl und physischer Gewalterfahrung). Daraus entstand der Ansatz einer gezielten Mädchenförderung insbesondere im mathematisch-naturwissenschaftlichen und technologischen Bereich und mit einiger Zeitverzögerung Angebote für Mädchen zur Selbstverteidigung und Selbstbehauptung. Über die Aufhebung von Defiziten sollte eine Gleichberechtigung der Mädchen mit den Jungen erreicht werden.

So berechtigt mir nach wie vor Sonderförderungen erscheinen, ist mir doch die Begrifflichkeit der Gleichberechtigung zu kurz gegriffen. Diese Form der Gleichberechtigung bedeutet, die Anpassung der Mädchen an die Standards von Jungen, ohne daß diese hinterfragt werden. Konsequent zu Ende gedacht, impliziert dieser Begriff, daß ebenfalls negatives Verhalten (für das schulische

Lernen und für Interaktion als dysfuktional gesehen) von den Mädchen übernommen werden oder ihnen gar antrainiert werden soll. Dieses ist verständlicherweise nie gefordert worden, sondern es ist implizit angenommen, daß im Konzept der Gleichberechtigung nur die positiven Aspekte der Erweiterung des Wissens und der Handlungskompetenz erworben werden und dadurch die gesamte schulische Interaktion im Interesse der Schülerinnen verändert wird.

Zwei wichtige Punkte wurden nicht thematisiert:

- Welche Reaktionen sind von der Seite der Schüler zu erwarten und wie gehen wir damit um?
- Und ist es überhaupt möglich, eine Teilgruppe zu verändern ohne bewußt die andere Teilgruppe mit einzubeziehen?

Erfahrungsberichte aus der Schule zeigen, daß die Buben eine nicht überwiegend auf sie gerichtete Aufmerksamkeit negativ sanktionieren und sich mißachtet fühlen. Dies liegt einerseits daran, daß traditionelles Verhalten verändert und so Unsicherheit hervorgerufen wird und andererseits die problematische Sozialisation der Jungen nicht beachtet wird. Die bewußte parteiliche Arbeit von Lehrerinnen hatte den unterschwelligen Tenor: den Jungen geht es sowieso gut, sie profitieren von dem System und jetzt sollen die Mädchen gestärkt werden, um die Jungen kümmern wir uns nicht, oder in Erweiterung dieser Ansicht, um die Schüler sollen sich gefälligst die Lehrer kümmern. Die Nichtbeachtung der pädagogischen Probleme von Schülern ist aus mehreren Gründen nicht gerechtfertigt:

Bis etwa zur Klasse 10 sind es überwiegend Frauen, welche die praktische Erziehung ausüben. Der Fehler, der durch die geringe Aufmerksamkeitsfocussierung, auf die Schülerinnen gemacht wurde, sollte jetzt nicht im Gegenzug auf die Schüler übertragen werden. Es besteht ein allgemeiner Erziehungsauftrag für beide Geschlechter. Die Jungen wehren sich gegen diese Aufmerksamkeitsverlagerung, so daß der Unterricht dadurch weiter erschwert wird und so auch die Schülerinnen behindert werden. Solange es nur eine geringe Anzahl von Lehrern gibt, die sich bewußt und kritisch mit der männlichen Sozialisation auseinandersetzen, müssen die Lehrerinnen ihre Vorstellung von einer reformierten Koedukation offensiv realisieren.

Ein neues Konzept wurde bislang nur ansatzweise entwickelt.

Mein Ansatz ist es, das schulische Lernen insgesamt auf seine Defizite zu analysieren und zu sehen, wie diese unterschiedlich auf Jungen und Mädchen wirken und dann durch organisatorische, inhaltliche und methodische Veränderungen eine bessere Schulrealität für beide Geschlechter anzustreben. Männer haben seit 2000 Jahren (mindestens) allgemeine Bildungsziele (die dann meistens doch überwiegend für ihr Geschlecht galten) definiert. Es ist an der Zeit, daß feministische Forscherinnen eine Vision einer geschlechtsegalitären Gesellschaft entwickeln.

Als oberstes *Lernziel* möchte ich hier formulieren: Aufhebung der geschlechtsspezifischen Orientierungen und der geschlechtsspezifischen Arbeitsteilung. Hierzu bedarf es:

- Empathie in die eigene und fremde Befindlichkeit,
- Aushandlungsfähigkeit,
- Kreativität,
- Kooperationsfähigkeit,
- Solidarität,
- Toleranz, um eine personale Identität jenseits der Eingrenzungen von Geschlecht, Rasse und Schicht zu entwickeln.

Wie diese allgemeinen Ansprüche im schulischen Alltag realisiert werden können, soll später dargelegt werden. Die *Schule fördert auf Grund ihrer Struktur gerade diese Ziele nicht.*

Sie ist bestimmt von einer *individuellen Leistungskonkurrenz*. Schulische Leistung wird bewertet im Vergleich, es gibt bessere und schlechtere SchülerInnen und dies richtet sich nach dem Level der Klasse, d.h. in einer Klasse mit - nach Meinung der LehrerInnen niedrigem Leistungsniveau - kann eine Leistung höher bewertet, zensuriert werden als in einer Klasse mit hohem Leistungsniveau, jede Zensur entsteht so im Vergleich zum/zur KonkurrentIn, und erschwerend kommt noch hinzu, daß von einigen Kultusministerien eine Zensurenkurve in der Art der Gaußschen Normalverteilung erwartet wird. Das bedeutet, daß jede SchülerIn sich einen Platz vor oder nach einer anderen Person erkämpfen muß. SchülerInnen wissen zudem, was durch einige Untersuchungen verifiziert ist, daß die Benotung nach extrafunktionalen Kriterien erfolgt, z.B. Erwartungen der LehrerIn in bezug auf die Leistungsfähigkeit der SchülerIn. Was, von der Lehrperson als intelligentes Verhalten angesehen wird, fließt mit in die Beurteilung ein, im Schülerjargon heißt dies: Wer richtig schleimt, hat Erfolg. Die individuell zu erbringende Leistung ist deswegen durchsetzt mit einer Anforderung an sozial erwünschtes Verhalten. Solidarität mit anderen und Kooperationsfähigkeit ist contraproduktiv für eine Organisation, die Lebenschancen nach diesen Maßstäben vergibt. Ich bin nicht gegen Leistung, aber diese muß an der adäquaten Lösung eines Problems, einer Aufgabe gemessen werden und darf nicht als Mittel in die Einübung eines diffusen und nichtkontrollierbaren Konkurrenzkampfes eingesetzt werden. Mädchen und Jungen - als empirische Gesamtgruppe und nicht unbedingt als Einzelindividuen - reagieren auf diese Bedingungen unterschiedlich. Die Buben, durch männliche Vorbilder und durch die Antizipation eines konkurrenzorientierten Berufslebens bestimmt, müssen ihre Leistungen herausstellen, Fehler und Schwächen vertuschen oder ableugnen, sie müssen zu Mitteln der überzogenen Selbstdarstellung greifen, um ihre Schwächen und Leistungsängste zu überdecken. Dies ist nicht nur ein für die anderen störendes Verhalten, sondern behindert sie auch, produktiv aus Fehlern zu lernen. Wer keine Mißerfolge haben darf, muß fehlerhaftes Verhalten leugnen oder schwache Leistungen als großartige darstellen. Mädchen reagieren anders, nicht nur weil Bescheidenheit und Zurückhaltung traditionell als besonders weibliche Tugenden angesehen werden, sondern auch, weil sie dem Erwerbsleben und der beruflichen Konkurrenz auf Grund ihrer Doppelorientierung auf Beruf und Familie distanzierter gegenüberstehen. Während für die Buben beruflicher Erfolg das vorrangige Lebensziel ist, haben die Mädchen zwei Optionen, die sie entweder gleichzcitig oder nacheinander realisieren wollen. Sie müssen daher nicht eine ständige Darstellung ihrer Leistungsfähigkeit erbringen. Zudem wird ihnen nach wie vor von Eltern und LehrerInnen insgesamt eine geringere Intelligenz zugeschrieben und ihr Verhalten eher unter den Kategorien von Fleiß und Anpassung gefaßt. Wenn sie diese Erwartungshaltung erfüllen, profitieren sie davon, sowohl bei der Zensurengebung wie bei der sozialen Akzeptanz durch die Lehrpersonen. Ihr Selbstwertgefühl als eigenständig Denkende und Handelnde wird dadurch aber kaum entwickelt.

Der jeweils geschlechtsspezifische Umgang mit der dubiosen individuellen Leistungskonkurrenz ist für beide Geschlechter durchaus funktional, um die vorgegebenen Ziele zu erreichen. Mädchen werden als diejenigen gesehen, die den Unterricht ermöglichen und sie wurden bei unseren Befragungen von den LehrerInnen als Personen angenehmer eingeschätzt. Sie bekommen soziale Akzeptanz bei Abwertung ihrer Intellektualität. Die Fähigkeit der Mädchen, Schwächen zuzugeben und Hilfe einzufordern, steigert ihre Lernfähigkeit, aber nicht die Anerkenntnis ihrer intellektuellen Kreativität. Dies ist besonders dysfunktional in Fächern, die nach landläufiger Meinung als spezifische Bubenreservate eingeschätzt werden, hier können Schülerinnen bei geringem Interesse an den Fächern ohne Sanktionen ihre Beteiligung auf einem geringen Level halten, das bedeutet, sie werden nicht gefordert, sich mit Lerngegenständen auseinanderzusetzen, die ihren spezifischen Neigungen nicht entsprechen. So wird die bereits sozialinduzierte Abstinenz in bezug auf mathematisch-naturwissenschafliche und technische Fächer unterstützt, da sich die Schülerinnen ja so verhalten, wie es den Alltagstheorien entspricht. Während für die Schüler der Anspruch besteht, in jedem Fach leistungsstark zu sein, haben die Mädchen qua geschlechtsspezifischer Zuschreibung die Möglichkeit, sich aus dem Unterricht herauszuziehen. Ihre stillen Verhaltensweisen, etwa die meditative Betrachtung der Haarspitzen, werden von den Lehrpersonen kaum bemerkt. Der Widerspruch zwischen den besseren Schulleistungen der Mädchen und der Selbst- und Fremdeinschätzung als überwiegend fleißig und angepaßt, erklärt sich für mich daraus. Meine These ist, Mädchen sind nicht fleißiger, sondern sie schaffen sich Freiräume in den Schulfächern, in denen es ihnen zugestanden wird. Sie passen sich an die Stereotype weiblichen Verhaltens an wie die Buben sich an die ihnen zugeschriebenen und von ihnen erwarteten geschlechtsspezifischen Klischees. In der beschriebenen individuellen Leistungskonkurrenz stehen deswegen die Mädchen unter geringerem Druck, was sich auch wieder positiv auf die Lernfähigkeit auswirken kann, da sie nicht soviel Energien in eine ständige präpotente Selbstdarstellung investieren müssen.

Ein weiterer Kritikpunkt an der gegenwärtigen schulischen Situation ist ihr *Bewegungsmangel.* Den überwiegenden Teil der Schulzeit verbringen SchülerInnen im Sitzen, weder Beine noch Arme dürfen in Aktion treten, Aufspringen oder wildes Melden werden gerügt. Diese Reduzierung erzeugt einen motorischen Stau, wie ich es nenne möchte, der sich bei den Buben in wilden Aktionen entlädt, die eine ständige Unruhe im Klassenraum hervorbringt und die von Seiten der Lehrpersonen zu ständigen tadelnden Aufforderungen zur Ruhe führt. Die Mädchen reagieren mit Rückzug, sie haben erfahren und erfahren ständig wieder, daß reduzierte körperliche Aktivität positiv angesehen wird. Ihr Körper ist sozusagen ein Objekt, das möglichst nicht bemerkt werden darf, es sei denn als ein unbewegtes Bild. Da das hyperaktive Syndrom überwiegend bei Buben vorkommt, und ihnen keine Hilfen geboten werden außer Ermahnungen, wird unruhiges, zappeliges Verhalten als die Normalform von Jungenverhalten angesehen. Nach dem Motto "Jungen sind eben wild". Es ist kein Wunder, wie es aus unseren Forschungsergebnissen zu sehen ist, daß Sport zum Lieblingsfach der Schülerinnen und Schüler gekürt wird. Neben der hohen Bedeutung die Sport als Medienereignis und als Freizeitaktiviät besitzt, ist dieses Fach das einzige in dem körperliche Aktivität erlaubt ist. Der Sport aber unterliegt den gleichen Leistungskriterien wie die anderen Fächer und ist dadurch wiederum eingebunden in Konkurrenzverhalten. Aber das Bedürfnis nach Bewegung ist so groß, daß selbst nicht sportliche - im üblichen Sinne - SchülerInnen dieses Fach favorisieren. Da die heutigen Kinder kaum noch Möglichkeiten haben, in der Freizeit unorganisierte und selbstbestimmte körperliche Tätigkeiten zu unternehmen, sehe ich in der großen Vorliebe für den Sport den letzten Ausweg für die SchülerInnen die gesellschaftlich verordnete Körperpassivität in der Schule zu überwinden.

Der dritte Kritikpunkt an der Schule ist die fast gänzliche *Ausblendung von kreativer Aktivität.* Die musischen Fächer werden immer als erste bei Stundenplanreduktionen gestrichen, dies aber ist nur die Spitze des Eisbergs. In allen Fächern wird fast ausschließlich einfach zu reproduzierendes Wissen angeboten. Dies ist besonders für die Leistungskontrolle funktional. Zum Korrigieren sind multiple choice Aufgaben am einfachsten und ein ausgetüfteltes Punktesystem suggeriert Objektivität. Wenn sich die Buben gegen diesen Schematismus wehren, kann ihnen dies - so die Form den Lehrenden noch adäquat erscheint, als Intelligenz angerechnet werden, oder aber auch als unverschämtes Verhalten. Mädchen riskieren hier weniger und versinken entweder in ihre Innenwelten oder im Zeichnen von Randleisten in ihren Heften. Viele Schmierereien auf Schulbänken und -wänden sind ein Ausdruck dafür, daß Gestaltungsmöglichkeiten jenseits des Vorgegebenen gesucht wird. Hieran beteiligen sich die Mädchen weniger, sie kämmen ihre Haare, schminken sich, sie gestalten ihren Körper und entsprechen auf diese Weise dem Weiblichkeitsklischees des eitlen Mädchens, während der grafittisprühende Schüler eher soziale Ächtung erfährt aber gleichzeitig eine Aspiration auf eine Künstlerkarriere erhebt und den öffentlichen Raum gestaltet. Die reine Reproduktion des vorgegebenen Wissens mag in der Abfragesituation den zweifelhaften Charme einer Quizsendung haben, ist aber insgesamt intellektuell wenig anregend und zudem durch die pervertierte Fragesituation belastet, da der/die FragerIn die Antwort bereits kennt, also kein Informationsbedürfnis besteht. Dieses erzeugt für die Lernenden den berechtigten Eindruck, daß hier eher Disziplinierung als Lernziel vorgegeben ist denn eine intellektuelle Herausforderung. Mädchen unterwerfen sich diesem Ritual und üben sich so weiter in Passivität und Zurückhaltung. Wenn Schüler hin und wieder absurde Vermutungen zum Lernstoff von sich geben, so erscheint es mir wie der verzweifelte Versuch, etwas Neues hineinzubringen.

Die drei beschriebenen Kritikpunkte an dem schulischen Lernen sind:

- individuelle Leistungskonkurrenz, die Solidarität und Kooperation verhindert und Empathie in andere nur dazu einübt, um eigene Vorteile zu realisieren.
- Bewegungsarmut, die zu motorischen Staus führt, die bei den Schülern zu unkontrollierter Aktivität führt und bei den Schülerinnen zu einer passiven Körperlichkeit
- und die Einübung von rein reproduktiven Lernprozessen, die intellektuell unterfordern und keine Kreativität fördern.

Ausgehend von diesen Kritikpunkten muß eine *reformierte Koedukation* ein problemorientiertes Lernen initiieren, bei dem Wissen und Problemlösungen kreativ erarbeitet werden und die passive Körper- und Geisteshaltung überwunden wird. Die geschlechtspezifischen Interessen und Verhaltensdefizite müssen in eine solche Unterrichtsplanung mit eingehen. Dieses muß ein durchgehendes Prinzip für alle Unterrichtsfächer sein, in der Tendenz sollten die starren Fachgrenzen aufgelöst werden und projektorientiert gearbeitet werden. Bei unserem Forschungsprojekt war dieses nur in der Laborschule möglich, aber wir versuchten auch in den anderen Schulen fachübergreifend zu arbeiten. Dieses ist nur zum Teil gelungen, da insbesondere im Gymnasium der Widerstand des Kollegiums und der Elternschaft groß war, die Annahme der Irrelevanz der geschlechtsspezifischen Fragestellung oder gar die Befürchtung, die Jungen würden durch unsere Maßnahmen für den Berufskampf verdorben werden, standen als Argumente im Raum. Einen solchen Ansatz zu realisieren verlangt, daß intensiv mit den Eltern und dem Gesamtkollegium diskutiert werden muß, um einen Konsens auf breiter Basis herzustellen. Wenn die für die SchülerInnen relevanten Erwachsenen die angestrebten Verhaltensänderungen, ablehnen, können alle Bemühungen in dieser Richtung nur höchstgradig punktuell wirken. In der Laborschule haben die LehrerInnen an Elternabenden nicht nur über die Projektziele und die einzelnen Unterrichtssequenzen informiert, sondern auch in gleichgeschlechtlichen Gruppen mit den Eltern zur Frage von Weiblichkeit und Männlichkeit gearbeitet und dies auf der konkreten individuellen Erfahrungsebene als Mütter und Väter. Erwartungsgemäß fiel es den Männern schwerer, sich als Väter zu formulieren und so wurde es ihnen konkret erfahrbar, wie wenig Männer persönliche Erlebnisse thematisieren können. Der Ansatzpunkt der Arbeit im Kollegium und mit den Eltern sollte nie ein rein kognitiver sein, der allein über intellektuelle Aufklärung verläuft, die Widerstände können dann zu leicht mobilisiert werden. Ein Gegenbeispiel genügt, um alle empirischen Ergebnisse in Frage zu stellen. Die Methode der Schreibwerkstatt z.B. ermöglicht Rollenklischees, die in der Gruppe vorhanden sind, je individuell und spontan aufzuschreiben und sie dann in der Gruppendiskussion zu behandeln. Ausgehend von den eigenen Vorstellungen und Erfahrungen wird dies Thema persönlich und nah, dies gibt der Reflexion eine andere Qualität und steigert die Bereitschaft, das eigene Verhalten zu verändern.

Jetzt möchte ich kurz auf die *Inhalte und Methoden* eingehen, die wir entwikkelt haben. Diese sind nur als Anregungen für die Kreativität der Lehrenden zu betrachten und auch auf Grundschule übertragbar. Wir haben in drei Fächern gearbeitet: in Deutsch, Sport und Mathematik.

Unser Thema im Fach Deutsch war Biographie

Am Beispiel einer Biographie aus der Zeit des Nationalsozialismus - das Lesen einer Ganzschrift war im Lehrplan vorgesehen - wurde im Fach Deutsch eine längere Sequenz geplant. Ein Mädchen und ein Junge waren die Hauptpersonen. Die spannende Geschichte und die Identifikationmöglichkeit mit den Figuren bot einen emotionalen Zugang. An dem Text ließen sich geschlechtspezifische Klischees in Form von Zuschreibungen und Handlungen gut analysieren, so daß ein kognitiver Verarbeitungsprozeß einsetzen konnte. Der nächste Schritt bestand aus dem Einbezug persönlicher Einschätzungen und Erfahrungen im Vergleich zum Text. Hier konnten Gemeinsamkeiten mit den Gefühlen und Reaktionen der Romanfiguren je nach Geschlecht gesehen werden, oder auch Differnzerfahrung formuliert werden. Die Akzeptanz unterschiedlicher Einschätzungen und Erlebnisse sollte Ergebnis sein. Daran anschließend schrieben die SchülerInnen ihre eigene Biographie und gestalteten sie mit Bildern. Hier setzte die Auseinandersetzung mit dem eignen Leben ein, es wurden dazu auch die Eltern befragt. Im Ganzen engagierten sich die Mädchen hier stärker, ihr Interesse an dem eigenem Werdegang dokumentierte sich in der Ausführlichkeit des Materials und des Schreibens. Die Jungen mußten sich mit Erinnerungen und Gefühlen auseinandersetzen, also mit einer Materie, die in der männlichen Sozialisation als nicht wichtig angesehen wird, da sie ja nur als privat und deswegen als nicht objektiv gilt. Die Unterschiede bei der Gestaltung wurden besprochen. Das Persönliche, Gegenstand des Interesses der Mädchen, wurde zum relevanten Lernstoff, und die Buben mußten sich der Anforderung stellen, sich selbstreflexiv zu verhalten. Die Vielfalt der

Lebensläufe bot die Möglichkeit, sich in der Klassengruppe besser kennenzulernen, sich gegenseitig zu akzeptieren, Gemeinsamkeiten und Differenzen zu erkennen. Eine größere Lebendigkeit kann auch durch Rollenspiel und Erarbeitung von Schautafeln in Gruppenarbeit erreicht werden. Dies regt wiederum zur eigenen Gestaltung an, und jede Leistung hat ihren individuellen Wert, der die Ergebnisse für die gesamte Gruppe interessant macht. Die Gruppenprodukte entstehen auf der Basis von Kooperation, deren Prozeßcharakter in reinen Mädchen- oder Jungengruppen oder in einer gemischten Zusammensetzung durchaus unterschiedlich ist. Nicht nur die Ergebnisse sondern auch über die Zufriedenheit mit der gemeinsamen Arbeit muß reflektiert werden. Geschlechtsspezifische Verhaltensweisen wie individuelle Strategien können dadurch offengelegt werden. Diese letztgenannten Methoden sind für alle Unterrichtsfächer einsetzbar.

Unser zweites Thema war Müll

Es war im Bereich Mathematik angesiedelt (Volumenberechung wurde eingeführt und geübt), aber dieses Thema sollte auf andere Fächer ausgeweitet werden, physikalische, chemische und biologische Aspekte bieten sich zur Einbindung an, das gesellschaftspolitische Anliegen ist evident. Um den handlungsorientierten Ansatz zu verdeutlichen, möchte ich ein paar methodische Hinweise erwähnen. Die SchülerInnen untersuchten die Abfalleimer ihrer Schule, erfuhren die praktizierte und nicht praktizierte Mülltrennung, lernten etwas über die Beschaffenheit der einzelnen Objekte, über ihre Klassifizierungen. Um außerschulische Lernerfahrungen zu machen und damit das Thema realitätsnah zu behandeln, wurden verschiedene Müllverarbeitungsindustrien besucht. Dort hatten sie die Möglichkeit, mit Fachleuten zu sprechen, also außerschulische Experten zu befragen. Besonders wünschenswert wäre es, wenn auch Frauen in diesem Bereich als Ansprechpartnerinnen erlebt würden, damit die Mädchen an konkreten Modellen erfahren, daß auch Frauen im naturwissenschaflichen und technologischen Bereich agieren. Ein Ergebnis der Lernprozesse war die Entwicklung eines Müllvermeidungskonzepts für ihre Schule. Sie wurden dadurch für eine Verantwortung für ihre schulischen Räume sensibilisiert, die dem gleichgültigen Vandalismus im öffentlichen Bereich entgegenwirkt. Ihr Wissen konnte zudem in die privaten Haushaltungen einfließen, und da das Herunterbringen des Mülleimers eine der wenigen traditionellen Arbeiten der Männer im Haushalt ist, könnte ich jetzt reichlich überspitzt sagen, daß bei diesem Thema ein jungenspezifischer Zugang gewählt wurde, jedoch ist die Domäne der Produktion von Müll im Haushalt noch überwiegend Frauensache. Unsere Gründe für die Wahl dieses Themas waren aber anderer Art. Da Mathematik - aber auch die Phänomene der Chemie und Physik - den Schülern und insbesondere den Schülerinnen als abstrakt, nicht auf die konkrete Erfahrung bezogen erscheinen, bietet ein solches projektorientiertes Lernen die Möglichkeit zur Einsicht in die Bedeutung naturwissenschaftlicher Kenntnisse und ihre Wichtigkeit für gesellschaftliches Handeln.

Die Mädchen haben auf diesen Zugang besonders positiv reagiert, während die Jungen einen projektorientierten oder einen mehr fachüblichen abstrakten Zugang gleich favorisierten. Es soll aber nicht verschwiegen werden, wie leicht sich auch in ein solches Projekt geschlechtsspezifische Arbeitsteilung einschleicht, die Jungen haben mit Wonne im Müll gewühlt, und die Mädchen räumten anschließend auf. Dies Beispiel zeigt, daß Lehrpersonen eine besondere Wachheit für das traditionelle divergierende Verhalten der Geschlechter üben und regulierend eingreifen müssen. Als weiteren Aspekt möchte ich hier noch hervorheben, die Verantwortung für die schulischen Räume in bezug auf Sauberkeit und angenehme Umgebung. Räume, in denen ich mich wohl fühle, für die ich verantwortlich bin, die ich nach meinen Wünschen gestalten kann, muß ich nicht zerstören. Hieraus ergibt sich ein weiterer Gegenstand schulischen Lernens.

Hausarbeit als Schulfach

Und damit komme ich zu einer Forderung, die schon seit Beginn der feministischen Schulforschung am Ende der siebziger Jahre gestellt wurde, die Einführung eines übergreifenden Faches Hausarbeit. In der Laborschule wurde ansatzweise ein solches Curriculum entwickelt. Ich möchte hier nur einige grundsätzliche Überlegungen dazu darlegen. In den schulischen Lernkanon werden immer wieder neue Gegenstände aufgenommen, wenn dafür eine entsprechend starke gesellschaftliche Lobby vorhanden ist. In letzter Zeit kann man dies an der Einführung des Informatikunterrichts und insbesondere an den Computerkursen aufzeigen. Inzwischen steht in zahlreichen Schulen Computermüll herum, da die Entwicklung so rapide bei der Entwicklung dieser Technologie voranschreitet, sind viele Geräte bereits hoffnungslos veraltet. Hier wurde also viel Geld und auch Unterrichtstätigkeit investiert, da es als gesellschaftlich notwendig erschien, daß SchülerInnen diese Technik beherrschen. Auch die Forschungsprojekte zur Förderung von Mädchen speziell belegen dies. Meine Meinung dazu war schon immer etwas ketzerisch, da die weiblichen Wesen den Übergang vom Klavierspielen zur Schreibmaschine geschafft haben, nahm ich schon von Anfang an, daß der Übergang zum Bedienen des Computers durchaus nach einigen Anfangsschwierigkeiten problemlos sein würde, so hat es sich denn auch herausgestellt. Ich bringe dieses Beispiel, um zu zeigen, daß, wenn eine Lobby ein neues Unterrichtsfach will, dieses auch eingeführt wird. Die Einführung des Faches Hausarbeit braucht daher eine breite Unterstützung. Es ist inzwischen eindeutig bekannt, daß nur die Aufhebung der geschlechtsspezifischen Arbeitsteilung die Grundlage für die gleiche Beteiligung von Frauen und Männern am Erwerbsleben sein kann. Bislang werden die Kompetenzen der privaten Reproduktionsarbeit fast ausschließlich im Bereich der Familie erworben und dort auf der Grundlage der geschlechtsspezifischen Arbeitsteilung. Die Schule als öffentliche pädagogische Institution hat die Aufgabe, Defizite, die im familialen Bereich bestehen, auszugleichen. So ist es ihre legitime Pflicht, an der Aufhebung einer ungleichgewichtigen Arbeitsteilung zwischen den Geschlechtern mitzuwirken. Zudem würde das Aufnehmen der Hausarbeitstätigkeiten in den Allgemeinbildungsauftrag der Schule, den gesellschaftlichen Stellenwert der privaten Reproduktionsarbeit endlich sichtbar machen und die notwendige Anerkennung als gesellschaftliche Basisarbeit herausstellen. Ein Hausarbeitscurriculum muß alle Bereiche der komplexen privaten, unentlohnten Arbeit umfassen, von handwerklichen Fähigkeiten (kochen, putzen, kleine Näharbeiten und andere Reparaturen) wie organisatorische Fähigkeiten (Planung des Einkaufs, des finanziellen Budgets, der Zeiteinteilung), Gestaltungsaufgaben (Wohnungseinrichtung, Feste) wie fürsorgliches Handeln (für Jüngere, Gleichaltrige und Ältere). Es geht also weit über die meistens nur für Mädchen zugänglichen oder von ihnen gewählten Fächer Handarbeit/Textiles Gestalten oder Hauswirtschaft hinaus. Hier muß wiederum genau darauf geachtet werden, daß die Vorerfahrungen der Mädchen in den meisten dieser Tätigkeiten zwar honoriert werden, aber nicht dazu verführen dürfen, daß sie die weniger attraktiven Dienste zusätzlich übernehmen. Einzelaspekte lassen sich sicherlich in unterschiedliche Fächer integrieren, Kochrezepte können sowohl für Vorgangsbeschreibungen wie für einfache mathematische Operationen genutzt werden. Jedoch muß in diesem Fach das Handeln, die Einübung von Praktiken im Vordergrund stehen. Projekttage, Landschulaufenthalte mit Selbstversorgung aber auch Berufspraktika z.B. in Kindergärten oder Altenheimen, können hier Möglichkeiten bieten. Für die Mädchen ist der Umgang mit Werkzeug (z.B. Hammer, Bohrmaschine und dergl.), das üblicherweise den Männern vorbehalten wird, ein Übungsfeld, um ihre Technologiedistanz in bestimmten Bereichen zu überwinden. Außerdem müssen sie lernen, daß Hausarbeit nicht ihre alleinige Domäne ist, sondern das sie gleichberechtigte Teilnahme an allen Tätigkeiten von den Jungen/Männern einfordern. Für die Buben ist das fürsorgliche Handeln mit Personen und Sachen das wichtigste Lernziel. Diese Vorschläge bedeuten ein Lernen in Bewegung, physischer, emotionaler und intellektueller Art. Kreativität wird bei der Gestaltung der einzelnen Aufgaben und ihrer Lösungen gefordert und die Vielfalt der Ergebnisse ermöglicht eine Anerkenntnis der Leistung der anderen.

Bewegung und Sport

Aber kommen wir jetzt zu dem Fach, das bislang die Bewegung zum Gegenstand hat. Sport, wie schon erwähnt das Lieblingsfach der heutigen Schuljugend, bedarf einer dringenden Reflexion. Gerade durch seine Mediendominanz transportiert es in starkem Maße individuelle Leistungskonkurrenz und geschlechtsspezifische Leitbilder, die, wie wir in unseren Unterrichtsbeobachtungen feststellen konnten, in Kleidung und Gestik besonders von den Jungen übernommen werden. Wir haben diese Unterrichtssequenz deswegen mit Collagen aus Zeitschriften und Zeitungen zu Sportlern und Sportlerinnen, welche die SchülerInnen erstellten, eingeleitet. Hier wurden sowohl Körpersprache wie Eigenschaftszuschreibungen analysiert. Ich persönlich finde es zudem auch höchstgradig wichtig, daß die SchülerInnen Meldungen über Sportverletzungen bei HochleistungssportlerInnen sammeln, um das Märchen, daß Hochleistungssport der Gesundheit dient, zu relativieren. Wir haben eine Basketballeinheit entwickelt, die einige besondere Elemente hatte. Um den Mädchen, deren Ballsozialisation geringer ist, ein freieres Übungsfeld zu ermöglichen, wurden die ersten Übungen in geschlechtshomogenen Gruppen durchgeführt, außerdem spielten auch gleichgeschlechtliche Teams gegeneinander, die jeweils von der anderen Geschlechtsgruppe beobachtet und anschließend kommentiert wurde. Es muß festgehalten werden, daß sowohl beim Spiel wie auch bei der Beobachtung das Engagement der Buben eindeutig größer war, während insbesondere in der Gesamtschule und im Gymnasium die geistige Absenz und der geringe körperliche Einsatz der meisten Mädchen auf den Videoaufnahmen evident war. Mädchen bevorzugen Sportarten, die keine direkte körperliche Auseinandersetzung mit Anderen verlangen (z.B. Schwimmen, Gymnastik). Einerseits ist es zwar positiv, wenn Mädchen nicht, wie sie es nannten "brutal" spielen wollen, andererseits sind sie dadurch nicht in der Lage körperliche Aggression abzuwehren. Ich denke, daß hier noch einige Reflexionsarbeit zu leisten ist. Selbstverteidigung - und Selbstbehauptungstrainings sind für Mädchen deswegen von großer Wichtigkeit. Ich möchte jetzt auf Bewegungen eingehen, die ohne Wettbewerbscharakter und damit nicht durch Sieg und Niederlage bestimmt sind und nicht dazu auffordern, mit dreckigen Tricks den Gegnern zu schaden. Mit diesen sogenannten "sanften" Übungen haben die Buben Schwierigkeiten und sie lehnten sie bei unseren Befragungen auch mehrheitlich ab, dies gilt wiederum überwiegend für die Gesamtschule und das Gymnasium, für die solche Übungen im Gegensatz zur Laborschule Novitäten waren. Es handelte sich hier um Bewegungen nach Musik - ich nenne es mit Absicht nicht Tanz, da dieser bereits zu den Wettkampfsportarten gezählt wird - um Massage und Entspannungsübungen. Sich den Empfindungen des eigenen Körpers zu überlassen, freie, selbstbestimmte Bewegungen zu machen, Spannungen wahrzunehmen und sie aufzugeben, sanfte körperliche Zuwendung zu erfahren, stellt die männliche Körperpanzerung in Frage, anstatt hart mit sich umzugehen, Schmerzen zu verdrängen, soll Empathie für sich selbst trainiert werden und der Körper anderer als ein Subjekt der Zuwendung erfahren werden. Entspannungs- und Konzentrationsübungen sind Techniken, die als kurze Pausen in jeden Unterricht einzuführen sind. Über tiefes Atmen, Muskelentspannung und durch gelenkte Phantasiereisen kann die alleinige Konzentration auf kognitive Prozesse unterbrochen werden, eine Erholung erfolgen und die Gesamtpersönlichkeit wieder integriert werden. Für die Buben können solche Übungen eine Zentrierung bedeuten, sie müssen nicht dauernd ein Außenbild konstruieren, sondern können bei sich sein und ihre individuelle Empfindsamkeit wahrnehmen. Für die Mädchen kann die bewußte Wahrnehmung ihrer gesamten Körperlichkeit eine personale Stabilisierung bedeuten. Durch Standfestigkeit oder bewußtes Sitzen sowie über tiefes Atmen können sie ihre eigenen Stärke wahrnehmen, sie müssen sich nicht hinter Schwäche verstecken, sondern lernen, mit ihrer eigenen Stimme zu sprechen.

Mädchen- und Jungenkonferenzen

Diese Erfahrungen werden unterstützt und erweitert durch Gespräche und Interaktionen in geschlechtsgleichen Gruppen. Die LaborschullehrerInnen haben die Mädchen- und Jungenkonferenzen entwickelt, die positiv von LehrerInnen und SchülerInnen der anderen Schulen aufgenommen wurden. In diesen Zusammenkünften war es möglich, Konflikte zwischen den Geschlechtsgruppen, zwischen einzelnen Personen zu thematisieren, Austragungsmodi zu entwickeln und neue Handlungsstrategien auszuprobieren, die weder im Bereich des Petzens liegen, was die Buben besonders an den Mädchen stört, oder in rüpelhafter Anmache. Mitgefühl für die anderen des gleichen Geschlechts kann sowohl Solidarität erzeugen wie aber auch die Anerkenntnis der Unterschiedlichkeit und Einübung in Abgrenzung. Der Wunsch nach geschlechtsübergreifendem Verständnis war groß und bietet die Hoffnung, daß sie, wenn anfänglich auch erst selten, erreicht werden kann.

Die hier angesprochenen Aspekte einer reformierten Koedukation sind Anregungen, innerhalb der Schule Veränderungen zu initiieren, welche die Defizite von Mädchen und Buben in kleinen Schritten abbauen. So werden sie befähigt, ihre menschlichen Potenzen zu entwickeln, so daß stark oder sanft zu sein nur eine Frage der jeweiligen Befindlichkeit ist und nicht eine Geschlechtszuschreibung. Aber auch die Erziehenden werden sich verändern, indem sie sich mit ihren impliziten Wertungen und ihren traditionellen Handlungsmustern auseinandersetzen, so daß zwischen den Generationen und Geschlechtern eine gleichwertige Anerkennung entstehen kann.[40]

---

[40] Projektbericht, Unterrichtsmaterialien und Film sind zu beziehen über das "Ministerium für die Gleichstellung von Frau und Mann", Breitestraße 27, 40213 Düsseldorf.

Christa Händle

Grundschullehrerinnen als Promotorinnen für geschlechtersensible pädagogische Arbeit

1. Problemstellung

In Ost und West ist es immer noch verbreitet, pauschal von "dem Lehrer" zu sprechen, auch wenn Lehrerinnen gemeint sind. Eine solch undifferenzierte Wortwahl hat jedoch gravierende Auswirkungen. Dieser Begriff ist nur scheinbar geschlechterneutral. Er wird gefüllt mit Bildern von männlichen Lehrern, die in der etablierten kulturellen Tradition dominieren: vom "Professor Unrat" über den Lehrer im "Club der toten Dichter" bis zum "Lehrer Specht". Die Arbeit von Lehrerinnen, besonders von Grundschullehrerinnen, ist in der etablierten Dominanzkultur weniger präsent und hat so teil an der allgemeinen Abwertung und Verdrängung von Arbeit, die vor allem Frauen leisten.

Beim Begriff "der Lehrer" denken LeserInnen und HörerInnen außerdem vor allem an Erfahrungen mit männlichen Lehrern in ihrer Biographie. Das impliziert, daß sie Erfahrungen in den unteren Schulstufen, wo vor allem Frauen arbeiten, weniger erinnern, eher ignorieren und verdrängen und Unterrichtsarbeit vor allem mit den höheren Schulstufen assoziieren. Grundlegende Bildung, die vor allem Frauen leisten, wird dann weniger bewertet und beachtet. Außerdem bedeutet die Verwendung des Begriffs "der Lehrer", daß Grundschullehrerinnen sich entweder gar nicht oder nur mit einem Teil ihrer Identität, mit ihrer beruflichen Identität, angesprochen fühlen und diese berufliche Identität an der "männlichen Form des Lehrerseins" orientieren (vgl. Hänsel 1991). Der nicht geschlechterneutrale Begriff Lehrer hat zur Folge, daß Lehrerinnen einen Teil ihrer Person abspalten, sich als Berufstätige an männlichen Vorbildern orientieren und ihre Identität als Frauen als private Eigenschaft definieren, die im Beruf unwichtig ist. Auch dies trägt dazu bei, zentrale Qualifikationen, die Lehrerinnen gerade als Frauen und Mütter in ihren Beruf einbringen, nicht wahrzunehmen und abzuwerten.

Geschlechtersensible Arbeit in der Grundschule beginnt mit einer geschlechtersensiblen Wahrnehmung und Beachtung der ganzen Persönlichkeit von Lehrerinnen. Lehrerinnen sind als Vorbilder zentral für eine geschlechtersensible Erziehung in der Grundschule, sie geben Heranwachsenden ein Beispiel dafür, daß die Vereinbarkeit von Familie und Beruf, qualifizierte Berufstätigkeit und die Übernahme einer Autoritätsperson im Beruf möglich sind (vgl. Metz-Göckel 1993). Sie bringen auch öffentlich im Bildungssystem weibliche Handlungsprioritäten wie soziale Sensibilität, Einfühlung, Zuwendung, Hilfe, Kooperation, ganzheitliches Lernen, Offenheit für subjektive Erfahrungen und individuelle Unterschiede zur Geltung. Ihre Veränderung traditioneller Geschlechterhierarchien und der entsprechenden hierarchischen Zuordnung von Werten beeinflußt, wieweit sie als weiblich imaginierte Werte und Qualifikationen als Erziehungsziele für beide Geschlechter setzen oder vor allem Mädchen als "ihre kleinen Helferinnen" heranziehen bei der Etablierung einer weiblichen Kultur in Klassenraum und Schule.

Daß Grundschullehrerinnen ihren Status in der etablierten Geschlechterhierarchie, privat und im Beruf, reflektieren und zu verändern suchen, ist eine wichtige Voraussetzung für geschlechtersensible Arbeit in der Grundschule. Für eine solche Reflexion sind unterschiedliche Traditionen in Ost und West sowie geschichtliche Entwicklungen relevant. Eine geschlechtersensible Wahrnehmung der Arbeit und Qualifikation von Grundschullehrerinnen kann sich nicht auf die berufliche Sozialisation im formellen Bildungssystem beschränken, sondern muß die "doppelte Sozialisation" von Erwachsenen beachten (vgl. Hoff 1990) und auch den privaten familialen Sozialisationsstrang einbeziehen, der zur Erklärung der Qualifikation von Grundschullehrerinnen und von Schulentwicklung wichtig ist.

2. Grundschulentwicklung geht von Frauen aus

Mit gängigen biologistischen Konzepten, in denen Innovationen in Schulen vor allem von jungen LehrerInnen erwartet werden, sind Reformentwicklungen an Grundschulen in den 80er und 90er Jahren nicht zu erklären. Während Stagnation von Schulreformen mit dem Altern der in den alten Bundesländern in den 70er Jahren eingestellten Generation von Lehrerinnen und Lehrern erklärt wird, hat es an vielen Grundschulen Reformen gegeben (vgl. Herz 1992), obwohl auch in Grundschulen Kollegien älter geworden sind. Astrid Kaiser (1996) hat verschiedene Hypothesen zur Erklärung dieses Phänomens entwickelt. Besonders wichtig erscheint in unserem Zusammenhang, einerseits die beruflichen Sozialisationsbedingungen für Grundschullehrerinnen zu beachten, zum anderen jedoch auch ihre private Qualifizierung.

Für die berufliche Sozialisation von Grundschullehrerinnen ist eine zentrale Voraussetzung, daß sie an integrativen Schulen unterrichten. Sie arbeiten dort nicht mit einer selektierten Population von Schülern und Schülerinnen, sondern mit der gesamten Bandbreite eines Jahrgangs und haben so auch mit der gesamten Bandbreite der Sozialisation von Heranwachsenden zu tun, nicht nur mit Kindern aus Familien, die viel Zuarbeit für die Schulen leisten (können), sondern auch mit Kindern, die wenig Hilfe durch ihre Eltern erhalten und zusätzliche Betreuung und Anregungen durch Schulen brauchen. Bei sensibler Wahrnehmung solcher unterschiedlichen Sozialisationsvoraussetzungen von Heranwachsenden ergeben sich Anforderungen der Erweiterung der Aufgaben von Schulen, der Öffnung und Individualisierung von Unterricht (vgl. Händle 1993a).

Die Organisationsbedingungen von Grundschulen ermöglichen - eher als die der meisten Sekundarschulen - eine Öffnung und Erweiterung ihrer Aufgaben. Das dort noch etablierte Klassenlehrerprinzip läßt die Betonung und Entwicklung der Beziehungsdimension im Unterricht zu, die Berücksichtigung individueller Voraussetzungen und Unterschiede, die Entwicklung von Regeln für offenen Unterricht sowie die Rhythmisierung des Ablaufes des Schultages. Mehrheiten von Lehrerinnen im Kollegium sowie Schulleiterinnen erleichtern es, Bedürfnissen und Voraussetzungen der Kinder, sozialen Beziehungen und Lernprozessen sowie ganzheitlichen Arbeitsweisen und Beurteilungsmaßstäben Priorität zu geben. Grundschulkollegien können eher eine Balance zwischen Fördern und Fordern als gemeinsame Zielvorstellung entwickeln und praktizieren.

Zum Verständnis von Grundschulentwicklung erscheinen jedoch auch die persönlichen Voraussetzungen der Lehrerinnen zentral. Der Beruf der Lehrerin für die Primarstufe gilt seit den 60er Jahren als familienfreundlicher Frauenberuf. Die in Ost und West fortbestehende Halbtagsschule ermöglicht am Nachmittag Dispositionsspielräume für die Lebenspraxis mit eigenen Kindern. Wenn "Liebe zu Kindern" ein zentrales Berufswahlmotiv besonders für Grundschullehrerinnen ist (vgl. Flach u.a. 1995), so erlaubt dies die Interpretation, daß sich für den Beruf der Lehrerin für die Primarstufe vor allem Frauen entscheiden, die privat und im Beruf gerne mit Kindern umgehen und so günstige Bedingungen für die Vereinbarkeit von Beruf und Familie wählen.

Bei der Orientierung an einer Normalkarriere von Männern, bei der vor allem Berufsarbeit im Zentrum der Betrachtung steht, wird die doppelte Sozialisation und doppelte Arbeit von Grundschullehrerinnen im Beruf und in der Familie oft als einschränkend und dequalifizierend für den Beruf beurteilt. Wenig beachtet wird dann, daß die Doppelbelastung in Beruf und Familie auch zu einer doppelten Qualifikation führt. Lehrerinnen, die selbst Kinder haben, erleben Kinder nicht nur im formellen Bildungssystem, sondern auch in ihrem außerschulischen Lebenszusammenhang rund um die Uhr in vielen informellen Situationen. Sie lernen so Einfühlung, Verständnis, Beachtung von Entwicklungsprozessen, individualisierte Zuwendung und können solche Qualifikationen auch in ihre Berufsarbeit einbringen (vgl. Händle 1989a). Die Chancen, die für die Erkundung und geschlechtersensible Wahrnehmung von Sozialisation und Interaktionen gegeben sind, werden in dem Tagebuch von Marianne Grabrucker deutlich (1991), das sie während der Zeit geschrieben hat, als sie zugunsten der Lebenspraxis mit ihrer kleinen Tochter auf Erwerbstätigkeit verzichtete. Wenn vor allem ältere Grundschullehrerinnen Trägerinnen von Schulentwicklung und Reformen sind, so läßt sich das so interpretieren, daß diese Frauen - nachdem ihre Doppelbelastung durch eigene Kinder und Beruf geringer geworden ist - verstärkt ihre dabei erworbenen Zusatzqualifikationen auch in ihren Beruf einbringen. Grundschulentwicklung profitiert so in hohem Maße von privat erworbenen Zusatzqualifikationen von Grundschullehrerinnen. Schülerorientierung, Öffnung von Unterricht und Individualisierung werden durch Qualifikationen gefördert, die Lehrerinnen in Ost und West in ihrer privaten Lebenspraxis im Umgang mit Heranwachsenden erwerben (vgl. Gruner 1991).

3. Partizipation der Ausbildung und Arbeit von Grundschullehrerinnen an der geringen Wertschätzung von Frauen?

Trotz ihrer qualifizierten und komplexen Berufsarbeit partizipieren Grundschullehrerinnen an der etablierten Abwertung der Arbeit von Frauen. Dabei finden sich in Ost und West unterschiedliche Formen der Diskriminierung. In den Alten Bundesländern wird auch für das Studium der Grundschullehrerinnen das Abitur vorausgesetzt. Sie studierten nach dem Zweiten Weltkrieg in der Regel an Pädagogischen Hochschulen, von denen viele seit Ende der 60er Jahren in Universitäten integriert wurden. Das Studium von Grundschullehrerinnen ist nur wenig kürzer als das Studium für ein Lehramt für die Sekundarstufe. Auch die Zweite Ausbildungsphase, die in der Tradition der Gymnasiallehrerausbildung auf das 19. Jahrhundert zurückgeht, wurde in den 70er Jahren auch für GrundschullehrerInnen eingeführt (vgl. Händle/Nitsch 1991, Händle 1992). Während so eine weitgehende Anpassung an die Lehrerausbildung für andere Schulformen und Schulstufen stattgefunden hat, sind Arbeitsbedingungen und Bezahlung für GrundschullehrerInnen ungünstiger: Sie haben höhere Unterrichtsverpflichtungen und werden geringer bezahlt.

Im Osten wurde eine im Vergleich mit DiplomlehrerInnen für die Sekundarstufen statusniedrigere Ausbildung für die Primarstufe verlangt. Das Abitur war nicht Voraussetzung für die Ausbildung an Instituten für Lehrerbildung (IfL). Die statusniedrigere Ausbildung ging nicht notwendigerweise mit einem niedrigeren Status im Beruf einher: Unterrichtsverpflichtungen und Bezahlung von Unterstufenlehrerinnen, Diplomlehrerinnen und Horterzieherinnen waren statusähnlicher als in den Alten Bundesländern.

Nach der Wende gibt es viele Probleme in den äußeren Arbeitsbedingungen. Grundschullehrerinnen in den neuen Bundesländern mußten an neuen Schulen neue Kooperation aufbauen und erhalten z.B. in Berlin keine SchulleiterInnen aus ihrer Ausbildungs- und Berufstradition. Sie werden nicht entsprechend ihrer Arbeit, Berufserfahrung und Weiterbildung eingruppiert, sondern entsprechend ihrer früheren Ausbildung, die als Fachschulausbildung eingestuft wird. Um Gleichstellung zu erreichen, werden kaum gangbare Formen der Weiterbildung eröffnet. In Berlin wird dafür z.B. ein fachwissenschaftliches Zusatzstudium an Universitäten nach einer schon bisher geltenden Prüfungsordnung verlangt, das den Interessen der LehrerInnen an sozialer, pädagogischer und fachdidaktischer Qualifizierung entgegensteht (vgl. Händle 1993b). Aufgrund der Erhöhung von Klassenfrequenzen und Unterrichtsverpflichtungen (bisher 23) entstand ein "Lehrerüberhang", der zu Entlassungen und Teilzeitregelungen führt. Der dramatische Geburtenrückgang in den neuen Bundesländern auf bis zu ein Drittel des Standes von 1989, der auf größere Schwierigkeiten der Vereinbarkeit von Berufstätigkeit und eigenen Kindern zurückgeführt werden kann, erschwert die Situation von Grundschullehrerinnen und Horterzieherinnen weiter. Als eine Alternative zu Entlassungen wird ihnen Zwangsteilzeitarbeit angeboten, zunächst in Brandenburg 80 Prozent, dann 72 Prozent in Sachsen, jetzt sogar 60 Prozent (in Brandenburg). Da auch das Einkommen der Lehrerinnen in den neuen Bundesländern noch nicht 100 Prozent des Einkommens im Westen beträgt, ist ihre ökonomische Selbständigkeit durch eigene Erwerbstätigkeit gefährdet. Erwerbsarbeit von GrundschullehrerInnen und ErzieherInnen wird so unter der Hand zum Zuverdienst für das Familieneinkommen. Dadurch werden traditionelle geschlechterhierarchische Formen der Bewertung und Verteilung von Arbeit wieder etabliert.

Von Teilzeitarbeit profitiert das formelle Bildungssystem doppelt. Menschen, die Teilzeit arbeiten, nutzen ihre größeren Spielräume auch für zusätzliche Berufsarbeit und leisten so unbezahlte Mehrarbeit im Beruf. Die geringere Bezahlung für die geleistete Arbeit wirkt sich auch auf das Ruhegehalt aus, besonders wenn Teilzeitarbeit im Angestelltenverhältnis am Ende der Berufstätigkeit stattfindet. Protest gegen solche Einschränkungen der Erwerbstätigkeit von Lehrerinnen, kann zur Problematisierung der etablierten Geschlechterhierarchie auch in der Berufsarbeit beitragen (vgl. Schmittler, 1990).

Freiwillig Teilzeitarbeit leisten viele Lehrerinnen in den alten Bundesländern, vor allem in ihrer "Familienphase", wenn ihre Kinder klein sind, jedoch oft auch später. Auch sie erwerben so "privat" Zusatzqualifikationen und nutzen private Spielräume für die Arbeit im Beruf. Reformentwicklung in Grundschulen profitiert so von der unbezahlten privaten Qualifikation und von der Mehrarbeit von Lehrerinnen. In den alten Bundesländern (ABL) findet dies jedoch bei deutlich besserer Bezahlung statt, als in den neuen Bundesländern nach der Wende (NBL). Es erscheint besonders wichtig, dafür zu arbeiten, daß Angleichung zwischen Ost und West zur Statusverbesserung der Ausbildung, Bezahlung und Arbeitsbedingungen von Grundschullehrerinnen beiträgt, nicht zu Verschlechterungen zunächst im Osten, dann auch im Westen.

4. Veränderung von Qualifikation und Arbeitsbedingungen von Grundschullehrerinnen

Die Integration der Ausbildung für alle Lehrämter an Hochschulen und Universitäten hat eine Verbesserung von Status und Bezahlung für Grundschullehrerinnen gebracht, jedoch auch neue Probleme. An Universitäten werden häufig Berufsmotivation und Arbeitsbedingungen von Grundschullehrerinnen wenig berücksichtigt. Sie gelten als im Fachstudium weniger wissenschaftlich interessierte, statusniedrigere Studierende. Damit werden Studienprobleme personalisiert. Mangelnde Abstimmung und Integration von Studienanforderungen sowie ein geringer Berufsbezug, unter dem besonders Studierende leiden, die GrundschullehrerInnen werden wollen, werden dagegen weniger beachtet (vgl. Hänsel 1992b, Wittenbruch, Möller 1992). Wenn nicht integrierte Lehrangebote der Studien- und Berufsmotivation von Grundschullehrerinnen entgegenkommen (vgl. Hänsel 1992a), können sie Berufsmotivation und berufliche Qualifikation oft nur zusätzlich und im Gegensatz zu formellen Lehr- und Prüfungsanforderungen erwerben. Besonders wichtig sind dann Beispiele und Hilfen von Mentorinnen in Praktika und in der Zweiten Ausbildungsphase. Hier wiederholt sich jedoch die geheime Voraussetzung und geringerer Bewertung der Arbeit von Frauen: MentorInnen, die wichtige Aufgaben in der Lehrerausbildung leisten, werden dafür nicht entsprechend entlastet und bezahlt, im Unterschied zu den Männern, die mehrheitlich Positionen in der formellen Lehrerausbildung einnehmen.

Solange ein nur wenig kürzeres Studium trotzdem zu höheren Unterrichtsverpflichtungen und geringerer Bezahlung von Grundschullehrerinnen führt, wird weiter das spezifische Interesse von Frauen an der Arbeit mit kleinen Kindern vorausgesetzt, um Grundschullehrerinnen zu gewinnen. Während gegenwärtig der Geburtenrückgang in den neuen Bundesländern auf fast ein Drittel des Standes von 1989 eher zu Aufmerksamkeit für einen "Lehrerüberhang" führt, weniger zur Aufmerksamkeit für die Ausbildung neuer LehrerInnen, steht nach der Jahrtausendwende ein Generationswechsel auch in Lehrerkollegien an Grundschulen an - zunächst in den ABL. Es ist offen, wie weit diese bevorstehende verstärkte Nachfrage in der universitären Lehrerausbildung rechtzeitig berücksichtigt wird. Mangel an Lehrerinnen für Grundschulen kann zur Etablierung statusniedrigerer Formen der Ausbildung an Fachhochschulen beitragen, die im Wissenschaftsrat schon diskutiert wurde. Dies würde dann auch niedrigere Bezahlung und u.U. höhere Unterrichtsverpflichtung legitimieren und eine geschlechterhierarchisch unterschiedliche Privilegierung der Lehrämter verstärken.

Bei den gegenwärtigen Verteilungskämpfen um knappe Ressourcen auch im Bildungssystem ist nicht sicher, wieweit Männer in Leitungspositionen in Berufsverbänden, Universitäten, Bildungsverwaltungen, Parteien und in politischen Ämtern sich einer geschlechterhierarchischen Abwertung von Ausbildung, Arbeitsbedingungen und Bezahlung der GrundschullehrerInnen entgegenstellen. Vor allem Grundschullehrerinnen und Hochschullehrerinnen für Grundschulpädagogik fällt die Aufgabe zu, in Wissenschaft und Politik für Gleichstellung der Arbeit und Ausbildung von GrundschullehrerInnen zu argumentieren und BündnispartnerInnen dafür zu gewinnen. Das kann vor allem gelingen im Zusammenhang einer gesellschaftskritischen Problematisierung der unterschiedlichen Wertschätzung der Arbeit von Männern und Frauen und der Privatisierung von Bildungs- und Erziehungsarbeit, die bei einer Verschiebung der Arbeitsteilung zwischen Familie und öffentlichem Bildungssystem stattfindet. Dies bringt Chancenungleichheit für Mütter und für Heranwachsende aus Familien, die wenig Zuarbeit für das formelle Bildungssystem leisten (können).

Problematisierung traditioneller geschlechterhierarchischer Arbeitsteilung und Bewertung von Arbeit ist zentral auch für den Status von Grundschullehrerinnen, Reflexion und Forderung von Gleichstellung von Lehrerinnen und Lehrern unterschiedlicher Schulformen und Schulstufen, fördern die geschlechtersensible pädagogische Arbeit von Lehrerinnen auch in ihrem Beruf. In der wissenschaftlichen und politischen Argumentation ist zu beachten, daß die Qualifizierung von Grundschullehrerinnen und Grundschulentwicklung bisher von den Spielräumen profitiert haben, die für GrundschullehrerInnen im Rahmen der deutschen Halbtagsschule gegeben sind. Diese Arbeitsbedingungen haben insbesondere Frauen angezogen, die Interesse an pädagogischer Arbeit mit Kindern und oft auch Vorerfahrungen und gute Voraussetzungen dafür schon mitbringen und sich privat durch die Lebenspraxis mit eigenen Kindern zusätzlich für ihren Beruf qualifiziert haben. Dies hat ihnen Doppelbelastung gebracht, jedoch auch Doppelqualifikation. Vor allem Grundschullehrerinnen in den ABL haben ihre hohe Arbeitsbelastungen im Beruf teilweise individuell durch Teilzeitarbeit reduziert und so Spielräume für Zusatzarbeit und Zusatzqualifikation gewonnen. Eine Reduzierung der Bezahlung und eine Verschlechterung der Arbeitsbedingungen reduziert solche Spielräume und beeinträchtigt Grundschulentwicklung.

Offen ist auch, ob und wie die neue Generation von Grundschullehrerinnen Beruf und eigene Kinder vereinbaren kann und will unter Bedingungen einer längeren Ausbildung und von Teilzeitarbeit. Unter Umständen ist unter solchen Bedingungen dieser Beruf für Frauen, für die "Liebe zu Kindern" ein zentrales Berufswahlmotiv ist, weniger attraktiv. Vielleicht können auch Grundschullehrerinnen sich dann weniger ihren Kinderwunsch erfüllen, passen sich stärker an die Normalkarriere von Männern an und verzichten auf Möglichkeiten zusätzlicher Qualifizierung in anderen pädagogischen Handlungsfeldern. Für Grundschulentwicklung und für die Qualifizierung der Lehrerinnen dort erscheint es jedoch zentral, Berufstätigkeit und eigene Kinder vereinbaren zu können.

Die Doppelrolle als Lehrerin und Mutter kann dazu beitragen, die Sensibilität für die Öffnung von Schulen und Schulentwicklung, sowie für die Erweiterung der Aufgaben von Schulen und geschlechtersensible pädagogische Arbeit dort zu fördern. Über die Praxis von Regelschulen in beiden Traditionen hinaus gehen Nachmittagsangebote an Grundschulen, die erweiterte Möglichkeiten für soziales Lernen und Veränderung traditioneller Geschlechtsrollen bieten, sowie mehr Chancengleichheit für Kinder mit unterschiedlichen Sozialisationsvoraussetzungen (vgl. Händle 1993a). Dies sind gemeinsame Themen und Entwicklungsperspektiven für Grundschulen und Grundschullehrerinnen in Ost und West. Dabei sind in der Tradition der neuen Bundesländer besonders die Erfahrungen wichtig, Mütter für ganztägige Berufstätigkeit durch Leistungen des öffentlichen Bildungssystems zu entlasten. In der Tradition der alten Bundesländer sind Erfahrungen im Umgang mit sehr heterogenen Voraussetzungen von Heranwachsenden und der Öffnung und Individualisierung von Unterricht einzubringen.

Es bleibt wichtig, Grundschullehrerinnen Arbeitsbedingungen zu ermöglichen, die Vereinbarkeit von Beruf und Familie erleichtern. Optionen für begrenzte Teilzeittätigkeit, Arbeit im Vormittags- oder auch im Nachmittagsbetrieb, in der Lehreraus-, -fort- und -weiterbildung, Freistellung für Arbeit in anderen pädagogischen Handlungsfeldern oder für Weiterbildung müssen ohne Karrierenachteile möglich sein. Öffnung von Schulen und reformpädagogische Veränderung von Grundschulen profitieren in hohem Maße von Qualifikationen, die Lehrerinnen außerhalb des formellen Bildungssystems erwerben. Möglichkeiten dafür zu geben und anzuerkennen, fördert Schulentwicklung im formellen Bildungssystem und liegt so auch im öffentlichen Interesse.

Literatur

Flach, Herbert u.a.: Lehrerbildung im Urteil ihrer Studenten. (Lang), Frankfurt/M. 1995.

Grabrucker, Marianne: "Typisch Mädchen..." Prägungen in den ersten drei Lebensjahren. (Fischer), Frankfurt/M. 1991.

Gruner, Petra (Hrsg.): Angepaßt oder mündig? Briefe an Christa Wolf. (Luchterhand), Neuwied 1990.

Händle, Christa: Lebenspraxis als Mutter und Vater. Doppelbelastung und Qualifizierung für den Lehrerberuf. In: Schön, Bärbel (Hrsg.): Weibliche Emanzipation und Mutterschaft. (Juventa), Weinheim 1989, S. 203-223.

Händle, Christa: Lehrerinnen in System und Lebenswelt. (Manuskript), Berlin 1966.

Händle, Christa: PrimarstufenlehrerInnenausbildung seit der Reformphase. In: Die Grundschulzeitschrift 1992, H. 2, S. 31-51.

Händle, Christa: Reichen Halbtagsschulen für Kinder von heute aus? In: Lingelbach, Karl-Christoph und Zimmer, Hasko (Hrsg.): Öffentliche Pädagogik vor der Jahrhundertwende. Jahrbuch für Pädagogik 1993a. (Lang), Frankfurt/M. S. 119-132.

Händle, Christa: "Wir sind nun mal die Verlierer..."? In: Meier, Artur und Rabe-Kleberg, Ursula (Hrsg.): Weiterbildung, Lebenslauf, sozialer Wandel. (Luchterhand), Neuwied 1993b, S. 117-135.

Händle, Christa und Nitsch, Wolfgang: Integrierte Lehrerausbildung bleibt aktuell. (Zentrum für pädagogische Berufspraxis), Oldenburg 1991.

Hänsel, Dagmar: Die männliche und die weibliche Form des Lehrerseins. In: Die Neue Sammlung 31. Jg. 1991, H. 2, S. 287-302.

Hänsel, Dagmar: Das integrierte Eingangssemester Primarstufe. In: Grundschule, 1992a, H. 6, S. 16-19.

Hänsel, Dagmar: Studium im Fächerwirrwarr: Primarlehrerausbildung in NRW. In: Grundschulzeitschrift, 1992b, H. 56, S. 41-45.

Herz, Otto: "Bei uns müssen die Kinder viel selbst organisieren." In: Erziehung und Wissenschaft, 1992, H. 5, S. 6-12.

Hoff, Ernst (Hrsg.): Die doppelte Sozialisation Erwachsener. (Deutsches Jugendinstitut), München 1990.

Kaiser, Astrid: Feminisierung der Grundschulen-Barriere oder Bedingung von Schulformen? In: Fischer, Dietlind u.a. (Hrsg.): Schulentwicklung geht von Frauen aus. Weinheim 1996.

Metz-Göckel, Sigrid: Die Macht der Lehrerinnen. In: Kreienbaum, Maria Anna (Hrsg.): Was ist eine gute Schule? (Beltz). Weinheim 1993, S. 9-23.

Schmitter, Romina: Die Gleichberechtigung der Lehrerin. In: Enders-Dragässer, Uta und Fuchs, Claudia (Hrsg.): Frauensache Schule. Fischer, Frankfurt/Main 1990, S. 52-59.

Wittenbruch, Wilhelm und Möller, Kornelia (Hrsg.): Primarstufen-Lehrerbildung an Universitäten. Münster 1992.

Meike Aissen-Crewett

Der Einfluß der Vorstellungen über Männlichkeit und Weiblichkeit auf das Verhalten von Mädchen und Jungen sowie von Lehrerinnen und Lehrern in der Grundschule

Die Diskussionen der letzten zwei Jahrzehnte über Geschlechterfragen gehen von der Annahme aus, daß die offensichtlichen Ungleichheiten zwischen Frauen und Männern zumindest zu einem Teil das Produkt unseres Erziehungs- und Schulsystems sind. Allerdings hat es sich als schwierig erwiesen, die Diskurse und Praktiken zu identifizieren, mittels derer diese Ungleichheiten insbesondere in der Grundschule etabliert, perpetuiert und reproduziert werden. Hier setzen meine Überlegungen an.

Meine Untersuchung gliedert sich in drei Teile:

(1) Im ersten Teil werde ich untersuchen, wie Jungen im Vor- und Grundschulalter eine Vorstellung von Männlichkeit erwerben, die im wesentlichen auf eine Ausgrenzung des Weiblichen hinausläuft. Der Grund hierfür (so meine Hypothese) scheint darin zu liegen, daß Jungen sich in ihren Phantasievorstellungen - früher unterstützt durch entsprechende Lektüre, heute eindeutig beherrscht durch Fernsehen und Videos - weitgehend an den Männlichkeitsvorstellungen des Bildes vom Superman und Superhelden orientieren. Weil Mädchen in ihrem Verhalten diesen Männlichkeitsvorstellungen nicht entsprechen, grenzen sich Jungen von ihnen und ihrem als nicht-männlich und damit weiblich, ja "weibisch" ein- und abgeschätzten Verhalten ab.

(2) Im zweiten Teil meiner Überlegungen will ich versuchen zu zeigen, welche konkreten Folgen diese Vorstellungen von "männlichem" und "weiblichem" Verhalten im Unterricht haben und dies bedeutet konkret: zu welch unterschiedlichem Verhalten sie bei Lehrerinnen und Lehrern insbesondere in Fragen der Disziplin führen.

(3) Im dritten Teil werde ich Überlegungen in bezug auf praktische Schritte zur Durchbrechung der Etablierung, Perpetuierung und Reproduktion stereotyper geschlechterbezogener Vorstellungen und Verhaltensweisen auf seiten von Jungen sowie von Lehrerinnen und Lehrern in der Grundschule anstellen.

1. Die Bedeutung der Vorstellung von "Männlichkeit" bei Jungen und der Einfluß dieser Vorstellung auf ihr Verhalten in der Grundschule

Wenn wir das geschlechtermäßig unterschiedliche Verhalten von Mädchen und Jungen, vor allem in den ersten Schuljahren, verstehen wollen, müssen wir präzise zwei Stufen unterscheiden (vgl. Lloyd & Duveen 1992):

1. die Aneignung von Geschlechtsidentität einerseits und

2. die Übernahme von geschlechtsspezifischem Verhalten andererseits.

Aufgrund zahlreicher Untersuchungen kann wohl als gesichert gelten, daß die meisten Kleinkinder im Alter von zwei Jahren eine Geschlechtsidentität angenommen haben, sie also wissen, ob sie Mädchen oder Jungen sind, und sich mit ihrem Geschlecht identifizieren (Bussey 1986, S. 99-100; Davies 1987). Ebenso gesichert erscheint die Erkenntnis, daß Kinder in ihrem Geschlechtsbewußtsein - im Gegensatz zu den meisten Heranwachsenden und Erwachsenen - fern davon sind, feste Vorstellungen darüber zu haben, wie man sich als Angehöriger eines bestimmten Geschlechts zu verhalten hat. Erst im Verlaufe der späteren Sozialisation werden Vorstellungen über die angeblich einem Geschlecht angemessenen Verhaltensweisen erworben, wobei bei deren Formung die Grundschule eine erhebliche Rolle spielt (Connell 1989; Delamont 1990; Jordan 1995; Klein 1985; Thorne 1986; Tutchell 1990; Walkerdine et al. 1989). Was heißt dies in einer ersten Einschätzung für den Zeitpunkt des Eintritts von Kindern in die Grundschule? Wenn es richtig ist, daß wir mit der Tatsache konfrontiert sind, daß Kinder beim Schuleintritt klare Vorstellungen davon haben, daß sie Mädchen oder Jungen sind, dann macht es wenig Sinn, die Verschiedenartigkeit der Geschlechter zu ignorieren oder zu versuchen, den Geschlechtsdualismus zu überwinden, wie dies teilweise propagiert wird (Connell 1987, S. 286-293; Davies 1989b, S. 238-241; Thorne 1993, S. 159). Dann macht es vor allem wenig Sinn, den Kindern den Eindruck zu vermitteln, Geschlechtsunterschiede existierten eigentlich nicht und seien eher soziale Konstruktionen oder gar der Grund allen Übels, vor allem der Benachteiligung des weiblichen Geschlechts. Es macht keinen Sinn, die Unterschiede, die sich aus der unterschiedlichen Geschlechtszugehörigkeit ergeben, zu ignorieren, um quasi von einer tabula rasa, von dem angeblich paradiesischen Zustand der Geschlechtslosigkeit aus zur einer Gleichberechtigung zu gelangen. Vielmehr sollten wir unser Augenmerk darauf richten, den einem bestimmten Geschlecht jeweils zugeordneten Verhaltensweisen entgegenzusteuern und zu verhindern, daß solche Stereotype angeeignet werden. Vor allem sollten Lehrerinnen und Lehrer sich ihrer Rolle bei der Aneigung solcher Verhaltensweisen bewußt werden und der Gefahr widerstehen, durch das eigene Verhalten die Übernahme solcher Verhaltensweisen direkt oder indirekt zu fördern.

Geschlechtsverhalten ist nicht angeboren. Es wird in der sozialen Interaktion eingeübt - nach den in der Gesellschaft dominierenden Standards. Das geschieht keineswegs bewußt, sondern eher unbewußt, durch Handeln, wie vor allem die poststrukturalistisch orientierte Geschlechtertheorie gezeigt hat (Aissen-Crewett 1992; Davies 1989b, S. 237-238; Thorne 1990, S. 110-113; Walkerdine 1990, S. XIII). Eine entscheidende Rolle spielen dabei "zyklische Praktiken" (Giddens 1984). Der Begriff "zyklische Praktiken" bezeichnet solche Praktiken, die einerseits weder zufällig noch andererseits gezielt sind; sie zeichnen sich entscheidend dadurch aus, daß sie immer wieder aufs neue wiederholt werden und so Verhaltensweisen neu erschaffen und verfestigen bzw. schließlich reproduzieren. Untersuchungen über die Entstehung der Vorstellungen von Männlichkeit im Grundschulalter (Connell 1987, 1989; Davies 1989b; Thorne 1986) haben ergeben, daß diese schon in der Grundschule durch den kontinuierlichen Prozeß der "zyklischen Praktiken" der Abgrenzung zum Nicht-Männlichen = Weiblichen herausgebildet werden. Konkret bedeutet dies: Jungen definieren sich in der Regel in ihrer "Männlichkeit" nicht in erster Linie, jedenfalls nicht allein, durch eine positive Bestimmung ihrer Männlichkeit, sondern entscheidend durch die - negative - Abgrenzung zu Mädchen (Best 1983, S. 5; Clark 1990, S. 32, 36). Jungen wollen nicht das sein, was nach ihrer Vorstellung mit der Weiblichkeit oder dem Mädchen-Sein assoziiert wird, wollen nicht schwach sein, wollen nicht mit Puppen spielen usw. Wohlgemerkt: ich spreche hier von einer Typologie, von der Regel; ich spreche nicht von den Ausnahmen, von den im einzelnen abweichenden individuellen Vorstellungen bei einer glücklicherweise wachsenden Zahl von Jungen.

Noch immer aber haben die meisten Jungen das Gefühl, sich vom Weiblichen, vom Mädchen-Sein abgrenzen und distanzieren zu müssen, um ihre Männlichkeit, ihr Jungen-Sein zu bewahren. Dies zeigt sich oft auf ganz brutale und absurde Weise. Jungen halten sich z. B. die Ohren zu, wenn Mädchen sprechen (Goodenough 1987, S. 422) oder weigern sich, auf einem Stuhl Platz zu nehmen, auf dem vorher ein Mädchen saß (D'Arcy 1990, S. 81). Die mangelnde Respektierung von Mädchen zeigt sich auch darin, daß Jungen, von Mädchen ungebeten, in deren Spielbereiche eindringen und ihr Spiel stören (Thorne 1986, S. 172; 1993, S. 63-88) oder selbst schon in der Grundschule sexuelle Anspielungen von sich geben (Best 1983, S. 129; Clark 1990, S. 38-46; Goodenough 1987, S. 433). Die negative Besetzung des Weiblichen, des Mädchen-Seins kann sicherlich nicht - wie psychoanalytische Untersuchungen belegen - von einer untergründigen Angst davor abgekoppelt werden, das Weibliche könne die einigermaßen krampfhaft aufgebauten Vorstellungen von Männlichkeit gefährden oder gar zerstören (Chodrow 1971, S. 184-189; Davies 1989a, S. 122). Diese Vorstellungen von Männlichkeit können aber nicht allein psychoanalytisch erklärt werden. Vielmehr gilt es, nach den historischen und kulturellen Wurzeln solcher Vorstellungen von Männlichkeit zu fragen. Dabei läßt sich leicht entdecken, daß die Vorstellungen von Männlichkeit ihre Wurzeln in dem haben, was man als "Heldenmythos" bezeichnen kann. Die Heldensagen sind voll von Vorbildern: von Herkules über Beowulf und Siegfried bis hin zu Superman und den zahlreichen Superhelden in unzähligen, zumeist gewalttätigen Filmen des kommerziellen Fernsehens und der Video-Industrie (und diese Stereotype finden sich auch in den Zeichnungen von Jungen wieder: Aissen-Crewett 1989). Alle diese Superhelden sind nicht denkbar ohne das "Andere": Das Männliche wird immer auch durch die Abgrenzung zum Nicht-Männlichen definiert, in der Abgrenzung zum Schwächling, Feigling, Schurken - aber vor allem in der Abgrenzung zum Weiblichen, das als das Schwache schlechthin verstanden und deswegen abgelehnt wird. Vor die Wahl gestellt, zwischen dem Starken und dem Schwachen, zwischen dem Helden und dem Nicht-Helden zu wählen, entscheiden sich so ziemlich alle Jungen (und Männer) für den Helden. Sie möchten eben nicht mit dem Nicht-Männlichen identifiziert werden. Die Wahl für den Superhelden, für die Männlichkeit wird zugleich als Garantie, als Versicherung gegen die Identifikation mit dem Schwachen und damit nach diesem Verständnis als Versicherung gegen die Identifikation mit dem Weiblichen verstanden. Die Identifikation mit dem Helden als Inbegriff der Männlichkeit und die Vermeidung des Weiblichen, verstanden als Inbegriff des Schwachen, dominiert bereits in der Grundschule.

2. Die unterschiedliche Behandlung von Mädchen und Jungen durch Lehrerinnen und Lehrer insbesondere in Disziplinfragen

Einstellungen und Verhaltensweisen von Lehrerinnen und Lehrern tragen wesentlich zur Herausbildung und Verfestigung der Stereotype in bezug auf Männlichkeit und Weiblichkeit bei (Beynon 1989; Delamont 1990; Evans 1982; Spender 1982), sie bilden einen wesentlichen Faktor bei der Reproduktion von Geschlechtersichten und -verhalten (Clarricoates 1980; Davies 1989c; Lobban 1978; zur Reproduktion von Geschlechterverhältnissen allgemein Aissen-Crewett 1993). Welche konkreten Auswirkungen Vorstellungen über einerseits "männliches", andererseits "weibliches" Verhalten in Schule und Unterricht haben, möchte ich anhand der Behandlung von Disziplinfragen deutlich machen. In bezug auf das disziplinare Verhalten von Jungen und Mädchen lassen sich gravierende Unterschiede feststellen. Es ist durch verschiedene Untersuchungen erwiesen, daß Jungen in der Schule wesentlich mehr und gravierendere disziplinare Probleme schaffen als Mädchen (Alder 1988; Brophy 1985; Clarricoates 1978; Swan & Graddoll 1988). Oft gehen diese disziplinaren Probleme Hand in Hand mit verbalen oder tätlichen Aggressionen (Ashton-Warner 1973, S. 166-167; Best 1983, S. 30, 36-37; Goodenough 1987, S. 415-424). Mädchen hingegen gelten vor allem in der Grundschule als Musterschüler(innen); nicht nur liegen ihre schulischen Leistungen erwiesenermaßen über denen von Jungen; sie schaffen auch deutlich weniger disziplinare Probleme als Jungen (Brophy 1985, S. 115-120; Clark 1990, S. 7-10; Hansot & Tyack 1988, S. 756-758). Ebenso deutlich ist, daß Lehrerinnen und Lehrer in bezug auf das disziplinare Verhalten bei Mädchen und Jungen je unterschiedliche Auffassungen und Verhaltensweisen zeigen (Delamont 1990; Davies 1984; Evans 1982; Robinson 1992; Spender & Sarah 1980; Stanworth 1983; Wolpe 1988). Allgemein wird von Lehrerinnen und Lehrern als "natürlich" akzeptiert, daß Jungen stürmisch, heftig, ungestüm, lärmend, geräuschvoll, aggressiv sind. Oft genug wird bei der Tolerierung aggressiven Verhaltens die Notwendigkeit zur Intervention außer acht gelassen, womit die Gefahr vergrößert wird, daß Jungen sich zur Schikanierung von Mädchen geradezu ermuntert fühlen (Berk & Lewis 1977; Clark 1989, S. 250-255; Thorne 1990, S. 109).

Das vergleichbare Verhalten bei Mädchen stößt hingegen auf ziemlich einhellige Ablehnung. Während bei Jungen ein solches Verhalten kaum sanktioniert wird, besteht die Tendenz, dieses Verhalten bei Mädchen "abzustellen". Was bei Jungen als "natürliches" Verhalten gilt, wird bei Mädchen als unangemessen, ja geradezu als moralisch verwerflich gebrandmarkt. Dies gilt auch in bezug auf nichtkonformes, "aufsässiges" Verhalten in der Schule. Bei Jungen wird das Nichtbefolgen von Anweisungen, eine "aufmüpfige" Einstellung weitgehend akzeptiert. Von Mädchen hingegen wird erwartet, daß sie höflich sind, sich Anordnungen fügen, daß sie - so wird dies dann oft angeblich positiv gewendet - verantwortlicher, sozialer und einsichtiger sind. Um so nachhaltiger sind die Sanktionen, wenn Mädchen sich diesem Stereotyp nicht entsprechend verhalten. Die Striktheit in der Sanktionierung eines von diesen Stereotypen abweichenden Verhaltens dürfte daraus zu erklären sein, daß das nichtkonforme Verhalten bei Mädchen als eine Überschreitung der Grenzen der "Weiblichkeit", der Mädchenhaftigkeit und damit zugleich auch als eine Bedrohung der Männlichkeit oder allgemein als Bedrohung der Grenzziehung zwischen den Geschlechtern und der "Verhaltensverteilung" unter den Geschlechtern angesehen wird. Diesen theoretischen Überlegungen möchte ich Erfahrungen aus der Schulpraxis hinzufügen. Ich habe vor ein paar Jahren eine qualitativ-empirische Untersuchung durchgeführt, die Ansichten und Verhaltensweisen von insgesamt nahezu 50 Grundschullehrerinnen und -lehrern in Disziplinfragen zum Gegenstand hatte. Auffallend war zunächst, daß unter den Kolleginnen und Kollegen eine Mehrheit dafür votierte, daß das Erreichen oder Halten von Disziplin in der Klasse nahezu synonym für Professionalität steht. Eine disziplinierte, "ruhige" Klasse wird weitgehend als eine "gute" Klasse angesehen, sie gilt als Anzeichen dafür, daß die Lehrerin/der Lehrer professionell ist (vgl. auch Delamont & Galton 1980; Denscombe 1980). Diese Auffassung scheint besonders ausgeprägt bei männlichen Lehrern, weniger bei Lehrerinnen.

Die Frage, die mich bei meinen Untersuchungen in erster Linie interessierte, lautete: Differenzieren Lehrerinnen und Lehrer in ihren Ansichten über Disziplin und in ihrem Verhalten in bezug auf disziplinare Fragen nach dem Geschlecht? Allgemein ist in der Forschung anerkannt, daß Lehrerinnen und Lehrer sich im Unterricht gegenüber Mädchen und Jungen je unterschiedlich verhalten (Evans 1979; Marland 1983; Walkerdine et al. 1989). Mädchen werden z.B. im Unterricht öfter unterbrochen als Jungen (Lindroos 1995); Jungen erhalten von seiten der Lehrerinnen und Lehrer eine im Vergleich zu Mädchen erhöhte Aufmerksamkeit (French & French 1993). Auch in Disziplinfragen behandeln Lehrerinnen und Lehrer Mädchen deutlich anders als Jungen. Im Hinblick auf die Einschätzung des Verhaltens von Mädchen lassen sich zwei Beurteilungsmuster unterscheiden:

(1) Zum einen das Muster des "guten" Mädchens. Das ist das Mädchen, das als kooperativ, eher passiv, gehorsam, beherrschbar angesehen wird. Das Image des "guten" Mädchens wird mit den Stereotypen artig, brav, freundlich, lieb, liebenswürdig, höflich, respektvoll und dergleichen assoziiert. "Mädchen sind leichter zur disziplinieren, das ist einfach ihre Natur" - so der typische Kommentar eines (männlichen) Lehrers.

(2) Zum anderen das Muster des "bösen" Mädchens. Das ist das Mädchen, das die Rolle als kooperatives, eher passives, gehorsames, leicht beherrschbares, artiges, braves, freundliches, liebes, liebenswürdiges, höfliches, respektvolles, zartes Geschöpf nicht oder nicht in dem erwarteten Maße erfüllt: ein Mädchen, das sich auch mal wehrt, das widerspricht, das sich von Jungen nicht alles gefallen läßt, das auch mal zurückrempelt, das nicht so "pflegeleicht" ist, wie das von Mädchen üblicherweise erwartet wird.

Ein Mädchen, das von dem Verhaltensstereotyp des "guten" Mädchens abweicht, läuft leicht Gefahr, als verhaltensauffällig beurteilt zu werden. "Aufsässiges", ja schon allein selbstbewußtes Verhalten, bei Jungen als "natürlich" empfunden, wird bei Mädchen tendenziell als abweichendes Verhalten kritisiert und entsprechend sanktioniert. Um als Mädchen in der Schule entsprechend der dargelegten Typologie als "böse" zu gelten, reicht es aus, die Verhaltensweisen zu zeigen, die bei Jungen als "natürlich" gelten: bestimmt zu sein, seinen eigenen Willen und seine eigenen Ansichten zu haben, die nicht immer konform sind mit den üblichen Ansichten, zu argumentieren, zu hinterfragen, sich Anweisungen gegebenenfalls zu widersetzen. Diese Verhaltensweisen, die bei Jungen als "normal" eingeschätzt werden, machen Mädchen zu ungezogenen oder unerzogenen, trotzigen, störrischen, eigensinnigen, widerspenstigen, unberechenbaren, schwierigen, "bösen" Mädchen - zu Problemfällen eben, bei denen man die Eltern einbestellt oder auf die man den schulpsychologischen Dienst ansetzt (Llewellyn 1980; Spender & Sarah 1980).

Vor allem (männliche) Lehrer fühlen sich durch das Selbstbewußtsein von Mädchen, durch deren nichthinnehmendes, sondern hinterfragendes und argumentierendes Verhalten in ihrer "Männlichkeit" tangiert, was von ihnen offensichtlich oft genug als Gefährdung ihrer Männlichkeit angesehen wird, dies zumal, wenn dieser vermeintliche Angriff auf die Männlichkeit öffentlich, vor allem vor Jungen oder männlichen Kollegen, stattfindet. Es scheint so zu sein, daß männliche Lehrer eher das Gefühl haben, sie müßten die Unterrichtssituation voll im Griff haben. Das Männlichkeitsgefühl scheint aufs engste an das Gefühl der Beherrschung und - bezogen auf die Schule - die Einhaltung von Disziplin geknüpft zu sein (Beynon 1985, 1987; Connell 1985a). In diesem Bereich sich nicht durchsetzen zu können, scheint leicht die Gefahr zu implizieren, dies als ein Zeichen mangelnder Männlichkeit zu interpretieren. Aufschlußreich fand ich bei meinen Beobachtungen und Untersuchungen, daß Lehrerinnen solche Mädchen, die sich nicht an die tradierten, den Mädchen zugeschriebenen Verhaltensstandards halten, in der Regel anders behandeln als männliche Lehrer. Lehrerinnen scheinen in ihrem Verhalten weniger starr auf die Einhaltung tradierter Regeln und Normen und damit auch weniger auf die Einhaltung eines strikten Disziplinkodex bedacht zu sein. Sie sind anscheinend mehr bereit, eine verständnisvolle, vermittelnde, "verhandelnde" Position einzunehmen.

3. Chancen und Schritte zur Veränderung

Zum Abschluß möchte ich zunächst wesentliche Argumentationsstränge der bisherigen Diskussion zusammenfassen, um von da aus einige - wenn auch vorläufige - Ansätze zur Gegensteuerung anzudenken. Im ersten Teil haben wir die Bedeutung der Vorstellungen von Männlichkeit für die Erziehung in der Grundschule diskutiert. Wir haben erkannt, daß die Vorstellungen über das Männliche als das Nicht-Weibliche durch "zyklische Praktiken" etabliert, perpetuiert und reproduziert werden. Wenn wir also die Benachteiligung des weiblichen Geschlechts bekämpfen wollen, müssen wir diese "zyklischen Praktiken" in der Herausbildung und Verfestigung der Vorstellungen in bezug auf das Männliche als das Nicht-Weibliche durchbrechen.

Was können wir in der Grundschule zur Durchbrechung der Etablierung und Verfestigung der Vorstellung von dem Männlichen als dem Nicht-Weiblichen tun? Auffallend ist, daß hierzu kaum Vorschläge und Untersuchungen vorliegen (eine Ausnahme bildet Cunnison & Gurevitch 1990; zum Kunstunterricht vgl. Aissen-Crewett 1986). Sicherlich ist es wichtig, Mädchen zu helfen, Strategien zu entwickeln, mit denen sie mit der Geringschätzung, die sie durch Jungen erfahren, fertig werden und sich gegen deren Verhalten zur Wehr setzen (Anyon 1983, S. 231; Best 1983, S. 90-91; Clark 1990, S. 83-84). Aber damit werden die stereotypen Vorstellungen über Männlichkeit bzw. Weiblichkeit nicht durchbrochen. Es liegt nahe zu postulieren, wir sollten dafür sorgen, daß sich Schülerinnen und Schüler nicht mit den tradierten Vorstellungen über das Männliche und das Weibliche identifizieren, daß sich vor allem Jungen nicht mit dem Bild des Männlichen als identisch mit dem Helden- und Superman-Sein identifizieren, daß Jungen das Weibliche nicht als das in diesem Sinne angeblich Schwache und Minderwertige ausgrenzen. Aber solche Empfehlungen sind leichter gegeben als umgesetzt. Eine einfache

Lösung des Problems ist schon deswegen nicht möglich, weil man sich vor der Vorstellung hüten sollte, Kinder quasi als automatisierten Projektionsschirm für die Standards der Gesellschaft zu konzipieren dergestalt, daß man nur andere Ansichts- und Verhaltensmuster vorzugeben brauche, um zu anderen Ansichten und Verhaltensweisen zu gelangen. Eine Melodie, die einmal in den Kopf und den Körper eingegangen ist, bekommt man nicht dadurch wieder heraus, daß man den CD-Player ausstellt oder eine andere CD einschiebt. Eine solche mechanistische Auffassung verkennt, daß Menschen und Kinder nicht lediglich das Produkt der gesellschaftlichen Umstände, Einstellungen und Verhaltensweisen sind, wie dies in bezug auf die Geschlechterrollen teilweise angenommen wird (Bussey 1986; Connell 1985b, S. 262-264). Sie verkennt, daß Ansichten, Einstellungen und Verhaltensweisen von agierenden lebendigen Menschen angeeignet werden (McRobbie & Nava 1984; Walkerdine 1990; Walkerdine et al. 1989). Die Entwicklung von Geschlechtsbewußtsein und -verhalten ist nicht lediglich das Resultat des passiven Ausgeliefertseins an einen gesellschaftlichen Prozeß. Sie wird zugleich von der je individuellen sozialen Interaktion geprägt (Thorne 1993, S. 38). Bei Mädchen vor allem besteht er in dem immerwährenden Versuch, sich den widersprüchlichen sozialen Botschaften in bezug auf das weibliche Geschlecht zu stellen (Anyon 1983, S. 199). Auf die Grundschule gewendet bedeutet dies, durch die alltäglichen Praktiken Kindern zu vermitteln, daß die sozialen Kategorien "Mädchen" und "Junge" nicht auf ein bestimmtes festgelegtes Verhalten eingeengt werden dürfen, sondern vielfältige Bedeutungen haben sollten (Connell 1987, S. 139-141).

Wie könnte dies konkret funktionieren? Es wäre falsch zu erwarten, man könnte die Identifikation mit dem Helden und Superman und die damit einhergehende Abwertung des Weiblichen in einem schnellen Handstreich überwinden. Wenn man sich vor überzogenen Erwartungen schützen will, sollte man auf kleine Schritte setzen. Wie könnten diese kleinen Schritte aussehen? Sollte es, um die sexistische Komponente der negativen Abgrenzung zum Weiblichen zu vermeiden, nicht möglich sein, Jungen dergestalt quasi "umzupolen", daß ihre Phantasievorstellungen von der Stärke des Männlichen nicht der Diskriminierung des Weiblichen als des Schwachen und Minderwertigen bedürfen, daß im Gegenteil aus dieser phantasierten Stärke des Männlichen auch die Achtung des Weiblichen folgen könnte? Dies könnte z.B. dadurch geschehen, daß man schon mit Kindern in der Grundschule die Einseitigkeit und Überzeichnung der Superhelden in den unsäglichen Fernseh- und Videofilmen diskutiert, in denen das brutale Bild von Männlichkeit demonstriert wird, das Kinder heute in ihren Vorstellungen davon, was männlich und was in Abgrenzung hierzu weiblich ist, weitgehend beeinflussen. Warum sollte es nicht möglich sein, mit Kindern darüber zu sprechen, ob Männlichkeit nur darin bestehen kann und darf, andere zu bekämpfen (und auszumerzen)? Warum sollte man mit Jungen im Grundschulalter nicht darüber diskutieren können, daß wahre Stärke und Männlichkeit auch darin bestehen könnte, den Schwächeren zu helfen (wo doch bekannt ist, daß Jungen untereinander selbst im Superhero-Spiel kooperieren und sich gegenseitig helfen, vgl. Paley 1984, S. 72-74)? Warum sollte es nicht möglich sein, gemeinsam zumindest in Ansätzen ein Gegenbild zu diesem Männlichkeitsbild zu entwerfen und damit neue, andere Qualitäten des Männlichen zu entdekken, Qualitäten und Kriterien insbesondere, die nicht in der Ausgrenzung, Abwertung und Diskriminierung des Weiblichen bestehen? Warum sollte es nicht möglich sein, den Jungen zu vermitteln, daß ihnen weiterreichende Optionen zur Verfügung stehen als die der eingefahrenen Vorstellungen von Männlichkeit? Vielleicht könnte man mit ihnen darüber sprechen, daß Mädchen weit mehr Optionen als Jungen in ihrem Verhalten haben (Best 1983), können sich Mädchen doch einerseits so verhalten, wie dies nach den herrschenden Stereotypen von ihnen erwartet wird, können sie sich aber andererseits auch "wie Jungen" verhalten. Deshalb schafft Nonkonformität bei Mädchen in der Regel weniger Probleme als bei Jungen (Paley 1984). Könnte nicht auch die Frage diskutiert werden, warum das Bedürfnis von Jungen, sich nicht "weiblich" zu verhalten, so zwanghaft ist? Warum besteht auf seiten von Mädchen nicht das gleiche Bedürfnis, nicht männlich zu sein? Was kann unternommen werden, um von den Jungen den Druck zu nehmen, nicht weiblich sein zu dürfen?

Im zweiten Teil dieser Diskussion haben wir uns mit den Einstellungen und Verhaltensweisen von Lehrerinnen und Lehrern, je unterschiedlich nach Jungen und Mädchen, und mit deren Wirksamwerden im Unterricht beschäftigt. In bezug auf Disziplinfragen - wahrlich nicht die entscheidende Frage von gutem Unterricht - haben wir die doppelten Maßstäbe kennengelernt, die unterschiedlich an das Verhalten von Mädchen und Jungen angelegt werden, was wiederum zur Verfestigung der geschlechtsbezogenen Unterschiedlichkeit von Beurteilungsmaßstäben und den daraus resultierenden Verhaltensweisen in bezug auf Jungen und Mädchen auf seiten von Lehrerinnen und Lehrern beiträgt. Wir haben gesehen, daß, wenn Mädchen ein bei Jungen als "normal" und "natürlich" akzeptiertes Verhalten demonstrieren, dies in der Regel zu Ablehnung, Sanktion, Diskriminierung führt. Dies wiederum hat ernsthafte negative Auswirkungen auf Mädchen, auf die Herausbildung deren umfassender Fähigkeiten, einhergehend mit niedrigeren Leistungserwartungen auf seiten von Lehrerinnen und Lehrern in bezug auf Mädchen (Brophy & Good 1970; Skelton 1987), was wiederum letztlich den Grund für eine Fortdauer der Diskriminierung von Mädchen und Frauen legt.

Was kann in der Praxis realistischerweise zum Abbau und zur Überwindung dieser Einstellungen getan werden? Wichtig scheint mir zunächst vor allem zu sein, daß Lehrerinnen und Lehrer überhaupt ein Bewußsein entwickeln in bezug auf ihre Einstellungen - und man kann und muß es ja deutlich sagen: oft genug Vorurteile - im Hinblick auf Geschlechterrollen, in bezug auf ihre Wahrnehmungen von Männlichkeit und Weiblichkeit, um von hier aus ihre Kenntnisse in bezug auf Geschlechterfragen in allen Bereichen der Gesellschaft und Schule zu erweitern (Weiler 1988). LehrerInnenausbildung, -fort- und -weiterbildung müssen größere Aufmerksamkeit auf Fragen des Geschlechts im Kontext der Schule, des Unterrichts und der Unterrichtsmethoden sowie der Interaktion zwischen Lehrerinnen und Lehrern und Schülerinnen und Schülern legen. Vor allem sollten Lehrerinnen und Lehrer sich ihrer Wirkungsmöglichkeiten bewußt werden (für den Bereich der Kunstpädagogik: Aissen-Crewett 1991). Auf keiner anderen Schulstufe finden Lehrerinnen und Lehrer so sehr das Gehör von Schülerinnen und Schülern als auf der Grundschule. Grundschullehrerinnen und -lehrer haben die Chance, Mädchen und Jungen zu vermitteln, daß Geschlechtsidentität nicht mit einem bestimmten Verhalten identisch ist, daß Geschlechtsidentität nicht das Monopol auf ein bestimmtes Verhalten und die Ablehnung eines anderen Verhaltens bedeutet. Gerade in der Grundschule besteht die Chance der Durchbrechung der Definition von Männlichkeit als des Nicht-Weiblichen (Connell 1987, S. 286-293; Davies 1989b, S. 238-241).

Literatur

(Aus Platzgründen stütze ich mich nahezu ausschließlich auf angloamerikanische Literatur - auch mit der Intention, zu deren weitgehend ausstehender Rezeption im deutschen Sprachraum beizutragen.)

Aissen-Crewett, M. (1986): FrauenKunstUnterricht. Ansätze zu einer nichtsexistischen Kunstdidaktik. In: BDK-Mitteilungen - Fachzeitschrift des Bundes Deutscher Kunsterzieher e.V. 22, Nr. 3, 9-18.

Aissen-Crewett, M. (1989): Geschlechtsspezifische inhaltliche Unterschiede in Zeichnungen von Schulkindern. In: BDK-Mitteilungen - Fachzeitschrift des Bundes Deutscher Kunsterzieher e.V. 25, Nr. 1, 26-33.

Aissen-Crewett, M. (1991): Sexuelle Gleichberechtigung in der Kunstpädagogik. In: A. Staudte & B. Voigt (Hrsg.): Frauen - Kunst - Pädagogik. Frankfurt/M., 55-78.

Aissen-Crewett, M. (1992): Feministisch-postmoderne De- und Rekonstruktion der Philosophie. In: Ethik und Sozialwissenschaften 3, 532-534.

Aissen-Crewett, M. (1993): Frausein als Reproduktion von Frauenunterdrükkung (nicht nur im kapitalistischen Patriarchat). In: Ethik und Sozialwissenschaften 4, 224-226.

Alder, C. (1988): Girls, schooling and trouble. Sydney: Macmillan.

Anyon, J. (1983): Intervention of gender and class accomodations and resistance by working-class and affluent females to contradictory sex-role ideologies. In: S. Walker & I. Barton (Eds.): Gender, Class and Education. Lewes: Falmer Press.

Ashton-Warner, S. (1973): Teacher. New York: Simon & Schuster.

Berk, I. E. & Lewis, N. G. (1977): Sex roles and social behaviour in four school environments. In: Elementary School Journal 77, 208-217.

Best, R. (1983): We've All got Scars: what girls and boys learn in elementary schoool. Bloomington: Indiana University Press.

Beynon, J. (1985): Initial Encounters in the Secondary Schools. Lewes: Falmer Press.
Beynon, J. (1987): Ms. Floral mends her ways. In: L. Tickle (Ed.): The Arts in Education. London: Croom Helm, 80-120.
Beynon, J. (1989): A school for men. In: S. Walker & I. Barton (Eds.): Politics and the Processes of Schooling. Milton Keynes: Open University Press.
Brophy, J. (1985): Interaction of male and female students with male and female teachers: In: I. C. Wilkinson & C. B. Markett (Eds.): Gender Influences in Classroom Interaction. New York: Academic Press.
Brophy, J. E. & Good, T. J. (1970): Teachers communication of different expectations for children's classroom performance. In: Journal of Educational Psychology 61, 365-374.
Bussey, K: (1986): The first socialization. In: N. Grieve & A. Burns (Eds.): Australian women: new feminist perception. Melbourne: Oxford University Press.
Chodrow, N. (1971): Being and doing: a cross-cultural examination of the socialisation of males and females. In: V. Gornick & B. K. Moran (Eds.): Women in Sexist Society. New York: Basic Books.
Clark, M. (1989): Anastasia is a normal developer because she is unique. In: Oxford Review of Education 15, 242-255.
Clark, M. (1990): The Great Divide: gender in the primary school. Melbourne: Curriculum Corporation.
Clarricoates, K. (1978): Dinosaurs in the classroom. In: Women's Study International Quartely 1, 353-364.
Clarricoates, K. (1980): The importance of being Ernest...Emma...Tom...Jane: the perceptions and categorization of gender conformity and gender deviation in primary schools. In: R. Deem (Ed.): Schooling for Women's Work. London: Routledge and Kegan Paul, 26-41.
Connell, R. W. (1985a): Teachers' Work. Sydney: Allen & Unwin.
Connell, R. W. (1985b): Theorising gender. In: Sociology 19, 260-272.
Connell, R. W. (1987): Gender and Power. Sydney: Allen & Unwin.
Connell, R. W. (1989): Cool guys, swots and wimps: the interplay of masculinity and education. In: Oxford Review of Education 15, 291-303.
Cunnison, S. & Gurevitch, C. (1990): Implementing a whole school equal opportunities policy: a primary school in Humberside. In: Gender and Education 2, 283-295.
D'Arcy, S. (1990): Towards a non-sexist primary classroom. In: E. Tutchell (Ed.): Dolls and Dungarees: gender issues in the primary school curriculum. Milton Keynes: Open University Press.
Davies, B. (1987): The accomplishment of genderedness in pre-school aged children. In: A. Pollard (Ed.): Children and their Primary Schools. London: Falmer Press.
Davies, B. (1989a): Grogs and Snails in Feminist Tales: preschool children and gender. Sydney: Allen & Unwin.
Davies, B. (1989b): The discursive production of the male/female dualism in school settings. In: Oxford Review of Education 15, 229-241.
Davies, B. (1989c): Education for sexism. In: Educational Philosophy and Theory, 1-19.
Davies, L. (1984): Pupil Power. London: Falmer Press.

Delamont, S. (1990): Sex Roles and the School. 2nd ed. London & New York: Routledge.
Delamont, S. & Galton, S. (1986): Inside the Secondary Classroom. London: Routledge and Kegan Paul.
Denscombe, M. (1980): Keeping 'em quiet. In: P. Woods (Ed.): Teacher Strategies. London: Croom Helm.
Evans, T. D. (1979): Creativity, sex role socialisation and pupil-teacher interaction in early schooling. In: Sociological Review 27, 139-155.
Evans, T. D. (1982): Being and becoming: teachers' perceptions of sex-roles and actions towards their male and female pupils. In: British Journal of Sociology of Education 3, 127-143.
French, J. & French, P. (1993): Gender imbalances in the primary classroom. In: P. Woods & M. Hammersley (Eds.): Gender and Ethnicity in Schools. London: Routledge.
Giddens, A. (1984): The Construction of Society. Berkeley, C.A.: University of California Press.
Goodenough, R. G. (1987): Small group culture and the emergence of sexist behaviour. In: G. & I. Spindler (Eds.): Interpretive Ethnography of Education. Hillsdale, NJ: Lawrence Erlbaum.
Hansot, E. & Tyack, D. (1988): Gender in American public schools: thinking institutionally. In: Signs 13, 741-760.
Jordan, E. (1995): Fighting boys and fantasy play: the construction of masculinity in the early years of education. In: Gender and Education 7, 69-86.
Klein, S. S. (Ed.) (1985): Handbook for Achieving Sex Equity through Education. Baltimore, MD: Johns Hopkins University Press.
Lindroos, M. (1995): The production of "girl" in educational setting. In: Gender and Education 7, 143-155.
Llewellyn, M. (1980): Studying girls at school. In: R. Deem (Ed.): Schooling for Women's Work. London: Routledge and Kegan Paul.
Lloyd, D. & Duveen, G. (1992): Gender Identities and Education. Hemel Heampstead: Harvester Wheatsheaf.
Lobban, G. (1978): The influence of school on sex-role stereotyping. In: J. Chetwynd & O. Hartnett (Eds.): The Sex Role System. London: Routledge and Kegan Paul, 50-61.
Marland, M. (1983): Sex Differentiation and Schooling. London: Heineman.
McRobbie, A. & Nava, M. (Eds.) (1984): Gender and Generation. London: Macmillan.
Paley, V. G. (1984): Boys and Girls: superheroes in the doll corner. Chicago, IL: University of Chicago Press.
Robinson, K. H. (1992): Class-room discipline: power, resistance and gender. In: Gender and Education 4, 273-287.
Skelton, C. (1987): A study of gender discrimination in a primary programme of teacher training. In: Journal of Education for Teaching 13, 163-175.
Spender, D. (1982): Invisible Women: The Schooling Scandal. London: Writers and Readers.
Spender, D. & Sarah, E. (Ed.) (1980): Learning to Love: sexism in education. London: The Women's Press.
Stanworth, M. (1982): Gender and Schooling. London: Hutchinson.

Swann, J. & Graddoll, D. (1988): Gender inequalities in classroom talk. In: English in Education 2, 49-65.
Thorne, N. (1986): Girls and boys together...but mostly apart: gender arrangements in elementary schools. In: W. W. Hartup & Z. Rubin (Eds.): Relationships and Development. Hillsdale, NJ: Lawrence Erlbaum, 167-184.
Thorne, B. (1990): Children and gender: constructions of difference. In: D. Rhode (Ed.): Theoretical Perspectives on Sexual Difference. Yale, NJ: Yale University Press.
Thorne, B. (1993): Gender play: girls and boys in school. New Brunswick, NJ: Rutgers University Press.
Tutchell, E. (1990): Dolls and Dungarees: gender issues in the primary school curriculum. Milton Keynes: Open University Press.
Walkerdine, V. (1990): Schoolgirl Fictions. London: Verso.
Walkerdine, V. et al. (1989): Counting girls out. London: Virago Press.
Weiler, K. (1988): Women Teaching for Change. Gender, Class and Power. Boston, MA: Bergin & Garvey.
Wolpe, A. (1988): Within School Walls: the role of discipline, sexuality and the curriculum. London: Routledge.

Ulrich U. Hermann

Geschlechterstereotypien und Selbstkonzepte von Kindern

Übersicht:

Der folgende Beitrag versteht sich als eine Streitschrift wider die Produktion sozialer Vorurteile. Jede Urteilsbildung - auch die von Vorurteilen - benötigt methodisch grundlegende Annahmen. Zwei davon werden beispielhaft kritisiert: Die Annahme linearer Kausalität und die Annahme von der Kraft des Unbewußten. Der Verfasser schlägt eine »Psychologie von unten« vor, in der die subjektive Konstruktion von Wirklichkeit ins Zentrum der Beschreibung, des Verstehens und der Anregung eventueller Änderungen gestellt wird. Einstellungen und Verhaltensweisen einer Person werden nicht gesehen als Folge äußerer Bedingungen oder langfristiger Determiniertheiten sondern als Produkt ihrer selbst. Die Neu-Orientierung der pädagogischen Fragen zur Koedukation der Geschlechter sollte beginnen mit der Diskussion individuell-subjektiver Lebenspläne der Schülerinnen und Schüler, denn nur sie selbst können ihre Lebenspläne ändern aufgrund ihrer eigenen Entscheidungen und der Bereitschaft zu Risiken sowie der Fähigkeit, evtl. Rückschläge auszuhalten. Ohne den Willen und die Kraft zu eigenen Entscheidungen wird jede Veränderung der Umwelt wirkungslos bleiben.

Stereotyp - STEREOTYPIE - was bedeuten die Wörter?

Die deutsche Sprache kannte ursprünglich das Fremdwort »stereotyp« nur als Eigenschaftswort: Druckbilder waren stereotype (d.h. gleiche) Wiedergaben einer Vorlage. Das Hauptwort »das Stereotyp« wurde erst durch die Sozialpsychologie und die Soziologie eingeführt. Dort hat es annähernd die gleiche Bedeutung wie das Wort »Vorurteil«[41]. Das Stereotyp ist ein Bild, das *vor* einer

[41] siehe z.B.: HOSTÄTTER, Peter R. (4/1966). Einführung in die Sozialpsychologie. Stuttgart: Alfred Kröner Verlag/ WITTE, Erich H. (1989). Sozialpsychologie. München: Psychologie Verlags Union/ BERGLER, Reinhold & SIX, Bernd (1972). Ste-

konkreten Wahrnehmung besteht und diese beeinflußt: allgemeine Glaubensannahmen überdecken die spezifische und differenzierte Kenntnisnahme von Verhaltensweisen und Einstellungen (usw.) beobachteter Personen. Vorurteilsbeladen wird sich eine Person die eigene Wahrnehmung stets so konstruieren, daß der Glaube an das Vorurteil bestätigt wird. Konkrete Beobachtungen können durch stereotype Bewertung »auf den Kopf« gestellt werden: Ein Schotte, der sichtbar sein Geld fröhlich und locker ausgibt, ist - durch die Brille des Vorurteils vom Geiz der Schotten betrachtet - lediglich bestrebt, seinen »eigentlich tief-sitzenden« Geiz zu verbergen. Mit der Anwendung von Stereotypen trennt oder unterscheidet eine Person sich von anderen. Wenn ein Mann dem Stereotyp glaubt »Kinder gehören in die Arme der Frau!«, dann drückt er damit zugleich aus, daß sie eben nicht in die Arme des Mannes gehören. - Häufig sind es zwei aufeinander bezogene kontrastierende Bilder: Das »gute Wir« (oder das »gute Ich«) wird grob aber wirkungsvoll unterschieden vom »häßlichen anderen«. Dem »Selbst-Stereotyp (Auto-Stereotyp)« steht das »Fremd-Stereotyp (Hetero-Stereotyp)« gegenüber.

Ein Stereotyp kann eine zweite Funktion erfüllen: Für den Fall, daß das bekannte und überschaubare »Ich/Wir« schnell und einfach abgegrenzt werden soll von anderen. Dem Chef eines großen Unternehmens reicht es vielleicht, unterhalb der »Führungsetage« alle Mitarbeiter undifferenziert als »die da weiter unten« wahrzunehmen und zu bezeichnen (FISKE, siehe auch AZAR[42]). Anderseits praktizieren »die da unten« häufig Stereotype gegen »die da oben«. Hier geht es nicht zwingend um Auf- und Abwertungen, sondern um mangelndes Interesse an der Spezifik des anderen. Doch dieses Interesse kann aufbrechen, falls es dem jeweiligen Nutzen zuträglich ist[43]. Das Stereotyp ist mithin das fertige Bild von anderen zum Zweck des subjektiv einfachen aber trennscharfen Vergleichs mit dem Bild von sich selbst (oder dem der eigenen Personengruppe).

Aber was ist nun die STEREOTYPIE? Die STEREOTYPIE ist der *Vorgang der Herstellung solcher Bilder* zum Zweck der einfachen Klassifikation anderer. Ursprünglich war damit innerhalb der Drucktechnologie die Herstellung

---

reotype und Vorurteile. In: GRAUMANN, C.F. -Hrsg.- Sozialpsychologie. [Band 7/2 des Handbuches der Psychologie]. Göttingen: Verlag für Psychologie Dr. C.J. Hogrefe

[42] AZAR, Beth (1995). 'Powerful' people are more apt to stereotype. In Z: Monitor. Vol. 26, No. 10. October 1995, page 28/ FISKE, Susan T. (1993). Controlling other people - the impact of power on stereotyping. In Z: AMERICAN PSYCHOLOGIST, Vol. 48, No. 6, June 1993, pages 621 - 628

[43] Ich diskutiere hier nicht den aktuellen (und weiterhin umstrittenen) Stand über die Erforschung objektivierbarer geschlechtsspezifischer Differenzen. Zur neuesten Entwicklung siehe das Schwerpunktheft der Z: AMERICAN PSYCHOLOGIST, Vol.50, No.3, March 1995, pages 159-171/ siehe ferner SELIGMAN 1994, Fußnote 48

von Druckstöcken gemeint. Die (oder eine) STEREOTYPIE erzeugt Stereotype. Im folgenden geht es weniger um einzelne Stereotype, sondern es geht um die STEREOTYPIE als Vorgang ihrer Erzeugung. Oder, um noch ein Wort einzuführen, das vielleicht geläufiger ist: Ich argumentiere gegen den Prozeß der Stereotypisierung. Jedes Verfahren ist mit untergeordneten Methoden und Werkzeugen assoziiert. In den folgenden Abschnitten diskutiere ich beispielhaft (und keineswegs erschöpfend), wie mit der Anwendung des Konstrukts »das Unbewußte« und mit der Vorstellung von linearer Kausalität Stereotype erzeugt werden können.

2. Die »Lehrerin als unbewußte Mutter«, die »Schülerin als unbewußt Liebende«

Auf der Tagung der Gewerkschaft Erziehung und Wissenschaft (GEW) zum Thema "Die neue Koedukationsschule" vom 3. bis 5. November 1995 in Magdeburg vertrat der Sozialpädagoge Gerhard AMENDT u.a. die Thesen, daß zwischen Schülerinnen und Schülern, Lehrerinnen und Lehrern "unbewußte psychodynamische Prozesse" abliefen[44]. Die weibliche Lehrerin verstehe sich gegenüber männlichen Schülern hauptsächlich als Mutter; der männliche Lehrer werde von weiblichen Schülerinnen hauptsächlich als Geliebter wahrgenommen. Ich denke, in diesen Aussagen stecken mindestens zwei Glaubensannahmen in ihrer Funktion als Methoden für STEREOTYPIEN:

- Der Glaube an das allgemeingültig existente Unbewußte und
- der Glaube an die zweifelsfreie Verursachung oder Determiniertheit menschlichen Verhaltens und menschlicher Einstellungen durch äußere Ereignisse.

Aufgrund dieser methodischen Glaubensannahmen werden zwei Stereotype erzeugt:

- *Alle weiblichen Lehrerinnen handeln in ihrer »wahren« Tiefe unbewußt als Mütter.*
- *Alle weiblichen Schülerinnen sehnen sich unbewußt nach Sex mit dem männlichen Lehrer.*

Wer so denkt, legt fest, daß die psychische Instanz mit dem Namen "das Unbewußte" objektiv real und wissenschaftlich in ihrer Existenz zweifelsfrei erwiesen sowie eindeutig definiert sei. Damit geht zwingend die Annahme einher, jede Person sei gespalten in einen Teil, der ihr bewußt zugängig sei, und in einen Teil, der dem Bewußtsein (zumindestens aktuell) nicht zugängig sei.

---

44 WULFF-MEVES, Monika (1995). Vereint getrennt - getrennt vereint. In: Erziehung und Wissenschaft (E&W), Heft 12 1995, S. 16-17.

Beide Teile ständen zueinander in einem grundsätzlichen Konflikt, wobei der unbewußt regulierende Teil häufig über die stärkere Energie verfüge und den bewußten Teil so lenken könne, daß dieser es gar nicht merke. Wenngleich diese Annahmen zwar im Einzelfall hilfreich sein können, Einstellungen, Handlungen oder Tätigkeiten von Menschen besser zu verstehen, handelt es sich gleichwohl keinesfalls um zweifelsfreie Gewißheiten![45] Unter den vielen Erklärungen des Wortes "unbewußt" gebe ich eine von Rudolf DREIKURS wieder, die er 1933 (also noch zu Lebzeiten Sigmund FREUDs und gegen diesen gerichtet) schrieb:

> "Die Einführung des Wortes »Unbewußt« in den Wortschatz ist tatsächlich - und vollbewußt - zu dem Zwecke unternommen worden, den Menschen von seiner Verantwortlichkeit zu befreien. Freud machte unbewußte Vorgänge für Fehlhandlungen verantwortlich, und gab den sozialen Einflüssen die Schuld an den störenden unbewußten Vorgängen." (S.65)

Das steht voll im Denken Alfred ADLERs, für den die Frage »wozu, d.h. um welches Ziel zu erreichen, verhält sich eine Person so, wie sie sich verhält?« von weit höherem Interesse war als die Frage »warum, d.h. aufgrund welcher Ursachen?«. Auch Erinnerungen kommen - so ADLER - zweck- und zielgerichtet ins Bewußtsein (vgl. z.B. 1992, S. 66; 1966, S. 54 f; systematisch bei WEXBERG, bes. S. 18 ff)[46]. Auch DREIKURS oder ADLER behaupten objektive Gewißheiten, denn auch ihre Denkweisen sind nicht »objektiv wahr« oder »allgemeingültig richtig«, sondern sie stellen Denkmöglichkeiten dar. Was ich zeigen will ist dieses: Je nachdem welchen Begriff vom Unbewußten wir benutzen, konstruieren wir völlig unterschiedliche Bilder von der Interaktion zwischen Schülern und Lehrerinnen und Schülerinnen und Lehrern (etc.). Es ist wissenschaftlich unproduktiv, an einem generellen Begriff für »das Unbewußte« dogmatisch festzuhalten. Denn dieses führt nur zur Bestätigung des Dogmas (hier verstanden als wissenschaftlich umrahmtes Vorurteil), nicht aber zur Aufhellung der psychologischen Vorgänge.

Will denn jemand ernsthaft und über mögliche Einzelfälle hinaus allgemeingültig behaupten, die Ursache beispielsweise schwacher Leistungen weiblicher

---

[45] ELLENBERGER, Henry F. (1985 deutsch rev.TB). Die Entdeckung des Unbewußten. Zürich: Diogenes Verlag [detebe 21343]/ ESCHENRÖDER, Christof T. (1989 TB). Hier irrte Freud - Zur Kritik der psychoanalytischen Theorie und Praxis. München und Zürich: R. Piper [SP 1021]/ FREUD, Sigmund (1960). Das Unbewußte - Schriften zur Psychoanalyse. Frankfurt a.M.: S. Fischer Verlag [darin besonders Kapitel 1: Das Unbewußte; Nachdruck aus Ges.Werke Band X]/ ZIMMER, Dieter E. (1986). Tiefenschwindel - die endlose und die beendbare Psychoanalyse. Reinbeck bei Hamburg: Rowohlt Verlag siehe auch z.B. Schwerpunktheft der Z AMERICAN PSYCHOLOGIST, Vol. 47, No. 6, June 1992, pages 761 - 809.

[46] ADLER siehe Fußnote 9/ WEXBERG, Erwin (3/1987). Individualpsychologie. Stuttgart: S. Hirzel Verlag [erstmals 1928; 2/1930]

Schülerinnen im Mathematikunterricht sei ihr unbewußter (und aus einem unverarbeiteten Tochter-Vater-Konflikt entstandener) Wunsch, mit dem männlichen Lehrer Sex zu erleben? - Es mag vorkommen, daß eine weibliche Schülerin den Mathematiklehrer liebt (wie er sie). Aber sowohl die Liebe, wie deren mögliche Konkretisierung oder Entsagung, gehört zu den freien Entscheidungen unter vorhandenen Alternativen. Nichts ist naturgesetzlich oder durch ein unausweichliches Schicksal determiniert: Vielleicht entscheidet die junge Frau sich auf der Grundlage ihrer Liebe zu ganz besonders intensiver Arbeit in Mathematik und übertrifft ihre männlichen Mitschüler. Vielleicht ereignet sich auch das Gegenteil: Vom Geliebten möchte sie ohne Fleiß und Anstrengung schöne Noten geschenkt bekommen als ob es bunte Blumen wären, die »frau« sich nicht erst verdienen muß. Weitere Lösungen sind leicht vorstellbar, das kritisierte Stereotyp trägt in keiner Weise bei zu einer differenzierten Erklärung der unterschiedlichen konkreten Ausgänge.

Will denn jemand ernsthaft behaupten, »Mütterlichkeit« von Lehrerinnen verursache bei männlichen Schülern einheitlich männliche Überlegenheit? Sollten denn alle männlichen Schüler gleich reagieren? Könnten nicht einige männliche Schüler diese Mütterlichkeit genießen, andere ihr gegenüber völlig gleichgültig sein und wiederum dritte die erlebte Mütterlichkeit ablehnen und verspotten oder bekämpfen? - Die weibliche Lehrerin, die einem männlichen Schüler im Unterricht hilft, handelt nach dem kritisierten Stereotyp zwar professionell als Lehrerin auf der Bewußtseinsebene in dem einen Anteil ihrer gespalteten Persönlichkeit, doch im anderen unbewußt und motiviert aus naiver Mütterlichkeit. Die Lehrerin kann sich angeblich der unbewußt wirkenden Verstrickungen ihres Schicksals nicht entziehen, ihre »eigentlichen« Motive entstehen angeblich triebhaft oder aus ihrer eigenen Konflikt-Biografie. Das ist im Kern ein mittelalterliches Erklärungsmuster: In der Lehrerin haust eine Mütterlichkeits-Dämonin; sie und ihre männlichen Schüler sind verurteilt, dieses Schicksal auszuhalten, wie der Schotte verflucht ist, mit seinem Geiz zu leben. Kann nicht Hilfestellung einer Lehrerin ihre Antwort auf die von ihr beobachtete und beklagte vorhandene Unselbständigkeit ihrer männlichen Schüler sein? In diesem Falle lösten[47] unselbständige Schüler »mütterliches« Verhalten der Lehrerin erst aus. Im Modell linearer Ursachen gesprochen: Un-

---

[47] Humberto MATURANA bestreitet grundsätzlich, daß Person A bei Person B irgendetwas verursachen könne. Anstelle des Wortes »verursachen« finden wir bei MATURANA das Wort »auslösen« (englisch: to trigger). Gemeint ist, daß Person A bei Person B innerhalb vorhandener Alternativen für unterschiedliche Antworten nur eine mögliche Antwort auslösen könne. D.h. die Wahl der von Person B gewählten konkreten Alternative ist nicht von Person A verursacht worden; Person A kann bestenfalls den Prozeß des Antwortens »verursachen«, nicht aber die konkrete Antwort! - Zur Einführung dieses Konzeptes in den Geltungsbereich der Psychologie siehe: MAHONEY, Michael (1991). Human change processes. O.O. [New York]: Basic Books

selbständige männliche Schüler verursachen mütterliches Verhalten ihrer Lehrerin.

Die Vorstellung von linearer Kausalität ist zwar beliebt, doch seit Jahrhunderten umstritten. David HUME hat bereits im 18. Jahrhundert dargestellt, daß Ursache-Wirkungs-Annahmen von der subjektiven Wahrnehmung abhängen und nicht von einer a priori oder objektiv außer uns vorhandenen Gesetzmäßigkeit. Die Annahmen NEWTONs über lineare Kausalitäten in der Physik sind seit HEISENBERG zumindestens für den Geltungsbereich der subatomaren Physik aufgehoben worden: Auch der naturwissenschaftlich forschende Physiker ist Subjekt in seiner Umgebung; er steht keineswegs als neutraler Beobachter einer außer ihm objektiv vorhandenen Welt gegenüber! YOUNG und JANTSCH postulieren als Physiker die Ursachen-freie Selbstschöpfung des Universums. Der Chemiker und Nobelpreisträger PRIGOGINE hat nachgewiesen, daß selbst in der unbelebten Natur sinnvolle Zufallsstrukturen entstehen können. Nach Heinz von FOERSTER ist die tiefe Suche nach »eigentlichen« Ursachen von Ursachen wissenschaftlicher Unsinn. Er spricht von einer "Abwesenheit eines bemerkbaren Einflusses der Ur-Sache X_0 auf das Endresultat." "... die 'Ur-Sache' [kann man] nicht für das schließliche Verhalten des Organismus verantwortlich machen." [...] "Nicht der Reiz, sondern der Organismus ist für sein Verhalten verantwortlich" (1992, S. 73 f; Herv. U.U.H.): Gemeint ist, daß die selbstorganisierte Verarbeitungskette von Erfahrungen mit Erfahrungen von Erfahrungen mit Erfahrungen (usw.) am Ende bedeutsamer ist, als sogenannte Anfangs-Ursachen, bzw. als das erste Glied einer solchen Erfahrungskette. NUBER und SELIGMANN bestätigen dies aus Sicht der Psychologie: Die Behauptung, Kinder würden durch Erlebnisse der frühen Kindheit geprägt, verweisen sie in das Reich der Legende. JOHNSON (siehe AZAR) fand, daß Personen lebensbedeutsame Ereignisse erinnern, die niemals stattgefunden haben.

In der Psychologie hat schon vor über sieben Jahrzehnten Alfred ADLER die Bedeutung des funktionalen Denkens (wozu? welches Ziel?) über die des kausalen Denkens (warum? aus welcher Ursache?) gestellt. Danach ist es sinnvoller zu fragen, zu welchem Zweck oder mit welchem Ziel weibliche Schülerinnen herkömmlichen Rollenmustern folgen, als daß wir nach objektiven Ursachen dafür forschten. Wer an die Macht identifizierbarer Ursachen glaubt, stellt das Ergebnis vor die Beobachtung! Dabei ist sicher eine Relativierung erforderlich: Nicht bestritten wird die »Kausalität zeitlich kurzer Reichweite« (ANSBACHER & ANSBACHER in rekurs auf ADLER). Im einfachen Beispiel: Wer sein Kind schlägt, verursacht direkt mit hoher Wahrscheinlichkeit mehrfache Betroffenheit des Kindes. Aber schon die Generalisierung »die tiefe Ursache dafür, daß Eltern ihre Kinder schlagen, liegt darin, daß sie selbst als Kinder geschlagen wurden«, ist unzulässig! (SELIGMAN)[48] Mit anderen

---

[48] ADLER, Alfred (1966 TB). Menschenkenntnis. Frankfurt a.M.: Fischer Taschenbuch Verlag GmbH. [FiTB 726; Vorträge aus 1926]/ ADLER, Alfred (1992 TB deutsch). Wozu leben wir? Frankfurt a.M.: Fischer Taschenbuch Verlag GmbH. [FiTB 6708; erstmals in

Worten: Es ist zwar möglich, daß beispielsweise Einstellungen, grundlegende Verhaltensweisen wie Fähigkeiten (usw.), von außen verursacht worden sind (obwohl auch dieses im Rahmen der autopoiesis-Theorie von MATURANA[49] bestritten wird), aber es ist auch möglich, daß Einstellungen und grundlegende Verhaltensweisen von der Person spontan entwickelt werden ohne äußere Ursache! Ein Wissenschaftsverständnis, das alleine und generell auf das Ursache-Wirkungs-Modell zurückgriffe, ist unseriös, denn es fällt methodologisch hinter den Stand der Naturwissenschaften zurück, und es postuliert psychologisch die völlige Abhängigkeit des Menschen von äußeren Reizen oder von zu persönlicher Geschichte gewordenen Reizen. Die Annahme einer direkten Abhängigkeit von der Umwelt ist auch nicht als Element seriöser marxistischer Psychologie zu vertreten: Der kommunistische Psychologe Lev S. VYGOTSKIJ hat schon vor über sechzig Jahren die Bedeutung der subjektiv vermittelnden inneren Aktion zwischen dem äußeren Reiz und dem Verhalten herausgearbeitet; es sei eben nicht der äußere Reiz direkt für das Verhalten verantwortlich[50].

---

englischer Sprache 1931]/ ANSBACHER, Heinz L. & ANSBACHER, Rowena R., Hsrg. (4/1995 deutsch). Alfred Adlers Individualpsychologie. München und Basel: Ernst Reinhardt Verlag/AZAR, Beth (1995). Strong emotions can blur the source of a memory. In Z. Monitor, Vol.26, No. 10, October 1995, p. 31/CAPRA, Fritjof (7/1985 deutsch). Das Tao der Physik. Bern u.a.: Scherz-Verlag/ GAWLIK, Günter Hrsg. (1991). Empirismus. [Band 4 der Geschichte der Philosophie in Text und Darstellung, Hrsg. von BUBNER, Rüdiger]. Stuttgart: Philipp Reclam Jun. [Reclams Universalbibliothek 9916], darin Kapitel "David Hume"/ HEISENBERG, Werner (1956). Das Naturbild der heutigen Physik. Reinbek bei Hamburg, Rowohlt Taschenbuchverlag [rde 8]./JANTSCH, Erich (4/1988). Die Selbstorganisation des Universums. München: Deutscher Taschenbuchverlag [dtv 4397]/ NUBER, Ursula (1995). Der Mythos vom frühen Trauma - über Macht und Einfluß der Kindheit. Frankfurt a.M.: S. Fischer Verlag/ PRIGOGINE, Ilya (6/1992 deutsch). Vom Sein zum Werden. München & Zürich: Piper/ SELIGMAN, Martin E.P. (1994). What you can change and what you can't. New York: Alfred A. Knopf/VON FOERSTER, Heinz (3/1990 TB). Erkenntnistheorien und Selbstorganisation. In: SCHMIDT, Siegfried (Hrsg.), Der Diskurs des Radikalen Konstruktivismus. Frankfurt a.M.: Suhrkamp [stw 636]VON FOERSTER, Heinz (7/1991). Das Konstruieren einer Wirklichkeit. Seite 39 - 60. In: WATZLAWICK, Paul (Hrsg.), Die erfundene Wirklichkeit. München und Zürich: R. Piper & Co Verlag [SP 373]/VON FOERSTER, Heinz (1992 TB). Entdecken oder Erfinden - Wie läßt sich Verstehen verstehen? In: GUMIN, Heinz & MEIER, Heinrich (Hrsg.), Einführung in den Konstruktivismus. München und Zurüch, Verlag Piper [SP 1165]/YOUNG, Luise (1991 deutsch). Die Selbstschöpfung des Universums. München: Wilhelm Goldmann Verlag [Goldmann Taschenbuch 12304]

[49] MATURANA, Humberto R. (2/1985). Erkennen: Die Organisation und Verkörperung von Wirklichkeit. Braunschweig & Wiesbaden: Friedr. Vieweg & Sohn. MATURANA, Humberto R. & VARELA, Francisco J. (1990, Taschenbuchausgabe). Der Baum der Erkenntnis. O.O. [München]: Wilhelm Goldmann Verlag [Goldmann Taschenbuch 11460]/ RIEGAS, Volker & VETTER, Christian (1990). Zur Biologie der Kognition. Frankfurt a.M.: Suhrkamp Taschenbuch Verlag [stw 850]

[50] VYGOTSKIJ, Lev S. (1992). Geschichte der höheren psychischen Funktionen. Münster & Hamburg: Lit Verlag [Schrift enstanden 1931]

Ein keineswegs bedeutungsloser Nebeneffekt der kritisierten Stereotype liegt in der Funktion, daß mit den Vorstellungen von unbewußten Kräften und von linearer Kausalitat (bzw. Determiniertheit) die Subjektivität anderer geleugnet wird. So werden Opfer geschaffen, die nicht selbst aktiv und eigenverantwortlich an der Gestaltung ihres Schicksals beteiligt sind. Angenommen, die Thesen vom AMENDT würden durch tiefenpsychologische Interviews in sehr großer Zahl bestätigt, wer wäre dann das Subjekt, um eine mögliche Änderung zu planen und zu bewirken? Da die von AMENDT genannten Personen notwendig aus dem Unbewußten heraus handeln, sind sie nach der Logik der FREUDschen Theorie[51] für die Produktion ihres eigenen Unbewußten wie für dessen bewußte Auflösung nicht selbstverantwortlich (siehe DREIKURS). Eine solche - durch Stereotype begründete - Vorenthaltung von Eigenverantwortlichkeit (auch für eigene Fehler) wird alle Jugendlichen benachteiligen, mutmaßlich aber ganz besonders die jungen Frauen, denen man stereotyp die besondere Nähe zur unbewußten Gefühlswelt unterstellt, während man jungen Männern stereotyp einen leichteren Zugang zur kognitiven Rationalität zubilligt, mit dessen Hilfe sie leichter Selbständigkeit praktizieren könnten. Es bedarf keines Beleges, daß viele jungen Frauen sich von der Struktur und Organisation der gegenwärtigen Schule benachteiligt fühlen. Das gilt für viele Frauen jenseits des Alters von Studium und Ausbildung auch im Rückblick. *Eine Lösung können nur die selbst erreichen, die sich gegenwärtig als benachteiligt bewerten. Voraussetzung dafür ist, daß sie sich künftig selbst als Subjekt verantwortlich fühlen sowohl für den wahrgenommenen Zustand von Benachteilung wie für dessen Aufhebung*! Tun sie dies nicht, dann bleiben sie in selbstorganisierter Abhängigkeit von anderen, und an der Benachteiligung wird sich nichts ändern, bestenfalls würden Abhängigkeiten ausgetauscht! Für eine existentielle Änderung sind begleitende Veränderungen der Umwelt vielleicht hilfreich, aber nicht notwendig.

Angenommen, in den Schulen würde ein Programm aufgelegt mit dem Ziel, das Verhalten der männlichen Schüler zu verändern, und angenommen, ein solches Programm wäre erfolgreich, so wäre nur dann etwas für die Aufbesserung des Selbstwertgefühls und der Identität der weiblichen Schülerinnen erreicht, sofern diese die veränderte Situation aktiv nutzen würden zur verstärkten Selbstorganisation! Mit anderen Worten: Es ist zweitrangig oder gar gleichgültig, wie sich die männlichen Schüler verhalten; solange die weiblichen Schülerinnen glauben, ihre Identität sei vom Verhalten der männlichen

[51] Um Mißverständnissen vorzubeugen: Ich argumentiere hier ganz und gar nicht gegen die Psychoanalyse sensu FREUD oder seiner Nachfolger/innen als im Einzelfall indizierte sinnvolle und sehr wertvolle Therapie-Form! Denn, was in der dyadischen Kommunikation zwischen Analytiker/in und Analysand/in geklärt wird, ist spezifische Aufarbeitung der individuellen Biografie und somit grundverschieden von allgemeingültigen, vorgestanzten und fertigen Erklärungsmustern vor jeder individuellen Auseinandersetzung!

Schüler abhängig, verhalten sich die weiblichen Schülerinnen wie Abhängige! Eine (wünschenswerte) Veränderung der männlichen Schüler ist für die weiblichen Schülerinnen ein äußeres Ereignis, das nicht automatisch ihre innere Veränderung nach sich zieht! Vielfach wird beispielsweise Klage geführt, männliche Schüler würden im Unterricht häufiger wahrgenommen als weibliche Schülerinnen. Die Jungen würden sowohl produktiv gegenüber den Mädchen dominieren, als auch durch Störungen die Aufmerksamkeit auf sich ziehen. Dadurch würde das Selbstbewußtsein der Mädchen geschwächt. Doch, selbst wenn das männliche Verhalten, das von jungen Frauen als männliche Dominanz interpretiert wird, durch harte Daten belegt würde, wäre das kein objektiver Beweis für die ursächliche Schwächung des Selbstbewußtseins der Mädchen. Denn das Selbstwertgefühl ist nicht von den äußeren Ereignissen direkt abhängig, sondern von den inneren Bewertungen dieser Ereignisse. Warum sollten Mädchen sich beispielsweise selbst abwerten, wenn Jungen wegen Störungen klassen-öffentlich kritisiert werden? Warum sollten Mädchen bei durchschnittlich gleichen oder leicht besseren Noten sich selbst abwerten, nur weil die Jungen öfter den Mund aufmachen und sich an Gesprächen beteiligen? Warum sollte das Selbstwertgefühl der Mädchen so besonders oder ausschließlich aus der Wahrnehmung der Persönlichkeitsdimension »soziale Expressivität der Jungen« gespeist werden? Wenn Mädchen das Modell »gesprächs-dominanter Junge« nicht übernehmen, dann doch nach den Regeln der Lerntheorie, daß dieses Modell nicht verstärkend für die Mädchen ist. - Warum sollte ein Mädchen nicht mit voller Selbstwertschätzung zu sich etwa sagen: »Ich bin zu gut, um mich an der hektischen und flachen Jünglings-Quatscherei zu beteiligen! Schweigen ist bekanntlich Gold!«?

3. Die mögliche Arbeit an Selbstkonzepten

In einer Schule stellte sich mir ein etwa neunjähriger Junge wie folgt vor:

> „Ich heiße Zinnur, ich bin ein türkischer Mann, aber ich spreche viel besser deutsch als viele der Deutschen hier, eigentlich bin ich Deutscher; ich singe Sopran im Chor der Lutherisch-reformierten Kirche, und in der Koran-Schule bin ich auch gut, ich kann schon viel lesen [Anmerkung: Gemeint war der in arabisch geschriebene Koran.]; viele Türken in unserer Nachbarschaft kann ich nicht leiden, da bin ich lieber Deutscher; eigentlich ist Mathematik mein Lieblingsfach, aber in Deutsch kann ich besser zeigen, wie gut ich bin."

Welch eine Person! Wie singt »man« als türkischer Mann im Sopran? Wie nimmt ein Moslem am Gemeindeleben einer christlich-protestantischen Kirche teil? Wie schafft es ein Kind, zwischen nationalen Identitäten so zu pendeln? Wie vielseitig kann dieser Zinnur seine verschiedenen Identitäten beschreiben, wie reich ist er! Wie armselig wäre er dran, wollten wir ihn nur als Türken oder nur als Jungen beschreiben. Ich verwende dieses Beispiel um meine Kritik zu stützen an der monodimensionalen Beschreibung von Kindern und Jugendlichen als alternativ männlich oder weiblich. Von zentraler Wichtigkeit ist für mich nicht die Frage beispielweise an Mädchen: »Wer oder was bremst dich?« sondern die Frage »Was willst du überhaupt? Welche Ziele hast du, was willst du für die Erreichung dieser Ziele investieren?« Was Mädchen in Einzelfällen bereit sind, für die Verwirklichung ihrer Ziele zu »bezahlen«, zeigt in erschreckendem Maße der Strafprozeß gegen einen bekannten Eislaufkunsttrainer und dessen Verurteilung (dpa-Meldung in BREMER NACHRICHTEN vom 5. Dez. 1995). Das Gericht erkannte, daß der Trainer über Jahre hinweg Mädchen bewußt körperlich und psychisch gequält und in sexuelle Handlungen einbezogen hatte. Die Mädchen hätten ohne Schwierigkeiten den Trainer früher anzeigen können oder sich aus seinem Einflußbereich entfernen können. Doch dann wäre ihr Traum geplatzt, Eislaufprinzessin zu werden. Wenn Mädchen in Einzelfällen sogar übelste Erniedrigungen aushalten, weil sie sich einem erwünschten Ziel bedingungslos unterordnen, wieso sollten sie unter vergleichsweise viel besseren Bedingungen in der Schule generell leiden?

An Bremer Grundschul-Lehrerinnen und Lehrer habe ich im Januar 1993 Fragebogen ausgegeben, die in 38 Items Voraussetzungen selbstorganisierten Arbeitens erfassen. 362 Fragebogen von Kindern aus der Vorklasse bis zur vierten Jahrgangsstufe kamen zurück. Die Größe der Stichprobe kann sich sehenlassen, obschon größere Stichproben wünschenswert sind. Methodisch handelt es sich hier um eine Fremd-Einschätzung, nicht um die Einschätzung durch die Schülerinnen und Schüler selbst. Deren Befragung scheiterte an der verweigerten Zustimmung durch die Schulbehörde, die auch verbot, das Geschlecht der Lehrer/innen zu erheben. In 30 von 38 Items wurden Mädchen signifikant besser bewertet als Jungen:

1. Mädchen denken häufiger erst nach und handeln dann,
2. sie schätzen Aufgabenschwierigkeiten realistischer ein,
3. sie können ihre Handlungen besser begründen,
4. sie können Fehler leichter bemerken,
5. sie können sich besser spezifische Arbeitsziele setzen,
6. sich selbst eindeutigere Verhaltensrichtlinien geben,
7. sie prüfen ihre Ergebnisse präziser,
8. stufen sich in Blick auf ein Lehrziel realistischer ein,
9. vergleichen sich realistischer mit Mitschülern,
10. bewerten ihren eigenen Lernfortschritt positiver,
11. sind eher zu aufgabenbezogener Selbstkritik fähig,
12. Mädchen können besser komplexe Aufgaben in Teilschritte zerlegen,
13. können Schwierigkeiten besser bewältigen,
14. können leichter mit Streß umgehen,
15. geben sich bei der Arbeit öfter Durchhalteappelle,
16. versetzen sich einfühlsamer in andere Menschen hinein,
17. haben an den Gefühlen anderer aufrichtiger teil,

18. bemühen eher sich darum, daß sich andere freuen,
19. Mädchen haben eine klarere Übersicht über die Zeiteinteilung des Schulvormittags,
20. unterscheiden leichter zwischen der Schwierigkeit einer Aufgabe und derem zeitlichen Aufwand,
21. verstehen sich häufiger als in einer Entwicklung befindlich,
22. sind offener für neue Erfahrungen,
23. fühlen sich weniger leicht bedroht,
24. befolgen eher Anweisungen,
25. können besser selbst-steuernd arbeiten,
26. Mädchen verbrauchen weniger Zeit für Nebenprogramme,
27. halten sich weniger häufig für einen »Pechvogel«,
28. können leichter einmal »zurückstehen«,
29. können sich leichter auf angemessene Art sozial durchsetzen
30. und können sich leichter situationsspezifisch verhalten.[52]

Alle genannten Items korrelieren positiv mit der gemittelten Schulleistung (Einschätzung durch die Lehrer/innen); das kann als erneuter Beleg dafür gelten, daß Mädchen im Mittel in der Schule besser bewertet werden und vermutlich auch bessere Leistungen zeigen als Jungen. - Wie gesagt, es handelt sich hier nicht um Selbstauskünfte. Das kann ein Nachteil sein, muß es aber nicht, denn Verfälschungstendenzen sind bei Selbstauskünften auch nicht auszuschließen. Vermutlich sind auch geschlechtsspezifische Verfälschungstendenzen bei Selbstauskünften zu erwarten, die nun durch die Fremdauskunft der Lehrerinnen und Lehrer vielleicht ausgeglichen wurden. Die methodischen Fragen können hier nicht erschöpfend behandelt werden; ich unterstelle einfach, daß die Fremdauskünfte valide sind für die subjektiven Konstruktionen der Kinder. Unter der Annahme dieser Validität spiegeln die Aussagen einzelne Dimensionen von Selbstkonzepten wider. Aus dem großen Feld der Selbstkonzeptforschung [53] wähle ich beispielhaft nur drei Dimensionen:

- Die Dimension Selbstbestätigung versus Selbsterhöhung (self-verification [bzw. -verifying] vs self-enhancement),
- die Dimension Selbstverstärkung (self-reinforcement) und
- die Dimension Selbstwirksamkeit (self-efficacy).

---

[52] Die Veröffentlichung der Untersuchung ist in Vorbereitung, deswegen wird die sehr aufwendige Begründung der Items hier fortgelassen.

[53] einführende Übersichten siehe z.B.: FILIPP, Sigrun-Heide -Hrsg- (1979). Selbstkonzeptforschung. Stuttgart: Klett-Cotta/ SULS, Jerry (Ed.; 1982). Psychological Perspectives on the self. Vol I. Hillsdale, N.J.: Lawrence Earlbaum Assoc. Publishers/SULS, Jerry & GREENWALD, Anthony G. (Eds.; 1983). Psychological Perspectives on the self. Vol II. Hillsdale, N.J.: Lawrence Earlbaum Assoc. Publishers[wie vor] ... (1986) ... Vol III .

Die erste Dimension ist z.B. diskutiert worden von SWANN und HIXON & SWANN[54]: Eine Person hat grundsätzlich mindestens zwei Möglichkeiten, mit dem eigenen Selbst umzugehen: Sie will ihr Selbst entweder bestätigen, so wie es aktuell entwickelt ist und wie es sich bewährt hat. Oder das Selbst soll und darf sich verändern und wachsen. Nach meinen Beobachtungen neigen Jungen sehr dazu, ihr aktuelles Selbst zu bestätigen und zu verteidigen, und sie neigen weniger dazu, ihr Selbst auf die Probe zu stellen, etwas zu riskieren, usw. Das wird besonders fatal für die Jungen, die ihr Selbst vorwiegend als Wunsch-Selbst konstruieren. Denn je mehr sie ein erwünschtes Selbst verteidigen, desto schwieriger machen sie es sich, Rückmeldungen aus ihrer sozialen Umgebung verstehen zu können. Denn die soziale Umgebung nimmt ein Wunsch-Selbst häufig als unangemessen wahr, z.B. als »Aufschneider-Selbst«. Eine Reihe der vorstehenden Items (z.B. 10, 21, 22, 23) weisen in die Richtung, daß Mädchen im Vergleich zu Jungen eher offen sind für neue Erfahrungen und für eine Erhöhung des Selbsts durch Wachstum. Jungen sind weniger offen, fühlen sich leichter bedroht, bemerken aber auch Fehler seltener, usw. (z.B. Items 23, 30, 7).

Die Dimension »Selbstverstärkung« geht hauptsächlich auf KANFER zurück[55]. Nur wenn wir uns selbst annehmen, werden wir auch Anerkennung durch andere annehmen. Angenommen, eine Person hält sich selbst für eine/n klägliche/n Versager/in. Könnte sie positive Botschaften anderer annehmen, oder würde sie diese nicht eher zurückweisen, als z.B. unehrlich-bemitleidend? - Viele und häufige Selbstverstärkungen sind das Fundament für ein positives sicheres und differenziertes Selbstbild, bzw. Selbstkonzept. Das bereits genannte Item 10, aber auch die Empathie-Items 16, 17, und 18, sowie besonders Item 27 weisen in diese Richtung: Auf der Grundlage einer individuell generalisierten und akzeptierten Selbstverstärkung hat sich ein - im Vergleich zu Jungen - höheres Maß an Selbstsicherheit entwickelt. Die Identität der Jungen ist offenbar instabiler, so können sie z.B. andere weniger leicht akzeptieren.

---

[54] SWANN Jr., William B. (1983). Self-Verification: Bringing social reality into harmony with the self. In: SULS & GREENBERG -Eds.- 1983 ---> Fußnote 52/ HIXON, J. Gregory & SWANN Jr., William B. (1987). The temporal course of self-verifying and self-enhancement responses: How you respond depends on when you respond. Unpublished paper presented at the 95th Annual Convention of the American Psychological Association in New York.

[55] zum Beispiel: KANFER, Frederick H. (1973 deutsch). Die Aufrechterhaltung des Verhaltens durch selbsterzeugte Stimuli und Verstärkung. In: HARTIG, Monika -Hrsg.- Selbstkontrolle. München u.a.: Urban & Schwarzenberg/ KANFER, Frederick H. (1977 deutsch). Selbst-Management Methoden. In: KANFER, Frederick H. & GOLDSTEIN, Arnold P. -Hrsg.- Möglichkeiten der Verhaltensänderung. München u.a.: Urban & Schwarzenberg/ SPATES, Charles R. & KANFER, Frederick H. (1977). Self- monitoring, self-evaluation, and self-reinforcement in children's learning [...]. In: Z Behavior Therapy, Vol 8, 1977, p 9 - 16

Die Dimension Selbstwirksamkeit wurde von Albert BANDURA entworfen[56]. Vereinfacht gesagt geht es dabei um das bewußte Wissen von dem, was eine Person selbst in ihrer Umwelt bewirken kann. Wer weiß, daß sie (oder er) nichts kann, hat eine niedrige Einschätzung von der eigenen Wirksamkeit. Wer hingegen überzeugt ist, viel zu können, und wer diese Überzeugung schon mehrfach erfolgreich gegen soziale Rückmeldungen geprüft hat, hat eine hohe Einschätzung von der eigenen Wirksamkeit. Das Konzept ist verwandt mit dem Konzept der Kontrollüberzeugung; siehe vor allem Ellen A. SKINNER[57] . Die Items 2, 3, 5, 7, 11, aber besonders 13, 14, 20 können darauf hinweisen, daß Mädchen eine höhere (und das heißt auch eine realistischere) Überzeugung von ihrer eigenen Wirksamkeit haben als Jungen. Überzogen formuliert: Während Jungen mit großem Getöse in der Luft herumfuchteln, erledigen die Mädchen rasch und präzise ihre Arbeit.

Selbstverständlich behaupte ich nicht, daß meine Ergebnisse unumstößlich »wahr« sind. Ich präsentiere Denkmöglichkeiten; weitere Forschungen sind erforderlich. Sofern sich meine Ergebnisse bestätigen und generalisieren lassen, eröffnet sich eine sehr produktive Denkrichtung: Wir können sehr differenziert und nuanciert auf die einzelne Person eingehen und können auf polare Gegensätze voll verzichten. Angenommen, das von mir gefundene vorläufige Ergebnis, Mädchen können besser mit Streß umgehen (besonders Item 13 und 14), ließe sich empirisch solide absichern und generalisieren, dann könnten wir dieses Ergebnis den Mädchen bewußt präsentieren und damit ihr Selbstkonzept aufwerten - nicht in jedem Fall, aber in vielen Fällen. Wir könnten dann die Mädchen mit erwiesenen Mädchen-Stärken konfrontieren und bräuchten ihnen nicht mehr die Legende zu präsentieren, sie seien hilflose Opfer der von Jungen erzeugten Streß-Situationen! Und die Jungen? In Abwandlung eines überholten Spruches: Von Mädchen lernen, heißt siegen lernen! Aber wahrscheinlich ist das gar nicht sinnvoll, sie mit positiven Modellen zu konfrontieren. Meine Items sind nicht abstrakt konstruktvalidiert, sondern sie sind inhaltsvalide für das, was sie abprüfen. Mithin, sie können unmittelbar in Traningsmaterial umgeformt werden. Sei es in Form von Gesprächen, sei es in Form von visuellen Leitkarten sensu Iris MANN[58], sei es durch Rollenspiele oder durch andere Methoden. Bevor wir uns aber anschicken, Jungen (wie andere Personen) verändern zu wollen, sollten wir erstens wissen,

---

[56] BANDURA, Albert (1977). Self-efficacy: Toward a unifying theory of behavioral change. In Z: Psychological Bulletin, Vol 84, No.2, pages 191 - 215/ BANDURA, Albert (1982). Self-efficacy mechanism in human agency. In Z: AMERICAN PSYCHOLOGIST, Vol. 37, No. 2, February 1982; pages 122 - 147/ BANDURA, Albert (1986). Social foundations of thought and action. Englewood Cliffs, N.J.: Prentice Hall, Inc.

[57] SKINNER, Ellen A. (1995). Perceived Control, Motivation & Coping. Thousand Oaks u.a.: Sage Publications

[58] MANN, Iris (1979). Lernprobleme. München u.a.: Urban & Schwarzenberg/ MANN, Iris (2/1978). Schlechte Schüler gibt es nicht. München u.a.: Urban & Schwarzenberg

daß wir sie nicht verändern können - sondern sofern denn überhaupt, sie nur sich selbst. Und zweitens sollten wir wissen, daß jeder aufdringliche Versuch einer Änderung mit hoher Wahrscheinlichkeit nur den Zustand festigt, der ja verändert werden soll. Am Beispiel der "Kybernetik des Alkoholismus" hat Gregory BATESON dargelegt, wie wichtig es ist, sich selbst auch in seinen Fehlern zu akzeptieren, weil dann der selbstgesetzte Zwang aufgegeben werden kann, sich wegen seiner Fehler zu verteidigen. Denn wer sich wegen seiner Fehler verteidigt, behält sie! In der Psychotherapie hat Nossrat PESESCHKIAN das verwandte Konzept der "Positiven Therapie" vorgelegt. Auch PESESCHKIAN geht davon aus, daß das, was ist, akzeptiert und nicht bekämpft werden sollte [59].

Beide Konzepte können für die allgemeine Erziehung fruchtbar gemacht werden. Der dahinter stehende Grundsatz ist allgemein: Bevor wir uns anschicken etwas zu verändern, sollten wir uns vom selbsterzeugten Druck befreien, der ausgeht von dem, was wir verändern wollen. Wenn wir dem Druck gestatten, uns zu treiben, bleiben wir Getriebene ohne eigenen Willen und ohne differenzierte Wahrnehmung für Alternativen. *Eine wichtige Paradoxie für unsere Zeit lautet: Nur wenn wir Ist-Zustände akzeptieren können, bereiten wir den Grund für mögliche Änderungen.* Wie eine solche Akzeptanz praktisch aussehen kann, zeigt ein Schulversuch aus dem Staate New York: Männliche schwarze Lehrer unterrichteten männliche schwarze Schüler. Das ist zwar ein mehrfacher Verstoß gegen die Verfassung der USA, aber die Begründung liegt in der Akzeptanz des IST-Zustandes: Solange männliche schwarze Jugendliche von weiblichen Lehrerinnen unterrichtet werden unter Anwesenheit weiblicher Schülerinnen, sind sie fast ausschließlich daran orientiert, sich als lernunwillig und lern-unfähig darzustellen. Erst in mono-sex-Klassen können sie dieses Verhalten überwinden. Die Erfolge waren in mehrfacher Hinsicht positiv!(FREIBERG 1991[60])

---

[59] BATESON, Gregory (1985). Ökologie des Geistes. Frankfurt a.M.: Suhrkamp Taschenbuch Verlag [stw 571]/ PESESCHKIAN, Nossrat (1985). Positive Psychotherapie. Frankfurt a.M.: Fischer Taschenbuch Verlag [Fi Ta Bü 6783]/ PESESCHKIAN, Nossrat (1989). Positive Familientherapie. Frankfurt a.M.: Fischer Taschenbuch Verlag [Fi Ta Bü 6761]

[60] FREIBERG, Peter (1991). Separate classes for black males? In Z: Monitor. Vol 22. No 5, May 1991, pages 1 and 47

Charlotte Röhner

Mädchen und Jungen im offenen Unterricht

Fallstudien zur sozialen Konstruktion der Geschlechter in der Grundschule

1. Werden wir zu Geschlechtern „gemacht"?

Kinder, die in die Schule kommen, verfügen bereits über eine klare Vorstellung ihrer Geschlechtsidentität. Sie kommen als Mädchen und Jungen zur Schule. Wie die Entwicklungs- und Sozialisationsforschung ausweist, bildet sich die fundamentale Selbstkategorisierung als „Mädchen" bzw. als „Junge" während des Kleinkindalters heraus, so daß in der Regel bis zum fünften Lebensjahr ein stabiles Geschlechtskonzept entsteht (Trautner 1993). In der Sozialisationstheorie wird Geschlecht verstanden „als eine der wichtigsten sozialen Repräsentationen, welche die Konstruktion einer ersten sozialen Identität über die Geschlechtszugehörigkeit leitet. Die Selbstkonstruktion des Kindes als Mädchen oder Junge und die Geschlechtsunterscheidung mit zugehörigen Symbolen ermöglichen seine Einordnung in die soziale Welt" (Bilden 1991, 282).

Ich werde im folgenden anhand von zwei Fallstudien untersuchen, wie zwei Kinder sich im offenen Unterricht einer Reformschule als Mädchen und Jungen darstellen, ihre Geschlechtsidentität entwickeln und ausdifferenzieren. Das Datenmaterial, das ich dabei zugrunde lege, ist im Rahmen der wissenschaftlichen Begleitung der Reformschule Kassel erhoben, die untersucht, wie die offene Lernumwelt der Schule auf die individuelle Lernbiographie der Kinder einwirkt (Rauschenberger 1990, Laging 1992). Die Unterrichtsprotokolle, die Laging im Rahmen biographischer Studien zum Lernverlauf einzelner Kinder dargestellt hat, nutze ich, um die Frage zu untersuchen, wie Kinder im offenen Unterricht auch ihre Geschlechtsidentität konstituieren. Unter forschungsmethodischen Aspekten ist es wichtig, darauf hinzuweisen, daß das Datenmaterial nicht mit Blick auf eine angenommene Differenz der Geschlechter erhoben wurde. Dieser Hinweis ist insofern von zentraler forschungsmethodologischer Bedeutung, als sich die feministische Forschung mit der Kritik an ihrem Forschungsansatz auseinandersetzen muß, dem eine sozial ontologisierende Funktion zugeschrieben wird, weil sie in ihrer grundsätzlich binären, geschlechterpolaren Anlage und Struktur die Differenz der Geschlechter voraussetze und durch eine so angelegte Forschung im Zirkelschluß reifiziere. Diese Kritik ist von Gildemeister und Wetterer in ihrem forschungskritischen Beitrag zur sozialen Konstruktion der Zweigeschlechtlichkeit durch die Frauenforschung in die Entwicklung der feministischen Theorie-Debatte eingebracht worden. Im Titel ihres Aufsatzes „Wie Geschlechter gemacht werden“ (Gildemeister, Wetterer 1992) ist der thematische Kern ihrer Kritik an der Frauenforschung pointiert gefaßt (vgl. Prengel 1995). In Reflexion dieser Kritik habe ich meinen Beitrag im Untertitel „Fallstudien zur sozialen Konstruktion der Geschlechter“ genannt, weil ich sozialisationstheoretisch davon ausgehe, daß die Individuen ihr Geschlecht in Auseinandersetzung mit ihrer sozialen Umwelt aktiv konstruieren.

Meine Hypothese ist, daß die Differenz der Geschlechter weniger ein Artefakt der Frauenforschung als ein Produkt der geschlechterbezogenen Selbst- und Fremdkategorisierung der Individuen in ihrem kulturellen Kontext darstellt.

2. Sozialisations- und erkenntnistheoretische Überlegungen

Wer immer das Lernen eines Kindes zu verstehen sucht - so Bauersfeld - „der braucht eine Theoriegrundlage, auf die sich Fragen beziehen lassen wie: Wie kommt das Kind dazu, etwas zu ‘wissen’, etwas zu ‘lernen’, was es vorher nicht wußte? Wie formen Menschen ihr Sprechen aus, wie ihr Denken, ihre Begriffe, ihre Strategien?" (Bauersfeld 1993, 40). Diese grundsätzliche Fragestellung an die theoretische Reflexion kindlichen Lernens, die Bauersfeld im Hinblick auf die kognitiven Lernprozesse von Kindern stellt, läßt sich in sozialisationstheoretischer Perspektive auch im Hinblick auf die Entwicklung des sozialen Selbstverständnisses und der sozialen Identität der Kinder richten. Wie können die grundlegenden sozialen und kognitiven Lernprozesse von Kindern erkenntnis- und sozialisationstheoretisch gefaßt und reflektiert werden?

Die moderne Kognitions- und Sozialisationstheorie folgt in ihrer Reflexion der Aneignung und Erkenntnis von ‘Welt’ und der Konstitution des Individuums in seinem sozialkulturellen Feld dem konstruktivistischen Paradigma. Bauersfeld (1993) und Richter (1995) haben für die theoretische Deutung kognitiver Lernprozesse das Erkenntnismodell des ‘Radikalen Konstruktivismus’ erschlossen. Nach der Theorie des ‘Radikalen Konstruktivismus’ gibt es keine Erkenntnis der Welt „an sich“, sondern nur die subjektive Konstruktion der Wirklichkeit des Individuums in der Erfahrung, Wahrnehmung und Deutung von Welt. (Maturana 1982, Roth 1986). Der erkenntnistheoretische Ansatz des ‘Radikalen Konstruktivismus’ korrespondiert mit der konstruktivistischen Sozialisationstheorie, die Entwicklung und Sozialisation als Prozesse der aktiven Konstruktion der Wirklichkeit in sozialen Praktiken versteht. So definiert Bilden in ihrem Grundsatzartikel zur geschlechtsspezifischen Sozialisation „Sozialisation bzw. Entwicklung des Individuums als Selbst-Bildung in sozialen Praktiken“ (Bilden 1991, 280). Unter sozialen Praktiken versteht sie die symbolischen Interaktionen und gegenständlichen Fähigkeiten der Individuen in ihrer Verschränkung. In Anlehnung an den symbolischen Interaktionismus kann Sozialisation als Prozeß der Selbstbildung im Rahmen symbolischer Handlungen und wechselseitiger sozialer Deutungsprozesse begriffen werden.

In diesem Verständnis ist Sozialisation nicht als passiver Prozeß der Anpassung des Individuums an eine Gesellschaft, sondern als aktive Konstruktion des Individuums in Auseinandersetzung mit dieser zu verstehen, in der die soziale Identität entsteht. In dieser prinzipiell konstruktivistischen Sicht von Entwicklung und Sozialisation wird das einzelne Kind als aktiver Konstrukteur seiner kognitiven und sozialen Erfahrungen verstanden; dies beinhaltet auch die Entwicklung und Gestaltung seiner Geschlechtsidentität.

3. Zur sozialen Konstruktion der Geschlechter im offenen Unterricht - Fallbeispiele der Mädchen- und Jungensozialisation

Für Bastian und Hanna[61], deren Entwicklungs und Sozialisationsprozesse ich im folgenden darstellen und analysieren werde, wurden im Beobachtungszeitraum von vier bzw. drei Schuljahren je 20 Unterrichtsprotokolle nach teilnehmender Beobachtung erstellt (Lammeck 1989), die ihre Aktivitäten jeweils über einen ganzen Unterrichtstag hinweg erfassen. Über Bastian wurden 23 Protokolle erstellt (1. bis 4. Schuljahr), über Hanna 20 (2. bis 4. Schuljahr). Ich werde das Datenmaterial, das Laging im Hinblick auf die Individualisierung der Lernprozesse erstellte, daraufhin untersuchen, welche Interessen, Bedürfnisse, Lern- und Verhaltensweisen Bastian und Hanna im offenen Unterricht zeigen, und wie sie sich dabei auch als Mädchen und Junge symbolisieren. Die deskriptiv verfaßten Unterrichtsprotokolle bieten aufschluß- und materialreiche Einblicke in die Gestaltung der sozialen Beziehungen und der individuellen Interessen und Kompetenzen. Unter sozialen und kognitiven Gesichtspunkten habe ich die Unterrichtsprotokolle inhaltsanalytisch erfaßt und aufgeschlüsselt. Die Darstellung des Materials erfolgt jetzt in Form von Fallstudien, in denen die wesentlichen Beobachtungen zur Entwicklung und Gestaltung der individuellen Biographie und der geschlechtlichen Identität zusammengefaßt und interpretiert werden.

---

[61] Namen und Personen sind anonymisiert

Bastian - ein Fallbeispiel der Jungensozialisation

Bastian ist bei seiner Einschulung 6 Jahre alt. Er lebt bei seinem Vater, seine jüngere Schwester lebt bei der Mutter. Die Entwicklung seiner sozialen Beziehungen und individuellen Interessen steht im Mittelpunkt der nachfolgenden Analyse.

Zur Entwicklung der sozialen Beziehungen

Versucht man die Entwicklung und Gestaltung der sozialen Beziehungen Bastians zu erfassen, wie sie sich in den Protokollen zeigen, ergibt sich folgendes Bild: Bastian sucht ausschließlich Kontakt zu Jungen, sei es im Morgenkreis, beim Spielen, Arbeiten oder bei gemeinsamen Gesprächen in der Tischgruppe. Seine Kontakte zu Mädchen beschränken sich auf wenige Szenen, in denen er einzelne Mädchen neckt, ärgert oder ihnen etwas wegnimmt, ein Arbeitskontakt ist nur einmal im 3. Schuljahr verzeichnet. Bei Bastian zeigt sich wie bei Hanna, daß Jungen und Mädchen in dieser Altersstufe ihre Spiel- und Arbeitspartnerinnen und Arbeitspartner innerhalb des eigenen Geschlechts suchen. Petillon resümiert dazu in seiner Studie zum Sozialverhalten von Schulanfängerinnen und Schulanfängern:

> „Bisherige Annahmen, daß die bestehenden Sozialisationsbedingungen zu einem Abbau geschlechtsspezifischen Verhaltens beitragen, können durch unsere Ergebnisse nicht bestätigt werden. Vielmehr entsteht bei Durchsicht aller Schilderungen der Eindruck, es existieren zwei verschiedenartige soziale Welten, die die Geschlechter trennen“ (Petillon 1993, 174).

Im offenen Unterricht, der eine freie Partner- und Tischwahl ermöglicht, ist die geschlechtshomogene Gruppe die von beiden Geschlechtern bevorzugte Form. Bastians primäre Bezugsgruppe sind die Jungen, in deren Gruppe er seinen Platz finden muß. Sein bevorzugter Partner ist Oskar, um dessen Kontakt und Beziehung er sich täglich bemüht. Innerhalb der Jungengruppe ist das erste Jahr durch heftige Rivalitäts- und Dominanzkonflikte gekennzeichnet, in denen die Rangordnung in der Gruppe der Jungen ausgehandelt wird. Dies geschieht in zum Teil sehr heftigen körperlich-aggressiven Auseinandersetzungen, in die Bastian verwickelt ist: Szene 10.10.1988:

> *Bastian, Oskar und Niklas gehen gemeinsam auf den Hof. Am Hauseingang sagt Bastian zu Oskar: „Oh, da ist was zum Prügeln!“ Sie laufen beide direkt auf Simon zu, mit dem Oskar sofort eine Prügelei beginnt. Die weitere Zeit verbringt Bastian bei ‘seiner Bande’ in den Büschen.*

In weiteren Szenen wird deutlich, daß Bastian mehrfach das Angriffsopfer der Macht- und Dominanzkämpfe ranghöherer Jungen ist. Dies zeigt sich insbesondere in Phasen freien Spielens, in denen Rivalitätskämpfe ausgetragen werden. Häufigste Konfliktursache sind Übergriffe anderer Jungen auf Bastians Person beziehungsweise seine Bauwerke im Bauraum, die dreimal im Beobachtungszeitraum zerstört werden. Dies führt jedesmal zu körperlich heftigen Auseinandersetzungen, die in Raufen, Prügeln, Schlagen und Spucken übergehen. Bastian selbst schafft Konflikte, indem er anderen mehrfach den Sitzplatz streitig macht und sich auf Kosten der Betroffenen durchsetzt.

Schlüsselt man die Ausdrucksform der Konflikte auf, zeigt sich, daß Bastian überwiegend in körperliche beziehungsweise in körperlich-aggressive Auseinandersetzungen verwickelt ist (sechsmal in Form des Prügelns oder Schlagens, fünfmal in Form des Rangelns oder Raufens); die verbale Form der Konfliktauseinandersetzung in Form von Drohen und Schmähen ist zweimal zu finden. Die Konfliktregulierung ist in den ersten beiden Jahren durchgängig nur mit Hilfe der Lehrerinnen möglich. Im dritten und vierten Jahr löst er Konflikte auch in sublimierter Form, indem er nach Konflikten Kampfszenen malt oder seine Aggressionen auf äußere Objekte richtet (zum Beispiel: Spielzeugkatze). Interessant ist, daß die körperlich-aggressiven Formen der Auseinandersetzung nur unter den Jungen ausgetragen werden, während in Formen des Rangelns auch Mädchen einbezogen sind. Bastians Konflikte mit Mädchen beschränken sich auf nicht aggressive Formen des Ärgerns oder Neckens. Bastians verbale Formen der Konfliktregulierung sind sprachlich drohend und schmähend und beziehen sich ausschließlich auf Jungen.

Zur Interpretation des Konfliktverhaltens Bastians

Bastians Konfliktverhalten entspricht in dieser Ausprägung den vorliegenden Forschungsbefunden. So stellt die Studie Petillons zum Sozialleben von Schulanfängerinnen und Schulanfängern eine deutliche Bevorzugung körperlich-aggressiver Konfliktlösungen bei Jungen fest:

> „Erwartungsgemäß sind Jungen bedeutend häufiger in körperliche Auseinandersetzungen verwickelt; sie sprechen mehr Drohungen aus und beschädigen häufiger Gegenstände ihrer Mitschüler. Sie sind aber auch in allen Bereichen eindeutig häufiger Opfer von aggressiven Handlungen anderer Kinder ...“ (Petillon 1993, 116).

Für das Dominanz- und Aggressionsverhalten, das sich in der Auseinandersetzung zwischen Bastian und anderen ranghöheren Jungen zeigt, hat eine Studie des Hamburger Arbeitskreises Grundschule für Jungen einen Spitzenwert von 84,8% im Vergleich von 15,2% bei Mädchen erhoben (Arbeitskreis Grundschule Hamburg 1992, 10). Auch in diesem Verhaltensbereich entspricht Bastian den in der erziehungswissenschaftlichen Forschung erhobenen Befunden.

Bastians Sozial- und Regelverhalten

Bastians Regel- und Sozialverhalten ist in den ersten beiden Schuljahren durch ausgeprägt egozentrische Sicht- und Verhaltensweisen gekennzeichnet. Auf die Rahmenbedingungen des Morgenkreises, in dem sich die Gruppe konstituiert, kann er sich nur in einem langen, konfliktreichen Prozeß einlassen. Im ersten und zweiten Jahr überwiegen die Szenen, in denen er das Gespräch durch Nebengespräche und andere auffällige Verhaltensweisen stört. Die Störungen im Morgenkreis nehmen erst im dritten Schuljahr ab und treten erst im 4. Schuljahr nicht mehr auf. Bastians Bezug zu den anderen Kindern ist in den ersten beiden Schuljahren durch starke Ich-Bezogenheit gekennzeichnet, die sich immer wieder in den gemeinsamen Gesprächs- und Spielsituationen der Gruppe zeigt. Als er im 2. Schuljahr einen Morgenkreis leiten soll, ist er außerstande, sich auf diese Aufgabe einzulassen und stört selbst den Ablauf durch ständige Nebengespräche (Protokoll 11.12.1990). Auch bei gemeinsamen Spielen in der Gruppe kann er Spielregeln nicht akzeptieren, sondern torpediert durch ich-bezogenes Verhalten den Spielverlauf in der Gruppe. So heißt es im Protokoll vom 06.11.1990 :

> *Nach der Erzählrunde wollen die Kinder das 'Autofahrspiel' spielen. Die Lehrerin sagt, daß Bastian das Spiel leiten darf. Er brummt und macht Fahrgeräusche, aber eigentlich wieder nur für sich selbst. Die Lehrerin ermuntert ihn, doch Kommandos zu geben, was Bastian jedoch nicht tut. Daraufhin wird das Spiel abgebrochen.*

Eine ähnlich Szene findet sich im Sportunterricht des 3. Schuljahrs:

> *Im Sitzkreis erklärt die Lehrerin das Spiel 'Eismaschine'. Dabei sind immer zwei Kinder Fänger. Die Kinder, die von ihnen angeschlagen werden, 'erstarren' in ihrer Haltung. 'Aufgetaut' werden sie, indem ein anderes, noch nicht gefangenes Kind dem erstarrten Kind durch die Beine kriecht. Bastian stolziert durch die Halle, statt zu lauern. Er wird natürlich angeschlagen und verharrt in seiner Bewegung. Als Marie ihn 'auftaut', registriert Bastian dies kaum. Erst nach einer Weile läuft er weiter, noch immer stolzierend ... Dann darf er die Eismaschine sein, auch dabei läuft er nicht 'normal' hinter den Kindern her, sondern mit hochgehobenen angewinkelten Armen und stolzierendem Gang. So fängt er natürlich kaum ein Kind. Die anderen Kinder beschweren sich: „Bastian, mach' richtig!" Bastian ignoriert dies.*

Zur Interpretation des Sozialverhaltens

In seinem Sozialverhalten, das in den ersten Beobachtungsjahren durchgängig zu sehen ist, entspricht Bastian dem auch in der pädagogischen Literatur und Forschung festgestellten Verhalten von Jungen. Nach der Studie Gebauers und der Untersuchung des Arbeitskreises Grundschule Hamburg, kann davon ausgegangen werden, daß Verstöße gegen das Regelverhalten zu 85 - 90% von Jungen ausgehen (Gebauer 1991, 48; Arbeitskreis Grundschule Hamburg 1993, 10). Ein weiteres Phänomen, das bei Bastian zu beobachten ist, nennt Gebauer „überdurchschnittliche Ich-Bezogenheit." Obwohl Bastian sich in der letzten Szene bereits im 3. Schuljahr befindet, kann noch von einer ausgeprägten Egozentrik gesprochen werden. Gebauer analysiert dieses Verhalten so: „Das einzelne Kind macht sich selbst zum Maßstab des unterrichtlichen Geschehens. Ausgangspunkt für das Agieren im Umgang mit anderen Kindern ist eine überdurchschnittlich stark ausgeprägte Ich-Orientierung, die eine kritische Wahrnehmung der eigenen Wirkung auf das Gesamtgeschehen kaum zuläßt und auch die Mitschüler hinsichtlich ihres Betroffenseins kaum im Blick hat. Ein Kennzeichen dieser außergewöhnlichen Ich-Bezogenheit ist ein ungehemmtes Einwirken auf das soziale Umfeld. Ein anderes Merkmal ist das Sich-Zurückziehen auf die eigene Person. Gemeint ist damit ein Sich-Verschließen gegenüber Vorgängen in der Klasse" (Gebauer 1991, 47). All dies trifft auch auf Bastians Beziehung zur Gesamtgruppe zu. Schaut man sich die Entwicklung und Gestaltung seiner Beziehung innerhalb der Jungengruppe an, differenziert sich das Bild. Nachdem die Machtkämpfe des ersten Jahres zu einem ersten Abschluß gekommen sind, tritt in Bastians Beziehung zu den anderen Jungen eine Phase ein, die Rauschenberger als „friedliche Individualisierung" bezeichnet (Rauschenberger 1990). Es ist die Phase, in der die Kämpfe um Macht und Vorrang in der Gruppe zugunsten eines friedlichen Nebeneinanders zurücktreten, und die Jungen sich sachbezogenen Aufgaben zuwenden können, was sich bei Bastian als zunehmende Fähigkeit zur störungsarmen Einzelarbeit zeigt. In der Beziehung zu Oskar, um die sich Bastian täglich bemüht, entsteht im gemeinsamen Spielen, Malen und Sprechen eine Freundschaftsbeziehung, die durch wechselseitige Verständigung und gegenseitige Unterstützung gekennzeichnet ist. Nach Damnon, der die Freundschaftsbeziehungen von Kindern untersucht hat, bewegt sich Bastians Beziehung zu Oskar in dem Stadium gegenseitigen Vertrauens und wechselseitiger Empathie (Damnon 1982). So stützt Oskar beispielsweise als einziger Bastian in den Rivalitätskämpfen der ersten Jahre vorbehaltlos, und Bastian kann sich seiner Hilfe sicher sein. Bastian wiederum zeigt Oskar gegenüber Verständnis und Empathie, indem er Oskars Verhalten gegenüber der Gruppe entschuldigend interpretiert - so am 06.11.1990, als er zu der Lehrerin und einer Gruppe von Kindern sagt: *„Oskar hat heut' einen verdammt schlechten Tag, deshalb ist er so."*

Der Perspektivwechsel, der den zentralen Wendepunkt in der Entwicklung des sozialen Verstehens von Kindern ausmacht und den Übergang von einer egozentrischen Weltsicht zu einer empathischen Sicht kennzeichnet, gelingt Bastian jedoch nur in der Beziehung zu Oskar. Am selben Tag, an dem er Oskar gegenüber soziale Empathie zeigt, kann er in der Gruppe ein Spiel nicht leiten, weil er *„eigentlich wieder nur für sich selbst"* (Protokoll 06.11.1990) spielt. In der Entwicklung des sozialen Verstehens und Handelns verwenden Kinder, wie Krappmann und Oswald formulieren, nebeneinander verschiedene Strategien (Krappmann, Oswald 1995). Deutlich wird an Bastian, daß die Entwicklung sozialen Handelns in der Dyade entsteht und sich erst später auf Gruppen bezieht. So läßt sich bei Bastian beobachten, daß er ab Mitte des 2. Schuljahres regelmäßig sein Frühstück mit einer kleinen Gruppe von Jungen teilt und auf die gerechte Verteilung von Getränken achtet. Das Teilen von Spielzeugen und Dingen ist in der Gestaltung sozialer Beziehungen von Kindern eine wichtige Form des sozialen Austauschs, in der erste symmetrische Erfahrungen erprobt und gestaltet werden (Damnon 1982, 123).

In der Entwicklung der sozialen Beziehungen Bastians zeigt sich nach einer Phase von Rivalitäts- und Dominanzkämpfen ein zunehmend friedliches Nebeneinander, das in partiell gelingende Kooperation übergeht. Die Formen aggressiver Konfliktaustragung, die in den ersten beiden Jahren überwiegen, treten zugunsten sublimierter und verbaler Formen zurück. Bastians soziale Kompetenzen und Strategien bleiben aber auf den Kontakt zu einzelnen Jungen beschränkt.

Bastians freie Aktivitäten und selbstbestimmte Themen - Zur Symbolisierung männlicher Identität

In den Freispielzeiten ist Bastian im ersten Schulbesuchsjahr sehr oft im Bauraum mit großer Begeisterung beschäftigt. Mit viel Geschick baut er Burgen und Paläste aus Bausteinen und ergänzt diese durch phantasiereiche Lego-Fahrzeuge und Flugzeuge. Im Bauraum hat er sich während des gesamten ersten Schuljahres und am Anfang des zweiten Schuljahres sehr viel aufgehalten. Mit dem Bauen und Konstruieren verschaffen sich die Kinder (= Jungen) einen kognitiv-konstruktiven Zugang zur technischen Welt. Die Möglichkeit der freien Arbeit hat Bastian ausgiebig genutzt, auch und oft dann, wenn er fachlichen Anforderungen ausweichen wollte. Das Spielen im Bauraum hat darüber hinaus noch eine weitere psychodynamische Funktion. Laging schreibt dazu: „Bastian braucht das Spielen, um Energie sammeln zu können. Im Spiel kann er der Realität (den Anforderungen, Ch.R) entweichen und sich selbst positive Erlebnisse vermitteln. Das Spielen im Bauraum beinhaltet oft eine Symbolik von Kraft durch Kanonen, Berge und Paläste. Beim Lesenlernen ist Bastian kraftlos und klein, während er im Spiel ganz stark sein kann" (Laging 1992, 85).

Seine zweite Möglichkeit, den kognitiv-formalen Anforderungen zu entweichen, ist das Malen phantasievoller Zeichnungen, die seinen Lernweg in beeindruckender Weise kennzeichnen. In allen 20 Unterrichtsprotokollen ist dokumentiert, daß Bastian mit dem Zeichnen von Bildern beschäftigt ist. Mit keiner anderen Tätigkeit befaßte er sich häufiger als mit dem Malen kämpferisch-aggressiver Szenen. Wie kein anderes Thema zieht sich dieses leitmotivisch durch Bastians Biographie. Die Liste seiner Themen sei hier nur angerissen: Wüstenräuber und Waffen, Weltraumkrieg, Burg mit Kanonen, Angriff aus dem Weltall, Krieg der Sterne, Kampf zwischen Piraten, Werwölfe und Vampire. Oft weicht er über das Malen von Kampfszenen auch fachlichen Anforderungen aus oder wandelt Aufgabenstellungen in aggressiv kämpferische Kontexte um. Im 4. Jahr nutzt er das Malen in zwei Fällen auch, um Aggressionen zu sublimieren. Die zeichnerisch konstruktive Auseinandersetzung Bastians mit den Symbolen von Macht, Unterdrückung, Gewalt und Aggression hat in meiner Interpretation eine dreifache Funktion:

1. Im Zeichnen von Kampfszenen kann Bastian seine Ohnmachtsgefühle gegenüber den schulischen Anforderungen kompensieren. Er kann sich wieder stark und groß fühlen.
2. Angesichts seiner schwierigen familiären Situation können sie auch als Ausdruck seiner tiefgreifenden seelischen Verunsicherung und des Kampfes um emotionale Sicherheit und personale Identität verstanden werden.
3. Indem Bastian in seinen Kampfszenen die Zeichen klassischer männlicher Macht und Überlegenheit täglich zum Ausdruck bringt, setzt er sich beständig mit den kulturellen Symbolen der Männlichkeit auseinander und integriert sie so in sein Selbstkonzept. Insofern arbeitet Bastian aktiv am Überlegenheitsimperativ, der den männlichen Sozialcharakter in unserer Gesellschaft kennzeichnet (Böhnisch, Winter 1993, Schnack, Neutzling 1990). Wenn Sozialisation als Selbstbildung in sozialen Praktiken verstanden werden kann (Bilden 1991), kann die tägliche Symbolisierung von Kampf- und Aggressionsszenen in den Zeichnungen Bastians als eine Praktik der Selbst-Sozialisation verstanden werden, in deren Rahmen sich Bastian die sozialen Normen und Attribute des traditionellen männlichen Sozialcharakters aneignet.

Hanna - ein Fallbeispiel der Mädchensozialisation

Hanna ist 6 Jahre alt, als sie in die Schule kommt. Sie hat noch zwei jüngere Geschwister, eine Schwester und einen Bruder. Während Hannas Grundschulzeit bekommt sie eine weitere kleine Schwester. Aus Hannas Lernbiographie lassen sich in den drei Beobachtungsjahren im wesentlichen zwei Linien herausarbeiten, die Laging so zusammenfaßt: „Da ist zunächst Hannas Lust am Lernen und der Spaß, den sie dabei in vielen Situationen erlebt. Dies schlägt einerseits vielfach in ein sehr engagiertes, wenn auch manchmal widerständiges Arbeiten und Aufgaben erledigen und andererseits in ein Streiten mit oft heftigen Wortwechseln mit ihren Freundinnen um“ (Laging 1992, 69). Hannas Gestaltung ihrer sozialen Beziehungen soll nun näher dargestellt und untersucht werden.

Zur Entwicklung der sozialen Beziehungen

Hannas soziales Aktionsfeld ist eine Gruppe von Mädchen, zu denen sie intensive Kontakte pflegt. Ihre ständigen Spiel- und Arbeitspartnerinnen sind Lena, Alice und Katja. Mit von der Partie ist des öfteren auch Sven, ein ruhiger, ausgeglichener Junge. Hanna lernt, spielt und arbeitet täglich in dieser Gruppe von Kindern. Während Bastian im Verlauf der ersten beiden Schuljahre lernt, sich aus seiner Ich-Bezogenheit zu lösen und in Zweiergruppen zu spielen und zu arbeiten, befindet sich Hanna in einem Geflecht von Mädchen, zu denen sie bereits langjährige Beziehungen hat. Im Morgenkreis, an dem sie sich von Anfang an aktiv beteiligt, thematisiert sie oft Erlebnisse und Aktivitäten mit ihren Freundinnen, die sie bereits aus der Kindergartenzeit kennt. Hannas Thema ist nicht die soziale Annäherung, sondern die aktive Gestaltung ihrer Beziehungen und die Frage, welche Rolle sie innerhalb dieser Beziehungen hat. In großer Kontinuität zeigen sich Szenen, in denen Hanna sich mit ihren Freundinnen streitet. Mit Lena gerät sie zweimal in einen körperlich heftig ausgetragenen Streit (Protokolle 10.10.1989; 27.11.1989).

Beim ersten Mal hauen sich beide wechselseitig auf den Arm, weil die eine die andere am Tisch gestoßen hat. Hanna hört auf zu schlagen und beendet den Konflikt. Beim zweiten Mal treten sie sich auf die Füße, weil sie sich wiederum am Tisch ins Gehege gekommen sind. Lena weint und erzählt Jana, daß Hanna immer heftiger getreten hat, sie ihr am Anfang aber nur das Bein wegschieben wollte: „Hanna hat dann immer fester getreten." Hanna wirft ihr vor, daß sie angefangen hat. Sie setzt sich an einen anderen Platz, sucht Materialien für eine Bastelarbeit. Dann geht sie zu Lena und entschuldigt sich. Lena nimmt ihre Entschuldigung jedoch nicht an. Hanna schmollt, holt ihre Puppe und schmust mit ihr. Kurze Zeit später holt sie ihr Frühstück und setzt sich mit Anna an einen Tisch. Anna fragt nach: „Wieso kannst du die Lena nicht leiden?" Die Frage bleibt unbeantwortet.

Offensichtlich war in dieser Situation die körperliche Provokation von Lena ausgegangen, auf die Hanna unangemessen heftig reagiert. Als Hanna das bemerkt, lenkt sie ein und entschuldigt sich, was Lena in dieser Situation nicht annimmt; offensichtlich ist sie noch zu sehr verletzt. Als Hanna dies bemerkt, bemüht sie sich nach einer Pause um eine Lösung des Konflikts und versucht, die Freundschaft zu Lena wieder herzustellen.

Protokoll vom 11.12.89:

Mit Verspätung beginnt die Kernzeit II. Hanna setzt sich sofort hin und ist ruhig. Erst als die Lehrerin die Mappen für das Lexikon vorstellt, wünscht sich Hanna wie die anderen Kinder auch eine bestimmte Farbe. Dann wird gelost. Hanna ist voller Spannung. Als sie endlich dran ist, ruft sie: "Weiß!" Zum Glück ist noch eine weiße Mappe da. Lena weint, weil sie keine weiße bekommen hat. Bevor Hanna ihre neuen Einlagen in die Mappe heftet, bietet sie Lena ihre Mappe an. Lena nimmt sofort an und gibt Hanna ihre weinrote. Hanna ruft sofort hinterher: "Wollen wir uns wieder vertragen, Lena?". Die Frage wiederholt sie mehrfach. Lena antwortet nicht. Dafür antwortet Jana, die neben Hanna sitzt: "Natürlich habt ihr euch wieder vertragen!" Hanna sagt nichts mehr und heftet ab. Dabei summt sie vor sich hin und erzählt Jana etwas. Dann sagt sie zu Lena :"Nicht Lena, wir vertragen uns wieder?" Lena sagt wieder nichts. Als Hanna erneut fragt, nickt sie.

Hanna verzichtet in dieser Szene zugunsten der Freundschaft mit Lena und macht den Schaden wieder gut. Dies zeugt von einer sensiblen Art der Beziehungs- und Freundschaftspflege. In beiden Konfliktfällen handelt es sich um

Formen der Grenzüberschreitung, die die Kinder jeweils als Einschränkung ihrer Person erleben. Sie reagieren mit körperlicher Abgrenzung, ohne die Wechselbeziehungen in der Interaktion reflektieren zu können. Dies deutet auf eine egozentrische Sichtweise der Situation hin, die zum Auslöser des Konfliktes wird, weil die Perspektive des anderen zunächst nicht berücksichtigt wird. Bemerkenswert ist, daß Hanna jedoch in der Lage ist, die Wirkung ihres Handelns wahrzunehmen und eigenständig Konflikte zu lösen. Dies bezeigt eine frühentwickelte soziale Empathie und Kompetenz. Körperlich aggressive Formen der Konfliktaustragung, wie in den beiden Szenen beschrieben, treten im weiteren Verlauf der Grundschulzeit nicht mehr auf. Auseinandersetzungen werden ausschließlich in verbaler Form ausgetragen. Das Streiten und sich Wieder-Vertragen bestimmen Hannas Beziehung zu den anderen. Das Rivalisieren um die Gunst der Freundinnen, die auch von anderen begehrt werden, steht dabei oft im Mittelpunkt. So in einer Szene vom 29.1.1990:

> *„Wenn ich zu Lena gehe ...,“ beginnt Alice einen Satz. Hanna unterbricht sie: „Nein, geht nicht! Ich gehe schon zu Lena!“ Sie erzählt, daß sie und Lena sich verabredet haben. Alice hat sich aber ebenfalls mit Lena verabredet, und Lena möchte nun, daß Alice und nicht Hanna zu ihr kommt. Hanna ist sauer: „Ich finde das doof, wenn ihr euch verabredet und ich mich schon verabredet habe.“ „Ich kann mich doch umentscheiden, du kannst mich nicht zwingen!“ bemerkt Lena. Etwas später sagt Hanna: „Die ärgern mich immer, verabreden sich und sagen zu mir ‘tut mir leid’!“*

Szenen, in denen Hanna ausgeschlossen wird, finden sich auch noch im 4. Schuljahr (Protokoll 4.5.1992):

> *Hanna, Katja, Alice und Nina reden über ein Spiel, das sie in der Pause spielen wollen. Hanna möchte gerne mitspielen. Nina möchte dies jedoch nicht so gern. Katja und Alice finden, daß es Nina entscheiden soll. „Die will es wieder nicht! Kannst’ de vergessen!“ sagt Hanna wütend. Inzwischen hat Lena ebenfalls Interesse am Mitspielen bekundet. „Lena oder Hanna“, meint Nina noch etwas unentschieden. Hanna steht darauf enttäuscht auf und geht zu Jana. Nun entscheidet sich Nina für Lena statt für Hanna. „Ja, logisch“, sagt Hanna patzig.*

Inwieweit Hannas zänkisches und verbal provokatives Verhalten als Auslöser der Zurückweisungen zu verstehen ist oder als Reaktion auf diese, muß offen bleiben. Bemerkenswert ist jedoch, daß die Konflikte, die Hanna mit ihren Mitschülerinnen austrägt, nicht zum Freundschaftsverlust führen.

Hannas Sozial- und Regelverhalten

Hanna gehört mit zu den Kindern, die das soziale Leben der Gruppe aktiv mitgestalten. Hanna beteiligt sich produktiv am Morgenkreis, singt gerne und spielt auch gerne die Gruppenspiele mit. Spiel- und Arbeitsregeln einzuhalten bereitet ihr prinzipiell keine Probleme, manchmal, wenn sie über vor Aktivität und Emotion überbordet, wird sie auf die vereinbarten Regeln hingewiesen. Im dritten Schuljahr ist zu beobachten, daß sie auch gegenüber anderen Mitschülern auf die Einhaltung der Regeln pocht. Sie identifiziert sich mit den Normen der Lehrerinnen und drängt auf ihre Durchsetzung. So in der Szene vom 13.6.1991:

Daniel hat ein Kaugummi im Mund, obwohl die Regel gilt, kein Kaugummi im Unterricht zu kauen. Als Hanna das bemerkt, ermahnt sie Daniel energisch: „Kaugummi raus! Frau R., der muß den Kaugummi rausmachen." Frau R. unterstützt Hanna, worauf Daniel etwas erwidert. „Machs weg!" fordert Hanna noch einmal. Die Gruppe wartet mit dem Beginn des Morgenkreises, bis Daniel das Kaugummi ausgespuckt hat.

Hanna, die als ältestes Kind in der Familie eine dominierende Funktion in der Geschwisterreihe einnimmt, bringt diese Rolle auch in das Interaktionsgeschehen der Klasse ein. Ihr barscher Ton gegenüber den anderen mag etwas mit den auch für sie belastenden, enervierenden Situationen zu tun haben, die die zunehmend größer werdende Zahl jüngerer Geschwister mit sich bringt. Gleichzeitig gehört Hanna zu den Kindern, die anderen beim Arbeiten helfen und unterstützen. Dazu ein Szene vom 11.12.1989:

Hanna backt zunächst mit einer Gruppe gleichaltriger Mädchen, wobei sie am liebsten alles gleichzeitig und allein ausführen möchte. So reibt sie die Zitrone, rührt den Teig abwechselnd mit Alice und Christine, knetet den Teig, rollt ihn aus und sticht Plätzchen aus, während die anderen nur mit zwei oder drei Aufgaben beschäftigt sind. Dann hilft sie, die Sachen wieder wegzuräumen, und guckt auch mal, was die Kinder der anderen Gruppe machen. In der eigenen Gruppe bietet sie jüngeren Kindern ihre Hilfe an: „Ich helfe dir!"

Zur Interpretation des Sozialverhaltens

Hannas Art und Weise, mit anderen in Beziehung zu treten, hat sowohl allgemeine als auch geschlechtstypische Ausprägungen. Hanna hat fast ausschließlich zu Mädchen Kontakt, mit denen sie auch am Nachmittag häufig zusammen ist. Die verbale Form der Konfliktaustragung (provozieren, streiten, herabsetzen etc.) ist in der erziehungswissenschaftlichen Forschung als mädchentypisch belegt. So stellt Petillon in seiner Studie fest, daß „Mädchen im Vergleich zu Jungen deutlich mehr Gruppenmitglieder als ihre Bezugspersonen nennen: Dadurch entsteht in den Mädchengruppen auch ein deutlich dichteres Netz in gegenseitigen Beziehungen (116) ... ". „Auch bei Freundschaftsbeziehungen ergeben sich deutliche geschlechtsspezifische Unterschiede. Besonders auffällig ist, daß die Mädchen in ihrer sozialen Entwicklung den meisten Jungen eindeutig voraus sind. Sie erscheinen häufig sozial kompetenter und zeigen mehr soziale Sensibilität. Dies äußert sich vor allem im Umgang mit Freundinnen" (Petillon 1993, 175).

Die höhere soziale Kompetenz der Mädchen zeigt sich m. E. auch bei der oftmals zänkisch-provokativen Hanna in der Form ihrer empathischen Konfliktlösung. Auch diese Tendenz im Sozialverhalten der Mädchen, die sich gegen die gewaltsame, aggressive Form der Konfliktlösung bei Jungen abhebt, ist bei Petillon empirisch bestätigt. Dazu stellt er zusammenfassend fest:

> „Bei den Mädchen scheint es in der Gruppe vor allem darum zu gehen, einen Kreis von Mitschülerinnen zu finden, deren Zuneigung man sicher sein kann. Von anderen Mitschülerinnen geliebt, geschätzt und in gemeinsame Aktivitäten einbezogen zu sein, ist das „große Thema“ bei den freudigen Sozialereignissen der Mädchen. Die Kehrseite dieses Aspektes ist das Ausschlußverhalten und die verbale Diskriminierung, über das die weniger erfolgreichen Kinder berichten " (Petillon 1993,176).

Das Konfliktverhalten zeigt sich nach Petillon bei Mädchen in Form verbaler Aggression, Rivalität und Konkurrenz.

Freie Aktivitäten und selbstbestimmte Themen - Zur Symbolisierung weiblicher Identität

Im Vergleich zu Bastian fällt auf, daß Hanna die Freispielzeiten nicht zum Spielen im Bauraum oder zum kompensatorischen Malen nutzt. Sie ist in den Unterrichtszeiten durchweg mit Lernaufgaben beschäftigt, und wenn diese ausgegangen sind, dann holt sie sich neue. Sie greift die Aufgabenstellungen der Schule lernbegierig auf und setzt die Auseinandersetzung mit diesen auch in Phasen freien Arbeitens fort. Technisch-konstruktive Themen, mit denen sich Bastian beim Bauen und Konstruieren beständig auseinandersetzt, begegnet sie mit Distanz. So sagt Hanna, als sie ein elektrisches Zitterspiel bauen soll, zur Protokollantin: *„Kannst Du mit mir in den Werkraum? Ich traue mich da allein nicht hin!“*(Protokoll 28.02.1991)

Hannas zentrales Thema in Tischgesprächen und selbstbestimmten Vorhaben ist neben den Auseinandersetzungen mit ihren Freundinnen das Thema „Pferde“, das ab Mitte des 3. Schuljahres leitmotivisch in vielen Szenen freien Arbeitens auftaucht. Berichte über das Reiten bringt sie immer wieder in den Morgenkreis ein, in der freien Lesezeit liest sie „Black-Beauty“, und zum Geburtstag bekommt sie von ihren Freundinnen viele Pferdebücher, wie wir aus einem Morgenkreisprotokoll erfahren. Das Pferd ist ihr Lieblingstier, das sie auch in freien Texten als Motiv gestaltet und zum Ausdruck bringt. So verwandelt sich Hanna im Rahmen einer Phantasiegeschichte in ein schwarzes Pferd im weißen Schnee. Dazu heißt es im Protokoll vom 30.1.1991:

> *Hanna malt intensiv an ihrem Bild. Das Pferd wird schwarz, der Boden weiß, und neben dem Pferd steht eine große Tanne, die schneebedeckt sein soll. Außerdem schneit es. Im Schnee sind die Fußstapfen des Pferdes zu sehen. Zwischendurch sagt sie: „Ich freue mich schon auf den 9. Februar.“ Damit meint sie Carolines Geburtstag, von der sie eine Einladungskarte bekommen hat. Nun schreibt sie die Geschichte. Sie schreibt, ohne sich stören zu lassen: „Ich galopiere im Schnee und bin kolrabenschwarz im Wald ist es kalt aber mit ist nicht kalt denn ich fühle mich so frei weil ich ja jetzt*

ein Pferd bin ich bin mein Herchen ausgerissen ich hase Atax und ich werde nie mer zurück zu mein Herchen und ich habe schon Freunde gefunden nemlich...“

In der Verwandlung in das kraftvolle schwarze Pferd, das stark und frei ist, kann Hanna ihren Wunsch nach Unabhängigkeit und Selbstbestimmung zum Ausdruck bringen. Sie spricht in ihrer Phantasie ein zentrales Thema der kindlichen Autonomie- und Identitätsentwicklung an, das in der Loslösung von den Eltern und der selbständigen Eroberung der sozialen Welt besteht (Röhner 1995). Als freigewähltes Thema schreibt Hanna einen Bericht über Pferde (Protokoll vom 19.09.1991). Vier Monate später arbeitet sie einen Vortrag zum Thema „Isländer“ aus. Mit dieser Interessenausprägung folgt Hanna einem geschlechtstypischen Motiv. Überall dort, wo Pferde zu finden sind, sieht man nahezu nur Mädchen. Pferdebücher und Zeitschriften werden überwiegend von Mädchen gekauft, und auch die Spielzeugindustrie hält für die jüngeren Mädchen ein reichhaltiges Sortiment an Spielzeugpferden bereit (zum Beispiel: Barbies Traumpferd, Keepers etc.). Die Mitgliedsstatistik der Reitervereine weist in der Altersklasse bis 14 Jahren 84% weibliche Mitglieder aus, dieser Stand wird auch in der Gruppe der 15-18 jährigen erreicht. Erst bei Mitgliedern, die älter als 21 Jahre sind, pendelt sich eine annähernd gleiche Verteilung bei den Geschlechtern ein (Adolph, Euler 1994[62]). Hanna gestaltet ihre Objekt- und Beziehungswünsche über das Bindungsobjekt Pferd und folgt damit Identifikationsmustern, die in unserer Kultur als weiblich gelten.

Mehrfache Gespräche mit ihrer Mitschülerin Jana über neue Geschwister, die beide bekommen haben, zeigen, wie intensiv sich Hanna bereits mit den Fragen nach Pflege und Versorgung von Säuglingen und Kleinkindern auseinandersetzt. In der aktiven Auseinandersetzung mit Beziehungs- und Versorgungsarbeiten, die Hanna wie selbstverständlich annimmt und akzeptiert, lebt und gestaltet Hanna zentrale Inhalte weiblicher Identität. So heißt es beispielsweise im Morgenkreisprotokoll vom 30.1.1991:

---

[62] In einer Untersuchung von Euler und Adolph wird das Phänomen der weiblichen Orientierung an Pferden bindungstheoretisch gedeutet. In der Befragung von 138 Mädchen und Frauen zeigte sich, daß für die meisten jugendlichen Reiterinnen Pferde vor allem die Funktion eines Bindungspartners übernehmen. Die Beziehung zum Pferd wird von den Befragten als einzigartig und gegenseitig erlebt. In der Bindungshierarchie nimmt das Pferd den ersten Platz ein, noch vor der Mutter. Eine Analyse der möglichen Bindungspersonen zeigt, daß das Pferd zum innersten Kreis von Bezugsfiguren gehört. Auf eine einsame Insel wurde das Pferd häufiger mitgenommen als jede andere bedeutsame Einzelperson, wie zum Beispiel die Mutter oder beste Freundin. Bindungs-, Pflege- und Fürsorgeverhalten sind die klassischen weiblichen Tugenden und Verhaltensweisen, die in der Beziehung zu Pferden ausgedrückt und gelebt werden. Die Symbolisierung weiblicher Beziehungswünsche im Motiv des Pferdes ist offensichtlich und kann als geschlechtstypisches Phänomen bezeichnet werden.

Jetzt ist Hanna dran. Sie erzählt: „Gestern bin ich nach Hause gekommen. Dann bin ich in mein Zimmer gegangen. Ich habe der Maja Bananenbrei gegeben. Dann ist Mama aufgestanden. Dann mußte ich was holen.

Hannas Beziehungen zu den Jungen ihrer Gruppe sind fast ausschließlich abgrenzend und distanzierend. Einmal im Beobachtungszeitraum kommt es zu einer von den Mädchen forcierten Thematisierung des männlichen Genitals, an der sich Hanna aktiv beteiligt, und die zu verbalen Abgrenzungen zwischen den Mädchen und Jungen der Gruppe führt. Auslöser der Auseinandersetzung zwischen den Geschlechtern ist der Bericht eines Mädchen über ein Erlebnis sexueller Belästigung, das sie mit ihrer Mutter hatte:

Karen erzählt am Tisch, was sie eigentlich im Morgenkreis erzählen wollte: Sie hat mit ihrer Mutter einen Mann gesehen, der die Hose offen und die Unterhose runtergezogen hatte. Ihre Mutter hat dazu gesagt: „Lüftest du mal wieder." Karen und die anderen Mädchen lachen viel über diese Geschichte.

Offensichtlich beeindruckt durch die Stärke demonstrierende Haltung der Mutter Karens, die als Frau den Mädchen zum Vorbild wird, eröffnen die Mädchen eine verbale Attacke auf die Jungen:

Karen dreht sich zu einigen Jungen am Nebentisch um und sagt: „Janis, ihr seid doch alle Jungs, lüftet ihr auch immer schön?" - „Lüftest du deinen Penis nie?" fragt Hanna noch nach. „Halt die Klappe, Arschloch!" beschwert sich Fabian. „Gar nicht drauf achten", meint Hanna lachend. Es geht noch mehrmals hin und her zwischen Mädchen und Jungen: „Jungen sind doof, die Knaben sind doof." - Mädchen sind dööfer" usw. Besonders zwischen Hanna und Janis geht es noch einige Zeit so weiter.

In dieser Szene münzen die Mädchen einen sexuellen Übergriff eines Mannes auf eine ihrer Mitschülerinnen in einen sprachlich symbolischen Angriff auf das Genital ihrer Mitschüler um. Gleichzeitig bestärken sie sich in ihrer Geschlechtsidentität, indem sie sich von den Jungen abgrenzen und als Mädchen identifizieren.

4. Zusammenfassende Diskussion:

Hanna und Bastian setzen sich im Raum der Schule mit anderen Menschen und den Objekten ihres Lernen auseinander und zeigen dabei unterschiedliche geschlechtsbezogene Interessen und Kompetenzen. Dies zeigt sich insbesondere in der unterschiedlichen Gestaltung der sozialen Beziehungen sowie in der Ausbildung geschlechtsdifferenter Interessen und Präferenzen. Hannas und Bastians Spiel- und Arbeitskontakte finden primär in der geschlechtshomogenen Gruppe statt, Kontakte zum anderen Geschlecht spielen eine untergeordnete Rolle. Während Hanna in einem Geflecht von Mädchen steht und den Kampf um die Gunst der Freundinnen in überwiegend verbalen Streitereien und Konflikten austrägt, sucht Bastian in der Freundschaft zu Oskar Schutz und Unterstützung im Rivalitäts- und Machtkampf der Jungen, der in körperlich heftigen Formen ausgetragen wird. Während es Bastian im Laufe seiner Grundschulzeit gelingt, sich aus seiner Ich-Bezogenheit zu lösen und zu einzelnen Jungen paarweise symmetrische Beziehungen aufzunehmen, ist Hannas Beziehung zu den Mädchen durch größere Beziehungsdichte und eine entwikkeltere soziale und empathische Gestaltung ihrer Beziehungen gekennzeichnet. In dieser Ausprägung bestätigen die Fallstudien Hannas und Bastians die von Petillon und Gebauer festgestellten geschlechtsdifferenten sozialen Verhaltensweisen und Kompetenzen von Mädchen und Jungen (Petillon 1993, Gebauer 1991).

Auch in einer weiteren Verhaltensdimension zeigen sich geschlechtsdifferente Ausprägungen. Während es Bastian Schwierigkeiten bereitet, sich auf die sozialen und kognitiven Anforderungen der Schule einzustellen und er dies durch widerständiges, auch regelverletzendes Verhalten zeigt, gehört Hanna zu den Mädchen, die einen aktiven Beitrag zur Gestaltung des positiven Lern- und Sozialklimas der Klasse leisten (Weschke-Meissner 1990).

Insbesondere bei freien Aktivitäten und Vorhaben, die im offenen Unterricht einen hohen Stellenwert haben, zeigt sich, daß Hanna und Bastian sich mit Themen ihrer Geschlechtsidentität auseinandersetzen. Während Bastian sich in seinen täglichen gezeichneten Kampfszenen mit den Symbolen männlicher Macht und Stärke befaßt und diese in sein männliches Selbstkonzept integriert, thematisiert Hanna in der Beschäftigung mit dem Bindungsobjekt Pferd weibliche Beziehungswünsche sowie weibliches Pflege- und Versorgungsverhalten.

Versteht man unter Sozialisation die Selbstbildung von Individuen in sozialen Praktiken, die sich als handelnder Umgang mit Personen und Objekten vollzieht (Bilden 1991), können die geschlechtsbezogenen Differenzierungen als aktive Konstruktionsleistungen der Mädchen und Jungen in der Auseinandersetzung und Deutung von Welt verstanden werden. In Abwandlung von Maturanas Satz „Wir erzeugen daher buchstäblich die Welt, in der wir leben, in dem wir sie leben"(Maturana 1982, 269) - erzeugen daher Mädchen und Jungen die geschlechterdifferente Welt, in der sie leben, indem sie sie leben.

Offener Unterricht räumt den Mädchen und Jungen großen Spielraum für die Gestaltung individueller und sozialer Erfahrungen ein. Die Auseinandersetzung mit subjektiv bedeutsamen Themen und Fragestellungen und die dadurch bedingten Folgen sind gewollt, weil nur so die Mädchen und Jungen mit ihren Vorlieben, Eigenheiten, Interessen, Wissen und Kompetenzen in ihrer Vielfalt und Differenz sichtbar werden können (Prengel 1993). Durch seine größeren Freiräume bietet offener Unterricht Mädchen und Jungen eine besondere Bühne der Selbstpräsentation und Selbstdefinition. Er eröffnet Mädchen und Jungen den Raum, individuelle Vielfalt und Differenz zu leben und zu gestalten und sich dabei auch als Mädchen und Jungen zu symbolisieren. Gleichzeitig entsteht mehr Raum für Widerständiges, Störendes und Inkonsumerables. Erst wenn Lehrerinnen und Lehrer Mädchen und Jungen in ihrer individuellen Unterschiedlichkeit und Differenz wahrnehmen können, ist die Voraussetzung gegeben, beiden Geschlechtern die Entwicklungsmöglichkeiten einzuräumen, welche die Ausbildung einer selbstbestimmten Identität fördern. Dabei ist eine respektierende pädagogische Haltung bedeutend, die Entwicklungen zwischen Verschiedenen zuläßt und die kulturelle Differenz der Geschlechter achtet (Prengel 1993). Diese Dimension einer feministischen Pädagogik, die Prengel bildungstheoretisch begründet, erlaubt es, „daß die in den Mädchen und Jungen lebendigen kulturellen Traditionen bewußt werden. Sie können sich die Gewinn- und Verlustseiten der Mädchenkultur und der Jungenkultur klarmachen und herausfinden, was sie wollen, so daß selbstgewünschte Formen der Lebensgestaltung möglich werden" (Prengel 1992, 153).

Literatur

Arbeitskreis Grundschule Hamburg (Hg.) : Auffällige Kinder in der Grundschule, Typoskript, Hamburg 1993.

Adolph, H. / Euler, H.: Warum Mädchen und Frauen reiten, Kassel 1994

Bauersfeld, H.: Tätigkeitstheorie und Radikaler Konstruktivismus. In: Balhorn, H./ Brügelmann, H. (Hg.): Bedeutungen erfinden - im Kopf, mit Schrift und miteinander, Konstanz 1993, S. 38 - 56.

Bilden, H.: Geschlechtsspezifische Sozialisation. In: Hurrelmann, K. / Ulich, D. (Hg.): Neues Handbuch der Sozialisationsforschung, Weinheim und Basel 1991, S. 279 - 301.

Böhnisch, L. / Winter, R.: Männliche Sozialisation. Bewältigung männlicher Geschlechtsidentität im Lebenslauf, Weinheim und Basel 1993.

Damnon, W.: Zur Entwicklung der sozialen Kognition des Kindes. Zwei Zugänge zum Verständnis von sozialer Kognition. In: Edelstein, W. / Keller, M. (Hg.): Perspektivität und Interpretation. Beiträge zur Entwicklung des sozialen Verstehens, Frankfurt a. M. 1982, S. 110 - 145

Gebauer, K.: Was ist bloß mit den Kindern los? Veränderungen im Verhalten von Schülerinnen und Schülern einer Grundschule. In: Die Grundschulzeitschrift 49, 1991, S. 47 - 50.

Gildemeister, R. / Wetterer, A.: Wie Geschlechter gemacht werden. Die soziale Konstruktion der Zweigeschlechtlichkeit und ihre Reifizierung in der Frauenforschung. In: Axeli-Knapp, G. / Wetterer, A. (Hg.): Traditionen Brücke. Entwicklungen feministischer Theorie, Freiburg 1992, S. 201 - 154.

Krappmann, L. / Oswald, H.: Alltag der Schulkinder. Beobachtungen und Analysen von Interaktionen und Sozialbeziehungen, Weinheim und München 1995.

Laging; R.: Lernverläufe an der Reformschule Kassel. Biografische Studien zur Wirksamkeit des pädagogischen Konzeptes. Typoskript, Kassel 1992.

Maturana, H.R.: Erkennen: Organisation und Verkörperung von Wirklichkeit. Braunschweig / Wiesbaden 1982.

Petillon, H.: Das Sozialleben des Schulanfängers, Weinheim 1993.

Prengel, A.: Was will die Feministische Pädagogik? Zur Bedeutung eines demokratischen Differenzbegriffs für die Erziehung von Mädchen und Jungen. In: Glumpler, E. (Hg.): Mädchenbildung - Frauenbildung. Beiträge der Frauenforschung für die LehrerInnenausbildung, Bad Heilbrunn 1992, S. 148 - 155.

Prengel, A.: Pädagogik der Vielfalt, Opladen 1993.

Prengel, A.: Wer sagt, daß Mädchen Mädchen sind ... ? Forschen und Erziehen im Wissen um die Widersprüche der Geschlechterverhältnisse. In: Hempel, M.: Verschieden und doch gleich. Schule und Geschlechterverhältnisse in Ost und West, Bad Heilbrunn 1995, S. 14 -

Rauschenberger, H.: In der Sache für die Kinder. Gründe für Reformschulen in der Gegenwart. In: päd. extra, Heft 11, 1990, S. 6 - 8.

Rauschenberger, H.: Soziale Phänomene und Prozesse. In: Tätigkeitsbericht der Interdiziplinären Arbeitsgruppe Grundschulpädagogik 1989 - 1990, Typoskript, Kassel 1990, S. 95 - 113.

Richter, S.: Unterschiede in den Schulleistungen von Mädchen und Jungen - Geschlechtsspezifische Aspekte des Schriftspracherwerbs im Rahmen einer ökologischen Dialektik des Grundschulunterrichts. Habilitationsschrift, Bremen 1995.

Röhner, Ch.: Das starke und das schöne Geschlecht - Projekte im Umgang mit Geschlechtsrollenstereotypen. In: Pfister, G. / Valtin, R. (Hg.): Mädchen Stärken. Probleme der Koedukation in der Grundschule, Arbeitskreis Grundschule, Frankfurt/M. 1993, S. 135 - 156.

Röhner, Ch.: Kindertexte in reformorientierten Anfangsunterricht. Pädagogische Studien zur personalen und sozialen Bedeutung des Schreibens in der Grundschule. Dissertation, Halle 1995.

Roth, G.: Selbstorganisation - Selbsterhaltung - Selbstreferentialität: Prinzipien der Organisation der Lebewesen und ihre Folgen für die Beziehung zwischen Organismus und Umwelt. In: Dress, A. et. al. (Hg.): Selbstorganisation. Die Entstehung von Ordnung in Natur und Gesellschaft, München 1986.

Schnack, D. / Neutzling, R.: Kleine Helden in Not. Jungen auf der Suche nach Männlichkeit, Reinbeck 1990.

Trautner, H.M.: Entwicklung der Geschlechtstypisierung. In: Markefka, M. / Nauck, B. (Hg.): Handbuch der Kindheitsforschung, Neuwied 1993, S. 289 - 301.

Jutta Hartmann

Lebensgestaltungsmöglichkeiten und Geschlecht - Herausforderungen an Schule heute

In Gesprächen über das Thema Lebensplanung fällt ganz schnell das Wort Familie. Meist wird jedoch nicht weiter darüber nachgedacht, was Familie heute eigentlich bedeutet bzw. welche vielfältigen Lebensgestaltungsmöglichkeiten hinter dem Begriff Familie versteckt und damit ungenannt bleiben. Historisch hat sich in diesem Bereich zumindest einiges verändert. So ist für frühere Zeiten kennzeichnend, daß nur wenige geschlechtshierarchisch geprägte Lebensmuster als selbstverständlich - ja sogar als natürlich - angeboten und von jungen Frauen und Männern größtenteils unhinterfragt angenommen wurden. Vielfältig veränderte gesellschaftliche Bedingungen haben demgegenüber dazu beigetragen, daß Mädchen und Jungen heute potentiell einer großen Bandbreite an Lebensgestaltungsmöglichkeiten gegenüberstehen. Mit der Möglichkeit zu hohen Bildungsabschlüssen und qualifizierten Berufsausbildungen sowie durch veränderte Prioritätensetzungen im subjektiven Lebensentwurf haben Errungenschaften und Irritationen der Frauenbewegung vor allem für Mädchen neue Horizonte ihrer Lebenswegplanung eröffnet. Dennoch sind Frau-Sein und Mann-Sein weiterhin eng verknüpft mit gesellschaftlich erwünschten und sozial zugewiesenen Lebensformen, die nur selten Gegenstand kritischer Reflexion in Schule und LehrerInnenbildung sind. Zwar wird zunehmend auf die Bedeutung ökonomischer Unabhängigkeit - d.h. einer bewußten Berufsorientierung - für Mädchen auf ihrem Weg zu einem selbständigen Leben und auf die Relevanz dieser Thematik bereits für die Grundschulpädagogik (vgl. Glumpler 1993, Hempel 1995) hingewiesen, doch sind Mädchen und auch Jungen mit weiteren kulturell-ideologischen Einschränkungen entlang ihrer Geschlechtszugehörigkeit konfrontiert, die eine bewußte Auseinandersetzung mit der realen Vielfalt von Lebensgestaltungsmöglichkeiten - z.B. in bezug auf Beziehungs- und Wohnformen - oftmals blockieren.

Während emanzipatorische Materialien zur Lebensplanung für Jungen weitgehend fehlen, zeigt die Analyse der Materialien für Mädchen eine eingeschränkte Orientierung auf Berufswegplanung bzw. auf das Paradigma der Vereinbarkeit von Familie und Beruf (vgl. Hartmann 1995). Die Relevanz einer bewußten Berufswahl gerade für Mädchen, von Erwerbsarbeit als Grundlage ökonomischer Unabhängigkeit, ist selbstverständlich in keiner Weise in Frage zu stellen. Unter emanzipatorischen Gesichtspunkten gehört das von Mädchen oder Jungen zu gestaltende Leben jedoch in einem umfassenderen Sinn ins Blickfeld ihrer und unserer Auseinandersetzung. Gefragt, was sie später einmal werden möchten, beschränkten sich Flensburger Grundschülerinnen - im Unterschied zu ihren Klassenkameraden - nicht auf die Beschreibung ihrer zukünftigen Berufstätigkeit, sondern antizipierten ebenfalls Engagement innerhalb ihres sozialen Umfeldes mit Kindern (vgl. Glumpler 1993). Erfahrungen aus der Mädchenbildungsarbeit zeigen darüberhinaus, daß sich Mädchen bei Fragen nach ihren Zukunftsvorstellungen spontan zu allen Lebensbereichen äußern (vgl. Schlottau 1991). So finden bei Mädchen in kreativ-künstlerischen Bearbeitungen dieses Themas (z.B. in Collagen über ihr Leben im Alter von 30 Jahren) Freundinnen, Verwandte und Bekannte sowie Aspekte des Wohlfühlens, z.B. Reisen und Feiern, ihren selbstverständlichen Platz (vgl. ZeFF 1994, S.40). Isolierte Berufswegplanung in der Schule - aber auch die Begrenzung auf das Paradigma der Vereinbarkeit von Familie und Beruf - gehen folglich an den komplexen Auseinandersetzungsprozessen der Mädchen vorbei und bieten auch Jungen keine alternativen Orientierungsmöglichkeiten. Ein Ziel schulischer Sozialisation und Bildung muß es heute daher zunehmend sein, Mädchen und Jungen zu einer bewußten Gestaltung ihres Lebens in bezug auf die zentralen Lebensbereiche soziale Beziehungen, Sexualität, Arbeit, Freizeit und Politik zu befähigen, ihnen diesbezüglich vielfältige Lebensgestaltungsmöglichkeiten vorzustellen und sie bei der Entwicklung ihrer Identität und Lebensentwürfe jenseits geschlechtsnormativer Zuschreibungen zu unterstützen.

In meinem Beitrag werde ich zunächst aktuelle gesellschaftliche Entwicklungsprozesse und deren unterschiedliche Folgen für die Geschlechter skizzieren. Ob Mädchen und Jungen in der Schule gleichberechtigt und gleichwertig eine Vielfalt an Lebensgestaltungsmöglichkeiten als Basis ihrer eigenen Lebensentwürfe vorgestellt bekommen, soll exemplarisch beantwortet und kritische Überlegungen zu empirischen Daten über Lebensentwürfe von Mädchen und Jungen angeschlossen werden. Die Skizzierung neuer Aufgabenfelder, die sich aus meinen Ausführungen für die Schule und deren Bildungsauftrag ableiten, schließen den vorliegenden Text ab.

1. Einblick in gesellschaftliche Entwicklungslinien

Der These von Elisabeth Beck-Gernsheim (1994) folgend gehe ich davon aus, daß wir auf dem Weg zur "postfamilialen Familie" sind. Dabei steht der traditionell bekannten Form von Familie nicht eine alleinige Alternative wie z.B. eine ominös verstandene "Familienlosigkeit" oder ein einzelner neuer Familientyp gegenüber. Es gilt vielmehr, eine große Variationsbreite von Formen des Zusammenlebens zur Kenntnis zu nehmen und als gleichwertige Möglichkeiten, das eigene Leben zu gestalten, zu diskutieren. Grundlegend sind hierbei sicherlich zwei Erkenntnisse:

- Familie, wie sie zumeist in der Vater-Mutter-Kind-Form assoziiert wird, ist ein historisch-kulturell relativ junges Konstrukt des 19. Jahrhunderts und kann in Deuschland höchstens in der Zeit von 1950-1970 als annähernd konkurrenzlos vertretene Lebensform angesehen werden (vgl. z.B Frevert 1996, Poser 1994);
- Frauen und Männer sind die Subjekte gesellschaftlicher Entwicklungsprozesse, was bedeutet, daß wir alle durch unsere aktuelle Lebensgestaltung an der Konstruktion neuer bzw. der Stabilisierung traditioneller Lebensformen beteiligt sind (vgl. Bilden 1991).[63]

Die zu konstatierende Diversifizierung der Lebensformen von Frauen und Männern erfolgt vor allem in der Zeit, in der sie ohne Kind(er) leben. Diese Lebensabschnitte nehmen aufgrund von Kinderlosigkeit, gestiegenem Erstgeburtsalter und hoher Lebenserwartung sowie gesunkener Kinderzahl einen immer größeren Teil des Lebens ein (vgl. ebenda). Besonders im frühen Erwachsenenalter ist eine große Pluralität der Lebensformen zu verzeichnen. Diese Lebensphase ist - so eine der jüngsten Studien über Lebensentwürfe junger Frauen - durch eine "hohe Dynamik und biografische Vielfalt gekennzeichnet" (Seidenspinner u.a. 1996, S. 204), in der Frauen sich Klarheit über ihre weiteren biografischen Schritte verschaffen und ihre Schwerpunktsetzungen zwischen und innerhalb zentraler Lebensbereiche - vor allem in bezug auf Beruf und soziale Bindungen - ausbalancieren. Dabei werden Entscheidungen zunehmend nicht mehr als lebenslängliche begriffen, legen sich junge Frauen weder schnell noch gar für immer fest (vgl. Roland-Schellak 1994). So zeigt sich Pluralität zunehmend nicht nur im Vergleich mehrerer Lebensläufe, sondern auch innerhalb einer einzigen Biographie. Es ist zu fragen, ob diese sich eröffnende Bandbreite an Lebensgestaltungsmöglichkeiten von Kindern und Jugendlichen eher als Bereicherung oder als Sprung ins Ungewisse erlebt wird, ob sie sie als Chance oder als Belastung wahrnehmen. Sicherlich verlangt die reale Vielfalt an Lebensgestaltungsmöglichkeiten der und dem Einzelnen ein erhöhtes Maß an Entscheidungskompetenz ab:

> "Die Biographie der Menschen wird aus traditionalen Vorgaben und Sicherheiten, aus fremden Kontrollen und überregionalen Sittengesetzen herausgelöst, offen, entscheidungsabhängig und als Aufgabe in das Handeln jedes einzelnen gelegt. Die Anteile der prinzipiell entscheidungsverschlossenen Lebensmöglichkeiten nehmen ab, und die Anteile der entscheidungsoffenen, selbst herzustellenden Biographie nehmen zu. Normalbio-

[63] Wie durch beharrliches politisches Engagement und veränderte Lebenspraxis neue Lebensformen hergestellt werden, zeigt z.B. die Existenz mehrerer Frauenpaare und eines Männerpaares, die in Berlin offiziell Pflegefamilien gegründet haben.

graphie verwandelt sich in Wahlbiographie - mit allen Zwängen und 'Frösten der Freiheit' (Giesela von Wyxocki), die dadurch eingetauscht werden." (Beck/ Beck-Gernsheim 1990, S. 12f)

Die Vielfalt der Lebensformen und damit die individuellen Options- und Revisionsmöglichkeiten fächern sich immer wieder neu auf. So können sowohl heterosexuell wie lesbisch und schwul lebende Paare zusammen oder getrennt wohnen, können dic unterschiedlichen Paare bzw. Mehrfachbeziehungen und Singles mit eigenen Kindern, mit Kindern der PartnerIn(nen), mit Pflege- und Adoptivkindern oder ohne Kinder leben. Die Verantwortung für die Kinder kann faktisch eine Person alleine tragen, sie kann gleichmäßig oder einseitig aufgeteilt sein. Weitere Personen wie FreundInnen, Großeltern oder Tagesmütter können sich an der Betreuung und Erziehung der Kinder beteiligen. Im Leben der einzelnen können Phasen mit und ohne Beziehungen, Phasen von Beziehungen mit Frauen oder mit Männern konstant vorkommen oder wechseln und mono-, bi- oder multikulturell gelebt werden. Dem sozialen Netz mit Freundinnen und/oder Freunden kann unterschiedliche Bedeutung zugesprochen und es kann in wechselnder Intensität gepflegt werden. Intensive Berufsphasen können mit intensiven Kinderbetreuungs-, Haus- und Erziehungsarbeitsphasen sowie mit Zeiten intensiven politischen Engagements variieren. Die Wohnform kann wechseln: Einpersonenhaushalte, Wohngemeinschaften, Hausgemeinschaften, Klein- und Großfamilienhaushalte seien beispielhaft genannt. Und längst sind noch nicht alle Entscheidungsmöglichkeiten angedeutet, kann jede Aufzählung zwangsläufig nur eine exemplarische sein.

Doch sind zunehmend auch neue Zwänge, z.B. erhöhte Mobilitätsansprüche des Arbeitsmarktes, zu verzeichnen und stehen bei allen Tendenzen zunehmender Pluralisierung, der neuen Vielfalt auch weiterhin zahlreiche gesellschaftliche Normierungen gegenüber (siehe nächster Abschnitt). So kann jede Lebensform, die nicht der gesellschaftlich vorgegebenen und erwünschten Linie entspricht, von denen, die sie leben, subjektiv unterschiedlich erlebt werden: selbstbewußt als stärkend und befreiend, aber auch negativ-abweichend als belastend und verunsichernd. Sicherlich kommt der gesellschaftlich und im sozialen Umfeld erfahrenen Achtung und Wertschätzung der Vielfalt an Lebensweisen dabei große Bedeutung zu - auch im Hinblick darauf, welche Optionen überhaupt als solche erkannt werden und welche Wahl dann getroffen wird.

Aus der Rolle fallen

Bei all diesen Entwicklungen ist der Trend unübersehbar und unaufhaltsam geworden, die traditionell Frauen und Männern zugeschriebenen Rollen und Lebensweisen auszudehnen, zu überschreiten, zu wechseln oder ganz neu zu entwerfen. Während es für junge Frauen heute selbstverständlich ist, eine Berufsausbildung abzuschließen und sich eine ökonomisch selbständige Zukunft zumindest offen zu halten, während junge Frauen zunehmend Ausbildungen in technisch-naturwissenschaftlichen Berufen beginnen und mit neuen Beziehungs- und Wohnformen experimentieren, ist z.B. ein Anstieg der Zahlen von Hausmännern, von Vätern, die Erziehungsurlaub in Anspruch nehmen und sich auf wirklich geteilte Elternschaft einlassen, erst in geringem Maße festzustellen.

Aber selbst die binäre Trennung der Geschlechter steht zunehmend in Frage. Mit Blick auf verschiedene Kulturen favorisiert Carol Hageman-White bspw. die Erkenntnis eines morphologischen Kontinuums zwischen weiblicher und männlicher Gestalt, welches selbst die Genitalien umfasse: "Dieses Kontinuum in zwei eindeutig definierte, sich ausschließende Gruppen zu teilen, ist eine kulturelle Setzung." (1984, S. 78) Ein zweigeteiltes, hierarchisches Geschlechtersystem ermögliche uns nicht nur die Unterscheidung von Frauen und Männern, sie verlange sie uns auch ab. Es beinhalte zugleich "nicht nur relative Bewertungen, sondern auch Erlaubnisse und Verbote für unsere Bedürfnisse und deren Äußerungen" (ebenda, S. 80). Das Bedürfnis, die eigene Geschlechtsidentität in der vorgegebenen Polarisierung "männlich" bzw. "weiblich" eindeutig aufzubauen und sie nach außen zu vertreten, ist entsprechend der kulturellen Betonung einer hierarchischen Zweigeschlechtlichkeit groß. So ist die Entwicklung der eigenen Identität, das Ausprägen bestimmter Eigenschaften, Verhaltensweisen und die "Wahl" aus der Vielfalt an Lebensgestaltungsmöglichkeiten ständig konfrontiert mit - aber nicht zwangsläufig determiniert von - den sozialen Konstruktionen und Zuweisungen der "Weiblichkeiten" und "Männlichkeiten" (Bilden 1991). Wie Geschlechter durch viele subtile Alltagspraktiken sozial konstruiert werden, stellen bspw. transsexuelle Frauen und Männer nach ihrer Geschlechtsumwandlung fest. So berichtete ein transsexueller Mann, wie Frauen viel schneller seinem Blick auswichen, als sie ihn als Mann wahrnahmen und ihn wildfremde Männer plötzlich kumpelhaft duzten, was nicht der Fall war, als Christian noch Christiane hieß[64].

Ungereimtheiten und Barrieren

Die Pluralisierungstendenzen der postmodernen Gesellschaft eröffnen also vielfältige Lebensgestaltungsmöglichkeiten - oft jedoch nur scheinbar jenseits überkommener Geschlechterzuschreibungen und gesellschaftlicher Normierungen. Die sich eröffnende Wahl ist nur scheinbar eine freie, wird sie doch durch zahlreiche gesellschaftliche Normen und institutionelle Rahmenbedingungen überlagert und beeinflußt. Zwei seien exemplarisch genannt:

- die gesellschaftliche Norm der Heterosexualität, welche die Lebensgemeinschaft von Frau und Mann als natürlich definiert, in der Idealisierung der "Ehe als 'vollkommener Vereinigung zweier Personen'" (Poser 1994, S. 15) ihren ideologischen Kulminationspunkt erreicht, die Polarisierung in

---

[64] vgl. Interview mit Christian Fischer, Frau-zu-Mann-Transsexueller, taz 21.1.1994

homo- und heterosexuelle Beziehungen erzwingt sowie erstgenannte als abweichend definiert, abwertet und diskriminiert;

- die gesellschaftliche Norm der Mutterschaft, welche eine der zentralen Lebensinhalte von Frauen in Kindern verortet, die Verfügbarkeit der Mutter inklusive der als selbstverständlich gesetzten Mutterliebe für eine gesunde Entwicklung des Kindes in dessen ersten Lebensmonaten und -jahren als unersetzlich postuliert und damit ausschließlich Frauen in tiefgreifende Vereinbarkeits- und Entsagungsleistungen sowie in Schuld- und Versagensgefühle führt (vgl. ebenda).

Schon die diskursiv verwendeten Begrifflichkeiten wie "nicht-eheliche Lebensgemeinschaft", "Ein-Eltern-Familie" oder "Stieffamilie" referieren auf die traditionell-bürgerliche Lebensform, schreiben den vielfältigen Möglichkeiten jenseits von Ehe und traditioneller Familie keinen eigenen Wert zu und reproduzieren letztgenannte als "Normalitätsmuster" (vgl. Nave-Herz 1994).

Die Diversifizierung der sozialen Lebenspraxen stellt daher zwar zunehmend frühere Selbstverständlichkeiten der Lebensgestaltung in Frage, beinhaltet als gesellschaftlicher Entwicklungsprozeß aber nicht per se eine Normen und Geschlechterdichotomie transzendierende Dynamik, sondern scheint die bekannte geschlechtshierarchische Logik in neuem Kleide fortzusetzen. Aufgrund traditioneller und modernisierter Dichotomisierungen zwischen den Geschlechtern sind die sich eröffnenden Wege gerade für Frauen mit zahlreichen intra- und interpersonalen Konflikten verbunden und haben die sich ihnen bietenden Lebensgestaltungsmöglichkeiten häufig in besonderer Weise widersprüchlichen Charakter. So ist die doppelte Lebensführung für Frauen in bezug auf Beruf und Privatleben zum neuen Leitbild mit normativem Charakter geworden und hat sich auch in nichtakademischen Schichten des Westens weitgehend als solches durchgesetzt (vgl. Geissler/ Öchsle 1994). Diese Doppelorientierung geht für die meisten Frauen jedoch mit Doppel- und Dreifachbelastungen einher, welche trotz gesellschaftlich organisierter Kinderbetreuung ein auch in der DDR zu beobachtendes Phänomen war. Frauen als Trägerin des sozialen Wandels, als Subjekte der Veränderung, sind damit gleichzeitig oft auch Leidtragende derselben (Nave-Herz 1994) und müssen hinter ihren Erfolgen zunehmend "Modernisierungsfallen" (Meyer/Schulze 1993) erkennen. Ohne biographische Leitlinie und in Ermangelung gesellschaftlich getragener oder gar institutionalisierter Alternativen sind es vor allem Frauen, die nach neuen Lebensformen suchen, diese entwickeln und erproben. Doch fehlen sowohl strukturelle Bedingungen zur Verwirklichung der Lebensentwürfe - wie z.B. ausreichende gesellschaftlich gewährleistete Kindererziehung, Gleitzeitregelungen, in Größe und Schnitt adäquate Wohnungen - als auch Umverteilungen der Haus- und Familienarbeit innerhalb der sozialen Beziehungen. In bezug auf das Zusammenleben mit Männern lassen erste Untersuchungsergebnisse erhebliche Zweifel aufkommen, ob der Gleichheitsrhetorik der Männer (Beck 1990) in absehbarer Zeit wirklich egalitäre Taten folgen werden. Die "Diskrepanz zwischen Wert- und Handlungsebene" (Nave-Herz zitiert in Poser 1994, S. 38) ist hier immens und die vorliegenden Zahlen lassen wenig ernstzunehmende Versuche von seiten der Männer in Hinblick auf eine wirkliche paritätische Arbeitsteilung in der Beziehung erkennen (vgl. Meyer/ Schulze 1993, S.182).

Ein Strukturproblem der modernen Gesellschaft - die Vereinbarkeit verschiedener Lebensbereiche, speziell von Erwerbstätigkeit und Leben mit Kindern - wird bzw. bleibt bei allen Pluralisierungstendenzen individualisiert und dem Aushandeln und Austarieren der einzelnen Frauen überlassen. Die individuellen Managementversuche führen dabei zu einem "Puzzle-Leben" (Krüger 1992) von Frauen, wobei "die Puzzle-Teile oft nicht passen, weder als Reihung auf der biographischen Zeitachse, noch in ihrer formalen oder inhaltlichen Verknüpfung" (ebenda, S.8).

Eine befriedigende Verwirklichung eigener Bedürfnisse in bezug auf mehrere Lebensbereiche - z.B. ein beruflich erfolgreiches Leben mit Kindern in auf gegenseitige Achtung und Wertschätzung ausgerichteter/n Beziehung(en) mit paritätischer Arbeitsteilung, Raum zu politischem Engagement, Freizeit und zur Pflege weiterer sozialer Kontakte - ist für Frauen heute nach wie vor kaum zu erwarten. So stehen (junge) Frauen in besonderer Weise einer Vielzahl zu treffender autobiographischer Entscheidungen gegenüber. Auch Gabriele Glässing u.a. resümieren am Ende ihrer Studie: "Einfache Lebensmodelle werden für Frauen deshalb immer unwahrscheinlicher" (1994, S. 218).

2. Schulische Anachronismen und empirische Widersprüchlichkeiten

Gegenüber den skizzierten Pluralisierungstendenzen der Lebensgestaltungsmöglichkeiten von Frauen und Männern zeigt sich Schule jedoch weitgehend anachronistisch. Exemplarisch sei auf das Ergebnis einer mit StudentInnen im Studienreformprojekt PIL durchgeführten Stichprobenerhebung von Schulfibeln hingewiesen, die mit dem Resümee "Immer im Familientrott!" (Thiel 1994) auf den Widerspruch zwischen der real bestehenden Vielfalt an Lebensgestaltungen einerseits und der beinahe ausschließlichen Vermittlung von traditionellen Vater-Mutter-Kind-Kleinfamilien in Lehrmaterialien andererseits hinweist. Auch in neueren Fibeln sind die beschriebenen Lebens- und Arbeitszusammenhänge der erwachsenen Personen einseitig geschlechtstypisierend verteilt, bleiben die Versuche, aus dieser Schulbuchtradition auszusteigen, hinter den realen Erfordernissen zurück. Noch immer ist die ausschließliche Orientierung an der bürgerlichen Kleinfamilie mit ihren geschlechtshierarchischen Implikationen als Ideal nicht angetastet.

Vor diesem Hintergrund verwundert es zunächst wenig, daß die aktuellen empirischen Ergebnisse zu Lebensentwürfen von Mädchen und Jungen ein eher konservatives Bild zeichnen. Die vorliegenden Untersuchungen zeigen eine wesentlich traditioneller orientierte Ausrichtung, als die aufgezeigten Modernisierungsprozesse dies erwarten lassen würden. So scheint trotz der Instabilität der traditionellen Familienform und trotz gelebter Vielfalt an Lebensformen ein überwiegender Anteil der jüngeren Generation in Ost und West sich in der eigenen Lebensplanung auf die Gründung einer Familie hin zu orientieren (vgl. z.B. Lemmermöhle-Thüsing 1991, Bertram 1994, Hempel 1995).

Folgende Faktoren möchte ich mit Blick auf die vorliegenden Daten jedoch zu bedenken geben:

a) Da die meisten AutorInnen das mit Familie verbundene Verständnis nicht explizit abfragen bzw. die Ausführungen der Befragten oftmals nicht differenziert verarbeiten und wiedergeben, ist zwar zu vermuten, daß mit dem angegebenen Lebensentwurf "Familie" die traditionelle Vater-Mutter-Kind(er)-Form gemeint ist, mit Sicherheit läßt sich dieses jedoch nur selten aussagen. Ausführungen wie die folgenden machen zumindest deutlich, daß Kinder sehr wohl auch alternative Assoziationen mit dem Familienbegriff verbinden:

> "Der Kinderladen ist eine große Familie, ganz viele Kinder und ganz viele Frauen." (Fünfjähriger Sohn einer alleinerziehenden Studentin zitiert in Hartmann 1994)
>
> "Jetzt leben hier: Mama, Ferdinand, ich, Sophia und die beiden Katzen. Es ist sehr schön. Am Wochendende krabbeln mein Bruder Ferdinand und ich zu Mama und Sophia ins Bett und kuscheln mit ihnen. Oder wir machen eine Kissenschlacht. Wir sind eine neue Familie." (Lilly, die fünfjährige Erzählerin in dem Bilderbuch "Zusammengehören", Pah/Schat 1994)

b) Offensichtlich geht für die meisten Kinder und Jugendlichen Elternschaft jedoch weiterhin notwendigerweise mit der Gründung der traditionellen Familienform einher. Aufgrund verschlechteter ökonomischer Bedingungen und mangelnder sozialer Sicherheiten ist die Verwirklichung eines Lebens mit Kindern ohne feste PartnerInnenschaft in der Tat finanziell nur sehr schwer realisierbar geworden und erhalten Sicherheit versprechende Institutionen neuen Zulauf. Gerade in den neuen Bundesländern ist diese Entwicklung aufgrund drastischer Rücknahme der gesellschaftlichen Verantwortung für die Kinderbetreuung als besonders schmerzlich für die (jungen) Frauen zu verzeichnen (vgl. u.a. Bertram 1994). Besondere Bedeutung erhält dieser Aspekt dadurch, daß ein überaus großer Anteil von Mädchen und jungen Frauen Mutterschaft als eine ausdrückliche Station ihres Lebensentwurfes angibt (1984 waren es in der damaligen BRD 93% der 15- 24jährigen).

c) Über rein quantitative Daten hinausgehende Analysen belegen, daß der Wunsch nach Familie, zumindest für die Mädchen, ganz unterschiedlich grundiert und gefüllt ist. Während wenige voll mit der damit verbundenen Ideologie übereinstimmen und ihre Selbstbestätigung im ausschließlichen Dasein für Mann und Kinder suchen - solche Beschreibungen lassen sich lediglich in Lebensentwürfen der Mädchen aus dem Westen finden -, zeichnen andere Ausführungen, in welchen Berufs- und Familienarbeit zwischen den PartnerInnen weitgehend gleichberechtigt aufgeteilt sind, ein wesentlich ausgewogeneres Bild (vgl Hempel 1995). Darüber hinaus finden sich immer wieder Entwürfe, die die traditionelle Ehe- und Familienvorstellung nicht als lebenslängliche Gemeinschaft reproduzieren, sondern diese eher als eine pragmatische Phase im Leben der Mädchen/Frauen erscheinen und die eigenen Wünsche und Bedürfnisse der Mädchen als an anderer Stelle verortete erkennen lassen. Hierzu ein Beispiel:

> "Wenn ich später groß bin, will ich mit meiner Freundin zusammen leben, aber in einem Eigenhaus auf dem Lande oder in der Stadt. Und eine Familie werde ich vielleicht gründen, aber trotzdem noch mit meiner Freundin zusammenleben. Wenn ich eine Familie habe, muß mein Mann arbeiten gehen und ich auch, denn meine Kinder sollen sehr gut von mir und meinem Mann erzogen werden. Dann, wenn wir sehr viel Geld haben, wird dann nur noch mein Mann arbeiten gehen. Ich werde mit meiner Freundin am Fenster sitzen und einen Kaffee trinken. Wenn ich alt und runzlig bin und mein Mann gestorben ist und die Kinder ausgezogen sind und meine Freundin noch lebt, werde ich mit ihr am Fenster sitzen und einen Tee trinken oder mehrere." (Mädchen 5. Klasse Brandenburg, siehe Hempel 1995).

3. Herausforderungen und Chancen emanzipatorischer Bildung in der Schule

Aus den angedeuteten gesellschaftlichen Entwicklungen, ihren Ungereimtheiten und Brüchen sowie den schulischen Anachronismen und Widersprüchlichkeiten in den Lebensentwürfen von Mädchen und Jungen ergeben sich neue Herausforderungen an schulische Bildung. Aufgrund der Basislegung früher Sozialisationserfahrungen kommt ihnen bei methodisch-didaktisch altersangemessener Aufbereitung - spielerisch-kreative Methoden wie Malen und Zeichnen, Geschichtenschreiben und Gesprächskreise seien nur beispielhaft genannt - gerade in bezug auf die Grundschule besondere Relevanz zu.

Das eigene Lebensumfeld gespiegelt sehen

Schülerinnen und Schüler leben in zunehmend differenzierten Lebensumfeldern, die sie zur Selbstvergewisserung auch in Unterrichtsinhalten und Lehrmaterialien wiederfinden wollen und für eine positiv-stabilisierende Entwicklung auch gespiegelt sehen müssen. Wie Schule durch Verschweigen bzw. Diffamieren von Lebensformen destruktiv auf bestehende menschliche Beziehungen einwirkt und die Herausbildung einer selbstbewußten Identität erschweren kann, soll folgendes Beispiel illustrieren:

Marianne ist 9 Jahre alt und geht in die 3. Klasse einer Berliner Grundschule. Sie lebt mit ihrer Mutter und deren Lebenspartnerin zusammen. Ihre Mutter unterrichtet Mathematik und Arbeitslehre in einem benachbarten Bezirk. Die Lebenspartnerin der Mutter arbeitet als Rechtsanwältin. Bisher war für Marianne das gemeinsame Leben mit ihrer Mutter und deren Freundin immer eine Selbstverständlichkeit gewesen. Doch je länger sie zur Schule geht, desto mehr hat sie den Eindruck, nicht in normalen Familienverhältnissen zu leben. Dies verunsichert sie und führt dazu, daß sie immer häufiger mit ihrer Mutter streitet und sich im Unterricht mehr und mehr zurückzieht.[65]

Am Nicht-Identischen ansetzen

Lebensentwürfe von Mädchen und Jungen lassen Rückschlüsse zu, wie diese sich mit dem gesellschaftlich vorgegebenen, hierarchischen Geschlechterverhältnis identifizieren, wie sie sich in normierenden Vorgaben - zumindest gedanklich - einrichten bzw. inwieweit sie einschränkenden Geschlechtszuweisungen entgegentreten. Dabei sind die Zukunftsvorstellungen von Mädchen und Jungen nicht als fix zu begreifen, vielmehr in ihrem prozeßhaften Verlauf zu sehen. So haben Buchinger/Gödl (1994) im Interview mit 12-15 jährigen Mädchen festgestellt, daß diese sich z.B. zu Beginn des Gesprächs sicher waren, später einmal zu heiraten, im Gesprächsverlauf Zweifel und Bedenken entwickelten und zum Ende ihre anfängliche Überzeugung in Frage stellten. Auch auf obiges Beispiel der Kaffee und Tee trinkenden Freundinnen bezogen, scheint es daher besonders spannend und wichtig zu sein, an den Aspekten der Lebensentwürfe der Mädchen und Jungen anzusetzen und weiterzuarbeiten, die jenseits der in Schule und Peer-group als wertvoll anerkannten und vorgestellten liegen. Unter emanzipatorischen Gesichtspunkten betrachtet liegt genau in diesem Nicht-Identischen mit Normen und Rollenvorgaben das subjektive Potential zur Entwicklung und Veränderung (vgl. Bekker-Schmidt/Knapp 1987, S. 149f). Schließlich sind es auch die Brüche und Besonderheiten in Lebensentwürfen, die Informationen liefern über die tieferen Wünsche und Bedürfnisse - gegebenenfalls aber auch Befürchtungen und Ängste - der Mädchen und Jungen. Diese zu benennen und nicht ausschließlich den antizipierten Erwartungen des sozialen Umfeldes zu folgen, erfordert Mut, Kreativität, Stärke und wirkliches Interesse. Gerade diese Aspekte auszubauen ist zentrales Ziel und Chance emanzipatorischer Arbeit in der Schule.

---

[65] Das Beispiel ist in Anlehnung an einen Beschwerdebrief einer lesbisch lebenden Mutter an den Landeselternausschuß Berlin 1990 formuliert.

Geschlechterzuschreibungen und gesellschaftliche Normierungen reflektieren

Da die Interpretation von Geschlechtszugehörigkeit und -verhältnis erheblichen Einfluß auf Lebensentwürfe hat und vorliegende Untersuchungen (Glumpler 1993, Hempel 1995) deutlich zeigen, wie diese von Mädchen und Jungen bereits in der Grundschule von der eigenen Geschlechtszugehörigkeit gekennzeichnet und damit geschlechtsabhängig eingeengt sind, kommt einer geschlechterreflektierenden Pädagogik in der Schule große Bedeutung zu. Die Hinterfragung einengender Geschlechterzuschreibungen, die Erweiterung des Interessens-, Fähigkeits- und Betätigungsspektrums der Mädchen und Jungen jenseits stereotyper Geschlechterzuschreibungen sowie die Arbeit an emanzipatorischen Einstellungen ist dabei als ein Beitrag zur Einlösung des Gleichheitsgebotes der Schule zu verstehen. Im Bereich der Einstellungen bedeutet dies z.B. die Vermittlung, daß für "den Reproduktionsbereich und für alle dort erforderlichen Aufgaben (...), alle in einer Lebens-Gemeinschaft zusammenlebenden Personen verantwortlich sind" (Heuser/Wachendorff 1993, S. 3). In der Arbeit mit Jungen wird folglich ein Schwerpunkt darin liegen, Veranwortung und Zuständigkeit für Haus- und Erziehungsaufgaben bewußt zu machen sowie die Selbstverständlichkeit und Dominanz ununterbrochener Erwerbsarbeit in Frage zu stellen. In der Arbeit mit Mädchen wird die Betonung und Entwicklung von Eigenständigkeit und die Hinterfragung der häufig anzutreffenden Bereitschaft, eigene Bedürfnisse zurückzustellen, besondere Bedeutung haben. Dabei benötigen Mädchen wie Jungen nicht nur Raum zur Reflexion ihrer Beziehungen untereinander, vielmehr ebenso zur Betrachtung und Wertschätzung ihrer Freundschaften innerhalb der eigenen Geschlechtergruppe. Dem Hinterfragen einengender Geschlechterzuschreibungen sowie der Selbstverständlichkeit, mit der Frauen und Männer als Paar gesetzt werden, sie ihr Leben gemeinsam gestalten sollen, schließt sich die gesellschaftskritische Frage an: "Was heißt hier normal?" (Senatsverwaltung 1993). Das Nachdenken über eigene Wünsche und Ängste in bezug auf das zukünftige Leben läßt dann auch zu, genau hinzusehen, welche Bedürfnisse die Mädchen und Jungen letztlich mit ihnen verbinden. So ist bei dem Wunsch "Familie" zu vermuten, daß damit die Sehnucht nach Geborgenheit und Liebe, nach Leben mit Kindern, nach einem "warmen Nest" zum Ausdruck kommt. Hier anknüpfend lassen sich gemeinsam vielfältige Ideen kennenlernen und entwickeln, wie diese Bedürfnisse verwirklicht und befriedigt werden können.

Vielfalt kennenlernen

Die Auseinandersetzung mit gesellschaftlicher Realität und mit eigenen Lebensgestaltungsmöglichkeiten stellt eine der wichtigsten Aufgaben der Schule dar. Hier müssen die Schülerinnen und Schüler die Chance erhalten, auch "das zu lernen, was sie nicht schon von Hause aus wissen oder können" (Hagemann-White 1984, S. 44). Dies würde eine ausgewogene pädagogische

Bearbeitung des Themas verlangen, welche versucht, die existierende Vielfalt an Lebensgestaltungsmöglichkeiten zu thematisieren sowie traditionelle Formen und neue Entwicklungen im Hinblick auf Chancen und Risiken jeder Lebensform für Frauen und Männer differenziert zu beleuchten. Hierbei können Kenntnis und Respekt gegenüber unterschiedlichen Lebensentwürfen und Lebensentscheidungen eingeübt werden, welche im zukünftigen Zusammenleben der Menschen - nicht nur beim Zusammentreffen eigenständiger Biographien in PartnerInnenschaften - zunehmende Relevanz erhalten werden.

Konkret ist die Heterogenität gelebter Lebenswege - wie z.B. Alleinerziehen, Zwei-Karrieren-Familie, lesbische Lebensgemeinschaft, Living-apart-together - zu einem selbstverständlichen Bestandteil nicht nur expliziter Auseinandersetzung sondern auch alltäglicher Textaufgaben und Bebilderungen zu machen. Für ersteres Anliegen kann ein methodischer Ansatzpunkt im Einladen von Frauen und Männern mit unterschiedlichen Lebensläufen in den Unterricht sein. Berichte eines Lehrers mit halbem Lehrauftrag, eines alleinerziehenden Vaters (vgl. z.B. Röhner 1993) oder eines in einer Männer-Wohngemeinschaft lebenden Mannes können den Jungen dabei dringend fehlende Identifikationsmöglichkeiten und Informationen bieten. Eine differenzierte Diskussion mit Frauen wird Mädchen Einblick in die Widersprüchlichkeit weiblicher Lebensentwürfe und wichtige Impulse geben sowie sie bekannt machen mit ihnen gegebenenfalls neuen oder gesellschaftlich oftmals unbenannten Lebensmöglichkeiten. Damit wird die Achtung und Wertschätzung, die die Mädchen und Jungen unterschiedlichen Lebenswegen in der Grundschule noch entgegenbringen, bestärkt. Dieser auf Kenntnis und Wertschätzung gelebter Vielfalt angelegte pädagogische Ansatz kann somit auch als ein Beitrag zur Prävention von Vorurteilen und Gewalt angesehen werden.

Handlungskompetenzen erwerben

> "Die Wahlen und Entscheidungen der Mädchen und Jungen werden - außer von den materiellen und sozialen Ressourcen - stark von ihrem bis dahin entwickelten subjektiven Potential, d.h. von ihren Selbstkonzepten, ihren Bedürfnissen und Ängsten, ihren sozialen Gestaltungs- und Verhandlungskompetenzen, abhängen" (Bilden 1991, S. 300).

Eine weitere Herausforderung schulischer Bildung ist daher in der Aufgabe zu sehen, Schülerinnen und Schülern in der Entwicklung immer notwendiger werdender "autobiografischer Handlungskompetenz" (Timmermann 1995) zu unterstützen. Diese geht über Erfahrungs- und Informationsverarbeitung weit hinaus und umfaßt neben der Fähigkeit zur bewußten Gestaltung des eigenen Lebens - der Fähigkeit zur "biographischen Selbststeuerung in der Auseinandersetzung mit normativen und institutionellen Vorgaben" (Geissler/ Oechsle 1994, S. 141) - auch ganz wesentlich die Entwicklung von Gemeinschafts- und Konfliktfähigkeit.

Grundlegend ist dabei zum einen die Fähigkeit, das eigene Leben als eigenständige Biographie zu erkennen, aus einer Vielzahl an Optionen zu entwerfen sowie jeden Lebensentwurf als einen individuellen zu erkennen, "für dessen Konstruktion das Individuum Alternativen wahrnehmen und bewerten, Entscheidungen treffen und Prioritäten setzen muß" (ebenda 1994, S. 141). Dabei kommt der Diskussion subjektiver Wünsche, elterlicher wie gesellschaftlicher Normierungen - z.T. mittels ökonomischer Restriktionen oder Anerkennungen bzw. Absicherungen vermittelt - sowie individueller Ausbalancierungsmöglichkeiten ein besonderer Stellenwert zu. Schülerinnen und Schüler können hier in der Entwicklung von Kompetenzen im Umgang mit Entscheidungen, aber auch mit Irritationen und Verunsicherungen, unterstützt werden. Grundlegend bei der Entwicklung autobiographischer Handlungskompetenz ist zum anderen die Fähigkeit zur Gemeinschaftsbildung, in der existentielle Bedürfnisse nach Kontinuität und Geborgenheit, nach Zugehörigkeit und Anerkennung ihren Raum und ihre Befriedigung finden. Gruppenprozessen in Schul- und Klassengemeinschaften kommt daher zunehmende Relevanz zu. Selbstreflexion und Selbstbehauptung, Konfliktfähigkeit und kommunikative Kompetenzen nehmen einen zentralen Stellenwert ein. Sie befähigen zur Verständigung, Abstimmung, Verhandlung, zur Integration und zum Ausbalancieren unterschiedlicher Positionen und Bedürfnisse der einzelnen Individuen und können nicht früh genug eingeübt werden.

Was bedeuten diese Herausforderungen nun aber für Lehrerinnen und Lehrer? Neben dem (Weiter-)Entwickeln und Erproben vielfältiger neuer pädagogischer Ansätze notwendigerweise auch die Bereitschaft, eigene Sichtweisen und Haltungen zu überdenken, vielleicht die Motivation, die eigene Lebensgestaltung in ihrem Gewordensein zu reflektieren und sicherlich die Chance, das eigene Leben immer wieder neu als ein zu gestaltendes Projekt zu begreifen.

Literatur

Beck, Ulrich (1986): Risikogesellschaft. Auf dem Weg in eine andere Moderne. Frankfurt a.M.

Beck, Ulrich/Beck-Gernsheim, Elisabeth (1990): Das ganz normale Chaos der Liebe. Frankfurt a.M.

Becker-Schmidt, Regina/ Knapp, Gudrun-Axeli (1987): Geschlechtertrennung-Geschlechterdifferenz. Suchbewegungen sozialen Lernens. Bonn

Bertram, Barbara (1994): Unterschiedliche Lebenswege und Chancen für die Geschlechtergruppen? In: GEW-Frauen (Hg.): Koedukation. Texte zur neuen Koedukationsdebatte. Frankfurt a.M., S. 157-179.

Bilden, Helga (1991): Geschlechtsspezifische Sozialisation. In: Hurrelmann, Klaus/ Ulich, Dieter: Neues Handbuch der Sozialisationsforschung. Weinheim, Basel

Buchinger/Gödl (1994): "Un/erhörte Wünsche". Arbeits- und Lebensperspektiven von Mädchen und jungen Frauen in Salzburg. In: Bundesministerium für Unterricht und Kunst, Abteilung für Mädchen- und Frauenbildung: Enquete Berufswahl für Mädchen. Perspektiven, Hindernisse, Konzepte. Wien

Frevert, Ute (1996): Kurzreferat auf der Tagung "'Auf dem Weg in die postfamiliale Familie'. Soziale Bindungen jenseits von Ehe und Einsamkeit" LiteraturWERKstatt Berlin

Geissler, Birgit/ Oechsle, Mechthild (1994): Lebensplanung als Konstruktion: Biographische Dilemmata und Lebenslauf-Entwürfe junger Frauen. In: Beck, Ulrich/ Beck-Gernsheim, Elisabeth (Hg.): Riskante Freiheiten. Individualisierung in modernen Gesellschaften. Frankfurt a.M., S. 139-167

Glässing, Gabriele/Kemper, Angela/Wäcken, Martina (1994): " ...weil ich ein Mädchen bin." Biographien, weibliche Identität und Ausbildung. Arbeitsmaterialien aus dem Bielefelder Oberstufen-Kolleg. AMBOS 37. Bielefeld

Glumpler, Edith (1993): Kleine Mädchen wollen mehr als die Hälfte - Berufswünsche von Mädchen und Jungen. In: Pfister, Gertrud/ Valtin, Renate (Hrsg.): MädchenStärken. Probleme der Koedukation in der Grundschule. Frankfurt a.M.

Gutschmidt, Gunhild (1994): Single mit Kind. Freiburg

Hageman-White, Carol (1984): Sozialistation: weiblich - männlich. Opladen

Hartmann, Jutta (1994): "Vielfältige Lebensformen: Was heißt hier normal?" Heft Nr. 11 der Reihe hochschuldidaktischer Handreichungen "Die soziale Kategorie 'Geschlecht' in der Ausbildung von Lehrerinnen und Lehrern" des Studienreformprojekts PIL, Technische Universität Berlin

Hartmann, Jutta (1995): Lebenswegplanung von Mädchen und Jungen - Reflexion methodisch-didaktischer Ansätze. In: Hempel, Marlies/ Hartmann, Jutta: Lebensplanung und Berufsorientierung - ein Thema für die Grundschule? Potsdamer Studien zur Grundschulforschung Heft 8, Universität Potsdam, S. 9-18.

Helwig, Gisela (1993): Einleitung zum Band: Helwig, Gisela/ Nickel, Hildegard Maria (Hrsg.): Frauen in Deutschland 1994-1992. Studien zur Geschichte und Politik der Bundeszentrale für politische Bildung, Studienreihe Band 318, Bonn. S. 9-21

Hempel, Marlies (1995): Gleichberechtigung und Chancengleichheit von Mädchen und Jungen an den Grundschulen des Landes Brandenburg. In: dies. (Hg.): Verschieden und doch gleich. Schule und Geschlechterverhältnisse in Ost und West. Bad Heilbrunn

Heuser, Christoph/ Wachendorff, Annelie (1993): "Meinen Beruf finden - Mein Leben gestalten". Überlegungen für ein Curriculum zum Zusammenhang von Erwerbs- und Reproduktionsarbeit in der Sekundarstufe I. Studienpapiere der Laborschule Bielefeld

Krüger, Helga (1992): Frauen und Bildung. Wege der Aneignung und Verwertung von Qualifikationen in weiblichen Erwerbsbiographien. Bielefeld

Lemmermöhle-Thüsing, Doris (1991): Auf Lebensfragen der Mädchen nicht eingestellt. Berufsvorbereitung in der Schule. In: Unterschiede Heft 2/91, 1991

Nave-Herz (1994): Familiensoziologie. In: Senatskommission für Frauenforschung der DFG (Hg.): Sozialwissenschaftliche Frauenforschung in der Bundesrepublik Deutschland. Bestandsaufnahme und forschungspolitische Konsequenzen. Berlin, S. 98-109.

Pah, Sylvia/ Schat, Joke (1994): Zusammengehören. Berlin: Donna Vita

Röhner, Charlotte (1993): Das starke und das schöne Geschlecht. Projekte zum Umgang mit Geschlechtsrollenstereotypen. In: Pfister, Gertrud/ Valtin, Renate (Hg.): MädchenStärken. Probleme der Koedukation in der Grundschule. Frankfurt a.M.

Rönsch, Hannelore (1994): Stellenwert und Wandel der Familie - Auffangnetz oder Reparaturbetrieb? In: "Die Frau in unserer Zeit", Heft 2

Roland-Schellak, Eva (1994): Kinder, Krisen und Karrieren. Junge Frauen heute. Reinbek bei Hamburg

Schlottau, Heike (1991): Utopien zur Mädchenbildung. Der Beitrag von Mädchenbildung zur Berufsorientierung junger Frauen. In: Sozialamt der Ev. Kirche v. Westfalen (Hg.): Realutopien zur beruflichen Bildung für Frauen, Schwerte/Ruhr

Seidenspinner, Gerlinde u.a.(1996): Junge Frauen heute - Wie sie leben, was sie anders machen. Ergebnisse einer Längsschnittstudie über familiale und berufliche Lebenszusammenhänge junger Frauen in Ost- und Westdeutschland. Opladen

Senatsverwaltung für Jugend und Familie (1993): Pädagogischer Kongreß: Lebensformen und Sexualität. Was heißt hier normal? Dokumente lesbisch-schwuler Emanzipation Nr. 8, Berlin

Thiel, Andrea (1994): "Immer im Familientrott! Was vermitteln Fibeln?" Heft Nr. 3 der Reihe "Die soziale Kategorie 'Geschlecht' in der Ausbildung von Lehrerinnen und Lehrern des Studienreformprojekts PIL", Technische Universität Berlin

Timmermann, Evelyn (1995): Balanceakte. Lebens- und Berufswegplanung im Spiegel des Geschlechterverhältnisses als Thema in der gewerkschaftlichen Jugendbildungsarbeit. Herausg. vom DGB-Landesbezirk NRW Abteilung Jugend, Düsseldorf

ZeFF, Zentrum zur beruflichen Förderung von Frauen im Nordkreisverbund (1994): Praxis. Berufsorientierung & Lebensplanung für Mädchen. Eine Unterrichtsreihe für den Einsatz in Schulen, Sekundarstufe I/II. Autorinnen: Ute Backhaus, Monika Schlöter, Lünen

Marlies Hempel

Lebensentwürfe und Identität - Überlegungen zur Kindheitsforschung

Gesellschaftlichen Entwicklungsprozesse hin zu entscheidungsoffenen Lebensmöglichkeiten erfordern heute ein höheres Maß an Aushandlungs-, Gestaltungs- und Entscheidungskompetenzen, die den Entwurf und die Gestaltung des eigenen Lebens, wie auch - darin eingeschlossen - die Schul- und Berufswahl betreffen[66]. Die Biographie jedes Menschen folgt kaum noch traditionellen Vorgaben und ist somit eine Aufgabe jedes einzelnen (vgl. Beck/ Beck-Gernsheim 1990) geworden. Diese Herausforderungen lassen Lebensplanung und Berufsorientierung als Thema bereits für die Grundschule bedeutsam werden.

Berufs- und Lebensplanung in der Grundschule

> „Man sollte sich schon als Kind Gedanken darüber machen, was man werden möchte. Wenn man erst mit 15-16 Jahren darüber nachdenkt, fällt es einem schwer, einen Beruf zu finden, der Spaß macht. Man weiß doch schon als Kind, was man will." (Martin, 10 Jahre)[67]

---

66 Diese gesellschaftlichen Entwicklungsprozesse werden ausführlich im Beitrag von Jutta Hartmann dargestellt.

67 In Heft Nr. 8/1994 hatte das Schülermagazin Treff folgende Schülermeinung zur Diskussion gestellt: *"Viele aus meiner Klasse machen sich jetzt schon Sorgen, was sie später einmal werden wollen. Ich finde das Quatsch! Man sollte das Leben jetzt genießen. Viele Berufe, die es jetzt noch gibt, sind später sowieso ausgestorben. Leute, denkt nicht an später!"*(Tim Hoffmann, Potsdam, 11 Jahre). Insgesamt kamen auf Tims Diskussionsanregung 188 Zuschriften an die TREFF-Redaktion, die mir dankenswerterweise zur Verfügung gestellt wurden. 81,4% (153) Mädchen und 18,6% (35) Jungen waren beteiligt und zwischen 8 und 16 Jahre alt. Am häufigsten antworteten SchülerInnen im Alter von 10 und 11 Jahren. 26,1% der Mädchen und 20% der Jungen waren der Meinung, daß Tim mit seiner Meinung recht hat, bzw. das Thema erst interessant wird, wenn man älter ist. 73, 9% der Mädchen und 80% der Jungen waren aber der Meinung, daß Tim nicht recht hat, daß man darüber nachdenken, sich aber keine Sorgen machen soll. (Vgl. Hartmann/ Hempel 1995)

Diese Meinung des 10jährigen Martin aus Mainz steht stellvertretend für ähnliche Kindermeinungen, die die Relevanz der Thematik „Berufs- und Lebensplanung“ für die Grundschule aus der Perspektive der Kinder bestätigen. Es ist in dieser Schulstufe nicht nur das Interesse vorhanden, die eigene Zukunft zu entwerfen. Vielmehr verfügen viele der Schülerinnen und Schüler über auffallend vernünftige und umfassende Gedankengänge zu diesem Thema. Nicht selten werden Ängste, vor allem über zukünftige Arbeitslosigkeit, sichtbar, die aufzugreifen und zu bearbeiten eine wichtige Aufgabe der Schule sein muß.

Die Auseinandersetzung mit der eigenen persönlichen und beruflichen Zukunft nimmt bereits im Kindesalter - nicht erst in der Phase des Übergangs von der Schule ins Berufsleben - einen herausragenden Platz ein. Wenngleich die Anzahl der wissenschaftlichen Untersuchungen für diese Altersstufe noch nicht sehr umfangreich ist (vgl. Biermann 1991, Kaiser 1991, Schimmel/Glumpler 1992, Hempel 1995), liegen doch ausreichende Befunde aus der Praxis des Unterrichts in der Grundschule, vor allem aus dem Sachunterricht, und auch aus dem Kindergarten vor, die das große Interesse der Kinder an der Auseinandersetzung mit Fragen ihres zukünftigen Lebens zeigen. Die große subjektive Bedeutsamkeit und die gesellschaftliche Relevanz (vgl. Hartmann in diesem Band) der Lebensentwürfe machen sie unter mehreren Gesichtspunkten für die pädagogische Forschung interessant. Wie kaum in anderen Zusammenhängen wird hier die kindliche Lebenswelt - mit der je eigenen Perspektive auf die gesellschaftlichen Verhältnisse, besonders die Geschlechterverhältnisse - und zugleich die eigene Identität zum Gegenstand der Auseinandersetzung gemacht. Kinder nehmen ihre gesamte Lebenswelt, auch die Lebens- und Arbeitswelt der Erwachsenen, geschlecherdifferent wahr und verorten sich sehr früh als männlicher oder weiblicher Mensch in diesem System (vgl. Kaiser 1987, Scheu 1978, Grabrucker 1985 und Röhner in diesem Band). Sie haben eine durch ihre geschlechterspezifische Sozialisation geprägte *eigene* Perspektive auf ihre Welt entwickelt, die zu unterschiedlichen Wahrnehmungen, Deutungen, und Präferenzen führt (vgl. Prengel in diesem Band). Das so entstehende System der sozialen Erfahrungen prägt in einem nicht unerheblichen Maße die weitere Welterfassung und Interpretation der gesellschaftlichen Zusammenhänge. Ein Kennen der unterschiedlichen Perspektiven von Mädchen und Jungen in einer Klasse ist eine Bereicherung für die Lebenswelterfassung *jedes* Kindes und ermöglicht den LehrerInnen, den Blick für das Einzelne, Individuelle, Besondere jedes Kindes zu schärfen.

In den Lebensentwürfen und Berufswünschen von Mädchen und Jungen spiegeln sich Träume und Phantasien wider. Phantasie wird dabei stets von der Wirklichkeit gespeist und setzt entsprechende Erfahrungen voraus. Wunsch- oder Angstträume sind so auch immer ein Resultat sozialen Erlebens. Ihre vorgreifende Funktion ermöglicht das „Gegenwärtigsein“ des Subjekts bei der Zukunft durch das Planen, das Entwerfen, das Vorwegnehmen. Sie ist aber nicht gefesselt an etwas Geplantes, sie erfaßt auch das eventuell Mögliche, das vielleicht nie verwirklicht werden kann. Nach Lahrmann sieht die moderne Anthropologie in dieser „planenden Phantasie“ sogar die zentralste Funktion für das handelnde Wesen und die Entwicklung seiner Aktivität, die das „...Allgemeine und das Sein, das Eigene und das Gefundensein, das Innere und Äußere vollkommen in eins...“[68] schaffen kann. So entwickeln sich über Vorstellungskraft und Einfallsreichtum Antriebskräfte produktiven und kreativen Denkens und Handelns. Wenn auch die Realisierung des Erträumten nicht zwingend folgen muß oder kann, können doch wesentliche Handlungsimpulse aus diesen Wunschphantasien erwachsen. Der Mensch ist „...um seiner Existenz willen auf die Vergegenwärtigung von Vergangenem und Zukünftigem, von Irrealem, Fremdem und Fernem angewiesen. Im Überspringen der räumlichen und zeitlichen Grenzen kann der Mensch erst zum Menschen werden. Die Phantasie wird darum zur Bedingung seiner Existenz überhaupt.“ (Lahrmann 1972, S. 20) Das Einnehmen anderer zeitlicher und räumlicher Perspektiven in der kindlichen Phantasie ermöglicht ein Spiel mit Realem und Visionen, mit Möglichem und Unmöglichen, mit Varianten und Entscheidungen.

Die Tatsache, daß die Auseinandersetzung mit der eigenen beruflichen Zukunft im Kindesalter - aus der Sicht der Erwachsenen - noch keinen „Ernstcharakter“ trägt, läßt im schulischen Alltag die Auseinandersetzung mit diesem Thema oft nebensächlich erscheinen. Für die Kinder selbst ist die Beschäftigung mit diesen Fragen aber eine durchaus ernste Sache, wie folgende Zitate (siehe Fußnote 67) eindrucksvoll belegen:

> "Wenn man nicht weiß, was man mal werden will, weiß man auch nicht, ob man aufs Gymnasium gehen muß oder nicht." (Stefanie, 10 Jahre)
>
> "Ich finde Deine Meinung nicht gut, denn die guten oder schlechten Leistungen in der Schule bestimmen über den späteren Beruf. Also heißt es schon jetzt, tüchtig anstrengen, damit der Berufswunsch auch mal in Erfüllung geht. Von wegen ‘nicht an später denken’." (Marc, 9 Jahre)
>
> "Tim, ich bin nicht deiner Meinung. Stell dir mal vor, jemand ist auf der Hauptschule und will plötzlich Arzt werden!? Ich finde man sollte sich schon Gedanken machen, was man mal werden will, damit man auch weiß, welche Schule man wählen soll.“ (Susanne, 12 Jahre)
>
> "Du hast schon recht, man sollte sich nicht vorher Sorgen machen, ob man seinen Traumberuf ausüben kann. Aber seine Träume sollte jeder haben." (Christine, 10 Jahre)
>
> „Es gibt jetzt schon viele arbeitslose Leute. Und wenn man sich keine Sorgen macht, ist man nachher auch arbeitslos.“ (Stefan, 11 Jahre)

---

[68] Hegel, Georg Wilhelm Friedrich: Philosophie des Geistes. In: Enzyklopädie der philosophischen Wissenschaften im Grundrisse. Berlin 1966, S. 368.

„Stimmt! Viele Mädchen und Jungen überlegen sich, was sie später werden wollen. Es wechselt aber ständig. Und was kommt dabei heraus? Sie wählen dann später ganz andere Berufe, weil sie als Erwachsene ganz andere Interessen und Vorstellungen haben." (Malte, 9 Jahre)

„Du hast recht, aber trotzdem finden es viele Kinder schön, an später zu denken, obwohl sie ihren Wunsch dann meistens nicht verwirklichen. Außerdem finde ich nicht, daß man das 'Sorgen' nennen muß! Im Gegenteil, man könnte sich 'Gedanken' machen!!" (Julia, 9 Jahre)

Die Aufgaben und Perspektiven der schulischen Bildung (siehe Hartmann in diesem Band), die aus der gesellschaftlichen und individuellen Bedeutung der Fähigkeit zur Lebensplanung erwachsen, sind noch nicht annähernd angemessen grundschulpädagogisch und -didaktisch umgesetzt. Die fortschreitende Ausdifferenzierung der Lebensverläufe zwingt aber in dem Maße wie Lebensläufe variabler werden, die Subjekte zur Selbst- und Fremdlegitimation (vgl. du Bois-Reymond 1995). Dieser Vorgang der Selbst- und Fremdlegitimation kann, wie du Bois-Reymond unterstreicht, ohne redende Reflexion nicht gelingen (vgl. ebenda S.155) und erfordert die Ausbildung von sozialen Gestaltungs- und Verhandlungskompetenzen. Auch wenn die Vorstellungen der Kinder von ihrem zukünftigen Leben und ihrem späteren Beruf noch sehr wandelbar sind und Kinder die Zusammenhänge zwischen gesellschaftlichen bzw. arbeitsmarktspezifischen Anforderungen/Erwartungen und dem eigenen zukünftigen Erwachsenenleben durchaus herstellen können, erscheint eine didaktische Aufbereitung der schulischen Berufsorientierung für die Grundschule sehr sinnvoll.

Auch Schimmel/Glumpler leiteten aus der Flensburger Berufsorientierungsstudie ab, daß eine Reflexion der Berufswünsche, der Lebensformen von Männern und Frauen, der beruflichen und privaten Arbeit usw. im Interesse einer frühen Erziehung zur Gleichberechtigung auch in der Grundschule aufgenommen werden muß, um das breite Berufsspektrum von Mädchen zu erhalten und sie zur selbstbewußten Vertretung eigener Interessen zu ermutigen, das Interesse der Jungen an weiblich assoziierten Berufsfeldern zu wecken sowie eine bewußte Erziehung der Jungen zur Verbindung von Erwerbs- und Familienarbeit zu leisten (vgl. Schimmel/Glumpler 1992, S. 291/292).

Die Materialien und Lehrbücher des Sachunterrichts tragen diesen Entwicklungstendenzen und neuen Anforderungen allerdings noch immer wenig Rechnung. Eine Analyse von 50 Lehrbüchern des Sachunterrichts und der Politischen Bildung (vgl. Hempel 1994a) ergab: traditionelle Familien werden als häufigste Lebensform gezeigt, wobei in diesen Familien die Frauen für Haushalt und Einkauf zuständig sind. Während schon häufiger auch Jungen bei Hausarbeiten gezeigt wurden, waren Männer in dieser Rolle noch immer die Ausnahme. Auch der Tatsache, daß neben der Familie viele Möglichkeiten familienähnlicher Beziehungen in der Gesellschaft existieren, wird nicht Rechnung getragen. Nur zweimal wurde z.B. das Thema Scheidung erwähnt.

Die Berufswelt der Männer und Frauen ist nach wie vor sehr unausgewogen dargestellt. Die quantitative Analyse unterstreicht das marginale Bild der Frau im Berufsleben. Nicht nur, daß männliche Berufsbilder wesentlich vielseitiger sind und häufiger vorkommen (2 bis 10 mal mehr „männliche“ Berufe), sie entsprechen auch in stärkerem Maße dem modernen Berufsleben. Frauen üben überwiegend „typisch“ weibliche Tätigkeiten aus (Ärztin, Krankenschwester, Sekretärin, Verkäuferin, Bäuerin, Zahnarzthelferin, Lehrerin). Ganz selten kommen neue Berufe ins Bild (Pilotin, Programmiererin). Die Doppelbelastung vor allem der Frauen in Beruf und Haushalt wird nicht thematisiert. Im wesentlichen finden sich immer noch die gängigen Rollenstereotype: männliche Akteure sind technikbegeistert, trinken Bier, lesen Zeitung, sehen fern, Frauen sind im Haushalt beschäftigt und sind im Elternrat. Insgesamt bieten sich kaum Ansätze zur bewußten Überwindung der Rollenklischees. Wenn auch stereotype Darstellungen in Schulbüchern kaum geschlechterstereotype Orientierungen hervorbringen, können sie diese doch zweifellos bestärken. Die Inhalte der Lehrbücher entsprechen aber - trotz einiger positiver Veränderungen - noch nicht annähernd der Wirklichkeit und der perspektivischen Möglichkeit dieser Mädchengeneration.

In der berufsorientierenden Phase (Sekundarstufe) ist die hier beobachtete freiwillige Selbstbeschränkung der Mädchen („Vereinbarkeitsthese“) und die einseitige Orientierung der Jungen (Berufsplanung ohne „Vereinbarkeitsüberlegungen“) schon relativ verfestigt. Die von den Kindern früh antizipierte traditionelle geschlechterdifferente Arbeitsteilung ist dann so verfestigt, daß die berufsorientierenden Maßnahmen an die „Geschlechtergrenzen“ stoßen. Sehr früh sollte daher der Prozeß beginnen, sich die Frage zu beantworten: ‘Wer oder was bin ich und was will ich einmal sein’. Das hilft in der späteren konkreten und entscheidenen Phase der Berufswahl, „Wagnisse“ einzugehen, die die Stärkung der Identität ermöglichen. Wenn als Fazit einer Analyse zur Berufsorientierung festgestellt werden mußte, daß Berufswahl immer noch in starkem Maße identitätsbelastend ist - wenn die ‘Geschlechternormativa’ nicht eingehalten werden -, so bestätigt das die vorhergehenden Überlegungen.

> "Als Frau sich für einen Männerberuf zu entscheiden und umgekehrt heißt also auch, sich ein Stück weit gegen die Norm zu verhalten, was in der Wahrnehmung anderer mit dem Verlust von Weiblichkeit oder Männlichkeit einhergehen kann. Dieses ‘Wagnis’ gehen nur wenige ein, und sie müssen sich gegen Vorurteile zur Wehr setzen" (Andruschow/Mersmann 1994, S.39).

Die didaktische Arbeit mit Aspekten der Lebensplanung , die das Ziel verfolgt, den möglichen Verlauf des eigenen Lebens zu phantasieren und ein Bewußtsein für die Möglichkeit der aktiven Selbstgestaltung des eigenen Lebens zu entwickeln, geht weit über ein bloßes Abfragen der Berufswünsche hinaus. Die weit in die Zukunft hineinreichenden Lebensentwürfe ermöglichen auch, die einschränkenden gesellschaftlichen Zuschreibungen und Einengungen zumindest da, wo sie in den Äußerungen der Mädchen und Jungen sichtbar werden, anzusprechen und zu hinterfragen. „So entsteht eine Basis, die der weiteren Entwicklung von Berufswünschen dienlich ist, die die Arbeitsmarktrealitäten und gesellschaftichen Geschlechterverhältnisse nicht ignoriert, sich von diesen jedoch auch nicht diktieren läßt." (Hartmann/Hempel 1995, S. 18)

Lebensentwürfe in der Kindheitsforschung

Das Erfassen der Lebensentwürfe und Berufsvorstellungen von Mädchen und Jungen im Rahmen der Kindheitsforschung hat weniger die Funktion, die Mechanismen des Zusammenspiels von strukturellen Vorgaben, Handlungsspielräumen und den subjektiven Wünschen zu untersuchen, denen die individuelle berufliche Entscheidung folgt, wie das Gegenstand der Forschungen zum Berufswahlverhalten ist (vgl. Metz-Göckel 1990, S. 127), sondern Aufschluß zu geben über die Identitätsentwicklung der Mädchen und Jungen und über deren subjektive Interpretation der Welt, in der sie für sich einen Platz finden wollen und müssen. Damit erhalten die Lebensentwürfe der Mädchen und Jungen im Grundschulalter einen nicht zu unterschätzenden Stellenwert auch im Rahmen der Kindheitsforschung.

Kindheitsforschung hat die individuellen, biographischen Voraussetzungen und die sozialen Bedingungen des Aufwachsens der Kinder zum Gegenstand und ist ein sehr heterogenes Forschungsfeld (vgl. Marefka/Nauck 1993). Neueren Veröffentlichungen läßt sich entnehmen, daß Kindheitsforschung vor allem anstrebt:

- Verhaltensveränderungen von Kindern zu erklären und Expertisen für Pädagogen und Bildungspolitiker zu liefern (vgl. Fölling-Albers 1995, S. 11ff.),
- für die Problematik und Würde der kindlichen Subjektivität zu sensibilisieren (vgl. Zinnecker 1995, S. 35),
- die Sozialwelt der Kinder zu erfassen und zu erklären (vgl. Krappmann/Oswald 1995, S.5).

Relativ unberücksicht blieb bisher die Erforschung der Lebensentwürfe und Zukunftsvisionen von Kindern. Leuzinger-Bohleber/Garlichs (1993) haben in ihrem kürzlich vorgelegten Buch die Auswirkungen der gesellschaftlichen Veränderungen auf Zukunftshoffnungen und Zukunftsängste der heranwachsenden Generation untersucht. Sie betrachten die Zukunftsprojektionen bei jüngeren Grundschulkindern „wie eine Gesamtbilanz der bisherigen Sozialisationserfahrungen..." (ebenda, S. 214) Darin eröffnet sich ein breites Spektrum von Gedanken, Gefühlen, Hoffnungen und Sorgen, die Kinder in dieser Welt haben.

Lebensentwürfe von Schulkindern, die deren Vorstellungen vom zukünftigen beruflichen Lebensweg einschließen, sich aber nicht darauf beschränken, sind bisher kaum zum Gegenstand der Kindheitsforschung gemacht worden. Forschungsarbeiten zur Lebensplanung betreffen vor allem ältere Schülerinnen und Schüler (vgl. Faulstich-Wieland u.a. 1984, Rettke 1988, Nyssen u.a. 1992. Metz-Göckel 1990, Behnken u.a. 1991, Bonnemann-Böhner 1992, Lemmermöhle 1995, Bertram u.a. 1994, Kreienbaum 1995).

Lebensentwürfe von Mädchen und Jungen lassen erkennen, wie sie ihre eigene berufliche Position und ihre Rolle in der Familie und der Gesellschaft verstehen, wo auch Rollenklischees sie beim Phantasieren und damit auch bei der freien Selbstentfaltung behindern. Durch die Herausforderung, über das eigene Leben aus einer gewissermaßen rückblickenden Perspektive nachzudenken, werden die sozialen Erfahrungen der Kinder mit politischen, gesellschaftlichen und familialen Strukturen, Traditionen und Werten sichtbar, die das aktuelle Denken der Kinder prägen. Für eine geschlechterbewußte Pädagogik von Bedeutung ist dabei, daß hier Denkmuster für stereotype Beurteilungen und Bewertungen bei der Erfassung der Lebenswelt sichtbar werden. Geschlechtsrollenstereotype, als objektiv weitgehend unrichtige kognitive Formeln (vgl. Bergler/Six 1973, S. 1371 sowie Aissen-Crewett und Hermann in diesem Band), selektieren Informationen und beeinflussen die Wahrnehmung. Eine tatsächliche Besinnung auf sich *selbst*, auf *eigene* Wünsche, Sehnsüchte, Ängste und Träume kann in unserem zweigeschlechtlichen hierarchischen Wertesystem daher nicht ohne eine aktive kritische Auseinandersetzung mit diesen oft verfestigten 'Geschlechterschemata' (Bierhoff-Alfermann 1989). möglich sein. Im Prozeß der Identitätsfindung geht es beständig um ein Wechselspiel zwischen Selbst- und Fremdbewertung, zwischen Real- und Idealbild, um den Vergleich zwischen dem Leben der anderen und den eigenen Vorstellungen und Entwürfen. Leuzinger-Bohleber und Garlichs heben dabei hervor, daß die Bildung von Identität wesentlich mit einem „*Spiegelprozeß im Ich*" zu tun hat.

> „In einem kreativen Prozeß wird 'vor dem inneren Auge', also in der Phantasie z.B. eine bestimmte in der Realität erlebte Berufs- oder Geschlechtsrolle ausprobiert und geprüft, ob man sich mit dieser identisch fühlen kann, sich in ihr wiederfindet. Durch solche Proberealisierungen und identifikatorischen Festlegungen wird eine eigene Identität gebildet." (Leuzinger-Bohleber und Garlichs 1993, S. 116)

Auch über diesen Weg kann sich ein Kind seiner selbst bewußt werden. Beim Nachdenken über die Entwürfe des eigenen Lebens erfolgt eine 'Selbstidentifizierung' anhand des Wissens und der Erfahrungen über sich selbst, „...d.h. das Kind (als Subjekt) macht sich selbst (sein 'Selbst') zum Gegenstand (Objekt) seiner Bewußtseinsprozesse." (Neubauer 1993, S. 303).

Eigene empirische Arbeiten zu Lebensentwürfen von Grundschulkindern (vgl. Hempel 1995) und zu sozialen Erfahrungen der Mädchen und Jungen im

Grundschulalter (vgl. Hempel 1994b) verdeutlichen, daß der den Kindern abgeforderte Perspektivenwechsel (Wechsel der Geschlechterperspektive, Wechsel der zeitlichen Perspektive) beim Thema „Lebensplanung“ einen analytischen Blick auf die ‘Selbstidentifizierung’ jedes Kindes im Kontext der Geschlechterbeziehungen seiner Lebenswelt ermöglicht.

Die im Rahmen der Pilotstudie meines Forschungsprojekts zur Gleichberechtigung und Chancengleichheit von Mädchen und Jungen im Land Brandenburg von Kindern angefertigten Aufsätze von 120 Kindern der Klassen 3 bis 6 zeigten, daß es den Kindern leicht fällt, sich selbst 20-30 Jahre älter vorzustellen und von dieser *zeitlich versetzten Perspektive* aus das eigene Leben in seinem Verlauf, mit den ihm zugedachten Prioritäten und den eingenommenen Wertvorstellungen zu beschreiben. Auch Kinder der ersten und zweiten Klasse konnten zu ihren Bildern sehr phantasievolle Geschichten über ihr zukünftiges Leben erzählen, die auf eine bemerkenswerte Bandbreite der sozialen Erfahrungen der Kinder hindeutet. Im Hinblick auf die Lebensentwürfe und Berufsorientierungen der Mädchen und Jungen erbrachte die Studie das bemerkenswerte Ergebnis, daß es einen ganz starken Trend bei Mädchen *und* Jungen gab, Berufstätigkeit (die eigene und die der PartnerIn) in den eigenen Lebensentwurf als Selbstverständlichkeit zu integrieren. Hier kommen sowohl die bisherige Erfahrungen der Kinder (aus dem Osten Deutschlands) zum Ausdruck als auch Wertvorstellungen und Ansprüche an die Gestaltung des eigenen Lebens - auch unter veränderten gesellschaftlichen Bedingungen. Damit unterscheidet sich die „Ost“-Population durchaus von der vergleichbaren im Westen (vgl. Hempel 1995, Glumpler 1993 und Schimmel/Glumpler 1992). So äußerten z.B. Jungen der 5. Klasse[69]:

- „Was meine Frau arbeitet, ist mir egal, Hauptsache nicht so ein Beruf wie Krankenschwester, wo sie auch Nachtschicht arbeitet und nie da ist.“
- „Meine Frau soll arbeiten und nicht zu Hause rumklucken.“
- „Und eine Arbeit soll meine Frau haben und Chefin sein.“
- „Meine Frau soll nicht zu Hause bleiben, denn sie muß ja auch Geld verdienen.“

Mädchen äußerten z.B.:

- „Mein Mann soll arbeiten gehen. Er soll schließlich was verdienen. Ich bin nämlich nicht dazu da, um ihm so viel zu geben.“ (5. Klasse)
- „Mein Mann bräuchte nur einen Vormittagsjob haben und am Nachmittag auf die Kinder aufpassen.“ (5. Klasse)
- „Ich möchte mir mein Geld selber verdienen und ich möchte einen Mann, der das versteht. Es gibt ja viele, die meinen, eine Frau muß in der Küche am Herd stehen. Ich finde das total Scheiße.“ (6. Klasse)

---

[69] In Brandenburg umfaßt die Grundschule die Klassen 1 - 6.

Es zeigten sich auch Tendenzen der Unsicherheiten hinsichtlich der eigenen Lebensplanung und der Formen des zukünftigen Lebens. Einige Mädchen und Jungen gaben an, später lieber allein leben zu wollen oder sich zwar Kinder, aber keinen Mann zu wünschen. Ein Mädchen gab an, mit ihrer Freundin leben aber eigentlich zugleich auch eine Familie (mit Mann und Kind) zu wollen. Die zum Teil zwiespältigen Gefühle, die mit der Überwindung traditioneller Denkweisen bei den Kindern verbunden sind, lassen die großen Unsicherheiten erahnen, die aus den fehlenden Vorgaben für die Gestaltung der eigenen Biographie erwachsen. Die Defizite in Form fehlender Vorbilder und mangelnder Kenntnisse über andere - neue - Möglichkeiten, als der der traditionellen Kleinfamilie, werden hier ganz deutlich. Ebenso offensichtlich wird, daß mit den Aufsätzen der Mädchen und Jungen ein Einblick in die Lebenswelt der Kinder möglich wird, der sich über Beobachtungen des Schulalltags kaum eröffnet. Zinneckers Forderung nach einer neu zu konzipierenden pädagogischen Ethnographie zur Schule als Lebenswelt der Kinder, bei der „...Kinder als Produzenten und Mitproduzenten ethnographischer Texte zu ihrem Recht kommen..." (Zinnecker 1996, S. 44), ist daher nur zu unterstreichen.

In einer weiteren Studie dieses Projekts, die 1995 begonnen wurde, führten wir mit je über 100 Mädchen und Jungen aus 4., 6. und 8. Klassen leitfadengeleitete Gespräche zu ihren Lebensentwürfen und Berufsvorstellungen durch. Obwohl an dieser Stelle[70] nur einige Ergebnisse kurz angedeutet werden können, unterstreichen sie die Relevanz der Lebens- und Berufsplanung für die Kindheitsforschung und die Frauenforschung.

So wurden die Kinder unter anderem danach gefragt, ob sie schon darüber nachgedacht hätten, welchen Beruf sie einmal ergreifen wollen. Hier antworten 65,3% aller Kinder mit ja und nur 32% aller Kinder verneinen diese Frage. Im einzelnen bejahen bei den *Mädchen* die Frage:

in der 4. Klasse: 82,5%,

in der 6. Klasse: 60,8%,

in der 8. Klasse: 63,3% .

Bei den *Jungen* bejahen diese Frage

in der 4. Klasse: 70%,

in der 6. Klasse: 58,3%,

in der 8. Klasse: 57,1%.

---

70 Diese Studien sind Teil der Untersuchungen im Rahmen meines Habilitationsvorhabens.

Diese Zahlen unterstreichen noch einmal, daß in der Grundschule ein großer Bedarf - aus der Sicht der Schülerinnen und Schüler - besteht, sich mit ihrem zukünftigen Beruf auseinanderzusetzen. Die entgegen der Erwartung rückläufigen Zahlen mit zunehmendem Alter könnten mit der zunehmenden Verunsicherung zusammenhängen, die aus dem sichtbarer werdenden Widerspruch zwischen Ideal und Wirklichkeit resultieren. Die qualitative Auswertung der Gespräche wird weiteren Aufschluß darüber geben können.

Um die Stabilität der eigenen Berufswünsche und die Unabhängigkeit der sich darin widerspiegelnden Interessen von den Meinungen anderer und den geschlechtertypisierenden Zuschreibungen zu prüfen, baten wir die Kinder, sich auf die Perspektive des anderen Geschlechts einzulassen. Sie wurden gefragt: *„Würdest du einen anderen Beruf wählen, wenn du ein Mädchen (Junge) wärst?“*

Aus der Perspektive des anderen Geschlechts zu antworten, fiel den Kindern erheblich schwerer, als das beim Einnehmen der zeitlich versetzten Perspektive der Fall war. Die Antworten der Mädchen und Jungen (siehe Übersicht) waren überraschend. Fast die Hälfte der Kinder veränderte aus der Perspektive des anderen Geschlechts - in der Erwartung nunmehr völlig anderer gesellschaftlicher und geschlechtszuschreibender Konstellationen - die eigenen Berufswünsche.

	ja	nein	keine Antwort (in %)
Jungen, 4. Klasse	48,65	32,43	18,92
Mädchen, 4. Klasse	47,50	32,50	20,00
Jungen, 6. Klasse	36,11	41,67	22,22
Mädchen, 6. Klasse	45,10	35,29	19,61
Jungen, 8. Klasse	35,71	32,14	32,15
Mädchen, 8. Klasse	60,00	26,67	13,33

Die Kinder ließen sich in einem erstaunlichen Ausmaß von Überlegungen leiten, die von ihren eigentlichen eigenen Wünschen und Interessen wegführten. So begründeten sie ihre Antwort damit, daß „..man dann (als Junge/Mädchen) andere Interessen hätte“, ...daß „man (als Junge) dann Technisches besser versteht“, daß „...man dann (als Mädchen) nicht so etwas Schweres arbeiten könnte“ usw. Mädchen waren offenbar auch eher bereit, die eigenen Interessen zugunsten einer vermuteten Erwartungshaltung an das andere Geschlecht aufzugeben. Das läßt einerseits auf eine gut ausgeprägte Fähigkeit zur Perspektivenübernahme schließen, andererseits verweist es auf das Problem, sich zu schnell aus der Sicht anderer „angepaßt“ zu definieren und die *eigene* individuelle Perspektive unter einem bestimmten Erwartungsdruck nicht durchzuhalten. Die Mädchen scheinen auch weniger selbstbewußt als die Jungen an ihren subjektiven Wünschen festzuhalten, während die Jungen sich offenbar in geringerem Umfang von gesellschaftlichen Geschlechtsrollenzuschreibungen und Erwartungshaltungen von ihrem Weg abbringen lassen. Jungen fiel es schwerer, eine Begründung für ihre Antwort zu geben und es wurde deutlich: Mädchen konnten leichter als Jungen die Perspektive des anderen, auch des anderen Geschlechts, übernehmen. In der Theorie der Perspektivenübernahme wird das *Verstehen* des anderen von vornherein als das Rekonstruieren seiner Perspektive von einer bestimmten Situation aufgefaßt (vgl. Geulen 1982, S.53), d. h. es müssen also ausreichend Informationen über das Bezugssystem zur Verfügung stehen, damit die Rekonstruktion der Perspektive der anderen möglich wird. Ganz offensichtlich sind die Informationen, die beide Geschlechter voneinander haben, äußerst gering und durch viele Vorurteile belastet. Der notwendige Perspektivenwechsel, den die Kinder im Zusammenhang mit dem Gespräch vornehmen mußten, kann schon als ein Schritt in Richtung der notwendigen Qualifikation betrachtet werden.

Wie wenig das Thema Arbeit, Beruf und Lebensplanung in der Grund- und weiterführenden Schule thematisiert wird, zeigen die Antworten auf die Frage, woher den Mädchen und Jungen der von ihnen genannte Wunschberuf bekannt sei. 34,6% der Jungen und 22,3% der Mädchen nannten als Quelle Eltern, Geschwister und Verwandte; das Fernsehen nannten 8,9% der Jungen und 13,2% der Mädchen und 7,9% der Jungen und 3,3% der Mädchen nannten in diesem Zusammenhang “Freunde“. Nur 1% der Jungen und 1,6% der Mädchen gaben an, daß sie für ihren Wunschberuf durch die Schule bzw. durch die LehrerInnen angeregt worden waren.

Fazit

Lebensentwürfe von Mädchen und Jungen im Grundschulalter sind eine Möglichkeit, sich den Auswirkungen geschlechtsspezifischer Sozialisationsprozesse auf die Wunsch- und Wertvorstellungen der Kinder zu nähern, auf Vorurteile und Rollenklischees aufmerksam zu werden und die geschlechtspezifische Teilung des Arbeitsmarktes zu thematisieren, um früh die durch das kulturelle System hierarchischer Zweigeschlechtlichkeit tradierten, einengenden Vorstellungen vom eigenen Leben, vom Arbeiten und vom Zusammenleben der Geschlechter zu überwinden.

Literatur

Andruschow, Katrin/Mersmann, Rita: „Ick globe, die wollten lieber einen Mann...“. Berufsorientierung und Ausbildungssituation der Mädchen und Jungen im Land Brandenburg. Potsdam 1994.

Bierhoff-Alfermann, Dorothee: Androgynie. Möglichkeiten und Grenzen der Geschlechterrollen. Opladen 1989.

Beck, Ulrich/ Beck-Gernsheim, Elisabeth: Das ganz normale Chaos der Liebe. Frankfurt am Main 1990.

Bergler, R./ Six, B.: Stereotype und Vorurteile. In; Graumann, C.F. (Hg.): Handbuch der Psychologie. Band 7. Göttingen 1973, S. 886 - 954.

Bertram, Barbara u.a.: Gelungener Start - unsichere Zukunft? Weinheim und München 1994.

Behnken, Imbke u.a.: Schülerstudie '90. Weinheim und München 1991.

Behnken, Imbke/ Jaumann, Olga (Hg.): Kindheit und Schule. Weinheim und München 1995.

Biermann, Christiane: „Haushalts(s)paß für Jungen und Mädchen". Ein Projekt in der Primarstufe der Laborschule Bielefeld. In: Brehmer, Ilse (Hg.): Schule im Patriarchat - Schulung fürs Patriarchat? Weinheim und Basel 1991, S. 125 - 132.

Bonnemann-Böhner, Adelheid u.a.: Lebens- und Berufsvorstellungen von Schülerinnen der 8. Klassen in Kiel und im Kreis Rendsburg-Eckernförde. Abschlußbericht der wissenschaftlichen Begleitung. Kiel 1992.

du Bois-Reymond, Manuela: Alte Kindheit im Übergang zu neuer Kindheit. Umgangsformen zwischen Kindern und Erwachsenen im Wandel dreier Generationen. In: Behnken, Imbke/ Jaumann, Olga (Hg.): Kindheit und Schule. Weinheim und München 1995, S. 145 - 158.

Faulstich-Wieland, Hannelore u.a.: Erfolgreich in der Schule, diskriminiert im Beruf: Geschlechtsspezifische Ungleichheiten bei der Berufseinmündung. In: Rolff, Hans Günter u.a. (Hg.): Jahrbuch der Schulentwicklung Band 3. Weinheim 1934, S. 117 - 143.

Fölling-Albers, Maria: Kindheitsforschung und Schule. Überlegungen zu einem Annährerungsprozeß. In: Behnken, Imbke/ Jaumann, Olga (Hg.): Kindheit und Schule.Weinheim und München 1995, S. 11 - 20.

Hartmann, Jutta/ Hempel: Die berufliche Zukunft - ein Thema für Mädchen und Jungen im Grundschulalter? In: Hempel, Marlies/ Hartmann, Jutta: Lebensplanung und Berufsorientierung - ein Thema für die Grundschule? Potsdamer Studien zur Grundschulforschung, Heft 8/1995, S. 9 - 18.

Hempel, Marlies: Mädchen und Jungen im Schulbuch. Das Geschlechterverhältnis in den Lehrbüchern des Sachunterrichts und der politischen Bildung. Potsdamer Studien zur Grundschulforschung, Heft 3/1994 a.

Hempel, Marlies: Soziales Lernen in der Grundschule. Sozialkompetenz und Sozialerfahrungen von Mädchen und Jungen in der Grundschule. Potsdamer Studien zur Grundschulforschung, Heft 1/1994 b.

Hempel, Marlies: Gleichberechtigung und Chancengleichheit von Mädchen und Jungen an den Grundschulen des Landes Brandenburg. In: Hempel, Marlies (Hg.): Verschieden und doch gleich. Schule und Geschlechterverhältnisse in Ost und West. Bad Heilbrunn 1995, 94 - 120.

Hempel, Marlies/Hartmann, Jutta: Lebensplanung und Berufsorientierung - ein Thema für die Grundschule? Potsdamer Studien zur Grundschulforschung, Heft 8/1995.

Geulen, Dieter (Hg.): Perspektivenübernahme und soziales Handeln. Suhrkamp, Frankfurt am Main 1982.

Grabrucker, Marianne: „Typisch Mädchen..." Prägung in den ersten drei Lebensjahren. Frankfurt am Main 1985.

Kaiser, Astrid: Verschiedene Vorstellungen von der Arbeitswelt bei Mädchen und Jungen. In: Prengel, Annedore u.a. (Hg.): Schulbildung und Gleichberechtigung. Frankfurt/Main 1987.

Kaiser, Astrid: Hausarbeit in der Schule? Pfaffenweiler 1991.

Krappmann, Lothar/ Oswald, Hans: Alltag der Schulkinder. Weinheim und München 1995.

Kreienbaum, Maria Anna: Leben- und Karrierepläne - eine Absolventinnenstudie. In: GEW-Frauen: Koedukation. Frankfurt am Main 1995, S. 177-188.

Lahrmann, Leonhard: Phantasie und elementares Lernen. Paderborn 1972.

Lemmermöhle, Doris: Jugend Ost: Vorbereitung auf den Übergang von der Schule in die Arbeitswelt. In: Hempel, Marlies (Hg.): Verschieden und doch gleich. Schule und Geschlechterverhältnisse in Ost und West. Bad Heilbrunn 1995, 190 - 216.

Leuzinger-Bohleber, Marianne/ Garlichs, Ariane: Früherziehung West - Ost. Weinheim und München 1993.

Marefka, Manfred/ Nauck, Bernhard (Hg.): Handbuch der Kindheitsforschung. Neuwied 1993.

Metz-Göckel, Sigrid: Berufsbildung und Berufsfindung. In: Metz-Göckel, Sigrid/Nyssen, Elke: Frauen leben Widersprüche. Weinheim und Basel 1990, S. 91 - 138.

Neubauer, Walter: Identitätsentwicklung. In: Marefka, Manfred/Nauck, Bernhard (Hg.): Handbuch der Kindheitsforschung. Neuwied 1993. 303 - 318.

Nyssen, Elke u.a.: En Mann, ein Kind oder zwei und nebenbei noch mein Beruf. In: PÄD EXTRA, Heft 3/1992, S. 34 - 39.

Rettke, Ursula: Die schrittweise Verweiblichung der Berufsvorstellungen von Hauptschülerinnen. In: Pädagogik 5/1988, S. 16 - 19.

Scheu, Ursula: Wir werden nicht als Mädchen geboren, wir werden dazu gemacht. Frankfurt am Main 1978.

Schimmel, Kerstin/ Glumpler, Edith: Berufsorientierung von Mädchen und Jungen im Grundschulalter. In: Glumpler, Edith (Hg.): Mädchenbildung - Frauenbildung. Bad Heilbrunn 1992, S. 282 - 293.

Zinnecker, Jürgen: Grundschule als Lebenswelt des Kindes. Plädoyer für eine pädagogische Ethnographie. In: Bartmann, Theodor/Ulonska, Herbert (Hg.): Kinder in der Grundschule. Bad Heilbrunn 1996, S. 41 -74.

Zinnecker, Jürgen: Pädagogische Ethnographie. Ein Plädoyer. In: Behnken, Imbke/ Jaumann, Olga (Hg.): Kindheit und Schule. Weinheim und München 1995, S. 21 - 38.

Claudia Biskup, Johann Brink, Gertrud Pfister

Konflikte aus der Sicht von Schülerinnen und Schülern

Konflikte sind Teil der Kinderwelt

> Im Alter von 7 Jahren kam Hans Unwirrsch in die Schule. "Die Freunde und Feinde unter den Knaben waren schnell herausgefunden; gleichartige Gemüter schlossen sich an ihn, entgegenstehende Naturen suchten ihn an den Haaren aus seiner Weltanschauung herauszuziehen, und im Einzelkampf wie in der allgemeinen Prügelei kam manches Leid über ihn, das er als anständiger Junge ertrug, ohne sich hinter dem Lehrer zu verkriechen. Als anständiger Junge hatte er in dieser Lebensepoche gegen das weibliche Geschlecht auf den Bänken zur rechten des Ganges im allgemeinen eine heilsame Idiosynkratie..." (W. Raabe: Der Hungerpastor, 1864)

Konflikte unter Kindern gab es anscheinend schon immer. In der zitierten Szene aus dem "Hungerpastor" schildert Wilhelm Raabe (1864) Prügeleien und Kämpfe unter Klassenkameraden, die unterschiedliche Standpunkte ("Weltanschauungen") durchsetzen und eine Rangordnung in der Klasse festlegen wollten. Die physischen Auseinandersetzungen werden von Raabe als durchaus ernste Kämpfe dargestellt, bei denen der eine oder andere Junge sogar verletzt wurde. An ähnliche Prügelszenen unter Schulkameraden erinnern sich auch Erwachsene, wenn sie über ihre Kindheit in der Nachkriegszeit erzählen (Kempowski 1976 und Tillmann 1995).

Seit einigen Jahren scheinen aggressive Verhaltensweisen bis hin zu Gewalttaten von Kindern und Jugendlichen zuzunehmen. Dies ist zumindest den Berichten von Lehrkräften, Eltern, Polizisten und Sozialwissenschaftlern und -wissenschaftlerinnen, vor allem aber auch den Schlagzeilen der Massenmedien zu entnehmen (vgl. 2. Zwischenbericht der Unabhängigen Kommission zur Verhinderung und Bekämpfung von Gewalt in Berlin, 1991). Nach Polizeiangaben nahm beispielsweise die Jugendkriminalität im vergangenen Jahr um fast 7% zu. Während 1985 in Berlin etwa 16500 Jugendliche straffällig wurden, waren es 1994 schon 38700. Dabei wurde auch eine stetige Zunahme der Gewaltbereitschaft festgestellt (Anker 1996). Die Daten der Kriminalstatistik sagen allerdings wenig über die überwiegende Mehrheit der Kinder und Jugendlichen aus.

In der Kinder- und Jugendforschung wird jedenfalls darauf hingewiesen, daß die Frage, in welchem Ausmaß aggressive Verhaltensweisen, Gewalt und Gewaltbereitschaft unter "normalen" Jugendlichen zugenommen haben, nicht eindeutig zu klären ist, da "objektive" Vergleichsdaten aus der Vergangenheit fehlen (Hurrelmann 1995; Tillmann 1995). Unstrittig ist aber die Veränderung des Kinderalltags, die sowohl Störungen der Persönlichkeitsentwicklung als auch Störungen der interpersonellen Beziehungen zur Folge haben kann (Hurrelmann 1995): Von Kindern wird heute einerseits mehr Selbständigkeit gefordert, andererseits fehlen häufig die Möglichkeiten, eigenverantwortlich Beziehungen zu anderen Kindern aufzubauen. Viele Kinder sind tagsüber entweder alleine oder "verplant". Schon aufgrund der "Verinselung von Lebensräumen" ist es für Kinder schwierig, andere spontan zu treffen und gemeinsame Aktivitäten zu initiieren (Zeiher/Zeiher 1994). Zudem ist die Erziehung durch die Eltern zwar weniger autoritär geworden, gleichzeitig bedingen jedoch die Wertvorstellungen einer "Ellenbogengesellschaft" hohe, zum Teil unrealistische Erwartungen an das Leistungsvermögen von Kindern. Dieses Spannungsverhältnis zwischen freizügiger Erziehung und (Über-)Forderung von Kindern kommt in der Schule besonders deutlich zum Ausdruck. Die Schulklasse ist zu einem ambivalenten Interaktionsfeld geworden, in dem Kinder unterschiedlicher Herkunft und mit unterschiedlichen Erfahrungswelten, mit unterschiedlichen Fähigkeiten und Fertigkeiten zusammengefaßt sind (vgl. auch Fend 1988). Konflikte sind daher vorprogrammiert. Dabei darf nicht vergessen werden, daß Streit ein wichtiges Element sozialer Beziehungen ist. Kinder sind mit zunehmender kognitiver Entwicklung zwar fähig, verschiedene Sichtweisen zu verstehen, sie benötigen aber andere Kinder, um mit Widersprüchen konfrontiert zu werden und bisherige Sichtweisen neu zu bedenken (Piaget 1970; Wygotsky 1972). Viele Studien belegen, daß erfolgreich gelöste Konflikte wichtig sind für die Entwicklung von Kindern, u.a. für die Identitätsentwicklung, Rollenidentifikation, Freundschaftsentwicklung, Entwicklung moralischen Verstehens und anderer soziokognitiver Bereiche (Edelstein/Keller 1982; Krappmann/Oswald 1992; Selman 1980; Shugar/Bokus 1986). In der Auseinandersetzung mit anderen lernen Kinder eigene Wünsche und Bedürfnisse auszusprechen sowie Wünsche und Bedürfnisse anderer anzuerkennen und zu berücksichtigen. Ebenso lernen sie Spannungen untereinander zu ertragen, nachzugeben, sich durchzusetzen oder Kompromisse einzugehen. Freundschaften bieten Kindern dabei einen besonders förderlichen Rahmen, um Konfliktverhalten zu lernen, da die emotionale Verbundenheit zum/zur Konfliktpartner/in eine erfolgreiche Lösung des Konflikts verlangt, wenn die Konfliktpartner/innen an der Weiterführung der Freundschaftsbeziehung interessiert sind (Krappmann 1993; Valtin 1991; Youniss 1982).

"Streiten-Können wird von Psychologen als 'Lebenstechnik' bezeichnet, die erlernt sein muß." (Valtin 1991, S. 102)

Gewalt ist Jungengewalt

Wie oben erwähnt, sind aggressive und gewalttätige Interaktionsweisen von Kindern und Jugendlichen derzeit ein viel beachtetes Thema in der Öffentlichkeit. Trotzdem sind systematische und fundierte Untersuchungen immer noch selten. Dabei wird auch häufig übersehen, daß es sich bei den gewaltbereiten und aggressiven Kindern und Jugendlichen - wie alle vorliegenden Untersuchungen eindeutig bestätigen - fast ausschließlich um Jungen handelt. Nach der oben angeführten Kriminalstatistik sind 90% der jugendlichen Täter männlich. Häufig richtet sich auch die Gewalt der Jungen gegen andere Jungen (Barz 1990; Derscheid 1988; Kavemann 1992; Olweus 1995; Struck 1995). Allerdings zeigen die vorliegenden Untersuchungen auch, daß oft nur eine Minderheit der Jungen an aggressiven Auseinandersetzungen beteiligt ist und daß häufig auch - schwächere und rangniedere - Jungen die Opfer von aggressiven Handlungen sind (Cairns, R.B. et al. 1988). Es wurde aber auch deutlich, daß Mädchen nicht nur über Strategien verfügen, ihrerseits die Jungen zu ärgern - durch Kritisieren oder Petzen -, sondern daß sie sich auch, vor allem durch Koalitionen mit anderen Mädchen, erfolgreich zur Wehr setzen können. (Oswald/Krappmann/v.Salisch 1988) Insgesamt ist von einem Zusammenhang zwischen Geschlechtsrollenkonformität und Verhalten in Konflikten auszugehen. Dominanz und Aggression gelten als "typisch" männlich, Kooperation und Konfliktvermeidung dagegen als "typisch" weiblich. Die Auseinandersetzung mit und das Annehmen von Geschlechtsrollen ist Teil des Sozialisationsprozesses, wie u.a. Beobachtungen in Grundschulen verdeutlichen: Mädchen der ersten Klassenstufe wissen sich durchaus zu wehren und beteiligen sich, wenn auch in geringerem Maße als Jungen, am "Quatschmachen" und auch an Rangeleien. Schülerinnen in der vierten Klasse haben dagegen schon gelernt, sich "gesittet" und mädchenhaft zu verhalten (Oswald/Krappmann/Chowduri/v.Salisch 1986; Oswald/Krappmann/v.Salisch 1988). Aufgrund der Abwertung von Weiblichkeit durch Jungen, der Tendenzen zur Geschlechtersegregation und der geschlechtstypischen Interaktionsstile verwundert es nicht, daß Kontakte über die Geschlechtergrenzen hinweg oft konfliktreich sind. Dabei werden, wie Lockheed (1985) in einem Überblick über 29 relevante Studien feststellen konnte, diese Konflikte eher auf Kosten der Mädchen gelöst.

Inzwischen ist die Sozialisationsforschung von der naiven Annahme abgerückt, daß es vor allem die bewußten Sanktionen der sogenannten Sozialisationsagenten sind, die Mädchen zu Mädchen und Jungen zu Jungen machen. Neuere theoretische Konzepte verweisen dagegen auf die interaktive Dimension des Sozialisationsprozesses, d.h. auf die dialektischen Beziehungen zwischen Person und sozialer und ökologischer Umwelt, die einerseits wahrgenommen und verarbeitet wird und damit auf das Individuum einwirkt, die aber andererseits auch vom Individuum beeinflußt und verändert werden kann (Hurrelmann 1989). Mit dem Begriff der sozialökologischen Umwelt geraten die sozialen, kulturellen und materiellen Bedingungen auf verschiedenen Ebenen ins Blickfeld. Unsere Gesellschaft basiert auf einer kulturell und symbolisch vermittelten Geschlechterdualität und damit zusammenhängend auf einer hierarchischen Geschlechterordnung, die Lebens- und Handlungszusammenhänge, insgesamt das sozialökologische Umfeld, durchdringen und strukturieren (u.a. Metz-Göckel 1988). Individuen werden von ihrer Mitwelt als männlich oder weiblich identifiziert und mit einer zweigeschlechtlich organisierten Welt konfrontiert. Die Orientierung der Kinder an der Geschlechterdualität trägt in Verbindung mit ihrem Bestreben, "richtig", d.h. geschlechtsädäquat zu handeln, zur Übernahme der Geschlechtsrollen bei. (Eagly 1985; Hagemann-White 1984; Heyne 1993; Horstkemper 1987).

In der Sozialisationsforschung setzt sich zudem zunehmend die Erkenntnis durch, daß die geschlechtshomogene peergroup in der Sozialisation und vor allem auch bei der Vermittlung von Weiblichkeits- und Männlichkeitsidealen und den damit verbundenen Verhaltensmustern eine zentrale Rolle spielt (Maccoby 1990; Thorne 1985). Überträgt man diese Erkenntnisse auf die Schule, so muß dem sogenannten heimlichen Lehrplan eine wichtige Bedeutung zugemessen werden: Miteinander umzugehen, als Mädchen und als Junge aufzutreten und "richtig" zu handeln, lernen Kinder nicht im "offiziellen" Unterricht, sondern weitgehend unbemerkt und ungeplant vor, in und nach den Schulstunden, auf dem Pausenhof, auf dem Schulweg (Pfister 1993). Leider liegen derzeit nur wenige Erkenntnisse über die im Rahmen der Schule ablaufenden Prozesse, Interaktionen und Konflikte vor, die sich zwischen beiden Geschlechtern abspielen und die dazu beitragen, daß Mädchen zu "richtigen" Mädchen und Jungen zu "echten" Jungen werden (Croll/Moses 1990; Erwin 1993; Lloyd/Duveen 1992; McGruk 1992).

Schule als Ort der Konfliktbewältigung

Mit den gesellschaftlichen Veränderungen hat sich auch die Aufgabe von Schule verändert. Galt Schule früher lediglich als Ort der Wissenserwerbs, so wird sie heute als wichtige Erziehungsinstanz verstanden, die Normen und Werte vermitteln und soziales Lernen initiieren soll. Schule soll also ein Ort sein, an dem vielfältige kognitive und soziale Erfahrungen gemacht werden (Fölling-Albers 1994). Aufgrund ihrer Erziehungsaufgabe sollte die Schule auch zur Reduktion von Gewalt und Gewaltbereitschaft beitragen. Konfliktbewältigung ist dabei als wichtige soziale Kompetenz zu betrachten.

Ziel des Berliner Modellversuchs "Konfliktbewältigung für Mädchen und Jungen" ist die Entwicklung und Erprobung eines Konzepts, das stereotypen Selbsteinschätzungen und Vorurteilen gegenüber Kindern des anderen Geschlechts entgegenwirkt, zur Bewältigung von Konflikten befähigt und insgesamt auf eine Verbesserung der Beziehungen zwischen Mädchen und Jungen, und somit auf eine Verbesserung des Klassenklimas zielt. Die vorliegenden Studien zu Konflikten unter Kindern beschreiben fast ausschließlich die Sicht von Erwachsenen (vgl. Tillmann 1995, Valtin 1991). Dies ist eine einseitige Perspektive, die den Wahrnehmungen, Einschätzungen und Begründungen der Betroffenen nicht immer gerecht wird. Die Rekonstruktion von Konflikten aus Schüler/innenperspektive ist nicht zuletzt deshalb wichtig, um zu erkennen und zu begreifen, wie Kinder Konflikte definieren, welche Konflikte Mädchen und Jungen unter- und miteinander austragen, wo und wie sie sie erleben und bewältigen und wo Hilfe zur Konfiktbewältigung ansetzen kann.

Methoden, Vorgehensweise, Stichprobe der Begleitforschung

Die im folgenden vorgestellten Ergebnisse basieren auf einer Untersuchung, die im Kontext des Modellversuchs "Konfliktbewältigung für Mädchen und Jungen" durchgeführt wird. Dabei werden Inhalte und Vorgehensweisen, Einstellungen und Urteile der Beteiligten, Chancen und Probleme sowie mögliche Auswirkungen der "Konfliktbewältigungskurse" erfaßt. Die Ergebnisse dieser Untersuchung sollen zum einen in die laufende Kursarbeit einfließen und zum anderen insgesamt eine Evaluation des Modellversuchs ermöglichen. In dieser Studie werden unterschiedliche Methoden der qualitativen und der quantitativen Sozialforschung eingesetzt[71]. Eines der wichtigsten Instrumente ist die Befragung der an den Kursen teilnehmenden Kinder. Wir führten vor Beginn des Modellversuchs themenzentrierte Interviews durch, in denen das Thema Konflikte unter Kindern einer der Schwerpunkte ist[72]. Die zentralen Fragen sind bei dieser Form des Interviews durch einen Leitfaden vorgegeben. Es wurde den Befragten aber die Möglichkeit gegeben, neue Themen und individuelle Erfahrungen anzusprechen sowie eigene Erklärungsmuster einzubringen. Die Interviews dauerten zwischen 20 und 40 Minuten, sie wurden auf Tonband aufgenommen und transkribiert. Mit Hilfe eines aus den Transkrip-

---

71 Untersuchungsinstrumente sind: verschiedene soziometrische Tests, Aufsätze zum Thema "Ich bin gerne ein Mädchen, weil..." bzw. "Ich bin gerne ein Junge, weil...", Zeichnungen von Konflikten zwischen Mädchen und Jungen, Bildergeschichten (auf der Basis des von Petermann, F. / Petermann, U. entwickelten Fragebogens zur Erfassung aggressiven Verhaltens in konkreten Situationen (EAS), Braunschweig 1990)

72 Konflikt soll hier als übergreifender Begriff für gegensätzliche Interessen von Individuen oder Gruppen und die damit eventuell verbundenen Auseinandersetzungen verstanden werden. Wir gehen davon aus, daß wir mit diesem neutralen und offenen Terminus die Ambivalenz, die Vielfalt von Anlässen, Strategien und Lösungen sowie auch die unterschiedliche Relevanz von Auseinandersetzungen erfassen können (Meyers Kleines Lexikon Psychologie, Mannheim/Wien/Zürich 1986, S. 186).

ten entwickelten Kategoriensystems wurden Aussagen der Kinder dann qualitativ und quantitativ ausgewertet[73]. Zum Thema Konflikt wurden Fragen gestellt wie "Wie kommst du mit deinen Mitschüler/innen aus?", "Erzähle deinen letzten Streit.", "Mit wem streitest du?", "Worum geht es da?", "Ärgerst du dich manchmal über andere?" und "Hast du Angst vor jemanden?". Aufgabe der Interviewer/innen war es dabei auch, durch gezielte Nachfragen ein möglichst vollständiges Bild vom Konflikt aus der Sicht des befragten Kindes zu erhalten. Das Thema wurde von den befragten Kindern bereitwillig aufgegriffen, manche Mädchen und Jungen äußerten auch "daß sie froh seien, endlich mit Erwachsenen über ihre Konflikte sprechen zu können".

Im folgenden werden Ergebnisse der Befragungen vorgestellt, die vor Beginn der Kurse in vier der am Modellversuch beteiligten Klassen (Klassenstufen 3, 4 und 5) durchgeführt wurde, um die "Ausgangslage", d.h. die Interaktions- und Beziehungsstrukturen in den Klassen, zu ermitteln.

Abbildung 1:

Stichprobenbeschreibung	Klassenstufen			Gesamt
	3. Klasse	4. Klasse	5. Klasse	
Anzahl der Versuchspersonen				
Mädchen	20	13	11	44
Jungen	19	11	10	40
Gesamt	39	24	21	84
Anzahl der angesprochenen Konflikte				
Mädchen	72	41	52	156
Jungen	63	67	55	194
Gesamt	135	108	107	350
Durchschnittliche Anzahl der angesprochenen Konflikte				
Mädchen	4,14	6,34	5,80	4,41
Jungen	3,89	4,41	5,98	3,90
Gesamt	3,46	4,50	5,10	4,17

73 Die qualitative Auswertung wurde mit dem Datenbanksystem MAX, das qualitativ erhobenenes Datenmaterial verwaltet, unterstützt. Die quantitativen Daten wurden mit SPSS ausgewertet.

Ergebnisse

Konflikte aus der Sicht der Kinder - allgemeine Trends

Die befragten Kinder, 44 Mädchen und 40 Jungen, erzählten uns auf die Frage, wie sie mit ihren Mitschülern/schülerinnen auskämen und ob sie manchmal Streit hätten, insgesamt 350 Konflikte[74]. Jedes der interviewten Kinder konnte mindestens über einen Konflikt berichten. Manche Kinder erzählten sogar acht verschiedene Streitfälle. Im Durchschnitt waren es vier verschiedene Konflikte, in die die Befragten verwickelt waren bzw. sind. Soweit das den Aussagen der Schülerinnen und Schüler zu entnehmen war, lagen ihre Konflikte in der Regel nicht weit zurück. Nur ca. 8% der Streitfälle waren nicht mehr aktuell. Das bedeutet, daß die Kinder mit relativ vielen Streitfällen konfrontiert zu sein scheinen. Offensichtlich sind Konflikte ein wesentlicher Teil des Kinderalltags. Etwa 80% der Streitigkeiten waren nach den Aussagen der Befragten keine "Dauerbrenner". Wenn sie z.B. während der Schulpause ausgetragen wurden, waren sie ebenfalls spätestens am Ende der Pause, in welcher Art auch immer, beendet. Nur ein Fünftel der Konflikte (21%) dauerten "länger", manche sogar mehrere Tage. Jungen und Mädchen in diesem Alter haben anscheinend kaum länger dauernde Feindschaften. Allerdings gibt es durchaus einige wenige Streitfälle, die das Klassenklima auf längere Zeit beeinträchtigen können. Wenn man von den Schilderungen der Kinder ausgeht, dann unterscheiden sich die befragten Mädchen und Jungen nicht im Hinblick auf die Zahl, Aktualität und Dauer ihrer Konflikte.

Schule, als ein zentraler Bereich im Lebenskontext von Kindern, bietet Raum und Anlaß für Interaktionen und Auseinandersetzungen aller Art. So fanden auch 41% der von Mädchen und Jungen geschilderten Streitfälle in der Schule, d.h. im Klassenzimmer, im Schulgebäude, in der Sporthalle oder auch auf dem Schulhof statt. 11% der Konflikte wurden außerhalb der Schule, u.a. auf dem Schulweg, dem Spiel- oder Sportplatz oder auch zu Hause ausgetragen. Häufig, in 48% der geschilderten Fälle, ist den Berichten der Kinder nicht zu entnehmen, wo die Konflikte stattfanden[75]. Daß die Schule der Ort ist, wo sich Konflikte entzünden und aggressive Auseinandersetzungen unter den Kindern abspielen, zeigten auch andere Untersuchungen (Hering/Rietschel 1995; Walker 1991). Die Gründe für das "explosive" Klima an der Schule oder zumindest an manchen Schulen sind, wie oben schon erwähnt, sicher vielfältig. Hohe nervliche Belastungen, Wettbewerb um Noten und um Anerkennung sowie

---

[74] Wir berücksichtigen hier nur die Aussagen über solche Konflikte, in die die befragten Kinder verwickelt waren bzw. noch sind. Nicht ausgewertet wurden die Konfliktgeschichten, bei denen die Befragten nur Beobachter/innen waren.

[75] In bezug auf den Ort der Konfliktaustragung zeigten sich keine geschlechtsspezifischen Unterschiede.

Frustrationserlebnisse sind nur einige der Faktoren, die sich in Aggressionen entladen können. Dies meinten auch einige der von uns befragten Lehrkräfte. Es ist zudem zu berücksichtigen, daß Kinder sich - aus der Perspektive Erwachsener - auch aus "nichtigen" Anlässen streiten können, z.B. darüber, ob es richtig, sei in Schönschrift zu schreiben oder nicht.

Auch wenn die Kinder in den von uns durchgeführten Interviews keine differenzierte Auseinandersetzung mit dem Konfliktfeld Schule leisten konnten, so ist aus der von ihnen bestätigten Häufung der Konfliktfälle in schulischem Kontext zu folgern, daß die Schule auch dazu beitragen muß, Schüler und Schülerinnen zur Konfliktbewältigung zu befähigen. Trotz ihrer Alltäglichkeit sind Konflikte, wie auch unsere Interviews erkennen lassen, mit starken Emotionen verbunden. Bei 66% der Streitfälle kamen die Kinder spontan auf ihre Gefühle zu sprechen. Diese große Zahl überrascht auch deshalb, weil viele der Konfliktgeschichten nur kurz und bruchstückartig waren. Nach den Aussagen unserer Befragten wurde die überwiegende Mehrheit der Konflikte als Belastung erlebt. Wenn Gefühle erwähnt wurden, dann waren es vor allem - bei 33% aller Konfliktfälle - Ärger oder Wut, aber auch Angst und Trauer (bei je 6% der geschilderten Konflikte). So beschrieb ein Junge aus einer 4. Klasse seine Angst vor einem Klassenkameraden folgendermaßen: "Ich hab da manchmal Schiß gehabt, weil, wenn er ausrastet, schmeisst er manchmal Stühle". Nur eine Minderheit der Konflikte (8%) wurde als notwendig beschrieben und daher offensichtlich auch nicht als emotionale Belastung empfunden. 3% der geschilderten Streitfälle machten den Kindern "Spaß".

Konflikte aus der Sicht von Kindern - Geschlechtsunterschiede

Die Kontrahenten und Kontrahentinnen

Wie im Zusammenhang mit der Diskussion des Forschungsstandes erwähnt, weisen die vorliegenden Untersuchungsergebnisse eindeutig darauf hin, daß Jungen häufiger als Mädchen aggressive Verhaltensweisen zeigen und unter den "Tätern" überrepräsentiert sind. Läßt sich daraus nun schließen, daß Konflikte zwischen Jungen und Mädchen oder auch von Jungen untereinander überwiegen? Dieser Vermutung widerspricht allerdings die Tatsache, daß sich Mädchen und Jungen hinsichtlich der Zahl der von ihnen erwähnten Konflikte nicht unterscheiden. Dagegen unterscheiden sich die Aussagen der Mädchen und Jungen über ihre Konfliktpartner/innen bzw. -gegner/innen signifikant. Mädchen scheinen annähernd gleich häufig mit Jungen wie mit anderen Mädchen zu streiten. 52% der von Mädchen erzählten Konflikte wurden mit anderen Mädchen, 48% mit Jungen ausgetragen. Dagegen scheinen sich die Konflikte der Jungen in der peergroup abzuspielen: In 80% der von ihnen genannten Konflikte sind andere Jungen verwickelt. Auf den ersten Blick scheinen diese Ergebnisse nicht zueinander zu passen. Die Diskrepanz zwischen den Angaben der Mädchen und denen der Jungen könnte auf die unterschiedliche Wahrnehmung und Interpretation der Schülerinnen und der Schüler zurückzuführen sein. Während Jungen den Rempeleien oder Streitereien mit Mädchen möglicherweise keine große Bedeutung zumessen und sie von daher auch nicht für erwähnenswert halten, fühlen sich Mädchen durch Kontakte oder Interaktionen, die Jungen für "normal" halten, angegriffen und interpretieren sie als konflikthaft. Vor allem bei den Jungen sind es überwiegend, in 75% der Streitfälle, die Klassenkameraden, die als Konfliktpartner bzw. Konfliktgegner erwähnt werden. Die Freunde oder auch Kinder, die nicht in dieselbe Klasse oder Schule gehen, spielen in den Konfliktgeschichten der Jungen eine relativ geringe Rolle. Mädchen berichten dagegen etwa dreimal so häufig wie Jungen von Konflikten mit ihren Freundinnen und mehr als doppelt so häufig von Konflikten mit Kindern aus dem außerschulischen Umfeld, vor allem mit den Geschwistern. In diesen Ergebnissen spiegeln sich die geschlechtstypischen Freundschafts- und Beziehungsstrukturen wider (Maccoby 1990). Für Mädchen sind Freundinnen oder auch die "beste Freundin" zentrale Bezugspersonen. Daher sind Konflikte mit einer Freundin auch Ereignisse, die Mädchen stark beschäftigen und die sie deshalb auch gerne erzählen. Freundschaften unter Mädchen sind gerade aufgrund ihrer großen Bedeutung auch störungsanfällig. Jungen dagegen scheinen eher lose Freundschaften zu haben und in größeren sozialen Netzwerken integriert zu sein (Eder/Hallinan 1978; Waldrop/Halverson 1975). Für sie ist die Hierarchie im Klassenzimmer, die u.a. auch durch Auseinandersetzungen mit den peers immer wieder hergestellt werden muß, wahrscheinlich wichtiger als für Mädchen.

Worum geht es in den Konflikten?

Anlaß oder Thema des Konfliktes waren nach den Aussagen der Kinder folgende Situationen:

- ein "unerwarteter" körperlicher oder verbaler Angriff, den sich das befragte Kind nicht erklären kann. "Da hat er mich von der Rutsche geschubst, ohne Grund." (Junge, 3. Klasse)
- Streit um Besitz. Die Kinder kommentierten diese Art von Konflikten mit Aussagen wie: "Das gehörte mir", "das durfte er nicht ungefragt nehmen", "die hat mir das kaputtgemacht".
- Beziehungsstreit. Dabei geht es um Eifersucht, Beendigung der Freundschaft oder auch den Verrat von gemeinsamen Geheimnissen. Ein Mädchen erzählte beispielsweise: "In der dritten Klasse war immer nur Marion ... meine beste Freundin und dann hat sie immer gesagt, wir sind nicht mehr deine Freundinnen" (Mädchen, 4. Klasse).
- Konflikt beim Spielen. Streitpunkte sind dabei: Wer darf mitspielen und wer nicht? Nach welchen Spielregeln spielen wir? Wer hat die Regeln übertreten?

Weitere Anlässe könnten sein, Beanspruchung von Raum ("das ist mein Platz"), Bruch von Vereinbarungen, Petzen, Ablehnen von Hilfe, Erpressung und Drohung sowie Meinungsverschiedenheiten aller Art. Ein Junge erzählte z.B., daß er sich mit einem Klassenkameraden über die Höhe des Fernsehturms von Toronto gestritten habe.

Die Berichte der Mädchen und Jungen über die Konfliktanlässe unterscheiden sich signifikant. Während sich nur 1% der Jungenkonflikte an Beziehungsproblemen entzündeten, war eine "Beziehungsstörung" in 9% der von Mädchen berichteten Auseinandersetzungen der Anlaß. Ein körperlicher Angriff verursachte 38% der von Jungen, aber nur 21% der von Mädchen erzählten Konflikte. Die Aussagen der Kinder über den Konfliktanlaß ergänzen und bestätigen die Ergebnisse über die Konfliktpartner/innen bzw. -gegner/innen. Auch hier wird deutlich, daß Mädchen beziehungsorientierter sind und daß Störungen von Beziehungen als Konflikte erlebt werden bzw. sich zu Konflikten entwickeln. Für Jungen dagegen sind Konflikte häufiger als für Mädchen mit physischer Gewalt verbunden. Jungen greifen einander häufig in spielerischer oder aggressiver Form körperlich an, u.a. auch um die Rangordnung in der Klasse in Frage zu stellen oder auch festzuklopfen. Dabei können physische Auseinandersetzungen provoziert oder "unabsichtliche" Berührungen als Provokation interpretiert und als Gelegenheit zu einem "Wett- oder Machtkampf" genutzt werden. Da Kinder wissen, daß Konflikte und Auseinandersetzungen negativ beurteilt werden, verbanden sie ihre Konfliktgeschichten häufig mit Rechtfertigungen. Etwas mehr als die Hälfte der Streitfälle wurde damit begründet, daß man sich verteidigen mußte. Jungen erzählten im Gegensatz zu den Mädchen relativ viele Konflikte, in die sie bei der Verteidigung anderer verwickelt wurden. Sie scheinen auch eher als Mädchen in Konflikte zu geraten, ohne daß sie dies beabsichtigt hatten (22% der Nennungen von Jungen). Mädchen rechtfertigten sich dagegen eher damit, daß sie ihr Recht durchsetzen wollten oder mußten (27% der von Mädchen erwähnten Konflikte). Daß sich bei Jungen Konflikte scheinbar aus dem Nichts entzünden, könnte mit der schon erwähnten unter Jungen üblichen kompetitiven und körperlich aggressiven Art des Miteinander-Umgehens in Zusammenhang stehen. Die Grenze zwischen Spaß und Ernst ist dabei schmal, und der Spaß kann aufgrund der Konkurrenz in der Gruppe der Jungen schnell in einen Machtkampf umschlagen. Für Mädchen scheinen dagegen Angriffe auf ihre Rechte von Bedeutung zu sein. Sie geraten vermutlich häufiger in die Lage, sich abzugrenzen und Raum und Status zu verteidigen.

Wie werden Konflikte ausgetragen?

Unsere These, daß Jungen häufiger als Mädchen Streit initiieren, läßt sich durch diese Untersuchung nicht verifizieren. Aus der Perspektive der Kinder sind es in der Regel "die anderen", die am Konflikt "schuld" sind; so jedenfalls erzählten es die befragten Jungen und Mädchen in 68% der Fälle. Dabei ist nicht anzunehmen, daß die Kinder bewußt die Unwahrheit sagten. Es ist vielmehr zu vermuten, daß sie, um kognitive Dissonanzen zu vermeiden und ein positives Selbstkonzept zu erhalten, den Beginn einer Auseinandersetzung in "ihrem Sinne" wahrnehmen und interpretieren. Die Sicht der Kinder und die Sicht von außen kann beispielsweise bei der Frage nach dem Konfliktanlaß differieren. So erzählten Kinder z.B., daß ein Klassenkamerad am Streit schuld sei, weil er ihnen ein Bein gestellt oder einen Kugelschreiber weggenommen habe. Aus der Sicht von Erwachsenen war die "böse Tat" des Klassenkameraden aber nicht der Beginn des Konfliktes, sondern die Folge einer Handlung des erzählenden Kindes, das den anderen vorher angerempelt oder ihm die Federmappe weggenommen hatte. Um die oben gestellte Frage, von wem Konflikte ausgehen, zu klären, müßte eine andere Untersuchungsmethode, z.B. die teilnehmende Beobachtung und nachträgliches "lautes Denken" eingesetzt werden.

In 19% der von unseren Interviewpartnern und -partnerinnen geschilderten Konflikte wurden weitere Personen verwickelt, um die eine oder die andere Partei zu unterstützen oder um zu schlichten. Wenn sich Außenstehende in Konflikte einmischten, so waren es bei Jungen-Konflikten zu 60% Gleichaltrige und zu 40% Erwachsene. Aus den Angaben der Mädchen ist dagegen zu entnehmen, daß bei einer Ausweitung des Konfliktes in 77% der Fälle Erwachsene und nur in 23% der Fälle Gleichaltrige eingegriffen haben. Mit anderen Worten: 21 von 44 Mädchen und nur 8 von 40 Jungen erzählten vom Eingreifen Erwachsener in ihre Auseinandersetzungen. 17 Mädchen und 4 Jungen hatten dabei die Erwachsenen um Hilfe gebeten. Auch diese Aussagen deuten an, daß Konflikte der Jungen häufig Auseinandersetzungen in der peergroup oder auch zwischen konkurrierenden Jungengruppen sind. Mädchen scheinen demgegenüber eher als Jungen Erwachsene als Schlichter zu akzeptieren; möglicherweise fühlen sich Erwachsene bei physischen Konflikten, an denen Mädchen beteiligt sind, auch eher zum Eingreifen aufgefordert. Es ist zu vermuten, daß Jungen Erwachsene auch deshalb seltener als Mädchen um Hilfe bitten, da dies als "Feigheit" ausgelegt und mit dem männlichen Selbstbild nicht in Einklang gebracht werden kann. Außerdem könnten Jungen auch weniger bereit sein, zuzugeben, daß sie nicht selbst "Manns genug" genug waren, den Konflikt auszutragen. Die befragten Kinder nannten eine große Bandbreite von Verhaltensweisen in Konflikten. Physische Strategien waren u.a. schlagen, treten, raufen, ringen und an den Haaren ziehen. In einigen Konflikten wurden sogar Messer oder andere Gegenstände als "Waffen" verwendet. Verbale Strategien waren: diskutieren, argumentieren, anmeckern, beschimpfen und anschreien. Physische und verbale Strategien werden häufig gleichzeitig eingesetzt, so sind Handgreiflichkeiten oft mit verbalen Beschimpfungen verbunden. Zudem können die Wirkungen körperlicher und verbaler Angriffe durchaus ähnlich sein. Auch Blicke, Gesten, Auslachen, verbale "Anmache" können als Bedrohung, Demütigung oder Gewalt erlebt werden. Die in Konflikten eingesetzten Strategien weisen geschlechtstypische Muster auf: Jungen wenden in Konflikten zu 81%, Mädchen dagegen nur zu 45% physische Mittel an. Bevorzugte Methode der Konfliktaustragung ist bei Mädchen die verbale Auseinandersetzung. Mehr als die Hälfte der Konflikte (55%)

werden von den Mädchen auf diese Weise bewältigt. Diese Ergebnisse entsprechen den vorliegenden Ergebnissen anderer Studien, die eindeutig eine stärkere Neigung der Jungen zu physischen Auseinandersetzungen erkennen lassen. Gründe dafür sind, wie an anderer Stelle beschrieben wurde, in der Männerrolle, den Männlichkeitsidealen und in der Sozialisation zur Männlichkeit zu suchen (s. a. Winter/Willems 1990 und Willems/Winter 1991). Allerdings zeigen die Aussagen der interviewten Kinder auch, daß Mädchen im Grundschulalter körperliche Auseinandersetzungen nicht unbedingt scheuen und daß sie, wenn sie zu physischen Mitteln greifen, genau wie Jungen raufen, treten oder schlagen. Bei den in physischen Auseinandersetzungen eingesetzten Strategien lassen sich keine geschlechtstypischen Präferenzen erkennen.

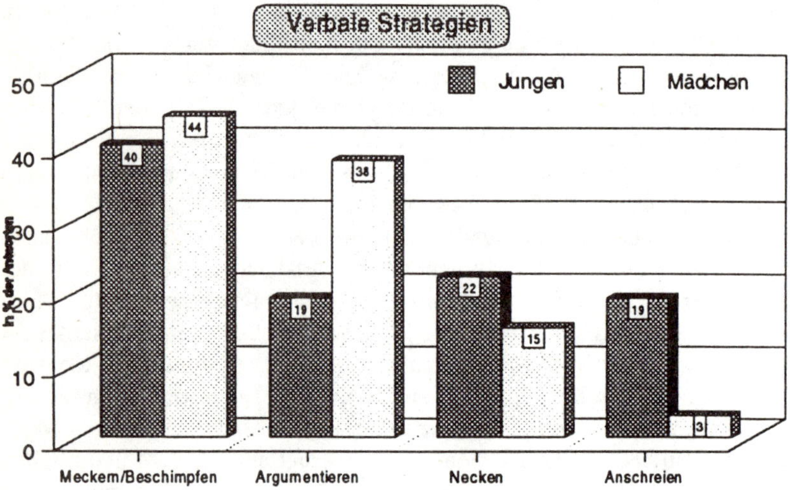

Während die befragten Mädchen und Jungen bei physischen Auseinandersetzungen ähnliche Mittel einsetzen, erwiesen sich die verbalen Formen des Streitens als geschlechtstypisch. Mädchen nannten folgende Strategien: Meckern (44%), Argumentieren (38%), Necken (15%) Anschreien (3%). Bei Jungen ergibt sich dagegen eine andere Rangfolge: Meckern (40%), Necken (22%), Anschreien (19%), Argumentieren (19%). Dabei wird deutlich, daß Jungen eher zu lautstarken Auseinandersetzungen tendieren und in Konflikten "härtere" verbale Strategien als Mädchen verwenden, z.B. ihre Gegner/innen öfter anschreien. Mädchen tragen Konflikte dagegen doppelt so häufig wie Jungen mit Hilfe von Argumenten aus.

Konflikte zwischen Mädchen und Jungen
Wie schon erwähnt, handeln viel mehr der von Mädchen als der von Jungen erzählten Konfliktgeschichten von Auseinandersetzungen mit dem anderen Geschlecht. 75% aller befragten Mädchen, aber nur 32% der Jungen konnten von mindestens einer Auseinandersetzung mit einem Kind des anderen Geschlechts berichten. In der Perspektive der Mädchen sind also die Konflikte mit Jungen von großer Bedeutung, während Jungen anscheinend überwiegend mit Konflikten innerhalb der Jungengruppe - auch emotional - beschäftigt sind.

Betrachtet man nur die Streitigkeiten, die zwischen Mädchen und Jungen ausgetragen werden, so fällt auf, daß diese Konflikte signifikant häufiger mit Aggressionen und physischer Gewalt verbunden sind als Konflikte nur unter Mädchen oder nur unter Jungen. In Konflikten mit Kindern des gleichen Geschlechts wurden etwa gleich häufig verbale und physische Mittel eingesetzt; dagegen wurden 70% der Konflikte zwischen Mädchen und Jungen mit physischen Mitteln ausgetragen. Dieses Ergebnis basiert überwiegend auf den Aussagen der Mädchen. Jungen schienen, das ergibt sich jedenfalls aus den von ihnen erzählten Konfliktgeschichten, die gleichen Strategien in Konflikten mit Mädchen und in Auseinandersetzungen mit Jungen anzuwenden. Den Berichten der Mädchen ist dagegen zu entnehmen, daß sie in Konflikten mit Jungen signifikant häufiger zu physischen Mitteln greifen, während sie Konflikte mit anderen Mädchen eher verbal austragen. Wie ein Streit mit einem Jungen eskalieren kann, zeigt folgendes Beispiel. Ein Junge hatte einem Mädchen die Puppe weggenommen.

> "Da hab ich ihn gekniffen ... und da hat er mit seinem Fuß in mein Gesicht getreten und da hab ich ihn geboxt. Na ja und alle standen drum herum und dann kam der Lehrer und dann hab ich ihm das gesagt und er hat gesagt, beendet euren Streit und da haben wir im Unterricht uns immer noch gekloppt" (Mädchen, 4. Klasse).

Insgesamt scheinen Konflikte mit Jungen nach den Aussagen der Mädchen "dramatischer" abzulaufen als Konflikte mit anderen Mädchen. Da in den Schilderungen der Konflikte überwiegend das andere Kind als Verursacher/in des Konflikts genannt wurde, sehen Mädchen Jungen als Angreifer, die sie physisch bedrohen. Dabei besteht durchaus auch die Tendenz, zu generalisieren und den Jungen als Gruppe zu mißtrauen. So meinte ein Mädchen aus der 4. Klasse:

> "Na, die Jungs sind alle 'n bißchen blöde, außer I. (Junge), der geht noch, aber die andern, die tun einem immer weh und dann wollen se gleich immer was haben und wenn man nein sagt, dann kommen se mit 'ner Gruppe an und dann versuchen sie einen zu verkloppen".

Die von uns befragten Mädchen erzählten auch, wenn auch nur vereinzelt, Vorfälle, die dem Bereich sexueller Gewalt oder zumindest sexueller Belästigung zuzurechnen sind:

> "Wenn jemand sagt", meinte eine Schülerin, "ich bin 'ne Fotze oder 'ne Nutte, dann sag ich was zurück, dann schlägt er mich mit den Beinen, dann schlag ich zurück" (Mädchen, 5. Klasse).

Zusammenfassung

Zusammenfassend sind folgende Ergebnisse festzuhalten: Die Mehrzahl der von den befragten Mädchen und Jungen geschilderten Konflikte sind Auseinandersetzungen mit Kindern des gleichen Geschlechts. Für Mädchen haben die Konflikte mit Freundinnen besondere Relevanz. Konfliktanlaß ist häufig die Störung der Beziehung. Dagegen sind Jungen oft in Machtkämpfe innerhalb der Jungengruppe verwickelt. Mädchen und Jungen tragen ihre Konflikte in unterschiedlicher Art und Weise aus: Jungen wenden überwiegend physische, Mädchen häufig auch verbale Strategien an. Es wird aber ebenfalls deutlich, daß sich Mädchen im Grundschulalter durchaus auch vor körperlichen Auseinandersetzungen nicht scheuen. Bei Konflikten zwischen Mädchen und Jungen fällt auf, daß Mädchen wesentlich häufiger als Jungen von Konflikten mit dem anderen Geschlecht berichten. Streit mit Jungen scheint in ihrem Schulalltag eine wichtige Rolle zu spielen. Zudem sind Konflikte mit Jungen für Mädchen häufiger mit körperlichen Auseinandersetzungen verbunden als Streitigkeiten mit anderen Mädchen. Die Aussagen der Kinder in den Interviews zeigten ebenso wie die mit anderen Methoden durchgeführten Untersuchungen, daß Konflikte den Kinderalltag bestimmen und auch beeinträchtigen können. Deutlich wurde insbesondere auch, daß Konflikte geschlechtstypische Muster aufweisen, die mit Männlichkeits- und Weiblichkeitsvorstellungen zu erklären sind. Grundannahmen des Modellversuchs "Konfliktbewältigung" wurden von daher bestätigt. Die im Rahmen des Modellversuchs durchgeführten Kurse sollen Mädchen und Jungen befähigen, Interessenkonflikte zu lösen und Auseinandersetzungen gewaltfrei auszutragen. Mädchen und Jungen müssen dabei auch lernen, sich mit den traditionellen Geschlechterrollen auseinanderzusetzen und eine positive Geschlechtsrollenidentität aufzubauen. Die Veränderung eingeschliffener Interaktionsmuster wird nur dann gelingen, wenn Jungen und Mädchen erkennen, daß Dominanz und Überbietung mit Männlichkeitsidealen, Anpassungsbereitschaft und Konfliktvermeidung mit Weiblichkeitsmythen verbunden sind. Inwieweit das Ziel des Modellversuchs erreicht und an der Schule gewaltfreie Konfliktbewältigung vermittelt werden kann, werden die Untersuchungen nach Abschluß der Kurse zeigen.

Literatur

2. Zwischenbericht der Unabhängigen Kommission zur Verhinderung und Bekämpfung von Gewalt in Berlin, 1991

Anker, J.: Jugendliche Gewalttäter werden immer brutaler. In: Tagesspiegel, 8.März 1996/Nr. 15 560, S. 11

Barz, M.: Körperliche Gewalt gegen Mädchen. In: Enders-Dragässer, U./ Fuchs, C. (Hrsg.): Frauensache Schule. Frankfurt a/M 1990, S. 92-119

Cairns, R. B./ Cairns, B. D./ Neckerman, H. J./ Gest, S. D./ Gariépy, J.-L.: Social networks and aggressive behavior: peer support or peer rejection? In: Developmental Psychology 1988, Vol. 24, No. 6, S. 815-823

Croll, P./ Moses, D.: Sex roles in the primary school. In: Rogers, C./Kutnick, P. (Eds.): The social psychology of the primary school. London 1990

Derscheid, A.: "Jetzt gibste aber an." Normative Regelungen und Prozesse des Sanktionierens unter Kindern in der Grundschule. Magisterarbeit, FU Berlin 1988

Eagly, A. H.: Sex differences in social behavior: a social-role interpretation. Hillsdale, N.J. 1987

Eder, D./ Hallinan, M.: Sex differences in children's friendships. In: American Sociological Review 43, 1978, S. 237-250

Erwin, P.: Friendship and peer relations in children. Chichester 1993

Fend, H.: Sozialgeschichte des Aufwachsens. Bedingungen des Aufwachsens und Jugendgestalten im zwanzigsten Jahrhundert. Frankfurt/M 1988

Ferstl, R./ Niebel, G./Hanewinkel, R.: Gutachterliche Stellungnahme zur Verbreitung von Gewalt und Aggression an Schulen in Schleswig-Holstein. Kiel 1993

Fölling-Albers, M.: Kinder brauchen Kinder: Soziales Lernen in der Grundschule. In: Grundschule, April 4 /94, S. 8-10

Hagemann-White, C.: Sozialisation: Weiblich - männlich? Opladen 1984

Hering, S./ Rietschel, C.: "Weil ich ein Mädchen bin...". In: Psychologie heute, Juli 1995, S.60ff.

Heyne, Cl.: Täterinnen - Offene und versteckte Aggression von Frauen. Stuttgart 1993

Horstkemper; M.: Schule, Geschlecht und Selbstvertrauen: eine Längsschnittstudie über Mädchensozialisation in der Schule. Weinheim, München 1987

Hurrelmann, K.: Entwicklung, Sozialisation und Gesundheit. Überlegungen zu einer integrativen Theoriebildung. Köln 1989

Hurrelmann, K.: Gewalt: ein Symptom für fehlende soziale Kompetenz. In: Valtin, R./ Portmann, R. (Hrsg.): Gewalt und Aggression: Herausforderungen für die Grundschule. Frankfurt/M 1995, S. 75-84

Kavemann, B.: Gewalt gegen Mädchen findet auch in der Schule statt. In: Senatsverwaltung für Arbeit und Frauen (Hrsg.): Gewalt gegen Mädchen an Schulen, Berlin 1992, S. 11-35

Edelstein, W./ Keller, M. (Hrsg.): Perspektivität und Interpretation. Frankfurt 1982

Kempowski, W.: Immer so durchgemogelt - Erinnerungen an unsere Schulzeit. Frankfurt/M 1976

Krappmann, L.: Entwicklungsfördernde Aspekte in den Freundschaften von Kindern und Jugendlichen. In: Gruppendynamik, 24, 1993, S.119-129

Krappmann, L./ Oswald, H.: Alltag der Schulkinder. Beobachtungen und Analysen von Interaktionen und Sozialbeziehungen. Weinheim, München 1995

Krappmann, L./ Oswald, H.: Auf der Suche nach den Bedingungen von entwicklungsfördernder Ko-Konstruktion in der Interaktion von gleichaltrigen Kindern. In: Max-Planck-Institut für Bildungsforschung (Hrsg.): Sozialer Konstruktivismus. Beiträge des Forschungsbereiches Entwicklung und Sozialisation, Nr. 40/ES. Berlin 1992, 87-102.

Lloyd, B./ Duveen, G.: Gender Identities and Education. The impact of starting school. Hemel Hempstead 1992

Lockheed, M: Some determinants and consequences of sex segregation in the classroom. In: Wilkinson, L./Marret, C. (Eds.): Gender influences in classroom interaction. Orlando 1985, S. 167-185

Maccoby, E. F.: Gender and relationship. In American Psychologist 45, 1990, S. 513-520

McGurk, H.: Childhood social development. Contemporary perspectives. Hillsdale, N.J. 1992

Metz-Göckel, S.: Geschlechterverhältnisse, Geschlechtersozialisation und Geschlechtsidentität. Ein Trendbericht. In: Zeitschrift für Sozialisationsforschung und Erziehungssoziologie, 8, 1988, S. 85-98

Meyers Kleines Lexikon Psychologie, Mannheim/Wien/Zürich 1986, S. 186

Olweus, D.: Gewalt in der Schule. Was Lehrer und Eltern wissen sollten - und tun können. Bern 1995

Oswald, H./ Krappmann, L./ Chowduri, I./ v.Salisch, M.: Grenzen und Brükken. Interaktionen zwischen Mädchen und Jungen im Grundschulalter. In: Kölner Zeitschrift für Soziologie und Sozialpsychologie 38, 1986, S. 560-580

Oswald, H./ Krappmann, L./ v. Salisch, M.: Miteinander - Gegeneinander. Eine Beobachtungsstudie über Mädchen und Jungen im Grundschulalter. In: Pfister, G. (Hrsg.): Zurück zur Mädchenschule? Pfaffenweiler 1988, S. 173-192

Pfister, G.: Der Widerspenstigen Zähmung. Raumaneignung, Körperlichkeit und Interaktion. In: Pfister, G./ Valtin, R. (Hrsg.): MädchenStärken. Probleme der Koedukation in der Grundschule. Arbeitskreis Grundschule, Frankfurt 1993

Piaget, J.: Psychologie der Intelligenz. Zürich 1970

Raabe, W.: Der Hungerpastor, 1864

Selman, R. L.: Die Entwicklung des sozialen Verstehens. Frankfurt/M 1980

Shugar, G. W./Bokus, B.: Children's discourse and children's activity in the peer situation. In: Mueller, Edward C./ Cooper, Catherine R. (Eds.): Process and outcome in peer relationships. Orlando 1986

Struck, P.: Zuschlagen, Zerstören, Selbstzerstören. Wege aus der Spirale der Gewalt. Darmstadt 1995

Thorne, B.: Girls and boys together ... but mostly apart. In: Hartup, W./Rubin, Z. (Eds.): Relationships and development, S. 167-184, Hillsdale, N. J. 1985

Tillmann, K.-J.: Gewalt in der Schule - ein altes oder neues Thema? In: Valtin, R./ Portmann, R. (Hrsg.): Gewalt und Aggression: Herausforderungen für die Grundschule. Frankfurt/M 1995, S. 66-74

Valtin, R.: Mit den Augen der Kinder. Freundschaft, Geheimnisse, Lügen, Streit und Strafe. Reinbek bei Hamburg 1991

Waldrop, M.F./ Halverson, C.F.: Intensive and extensive peer behavior: longitudinal and cross-sectional analyses. In: Child development, 46, 1975, S. 19-26

Walker, J.: Gewaltfreie Konfliktlösung im Klassenzimmer. Eine Einführung. Berlin 1991. Hrsg.: Berliner Institut für Lehrerfort- und -weiterbildung und Schulentwicklung.

Willems, H./ Winter, R. (Hrsg.): "...damit Du groß und stark wirst". Beiträge zur männlichen Sozialisation. MännerMaterial Band 1. Schwäbisch Gmünd, Tübingen 1990

Winter, R./ Willems, H. (Hrsg.): Was fehlt, sind Männer. Ansätze praktischer Jungen- und Männerarbeit. MännerMaterial Band 2. Schwäbisch Gmünd, Tübingen 1991

Wygotsky, L.S.: Denken und Sprechen. Stuttgart 1972

Youniss, J.: Die Entwicklung und Funktion von Freundschaftsbeziehungen. In: Edelstein, W./Keller, M. (Hrsg.): Perspektivität und Interpretation. Frankfurt 1982, S.87-109

Zeiher, H./ Zeiher, H.: Orte und Zeiten der Kinder. Soziales Leben im Alltag von Großstadtkindern. München, 1994

Andreas Zieske

Jungenarbeit in Grundschule und Hort

„Es geht darum, die Relevanz von Geschlecht sichtbar zu machen und mit diesem Wissen eine Veränderung bestehender Geschlechterverhältnisse - vor allem den Abbau von Geschlechterhierarchien - zu erwirken. Ziele, Inhalte und Methoden von Erziehung und Bildung sollten die Kategorie Geschlecht reflektieren und berücksichtigen.“ (Faulstich-Wieland 1995, S.4)

1. Von der Koinstruktion zur Koedukation

Wenn ich hier im folgenden für eine geschlechtsadäquate Arbeit mit Jungen an der Grundschule und darüber hinaus im Hort plädiere, so meint dies nicht die Abschaffung der Koedukation. Meine Ausführungen beziehen sich dabei vor allem auf die Situation im schulischen Bereich, sie können aber meines Erachtens auch auf die Erziehung im Hort übertragen werden. Auf dem Weg zu gleichberechtigten Bildungschancen beider Geschlechter war und ist die Koedukation sicherlich eine Errungenschaft, die nicht mehr wegzudenken ist. Das Geschlecht als Zugangs- und Auswahlkriterium für Schularten und Universitäten gelten zu lassen, ist in einer patriarchalen Gesellschaft mit ihrer Dominanz und Höherbewertung von Männern und Männlichkeit schon immer ein Mittel des Ausschlusses von Mädchen und Frauen in machtbesetzten Tätigkeitsbereichen gewesen. Nicht zuletzt durch die Einführung der Koedukation sind die Bildungschancen für Mädchen und Jungen gleichberechtigter geworden, auch wenn dies am Gesamt des hierarchischen Geschlechterverhältnisses allzuwenig geändert hat. Koedukation erschwert - zumindest von ihrem Anspruch her - die Legitimation männlicher Hegemonie im Bildungsbereich und Männer wie Jungen müssen wirklichen Widerstand leisten, um den bisherigen Status quo in der Schule aufrechtzuerhalten. Das koedukative Prinzip ermöglicht es Jungen und Mädchen, Männern und Frauen, sich im Sozialraum Schule gegenseitig zu erfahren, sich aufeinander zu beziehen, sich gegenseitig zu bestärken und/oder zu kritisieren. Viele soziale Lernerfahrungen bezüglich des Zusammenlebens von Menschen mit unterschiedlichen, also differenten Sozialisationserfahrungen werden durch die Koedukation im schulischen und damit auch pädagogischen Raum möglich.

Koedukation könnte und müßte also auf dem Weg zu einer gleichberechtigten Gesellschaft ein wichtiger Erfahrungs- und Reflexionsraum für Veränderungen im Geschlechterverhältnis sein. Aber was als Koedukation an unseren Schulen und anderen Erziehungsinstitutionen vorfindlich ist, kann nicht als reflektierter und entwickelter pädagogischer Ansatz gelten. Es handelt sich vielmehr um ein bloßes Organisationsprinzip. Astrid Kaiser meint dazu: „... mit Koedukation wird landläufig nicht Koedukation, sondern Koinstruktion bezeichnet, d.h. die gleichzeitige Unterrichtung von Lernenden männlichen und weiblichen Geschlechts in einem Raum. Die erzieherischen Konsequenzen dieser Koinstruktion sehen jedoch nicht so gleichberechtigt aus wie [es uns] das formale Zusammenwürfeln beider Geschlechter in einem Raum [vormachen will A. Z.]..." (Kaiser 1991).

Koinstruktion beinhaltet die überwiegende Ausblendung der Differenz zwischen Jungen und Mädchen und vor allem die konsequente Leugnung geschlechtshierarchischer Strukturen. Gleichzeitig wird scheinbar Gleichberechtigung verwirklicht, während weiterhin Jungen, ihr Verhalten sowie ihre Interessen dominieren und damit eine wirkliche Gleichstellung der Mädchen verhindern. Koinstruktion erscheint so quasi als das trojanische Pferd eines weiterexistierenden patriarchalen Bildungssystems und Erziehungssystems, das eine Infragestellung männlicher Hegemonie zu verhindern weiß. Es geht also nun nach Jahrzehnten der Koinstruktion darum, Koedukation als pädagogisches Prinzip bewußt zu entfalten und zu gestalten (vgl. Horstkemper 1994). Dies bedeutet, daß die pädagogische Arbeit die unterschiedlichen Sozialisationsbedingungen und -erfahrungen von Jungen und Mädchen berücksichtigen muß. Der geschlechtsdifferente Blick muß zentrale Wahrnehmungs- und Orientierungskategorie für pädagogisches Handeln sein. Erzieher und Erzieherinnen müssen sich kritisch mit den gesellschaftlichen Rollenerwartungen an Mädchen und Jungen auseinandersetzen, welche unter anderem auch durch geschlechtsspezifisches Spielzeug sowie unterschiedliche Förder- und Stützungsmaßnahmen verstärkt werden. Lehrer und Lehrerinnen müssen sich mit dem „heimlichen Lehrplan" und seinen geschlechtsspezifischen Implikationen auseinandersetzen - also mit jenen Lernerfahrungen, die jenseits des Unterrichtsstoffes vermittelt werden. Schule und Hort müssen sich ganz allgemein bezüglich des Geschlechterverhältnisses und seiner demokratischen Umgestaltung zu ihrem Erziehungsauftrag eindeutig bekennen.

Bewußte Gestaltung der Koedukation in kritischer Auseinandersetzung mit den bestehenden Geschlechterhierarchien beinhaltet vor allem, daß

- Lehrer und Lehrerinnen, Erzieher und Erzieherinnen einen geschlechtsdifferenten Blickwinkel entwickeln und Jungen und Mädchen in ihren unterschiedlichen Bedürfnis- und Problemlagen wahrnehmen.
- es Jungen wie Mädchen ermöglicht wird, sowohl in koedukativen Gruppen als auch (bei bestimmten Themen oder Lernschritten) in geschlechtshomogenen Gruppen zu lernen und sich selbst und andere zu erfahren.

- insbesondere koedukative Lernprozesse und -situationen gleichberechtigt organisiert werden.
- das Geschlechterverhältnis unter den Kollegen und Kolleginnen an der hierarchischen Instution Schule unter dem Schwerpunkt von Gleichberechtigung und Gleichstellung von Männern und Frauen thematisiert und verändert werden muß.

Eine ausgewiesene Jungenarbeit in geschlechtshomogenen Jungengruppen kann daher nur ein kleiner Bestandteil einer jungen- und mädchenadäquaten Pädagogik sein. Hier können und sollen Jungen miteinander neue Erfahrungen machen, hier können einzelne Themen geschlechtsdifferent thematisiert werden und die Jungen können sich zunächst ihrer selbst versichern, um dann mit den Mädchen in Kontakt zu treten. Hierbei kommt gerade Männern als Lehrer und Erzieher eine besondere Rolle zu. Viel wichtiger erscheint mir jedoch, daß LehrerInnen grundlegend für geschlechtsdifferente Sichtweisen sensibilisiert werden müssen. Die Lerninhalte, die Lern- und Erziehungsziele, die didaktischen Konzepte, die methodischen Zugänge und nicht zuletzt die organisatorischen Strukturen müssen geschlechteradäquat differenziert werden.

2. Problemfeld: „Jungen an der Grundschule“

Jungen und ihre Verhaltensweisen stellen in der erzieherischen Realität in zweifacher Hinsicht ein Problem dar. Zum einen sind sie für die jeweils anderen, die am Lern- und Entwicklungsprozeß beteiligt sind, ein nicht zu unterschätzender Störfaktor, zum anderen scheinen sie sich selbst bei ihrer Entwicklung zu behindern. In der Grundschule dominieren Jungen das Unterrichtsgeschehen, in dem sie sich häufiger in den Mittelpunkt stellen (vgl. Enders-Dragässer 1988). Sie beanspruchen mehr Zeit und Energie der Lehrpersonen als die Mädchen. Sie engen die Zeit-, Spiel- und Handlungsräume von Mädchen ein und definieren ihre eigenen Bedürfnisse als prinzipiell höherwertig. Jungen sind häufig gewalttätig gegen Mädchen und andere Jungen, sie sind für die meisten Zerstörungen an Schulgebäuden, -einrichtungen und -material verantwortlich und sind Anlaß für viele disziplinarische Maßnahmen der Schulleitungen. Die Jungen spielen vor diesem Hintergrund in der Unterrichtsvorbereitung und -durchführung eines jeden Lehrers und einer jeden Lehrerin eine große Rolle. Teils bewußt, teils unbewußt werden bestimmte Themen, bestimmte Darstellungs- und Vermittlungsformen gewählt, die die Jungen „bei der Stange halten“. Die wesentlich unproblematischeren Mädchen erhalten weniger Aufmerksamkeit und laufen eben mit. Sicherlich kann man hier von einer jungenorientierten Unterrichtsgestaltung sprechen, wie es die feministische Schulforschung aufgrund ihrer Analysen der alltäglichen Lehrsituation macht.

Aber: jungenorientierter Unterricht heißt noch lange nicht, daß es den Jungen an der Grundschule besser gehen würde. Jungen stellen sich mit ihrem Verhalten oft selbst ein Bein. So sind die schulischen Leistungen von Jungen meist schlechter als die der Mädchen. Jungen sind überwiegend in Sonderschulen zu finden und glänzen durch durchschnittlich schlechtere Schulabschlüsse. Jungen zeigen häufig soziale und psychische Verhaltensauffälligkeiten und sie tragen ein wesentlich höheres Risko, sich selbst zu verletzen oder verletzt zu werden (vgl. Schnack, Neutzling 1990). Jungen stehen sich also häufig selbst im Weg beim Versuch, Junge zu sein und Mann zu werden. Die beiden Seiten des Problemfeldes „Jungen an der Grundschule" bedingen und verstärken sich gegenseitig und bilden einen Teufelskreis, aus dem es - in den Jahren vor und während der Pubertät - kein Entrinnen zu geben scheint. Die Jungen versuchen, das männliche Dominanzgebot umzusetzen, in dem sie sich in den Mittelpunkt der Aufmerksamkeit der Lehrkräfte katapultieren. Am einfachsten gelingt dies aber nicht über die erwünschten Leistungen beim Lernen, sondern über sozial auffällige Verhaltensweisen, die eine Reaktion der Lehrkraft unumgänglich macht. Sich so aber in den Mittelpunkt zu stellen und permanent mit den anderen Jungen zu konkurrieren, kostet viel Energie und Konzentration. Andere Dinge, wie z.B. „an welcher Stelle der Machthierarchie unter den Jungen stehe ich?", werden wesentlich wichtiger als das eigentliche Lerngeschehen. Damit ist aber auch klar, daß die Jungen immer weniger über die schulischen Leistungen ihre Dominanz herstellen und beweisen können. Gleichzeitig findet bei ihnen eine Umwertung dessen statt, was einen erfolgreichen Jungen ausmacht. Körperliche Stärke, Durchsetzungsvermögen, Risikobereitschaft, Lautstärke, Schmerzunempfindlichkeit, Gewaltbereitschaft, Coolness etc., aber auch der machtorientierte (nämlich ausschließende) Umgang mit oberflächlichem Spezialwissen in einigen männerdominierten Bereichen (Fußball, Basketball, Computer(spiele) etc.) werden zu den „wahren" Werten erfolgreicher Männlichkeit. Dies geschieht vor allem vor und während der Pubertät. In dieser Zeit scheinen Jungen ein sehr rigides Bild von männlichen Verhaltensweisen aufzubauen, das erst nach der Pubertät wieder langsam flexibler wird, aber meistens nie ganz seine nachhaltige Wirkung verliert (vgl. Bilden 1991). Festzuhalten bleibt, daß Jungen so nur bestimmte Fähigkeiten ausbauen und daß sie vor allem in ihrem sozialen Verhaltensrepertoire und bezüglich ihrer interaktionellen Fähigkeiten Defizite entwickeln, die sie in ihren Handlungsmöglichkeiten beeinträchtigen. Eine unreflektiert jungenorientierte Schule belohnt diese Verhaltensdefizite eher und verstärkt sie damit. Reflektierte jungenadäquate Angebote müßten dagegen vielmehr kompensatorische Verhaltens- und Entwicklungsmöglichkeiten anbieten und Jungen gezielt Hilfestellung bei der Bewältigung ihrer spezifischen Problemlagen leisten.

3. Zentrale Aspekte männlicher Sozialisation

Die Aneignung und Einübung geschlechtsbezogener Wahrnehmungs- und Verhaltensweisen beginnt schon mit der Geburt. Über die verschiedenen Beziehungspersonen und Sozialisationsinstanzen lernen Jungen wie Mädchen schon sehr früh ihre Umwelt und sich selbst nach der sozialen Kategorie Geschlecht zu interpretieren und zu strukturieren. Dabei entwickeln Jungen stärkere und konsistentere geschlechtstypische Präferenzen und Urteile als Mädchen (vgl. Bilden 1991, S.282). Wenn Jungen also in den Hort und später in die Grundschule kommen, haben sie also schon viel darüber gelernt, wie Männer/Jungen sein dürfen und sollen, welche gesellschaftliche Position ihnen zugeschrieben wird, welche Möglichkeiten und Grenzen ihnen diese Rolle bietet bzw. vorschreibt und je nachdem wie ihre bisherigen Sozialisationserfahrungen aussehen, werden sie mehr oder weniger flexibel mit der neuen Situation in Hort und Grundschule umgehen. Insbesondere wissen Jungen zu dieser Zeit schon, „wessen Lob oder Tadel ihnen etwas bedeutet, wer für sie ein Verhaltensmodell sein kann, ..." (Bilden 1991, S. 283). D. h. schon dann, wenn Mädchen und Jungen das erste Mal als SchülerInnen eine Schule betreten, „reagieren [sie] unterschiedlich auf Kinder und Lehrer verschiedenen Geschlechts. (...) Sie interpretieren und bewerten im Rahmen des Geschlechtersystems als eines Systems von Beziehungen und Bedeutungen." (ebd.).

In den letzten Jahren sind einige Publikationen zum Thema „Männliche Sozialisation" erschienen (Böhnisch, Winter 1993; Bilden 1980, 1991; Willems, Winter 1990). Ich möchte hier nur einige zentrale Aspekte männlicher Sozialisation herausgreifen, die meiner Meinung nach für eine jungenadäquate Arbeit von entscheidender Bedeutung sind.

- Zentrales Strukturmerkmal männlicher Sozialisation ist das Prinzip der Externalisierung. „Externalisierung meint die Zurichtung auf männliche Außenorientierung; sie bewirkt ein Nach-Außen-Verlagern von Wahrnehmung und Handeln, gekoppelt mit Nicht-Bezogenheit als Ausdruck für einen Mangel an Bindungen und Verbindungen zu sich selbst, zu individuellen Anteilen und zur eigenen Geschichte, sowie zu anderen Personen." (Böhnisch, Winter 1993, 129). Jungen lernen es, sich in außenorientierten Handlungen und Vergegenständlichungen zu definieren. Auch innere Spannungszustände werden nach außen agiert und abreagiert. Die Kehrseite der Externalisierung ist ein „Verbot und eine Warnung vor dem 'Innen'" (Winter, Willems 1991, S. 11). Jungen werden in ihren empathischen Fähigkeiten nicht unterstützt, sie lernen es nicht, nach innen zu schauen und sich ihrer Gefühle bewußt zu werden, geschweige denn sie nach außen zu kommunizieren. Jungen haben also im Bereich bewußter Emotionalität Schwierigkeiten. Sie können sich und andere oft in ihren Gefühlszuständen nicht richtig einschätzen und sind deshalb auch in ihren diesbezüglichen Handlungsmöglichkeiten eingeschränkt. Jungenadäquate Angebote müssen in dieser Hinsicht auf der einen Seite dem außengerichteten Aktivitätsdrang von Jungen Rechnung tragen, auf der anderen Seite müssen sie es Jungen aber auch ermöglichen, den Blick nach innen zu richten. Jungen müssen es lernen, die eigenen Gefühle und die Gefühle anderer bewußt wahrzunehmen und darauf reflektiert zu reagieren.

- Ein weiterer zentraler Aspekt männlicher Sozialisation besteht in der Vorbereitung auf die männliche Rolle in der geschlechtshierarchischen Arbeitsteilung (vgl. Bilden 1980; Puchert, Zieske 1987). Jungen lernen in Vorbereitung auf die spätere Berufsarbeit als zentrales Identitätsmoment männlichen Seins entsprechend funktionale Fähigkeiten und Verhaltenspräferenzen. Dominantes Verhalten, Leistungsorientierung, konkurrentes Verhalten, Einzelkämpfertum, Rationalität und Unabhängigkeit sind die Merkmale dieser traditionellen Berufsarbeiterrolle. Auch wenn viele dieser Verhaltensanforderungen heute in der realen Berufswelt gar nicht mehr so hoch bewertet werden, orientiert sich männliche Sozialisation an diesen Stichworten. Jungen zeigen entsprechenden Verhaltensdispositionen. Jungenadäquate Angebote müssen hier kompensatorisch wirken und Jungen kooperative Fähigkeiten vermitteln.

- Jungensozialisation zeichnet sich durch ein funktionales Verhältnis zum eigenen Körper und zur eigenen Sexualität aus. Der eigene Körper ist Mittel zum Zweck, die eigenen Grenzen werden getestet und überschritten, Notsignale werden nicht wahrgenommen. Hier muß Jungen ein viel fürsorglicherer Zugang zur eigenen Körperlichkeit ermöglicht werden.

- Jungen lernen es, sich über Abgrenzung als Mann zu definieren. In einer Gesellschaft, in der Erziehungsaufgaben (Familie, Kindergarten, Schule) vor allem Frauen zugeschrieben wird, können Jungen meist nicht in realen Beziehungen erfahren und erleben, was Männlichkeit und Mann-Sein bedeutet. Die ersten Beziehungspersonen eines Jungen sind Frauen. Väter sind in unserer Gesellschaft in der alltäglichen Versorgungsarbeit eher abwesend. Auf jeden Fall verbringt ein Junge in seinen ersten Lebensjahren wesentlich mehr Zeit mit Frauen als mit Männern. Wenn der kleine Junge merkt, daß er einem anderen Geschlecht als die Mutter angehört, fängt er an sich von ihr, und damit von Weiblichkeit und Frau-Sein abzugrenzen. Er macht sich auf die Suche nach neuen Identitätsmustern, auf die Suche nach den Männern. Aber die meisten Informationen über Mann-Sein und männliches Verhalten erfährt er vermittelt über andere Personen und über die Medien. Das Männerbild von Müttern und Frauen, die Selbstdarstellung des Vaters, in den Momenten da er anwesend ist, die Funktionen und Verhaltensweisen der Männer, die im Alltag immer wieder auftauchen (der Polizist, der Handwerker, der Verkäufer etc.) und nicht zuletzt das Männerbild, das in den Medien gezeichnet wird - aus all diesen Erfahrungen bastelt sich ein Junge dann ein Bild vom Mann-Sein zusammen. Meist ist dieses Bild kein sehr realistisches, denn wichtige Anteile des alltäglichen Mann-Seins sind hier ausgeblendet. Vor allem das Scheitern in alltäglichen Situationen, die Schwierigkeiten und Probleme des realen Mann-Seins sind für den Jungen nur schwer erfahrbar. Das intensive Bedürfnis von Jungen nach realen Männern zeigt sich an der intensiven Art und Weise, mit der kleine Jungen Männer, die innerhalb des Erziehungsprozesses auftauchen, beobachten und nachahmen.

Was fehlt, sind also Männer (vgl. Winter, Willems 1991). Dementsprechend gehört es zur jungenadäquaten Arbeit auch, Jungen Begegnungen mit Männer zu organisieren, die ein reflektiertes Bild von Männlichkeit und männlichem Verhalten vermitteln. Dies kann aber gerade in der Grundschule und im Hort ein Problem sein. Denn woher die Männer nehmen. Die meisten Lehrkräfte an Grundschulen sind, wie im Erziehungsbereich üblich, Frauen. Erzieher im Hort sind die große Ausnahme. Außenstehende Männer müssen also in den Unterricht geholt werden oder Exkursionen organisiert werden. Wichtig dabei ist, daß es sich um „reflektierte" Männer handelt. Männer also, die den Jungen ein realistisches Bild des widersprüchlichen Lebens von Männern vermitteln, und nicht solche, die versuchen, traditionelle männliche Überlegenheitsmythen weiterzugeben.

4. Das Koordinatensystem "Patriarchatskritischer Jungenarbeit"

Aus unserer mehrjährigen Erfahrung in der Jungenarbeit bei DISSENS e.V. haben wir ein Koordinatensystem patriarchatskritischer Jungenarbeit entwikkelt, das der eigenen Verortung und Orientierung bei der pädagogischen Arbeit dienen soll. Wir haben hier versucht, die gesellschaftstheoretischen und psychologischen Überlegungen, die am Anfang unserer Arbeit standen, direkt auf unsere Erfahrungen in der praktischen Arbeit zu beziehen und damit die Grundlagen dieser Arbeit nochmals einer genaueren Reflexion zu unterziehen.

Wie schon festgestellt, steht im Zentrum männlicher Sozialisation und männlichen Verhaltens das Prinzip der Veräußerlichung (Willems, Winter 1991, S. 11). Der Aktionsbereich von Jungen ist das "Außen", dies kann man sowohl auf ihren Körper als auch auf ihr Leben beziehen. Jungen/Männer agieren im äußeren, öffentlichen Raum, dort finden sie ihre Anerkennung und Bestätigung. Nach "Innen", auf ihre Person, ihre Probleme und Fehler, auf ihren Körper und ihre Beziehungen zu anderen Menschen richten sie ihren Blick nur selten oder überhaupt nicht. In dieser Außenwelt herrscht das Primat des Machens und des Machbaren. Männer stehen in der Tradition und unter dem Druck des immerfortwährenden Voranstürmens, welches den Blick zurück und das genaue Betrachten der Situation und der eigenen Person verhindert (DISSENS e.V. 1990 , S.37). Diesem Primat des Machens setzen wir das Prinzip des Innehaltens als zentralen Bestandteil unseres Modells gegenüber (vgl. Abbildung 1). Im Mittelpunkt Patriarchatskritischer Jungenarbeit muß der Ausstieg aus der Kontinuität des Machens stehen. Wenn auch nur für kurze Zeit muß hier den Jungen die Gelegenheit zur Bestandsaufnahme, zur Retro- und Introspektive gegeben werden. Dieses Innehalten muß in der geschlechtshomogenen, also in der Jungengruppe stattfinden. Hier können sich die Jungen selbst und andere auf neue Art erfahren und kennenlernen. Waren sie es bisher gewohnt, daß Jungen sich untereinander oft als potentielle Konkurrenten begegnen und Machthierarchien schnell herstellen, können sie hier andere Jungen und sich selbst als zuhörende, sich kümmernde und sorgende Menschen erleben. Das setzt allerdings voraus, daß in dieser Gruppe ein Anleiter existiert, der vor allem in der Anfangszeit auf eine möglichst hierarchie- und konkurrenzfreie Atmosphäre innerhalb der Arbeitsgruppe achtet. Im Mittelpunkt jungenadäquater Arbeit muß die Wahrnehmung von sich, von anderen und von den eigenen Lebensverhältnissen allgemein stehen. Zeit zu haben, um sich auf Fragen wie „Wer bin ich?", „Wo stehe ich?", „Wie bin ich zu dem geworden, was ich bin?" und „Wie gehe ich mit anderen Menschen um?" ist für Jungen oft eine neue Erfahrung. In manchen Gruppen habe ich das Gefühl bekommen, die Jungen wissen gar nicht so genau, wer sie überhaupt sind und in welchem Beziehungsgeflecht sie zu anderen Menschen stehen. Weiter ist es wichtig, in diesen Gruppen den Blick auf Stärken und Schwächen zu richten. Jungen müssen Ermutigungen erhalten, wenn sie anfangen, ihre eigenen Schwächen zu benennen und anzuerkennen. Nur wer seine eigenen Schwächen anerkennt, kann diese auch bei anderen Menschen akzeptieren und tolerieren. Auch Träume sind wichtige Themen. Und in dieser Jungengruppe muß das Männerbild der Jungen thematisiert werden. Oft ist dieses Männerbild, das jeder zu spielen versucht, vollkommen unreflektiert. Veränderungen geschehen in diesen geschlechtshomogenen Arbeitsgruppen sehr langsam und behutsam, aber hier wird der notwendige Schutzraum ermöglicht, um sich einmal von der angestammten Jungen/Männerrolle zu lösen.

Unser Prinzip des Innehaltens steht auf zwei Ebenen, der vertikalen Zielebene und der horizontalen Handlungsebene, zwischen zueinander widersprüchlichen Spannungspolen. Jungenarbeit, die sich eindeutig gesellschaftspolitisch verortet, d.h. patriarchatskritische Ziele verfolgt und Veränderungen anstrebt, muß auf der einen Seite immer männliche Privilegien aufzeigen und angreifen. Auf der anderen Seite muß sie aber auch das je individuelle "Leiden" vieler Jungen/Männer ernstnehmen und versuchen, daraus eine Motivation zur Veränderung des eigenen Verhaltens und der gesellschaftlichen Strukturen erwachsen zu lassen. Der erste Spannungspol auf der vertikalen Zielebene ist in Anlehnung an einen Artikel von Christina Thürmer-Rohr (vgl. Thürmer-Rohr 1989) mit dem Begriff „Empörung wecken" beschrieben. Patriarchatskritische Jungenarbeit will bei Jungen Empörung wecken. Empörung über die un(ge)rechten Strukturen und Machtverhältnisse dieser Gesellschaft und über ihre eigene Verstrickung als Täter und Opfer. Dies muß sich vor allem auf die thematische Ausrichtung der Arbeitsgruppe beziehen. Themen wie sexuelle und körperliche Gewaltausübung von Jungen/Männern, Machtverhältnisse zwischen Männern und Frauen, Struktur des Normal-Arbeitsverhältnisses, Rassismus und Ausgrenzung von Schwulen und Lesben bieten Möglichkeiten, um mit Jungen kritisch zum Geschlechterverhältnis zu arbeiten. Aber um eine motivationale Grundlage zur Veränderung der eigenen Lebensbedingungen herzustellen, genügt es nicht, nur Empörung zu wecken, ohne Alternativen benennen zu können. Deshalb orientiert sich der zweite Spannungspol an den individuellen Möglichkeiten von Jungen, ihre Handlungsmöglichkeiten zu erweitern und zu verbessern. Man muß den Jungen die persönlichen Gewinne erfahrbar machen, die sie bei einer Veränderung des eigenen Rollenverhaltens erzielen können. Das heißt zunächst einmal, ihnen mit Übungen und Methoden qualitativ neue Erfahrungen mit sich und anderen zu verschaffen. Mit kreativen Methoden können Jungen ihre Wahrnehmungsfähigkeit erweitern, durch das Fehlen eines Ergebnisdrucks in den Gruppen können sie sich auf neue, ungewohnte Aspekte ihrer Persönlichkeit konzentrieren und diese zum Ausdruck bringen. Die Möglichkeit, Erfahrungen und eigene Veränderungsprozesse am Ende einer Veranstaltung öffentlich, z.B. in Form eines Theaterstücks, darzustellen und damit auch Zustimmung von anderen zu erhalten, trägt dazubei, diese neuen Wahrnehmungen zu festigen.

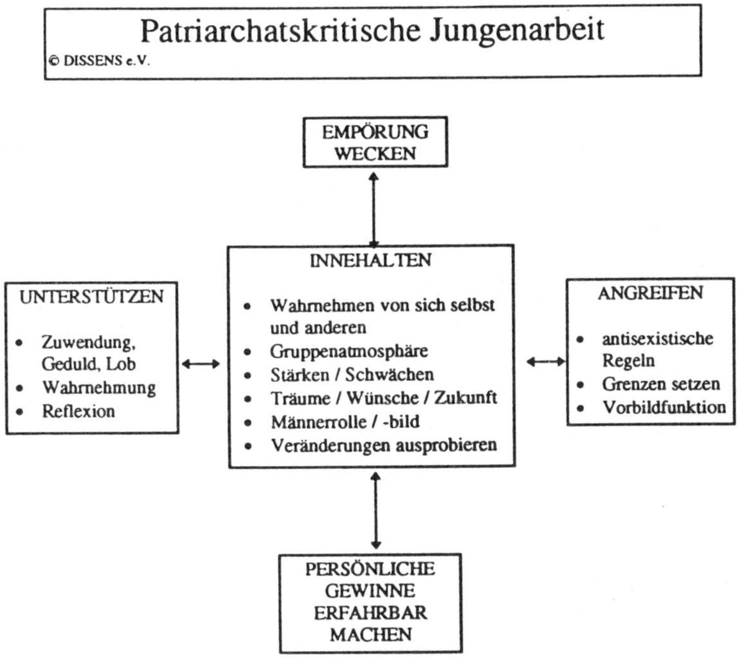

Auf der horizontalen Handlungsebene läßt sich ein Spannungspol mit dem traditionell pädagogischen "Unterstützen" gleichsetzen. Die Selbstwahrnehmung körperlicher und emotionaler Befindlichkeiten muß behutsam angeleitet werden und kleine Veränderungsschritte müssen gefördert werden. Auch die Erfahrung, dabei von einem männlichen Anleiter emotionale Zuwendung, Lob und Geduld zu bekommen, verändert das Bild vom typisch männlichen Verhalten. Wir haben in unserer Arbeit festgestellt, daß Körperarbeit (Atem- und Wahrnehmungsübungen) für viele Jungen eine sehr intensive Erfahrungsqualität gewinnt und ihnen neue Erkenntnisse über sich und ihr Verhältnis zum eigenen Körper vermittelt. Aber auch gestaltpädagogisch orientierte Methoden, vor allem das Darstellen emotionalen Erlebens ohne voreilige Verbalisierung, können veränderte Blickwinkel auf das eigene Junge-Sein schaffen.

Den zweiten Spannungspol auf der horizontalen Handlungsebene haben wir mit dem Begriff "Angreifen" benannt. Wenn Männer im Patriarchat immer auch Täter und Machthaber sind, dann kann sich eine patriarchatskritische Jungenarbeit nicht nur mit dem Unterstützen zufriedengeben. Patriarchatskritische Jungenarbeit muß Jungen in ihren nicht zu akzeptierenden Verhaltensweisen angreifen, sie muß ihnen Grenzen setzen und ihre Selbstsicherheit ankratzen. Wichtig ist uns dabei "antisexistische Regeln", also Regeln zum Verhalten zwischen Jungen und Mädchen, offensiv zu formulieren und einzufordern. Dabei stelle ich oft fest, wie irritiert die Jungen sind, wenn ihnen ein erwachsener Mann die männerbündische Komplizenschaft versagt und z.B. zu einem sexistischen Witz oder einer Anmachsituation eindeutig Stellung bezieht. Dies ermöglicht es übrigens meist auch anderen Jungen, die normalerweise akzeptierend geschwiegen hätten, ihre Position zu formulieren.

Unser Koordinatensystem soll es dem einzelnen pädagogisch Tätigen erleichtern, sich an den Zielperspektiven patriarchatskritischer Arbeit zu orientieren. Es soll vor allem die widersprüchlichen Dimensionen dieser Arbeit verdeutlichen, aber gleichzeitig auch zeigen, daß keiner der aufgezeigten Pole ohne die anderen gesehen werden darf.

Literatur

Bilden, Helga: Geschlechtsspezifische Sozialisation. in: Hurrelmann, Klaus/ Ulich, Dieter (Hrsg.): Handbuch der Sozialisationsforschung. (2. Aufl.) Weinheim, Basel 1982.

Bilden, Helga: Geschlechtsspezifische Sozialisation. in: Hurrelmann, Klaus / Ulich, Dieter (Hrsg.): Neues Handbuch der Sozialisationsforschung. Weinheim, Basel 1991.

Böhnisch, Lothar/ Winter, Reinhard: Männliche Sozialisation. Bewältigungsprobleme männlicher Geschlechtsidentität im Lebenslauf. Weinheim, München 1993.

DISSENS e.V.: Der Dissens mit der herrschenden Männlichkeit. Berlin 1990. (Eigenvertrieb).

Enders-Dragässer, Uta: Schulischer Sexismus in der Bundesrepublik. in: Recht der Jugend und des Bildungswesens, Heft 1, 1988.

Faulstich-Wieland, Hannelore: Geschlecht und Erziehung. Grundlagen des pädagogischen Umgangs mit Mädchen und Jungen. Darmstadt 1995.

Horstkemper, Marianne: Warum nicht gleich eine Schule für Blauäugige und eine für Braunäugige? Die Koedukationsdebatte ist doch noch aktuell. in: Pädagogik, Heft 9, 1994.

Kaiser, Astrid: Kaum etabliert - schon wieder umstritten. Anmerkungen zur Koedukationsdebatte. in: päd extra, Heft 9, 1991.

Puchert, Ralf/ Zieske, Andreas: Zum Zusammenhang von Sozialisation und Studienmotivation bei Männern, die Sozialpädagogik studieren, am Beispiel der TU Berlin. unveröff. Diplomarbeit, TU Berlin (Fachbereich Erziehungswissenschaften) 1987.
Schnack, Dieter / Neutzling, Rainer: Kleine Helden in Not. Jungen auf der Suche nach Männlichkeit, Reinbek bei Hamburg 1990.
Thürmer-Rohr, Christina: Der Impuls der Empörung. in: Die Tageszeitung vom 27.4.1989.
Willems, Horst / Winter, Reinhard (Hrsg.): ...damit Du groß und stark wirst. Beiträge zur männlichen Sozialisation. Schwäbisch Gmünd, Tübingen 1990.
Winter, Reinhard / Willems, Horst (Hrsg.): Was fehlt, sind Männer! Ansätze praktischer Jungen- und Männerarbeit. Schwäbisch Gmünd, Tübingen 1991.
Zieske, Andreas: Eine Zeit des Innehaltens. Patriarchatskritische Bildungsarbeit mit Männern und Jungen. in: Lenz, Hans-Joachim (Hrsg.): Auf der Suche nach den Männern. Frankfurt am Main 1994.

Karin Becher

Unterrichtsstörungen von Mädchen und Jungen

„Die Kinder nur einigermaßen unter Kontrolle zu halten, braucht sehr viel Kraft. Oft habe ich mich gefragt, ob ich eigentlich ein Dompteur bin ... Die meisten Schüler können sich nicht mehr konzentrieren, sie sind kaum in der Lage, länger als zwei Minuten stillzusitzen.Grundschüler haben schon Probleme, einen Stift zu halten, weil ihnen die Feinmotorik fehlt ... Unterrichten ist oft kaum mehr möglich."

Diese Worte einer frühpensionierten Lehrerin[76] zeigen einmal mehr: Unterrichten heißt heute in vielen Fällen zunächst erst einmal, Voraussetzungen für den Unterricht zu schaffen. Eine wesentliche Voraussetzung ist, daß Schülerinnen und Schüler, manchmal aber auch Lehrerinnen und Lehrer lernen, ganz bei sich und bei der Sache zu sein.

Welche Unterstützung, welche Anregungen für das Herangehen an diese permanente und zugleich so mannigfaltige Aufgabe erhält der/die Lehrer/in von der Wissenschaft? Wir meinen: zu wenig. Im Unterricht stattfindendes Zusammentreffen von Lehrer/innen- und Schüler/innenverhalten, Verhältnisse, die eingegangen werden, bedürfen einer differenzierten Analyse. Nur so können empirisch begründete Orientierungen gegeben werden.

Unterricht in der Schule begründet eine Beziehungsform zwischen Lehrer/innen und Schüler/innen. Er setzt sich aus einer Vielzahl von Situationsketten zusammen, in denen sie sich befinden und sollte gemeinsam gestaltet werden. Aus verschiedenen Aufgaben in diesem Prozeß, unterschiedlichen Erfahrungen und Kompetenzen, unterschiedlichen Erwartungen und Empfindlichkeiten entstehen - höchst alltäglich - Unterrichtsstörungen. Dabei handelt es sich um sehr unterschiedliche Verhaltensformen, denen gemeinsam ist, daß sie das Lernen und/oder Lehren mehr oder weniger stark beeinträchtigen. Unterrichtsstörungen werden also nicht vom Lehrer/von der Lehrerin oder vom Schüler/von der Schülerin her, personal, definiert, sondern vom Unterricht her gekennzeichnet (vgl. Winkel 1993).

[76] in: Spiegel special Nr. 9/1995, S. 21.

Eine solche Begriffsbestimmung läßt Eindeutigkeit vermissen. Tatsächlich handelt es sich bei Unterrichtsstörungen um eine relative Bezeichnung, die keine absolute Objektivität beanspruchen kann. Ob der Unterricht gerade jetzt gestört wird, hängt von der Situationsauffassung und Bewertung der am Unterricht Beteiligten ab. So kann zum Beispiel eine Äußerung eines Schülers "Ich kapier' das nicht!" von einer Lehrerin als Hinweis zur Wiederholung eines bestimmten Unterrichtsstoffs, von einer anderen als unkontrollierter, den Unterricht störender Zwischenruf aufgefaßt werden.

Jenseits dieses subjektiven Ermessens- und Toleranzspielraums gibt es jedoch Ereignisse, die den Unterrichtsprozeß eindeutig stören und den Lernerfolg von einzelnen Schülern/Schülerinnen, von Schülergruppen oder gar von ganzen Schulklassen gefährden. Unterrichtspsychologische Studien haben immer wieder gezeigt, daß solche Unterrichtsstörungen Lehrerinnen/Lehrer persönlich stark beeinträchtigen. (vgl. Kirsch 1974). Sie behindern also nicht nur den regulären Lehr- und Lernprozeß, sondern gestalten den Beteiligten das Leben in der Schule unangenehm[77]. Nach der Studie "Streß in der Schule" (Saarbrücken 1977) vom Saarländischen Kultusministerium beklagen 53 % der Lehrerinnen und Lehrer, daß die Anstrengungen der Schule ihre Gesundheit beeinträchtigen. 40 % sagen von sich, daß sie nach dem Unterricht in gereizter Stimmung seien und 35 % geben an, daß ihnen das Lärmen der Schüler körperliches Unbehagen verursacht.

Die Palette der als störend/belastend empfundenen Verhaltensweisen ist groß - und das in unterschiedlichen Unterrichtsformen. Kinder sind in diesem Tätigkeitsbereich nicht weniger "kreativ" als dort, wo sie neugierig die Welt erkunden. Schüler/innen lachen, wenn sich andere in tiefe Ergriffenheit gesteigert haben; sie reden, wenn stilles Zuhören angebracht wäre; sie puffen den Nachbarn in die Seite, wenn er zum sorgfältigen Schriftzug ansetzt; sie wippen mit dem Stuhl, bis er krachend umkippt; sie wenden sich dem zu, der den Schabernack treibt. Beobachtungen im frontalen Unterricht ergänzen das Erscheinungsbild: Schülerinnen/Schüler tändeln mit ihren Siebensachen, während der Lehrer/die Lehrerin auf ihre Bereitschaft wartet und die neue Aufgabe diktieren will; sie lassen das Tafelbild Tafelbild sein; sie brechen absichtlich die Bleistiftspitze ab, um wieder zum Abfallkorb gehen zu können; sie laufen zur Tafel, ohne gerufen zu sein; sie protestieren entrüstet gegen einen Verdacht, wo sie sich schuldig bekennen müßten; sie geben die Arbeit anderer für die eigene aus und nehmen seelenruhig entsprechende Belohnungen entgegen; sie drücken sich vor der Arbeit, bleiben fern, bringen listenreiche Entschuldigungen und erzählen der Lehrerin/dem Lehrer das Gegenteil von dem, was sie den Eltern unterbreitet haben; wenn sie arbeiten, dann mangelt es an Aufmerksamkeit und Konzentration. In den besonders ungünstigen Verlaufsformen werden die schulischen Aufzeichnungen, die sich von Störungen im Sozialbe-

---

77 Erinnert sei an dieser Stelle an unser Ausgangsbeispiel.

reich bis zu Vandalismus erstrecken, in Polizeiberichten über Delinquenz fortgesetzt.[78]

Unterrichtsstörungen liegt meist ein vielschichtiger Ursachenkomplex zugrunde. Die Analyse von Einzelfällen läßt erkennen, daß hierzu vor allem Entwicklungsprobleme, Erziehungs- und Unterrichtsfehler, gestörte Familienverhältnisse sowie Mängel im Schulklima gehören. Wer Unterrichtsstörungen abbauen will, muß sie zunächst einmal verstehen lernen, sie als *Signale* begreifen, die etwas mitteilen wollen. Die Psychoanalyse lehrt, daß jedes menschliche Verhalten Ursachen/Gründe hat und Ziele/Intentionen verfolgt. Das ist zu berücksichtigen, wenn Unterrichtsstörungen analysiert werden, wenn Signale gedeutet werden.

Veränderte Kindheit - Bedingung für Unterrichtsstörungen?

Grundschule ist schon immer eine Schule für alle Kinder gewesen. Damit ist sie im Kern auch allen gesellschaftlichen, sozialen, kulturellen, ökologischen und familiären Veränderungen ausgesetzt. Kindheit verläuft heute in anderen Bahnen als früher. Diese "veränderten Bahnen" haben ihre Auswirkungen bis in den Unterricht hinein. Kinder sind heute anders als Kinder früher waren, sind anders geworden. Das äußern Lehrerinnen und Lehrer häufig in Gesprächen oder in Fortbildungsveranstaltungen. Viele veränderte Bedingungen von Kindheit werden als Hintergrund miterfaßt, wenn nach dem Warum und Wozu von Unterrichtsstörungen gefragt wird. Deshalb sollen einige kurz reflektiert werden.

Der Rahmen der familialen Lebenswelt ist heute vielfach die Ein-Kind-Familie. Das ist sicherlich eine Bedingung dafür, daß Kinder heute selbstbewußter, auch egoistischer, mehr auf sich selbst konzentriert sind, wie viele Lehrer/innen meinen (vgl. Fölling-Albers 1989, S. 127). Nur ca. 1/3 aller deutschen Kinder macht in der eigenen Familie Erfahrungen mit einem andersgeschlechtlichen Geschwisterkind. Dafür gibt es eine Vielfalt von Formen des Zusammenlebens von Kindern mit Erwachsenen, von Familienkonstellationen, die, wenn auch nicht unbedingt als Ursache, so doch zumindest als eine Bedingung für das Verhalten der Kinder angesehen werden können. Nichteheliche Lebensgemeinschaften nehmen zu, Kinder leben bei der alleinerziehenden Mutter, beim alleinerziehenden Vater. Manchmal vergessen Erwachsene den Anspruch der Kinder auf das Kindsein über den eigenen Sorgen. Kinder erleben die Trennung ihrer Eltern oder die der Eltern ihrer Freunde. Viele Kinder haben heute Angst, geliebte Erwachsene zu verlieren.

---

[78] vgl. Vierlinger 1990, S. 21

Räumlich-zeitliche Lebensbedingungen haben sich verändert, das wirkt sich auf das Spiel- und Freizeitverhalten und auf das Lernen aus. Von den Straßen und freien Plätzen, selbst aus bestimmten Zimmern der Wohnung werden Kinder zunehmend verdrängt. Förder- und Freizeitangebote gibt es in zunehmendem Maße. Sie bringen neben durchaus positiven Effekten für das einzelne Kind eine Ausweitung der Entwicklungsschere bei Gleichaltrigen im Hinblick auf ihre Lernerfahrungen mit sich.

Kindheit ist heute vor allem Markt- und Medien-Kindheit. Kinder können sich, wenn sie allein sind oder Langeweile haben, nahezu uneingeschränkt Unterhaltung und Abwechslung verschaffen. Auf Spielpartner oder eigene Spielideen sind sie nicht mehr angewiesen. Kinder wurden für einen umsatzstarken Markt entdeckt. He-Man, Claudia-Schiffer-Barbie, Super-Girl, usw. haben sich zu guten Bekannten und Freunden von Kindern entwickelt. Kinder heute erleben z.T. sehr bewußt die ökologischen Risiken, unter denen der gesellschaftliche Reichtum erwirtschaftet wird. Vielen macht das Angst.

In bezug auf die gegenwärtige Grundschularbeit sehen wir folgende Konfliktfelder, die zum einen auf das Zustandekommen von Unterrichtsstörungen Einfluß ausüben, zum anderen jedoch auf mögliche Lösungsansätze hinweisen:

- Die Pluralisierung von Erziehungsnormen führt zu einer Individualisierung des Erziehungsverhältnisses. Dieses gerät in der Schule in Konflikt mit der Durchsetzung konventioneller Erziehungsansprüche, die an größeren Lerngruppen ausgerichtet sind.
- Die Erziehungsaufgaben der Grundschule sind nicht nur komplexer und diffuser geworden. Sie lassen sich oftmals nicht mehr abgrenzen von sozialpädagogischen und sozialtherapeutischen Aufgaben.
- Die Sozialpädagogisierungstendenzen in der Grundschule geraten nicht nur in Konflikt mit traditionellen Strukturen und Formen der Schule, sondern auch mit den zunehmenden Bildungsansprüchen und Erwartungen der Eltern an ihre Kinder.
- Wird die Grundschule den Bildungsansprüchen der Eltern nicht gerecht, werden diese private Formen der Bildungsvermittlung wählen. Der Verlust der Qualifikationsfunktion der Schule würde vor allem zu Lasten der ohnehin benachteiligten Kinder gehen. (vgl. Fölling-Albers 1992)

Mit der veränderten Lebenswelt der Kinder sind zugleich die Erziehungsaufgaben der Grundschule umfassender und vielfältiger geworden. Erforderliche Erziehungsleistungen geraten in Konflikt mit dem traditionellen Verständnis von Grundschullehrer/in-Sein[79]. Von Lehrerinnen und Lehrern wird Fortbildungsbedarf, vor allem zu pädagogisch-psychologischen und psychologisch-therapeutischen Fragen angemeldet. Konsequenzen sind ebenso für die Ausbildung der Lehrer/innen zu ziehen[80].

Geschlechterstereotype und Grundschulkinder

Bereits im Kleinkind- und Vorschulalter werden geschlechtsspezifische Verhaltensformen angebahnt. Im Schulkindalter kommt es zu ihrer weiteren Differenzierung. Das Kind lernt zunehmend, sich mit der seinem Geschlecht von der Gesellschaft zugeschriebenen Rolle zu identifizieren und die entsprechenden Verhaltensnormen zu internalisieren. Viele Eltern fördern bereits vom frühen Kindesalter an durch Belohnung oder auch durch entsprechendes Modellverhalten die Anpassung an jene Normen, die von außen gesetzt werden und tradierten charakteristischen Verhaltensweisen von Männern/Jungen und Frauen/Mädchen entsprechen. *Stereotyp* heißt ja bekanntlich nichts anderes als *feststehend, unveränderlich* (vgl. auch Hermann in diesem Band). Das Rollenbild bezieht sich heute nicht mehr auf die äußere Erscheinung, etwa auf typische Kleidung, einschließlich Schmuck, oder Haarlänge. Hier haben weitgehende Angleichungen stattgefunden.

In den Auffassungen über Geschlechterstereotype hat es in den letzten Jahren zweifellos positive Veränderungen gegeben, ausgeräumt ist Folgendes jedoch noch lange nicht:

- In bezug auf das **allgemeine Verhalten** wird beim Jungen Aggressivität eher geduldet, man erwartet auf der anderen Seite aber Gefühlsbeherrschung in anderen Situationen ("Ein Junge weint doch nicht!"); Mut und Durchsetzungsfähigkeit seien weitere "männliche" Eigenschaften ("Ein Junge läßt sich nichts gefallen!"); Angst dürfe ein Junge nicht zeigen.

  Ein Mädchen zeichne sich aus durch Wohlerzogenheit, Anlehnungsbedürftigkeit, Passivität, größere Gefühlsbetontheit, soziale Angepaßtheit, Einfügsamkeit und dadurch, daß es im Vergleich zum männlichen Geschlecht eher ängstlich sei.

---

[79] Wie engagiert Lehrer/innen und Schüler/innen den Alltag mit den verschiedenen Problemen und Freuden meistern, zeigt die Reportage „Unterricht in Deutschland" (Drews 1994)

[80] Als Beispiel für Refombestrebungen sei hier das Potsdamer Modell der Lehrerbildung genannt, das sich ganz im Sinne der Professionsorientierung in allen Lehramtsstudiengängen durch eine enge Theorie-Praxis-Beziehung vom ersten Semester an auszeichnet.

- Die **kognitiven Fähigkeiten**[81] von Jungen liegen angeblich eher im Bereich der mathematisch-naturwissenschaftlich-technischen Begabungen. Jungen hätten mehr sachliche Interessen, einen analytischen Verstand sowie Ehrgeiz im Vergleich zu Mädchen. Mädchen sollen hingegen sprachlich begabter sein, hätten vorrangig soziale und ästhetische Interessen und einen "intuitiven" Verstand.

- Im Hinblick auf **physischen Eigenschaften** wird von einem Jungen immer noch körperliche Geschicklichkeit und Kraft erwartet, vom Mädchen eher hübsches Aussehen und Anmut der Bewegung.

Im Ergebnis der Identifikation mit der Geschlechterrolle haben sich Stereotype soweit verfestigt, daß sie mehr oder weniger in das gesamte Verhaltensrepertoire von Jungen und Mädchen eingehen und es nach Interessen und bevorzugten Tätigkeiten zu einer zunehmenden Separation der Geschlechter kommt. Dabei identifizieren sich Jungen früher mit ihrem Geschlechtsstereotyp als Mädchen. Jungen sind unduldsamer gegenüber Jungen, die dem Rollenbild nicht entsprechen, d.h. sich mädchenhaft benehmen als Mädchen gegenüber Mädchen, die sich jungenhaft verhalten - offenbar, weil jungenhaftes Verhalten höher bewertet wird als mädchenhaftes Verhalten. Die männliche Geschlechtsrolle verheißt nach dem bisherigen Stereotyp insgesamt mehr Freiheit und Ansehen sowie größere Vorteile (vgl. Aissen-Crewett in diesem Band). Dazu gehört auch, daß ihr gerade jene Verhaltensweisen zugeordnet werden, die dem allgemein zunehmenden Kraftgefühl des Grundschulkindes besonders entsprechen, wie z.B. der Drang nach körperlicher Betätigung überhaupt.

Der Übernahme von geschlechtsspezifischem Rollenverhalten liegen im wesentlichen drei Lernvorgänge zugrunde: Verstärkungslernen, Nachahmungslernen, Lernen durch Einsicht. In der europäischen Kultur werden von Männern und Frauen bei ihren Kindern diejenigen Verhaltensweisen verstärkt, die sie als "richtig", soziokulturellen Verhaltenserwartungen entsprechend, erachten, während anderes Verhalten durch Nichtbeachten oder negative Sanktionierung eliminiert wird.

Lehrerinnen und Lehrer äußern in Gesprächen häufig, sie seien frei davon, mit Mädchen anders als mit Jungen zu arbeiten, ihnen auf unterschiedliche Art zu begegnen. Sehr bewußt werden Rollenklischees von ihnen abgelehnt. Es zeigt

---

[81] Interessant ist in diesem Zusammenhang eine Studie von Tiedemann und Faber (Zeitschrift f. Entwicklungspsychologie und Pädagogische Psychologie, Bd. XXVII, H.1, S.61-71), in der es um Selbstkonzept und Kausalattributionen von Mädchen im Mathematikunterricht geht. Ein Ergebnis der Studie, die 215 Dritt-und Viertkläßler einbezog, war: Mädchen schätzten ihre mathematischen Fähigkeiten bei objektiv gleichen Leistungen geringer ein und erwarteten schlechtere Leistungsergebnisse. Erfolg in der Arbeit führten sie seltener auf gute Fähigkeiten zurück. Mißerfolg wurde häufiger als bei Jungen mit geringen Fähigkeiten und tendenziell weniger mit fehlender Anstrengung erklärt.

sich aber in der Praxis, daß dann, wenn es um unerwünschtes, den Unterricht störendes Verhalten geht, doch nach der Geschlechtszugehörigkeit differenziert wird. Jungen sind in bezug auf Negativzuwendungen signifikant häufiger Gegenstand der Aufmerksamkeit von Lehrerinnen und Lehrern. Sie fallen ihnen häufiger durch störendes Verhalten auf (vgl. Hempel 1995, S. 99). Untersuchungen von Petillon (1992, S. 68f.) und Hempel (1994, S. 21) kommen zu dem Ergebnis, daß die körperlichen und z.T. recht aggressiven Auseinandersetzungen typisch für das Sozialleben der Jungen in den ersten Schuljahren sind. Mädchen werden bereits in der Grundschule gern als "disziplinierender Faktor" eingesetzt (das geht bis zur Sitzordnung), Jungen als Beispiele/Vorbilder in Leistungssituationen. (vgl. Biskup/Brink/Pfister in diesem Band)

In mehreren 4. und 5. Klassen wurde beobachtet, daß Jungen insgesamt mehr Tadel als Mädchen empfingen. Allerdings bezog sich die Kritik vergleichsweise häufig auf nicht-leistungsbezogene Aspekte des Verhaltens, denn die Jungen wurden z.B. häufiger ermahnt, den Unterricht nicht zu stören, aufzupassen oder sauberer zu arbeiten. Mißerfolge bei Jungen führten Lehrer/innen achtmal häufiger als bei Mädchen auf fehlende Anstrengung zurück. In 88,2% der Fälle bezogen sich dagegen kritische Stellungnahmen der Lehrer/innen gegenüber Schülerinnen auf intellektuelle Aspekte ihrer Arbeit. Auch beim Lob ließen sich Geschlechtsunterschiede nachweisen. Es bezog sich bei Mädchen häufiger auf nicht-intellektuelle Aspekte, so hob der Lehrer/die Lehrerin z.B. die saubere Anfertigung ihrer Arbeiten hervor. Bei Jungen akzentuierte das Lob zumeist deren intellektuelle Kompetenz (vgl. Mietzel 1986). Diese Unterschiede können zum einen von Lehrern und Lehrerinnen bewußt oder unbewußt übernommene gesellschaftliche Erwartungen widerspiegeln, wonach Jungen eher an Erfolg und Leistungen, Mädchen eher an sozialen Wertkriterien gemessen werden (vgl. Weidenmann, Krapp 1986, S.432) oder auf ganz persönlichen Erfahrungen von Erfolgen mit entsprechenden Handlungsweisen beruhen.

Einige Ansätze zur Prävention und Intervention bei Unterrichtsstörungen

Schwierige Schüler/innen erfordern viel Kraft, Liebe und Konsequenz von der Lehrerin/vom Lehrer. Sie fordern mehr und anderes von ihnen, von der Schule. Eine Grundschule, die den Individualisierungsanspruch der Kinder als Ausdruck gesellschaftlicher Veränderungen einerseits und den Förderungsanspruch jedes Kindes andererseits erkannt hat und deren Lehrer/innen versuchen, mit den Kindern danach zu arbeiten, hat die besten Voraussetzungen, sich mit auftretenden Konflikten erfolgreich auseinanderzusetzen und sie im

Sinne der Förderung der Entwicklung des einzelnen Kindes und der Klasse insgesamt zu nutzen[82].

Unterrichtsstörungen werden manchmal von Lehrer/innen und/oder Schüler/innen als Bedrohung erlebt. Diese Bedrohung der psychischen Sicherheit kann durch die Berücksichtigung bestimmter Faktoren, die gleichzeitig den gemeinsamen Lernprozeß fördern, verhindert bzw. abgebaut werden. An erster Stelle soll hier der emotionale Rückhalt genannt sein. Die Lernsituation muß so gestaltet werden, daß sich der/die Lernende sicher und anerkannt fühlt, die Furcht vor Mißerfolg verliert, sich auf das Lernen einlassen kann. Schüler/innen müssen Gelegenheit erhalten, Zusammenhänge erkennen zu können, d.h. einen Lerninhalt einordnen und die Gesetzmäßigkeiten einer Situation erkennen zu können. Das schließt ein, auch mit Problemen konfrontiert zu werden. Wichtige Voraussetzung, um für das eigene Lernen selbst Verantwortung übernehmen zu können, ist folgender Aspekt: Je sinnvoller mir ein Lerninhalt erscheint, je mehr Spaß er mir macht, desto intensiver werde ich mich bemühen, ihn mir anzueignen, den eigenen Lernweg auswählen und ihn erproben. Fehler und Fragen in diesem Prozeß sind etwas ganz Normales. Jedes Kind lernt auf seine Weise, jedes muß für sich eine Beziehung zum Lernstoff herstellen, sich damit auseinandersetzen, um das persönlich Bedeutsame zu verinnerlichen. Bei der Entwicklung pro-sozialer Verhaltensweisen, z.B. menschlicher Wärme, Wertschätzung, Unterstützung anderen gegenüber, wird deutlich: Konfliktfähigkeit in der Schule steht im Widerspruch zu einer Schule, die Verhaltensauffälligkeiten mit verursacht. Gerade ein Lern- und Interaktionsklima, welches den einzelnen in seiner Sicherheit nicht bedroht, vermindert Unterrichtsstörungen und fördert den Lernprozeß. Durch Kommunikationstraining im Unterricht der Grundschule können die Kinder eine Möglichkeit erhalten, neue sprachliche und soziale Verhaltensmuster in verschiedenen Situationen auszuprobieren und deren Wirkung auf unterschiedliche Partner und Handlungsverläufe zu testen. Training der Kommunikation schließt auch Formen wie etwa den Morgenkreis (siehe Heinzel in diesem Band) ein, in denen die Kinder die sie emotional bewegenden alltäglichen Probleme und Ereignisse (z.B. die Arbeitslosigkeit der Eltern und daraus resultierende soziale Probleme, die zu Aggressionen oder Depressionen führen können; Fernsehsendungen vom Vortag/-abend/zurückliegenden Wochenende;..) kompensieren können. Sie erhalten Gelegenheit sich auszusprechen. Insofern hat Kommunikationstraining in der Grundschule gleichzeitig eine therapeutische Funktion. Den von allen am Unterricht Beteiligten vereinbarten Ritualen kommt für die Verhaltenssteuerung eine besondere Bedeutung zu. Prävention und Intervention von Unterrichtsstörungen schließt auch die Re-

---

[82] Hierfür bietet u.E. das Konzept der Kleinen Grundschule im Land Brandenburg besonders günstige Voraussetzungen.

flexion der Lehrerin/des Lehrers über Inhalte und Formen des Unterrichtens, über eigenes Auftreten, mögliche Vorbehalte und Einstellungen ein.

Unterrichtsstörungen bei Mädchen und Jungen bedürfen eines professionellen Umgangs. Breitgefächerte Literatur zur Problematik ist auf dem Markt. Dennoch ist auffallend, wie wenig bei diesem Thema geschlechtsspezifische Aspekte benannt werden. Das gilt in besonderer Weise für geschlechtsspezifische Aspekte von Unterrichtsstörungen in der Grundschule. In Fallbeschreibungen begegnen uns wesentlich häufiger Jungen als Mädchen. Empirische Untersuchungen, die nicht der „Frauenforschung" zuzuordnen sind, berücksichtigen den geschlechtsspezifischen Aspekt selten. Dabei wäre es interessant und von schulpolitischer Relevanz, solchen Fragen nachzugehen, wie:

- der Symptomatik von Störungen des Unterrichts bei Mädchen/bei Jungen allgemein,
- Störungen in Klasse 1/2 (im Anfangsunterricht) und in Klasse 5/6 (den letzten Jahren der Grundschulzeit), Ableitung von Entwicklungsverläufen in dem Bereich,
- Motiven von Mädchen und Jungen, Bewußtheitsgrad von Unterrrichtsstörungen,
- Störungen bei Lehrerinnen/Störungen bei Lehrern, ihre Reflexionen darüber,
- Erleben von Unterrichtsstörungen bei Schülerinnen/Schülern und Lehrerinnen/Lehrern,
- Produktivität des Umgangs mit Unterrichtsstörungen bei Lehrerinnen und Lehrern.

Literatur

Auf dem Weg zu einem Landesschulgesetz. Gesetz über die Schulen im Land Brandenburg (Brandenburgisches Schulgesetz - BbgSchulG) - Entwurf der Landesregierung Brandenburg - verabschiedet am 24. Oktober 1995.

Becher, Hans R./Bennack, Jürgen (Hg.): Taschenbuch Grundschule. Hohengehren 1995.

Benikowski, Bernd: Unterrichtsstörungen und kommunikative Didaktik. Hohengehren 1995.

Drews, Ursula: Unterricht in Deutschland. Hohengehren 1994.

Drews, Ursula: Unterrichtsgestaltung in der Grundschule. Tübingen 1992.

Ertle, Christoph/Neidhardt, Wolfgang (Hg.): Unterricht mit Kindern in Not. Bad Heilbrunn 1994.

Fölling-Albers, Maria: Schulkinder - heute. Auswirkungen veränderter Kindheit auf Unterricht und Schulleben. Weinheim, Basel 1992.

Fölling-Albers, Maria (Hg.): Veränderte Kindheit - veränderte Grundschule. Beiträge zur Reform der Grundschule. Frankfurt am Main 1989.

Glumpler, Edith (Hg): Mädchenbildung - Frauenbildung. Bad Heilbrunn 1992.
Hempel, Marlies:Soziales Lernen in der Grundschule. Sozialkompetenz und soziale Erfahrungen von Mädchen und Jungen. Potsdamer Studien zur Grundschulforschung, Heft 1/1994.
Hempel, Marlies (Hg.): Verschieden und doch gleich. Schule und Geschlechterverhältnisse in Ost und West. Bad Heilbrunn 1995.
Hennig, Claudius/Keller, Gustav: Lehrer lösen Schulprobleme. Donauwörth 1992.
Hentig, Hartmut von : Die Schule neu denken. München 1993.
Hopf, Arnulf: Grundschularbeit heute. München 1993.
Kirsch, Bärbel: Untersuchungen über konfliktverursachende Bedingungen im Berufsleben der Lehrerin. Dissertation (A). Potsdam 1974.
Kleber, Eduard W.: Diagnostik in pädagogischen Handlungsfeldern. Weinheim, München 1992.
Kratochwil, Leopold: Unterrichten können. Hohengehren 1992.
Mietzel, Gerd: Psychologie in Erziehung und Unterricht. Göttingen, Toronto, Zürich 1986.
Ministerium für Bildung, Jugend und Sport des Landes Brandenburg: Grundschule im Prozeß. Pädagogische Orientierungsgrundsätze für die Grundschulen im Land Brandenburg. 1993
Otto, Karlheinz: Disziplin bei Jungen und Mädchen. Berlin 1970.
Petillon, Hanns: Der unbeliebte Schüler. Braunschweig 1978.
Petillon, Hanns: Wie gehen Kinder in den ersten Schuljahren miteinander um? In: Pädagogik und Schule in Ost und West, Heft 2/1992
Pfister, Gertrud/Valtin, Renate (Hg.): MädchenStärken. Probleme der Koedukation in der Grundschule. Beiträge zur Reform der Grundschule. Frankfurt am Main 1993.
Preuss-Lausitz, Ulf: Die Kinder des Jahrhunderts. Weinheim, Basel 1993.
Schenk-Danzinger, Lotte: Entwicklungspsychologie. Wien 1988.
Spiegel - special Kinder, Kinder. Erziehung in der Krise. Nr. 9/1995.
Strukturkommission Lehrerbildung des Gründungssenats der Universität Potsdam: Potsdamer Modell der Lehrerbildung. Potsdam 1992.
Winkel, Rainer: Der gestörte Unterricht. Bochum 1993.
Winkel, Rainer (Hg.): Schwierige Kinder - Problematische Schüler. Hohengehren 1994.
Unterrichtsstörungen. Dokumentation, Entzifferung, Produktives Gestalten. Jahresheft V/87 . Seelze 1987.
Vierlinger, Rupert: Das Schulkreuz der Lehrer. Wien 1990.
Weidenmann, Bernd/Krapp, Andreas u.a.: Pädagogische Psychologie. München, Weinheim 1988.
Zeitschrift f. Entwicklungspsychologie und Pädagogische Psychologie. Band XXVII, Heft 1. Göttingen 1995

Friederike Heinzel

Der Kreis: Die demokratische Sozialform der Grundschule

Kreisgespräche in der Grundschule

> "Der morgendliche Beginn eines Tages in der Schule ist nach meiner Meinung sehr sehr wichtig für den weiteren Verlauf des Vormittags. Zum Einen hat jedes Kind den Morgen sehr unterschiedlich erlebt, zum Anderen hat auch ein Kind das Recht zu erfahren, was es am Tag erwartet. Gleichzeitig wäre es fatal, wenn wir das spontane Mitteilungsbedürfnis der Kinder nicht täglich nutzten, als Ausgangspunkt, um das Erzählen und Zuhören gezielt zu fördern. So ist der tägliche Morgenkreis in unserer Leseecke zu einem Ritual geworden. Schon nach ein paar Tagen im ersten Schuljahr forderten die Kinder selbst dieses Ritual täglich ein." (aus einem Praxisbericht von Heike Noll, Grundschullehrerin in Brandenburg, Borkheide 1995)

Kinder sitzen bereits im Morgenkreis lange bevor die Lehrerin den Raum betritt; sie fordern den Morgenkreis ein, so läßt sich immer wieder beobachten. In der Schule eines "sozialen Brennpunktes" erlebte ich, wie die Kinder einer Klasse, die zunächst in der ersten Stunde laut und unkonzentriert waren, obgleich sie eine Mathematikarbeit schreiben sollten, sich in der zweiten Stunde im Kreis gewissenhaft und aufmerksam über persönliche Erlebnisse, Konflikte in der Klasse und Beobachtungen zum Thema "Meerschweinchen" verständigten.

Das Kreisgespräch stellt eine grundschulgemäße Sozialform dar, die positive Auswirkungen auf die soziale und psychische Stabilität der Klasse hat (Hahn 1990) und die innerhalb des Unterrichts flexibel eingesetzt werden kann. Varianten sind beispielsweise der Montags- oder Freitagskreis, der Wochenanfangs- oder Wochenabschlußkreis, der Erzählkreis, der Klassenrat, der Konfliktkreis, der Mädchen- und Jungenkreis, der Lesekreis, der Religionskreis, der Meditationskreis oder der Feierkreis; die häufigste Variante ist vermutlich der Morgenkreis. Aufgrund eigener Beobachtungen sowie einiger Berichte und Kurzdarstellungen (z.B.: Garlichs 1993; Grabbe 1992; Heckt/ Sandfuchs 1993, S. 184; Ritz-Fröhlich 1992; Röbe/Walcher 1992; Spinner 1983; Wallrabenstein 1991) möchte ich folgende Merkmale des Morgenkreises nennen: Er wird oft von einem Kind geleitet und läuft nach Regeln ab, die von der LehrerIn eingeführt und in der Klasse weiterentwickelt werden[83]. Solche Rituale können sein: ein festgelegtes Zeichen für den Beginn, das Benennen des Wochentages und des Datums, das Erfassen der fehlenden Kinder, das Singen eines Liedes, Raum für Inszenierungen und Präsentationen, die Erzählrunde, Festlegungen für den Nachfragemodus, das Verfassen eines Protokolls usw. Als Hilfsmittel bei der Erzählrunde haben sich Kuscheltiere, Erzählsteine oder Erzählsäckchen bewährt. Diese Gegenstände befinden sich jeweils in der Hand des erzählenden Kindes und werden weitergegeben, wenn das nächste Kind beginnen kann. Wenn ein erzählendes Kind nicht weiterweiß, drückt es das Tier, spielt mit dem Säckchen oder reibt den Stein, bis sich seine Gedanken geordnet haben und es weitersprechen kann. Die anderen Kinder wissen dieses Verhalten richtig zu deuten, und es fällt ihnen leichter zu warten bis die Erzählung weitergeht. Jedes Kind erhält im Morgenkreis die Möglichkeit, eigene Erlebnisse, persönlich bedeutsame Gegenstände, Fragen, Probleme und Wünsche in die Gruppe einzubringen. Im Morgenkreis findet auch die außerschulische Lebenswelt der Kinder Berücksichtigung. Es erhält "auch das seinen Platz, was früher unter der Bank blieb"[84]. In vielen Klassen wird der Morgenkreis auch genutzt, um Konflikte in der Klasse oder mit Kindern anderer Klassen anzusprechen und nach Lösungen zu suchen. Häufig ist er außerdem Ausgangspunkt für die gemeinsame Planung des Unterrichtstages.

Im Zusammenhang mit der Grundschulreform spricht Wulf Wallrabenstein von einem "fast endgültigen Siegeszug des Kreises (...) - zu einem bedeutsamen Medium der Öffnung des Unterrichts, des entwickelnden Lernens, der Lernberatung, der Gemeinschaftserziehung, der Integration und vor allem des interkulturellen Lernens" (Wallrabenstein 1995, S.8).

Ob diese optimistische Einschätzung von Wallrabenstein sich empirisch belegen läßt, wollen wir in einer Studie zum Thema: "Kinder im Kreisgespräch. Kreisgespräche in der Grundschule als Sozialisationskontext" am Institut für Grundschulpädagogik der Martin-Luther-Universität Halle Wittenberg untersuchen. Im quantitativen Teil der Untersuchung werden bundesweit Lehrerinnen und Lehrer des zweiten Schuljahres an 1000 repräsentativ ausgewählten Grundschulen mit Hilfe einer schriftlichen Befragung um Informationen und Einschätzungen gebeten. Es geht zunächst darum, die Verbreitung und Verwendung von Kreisgesprächen in der Grundschule zu erfassen. Unser Interesse richtet sich außerdem auf die Anlässe für den Gebrauch der Sozialform Kreis in der Grundschule, die Regeln in den Kreisgesprächen, die Themen der

---

[83] In jahrgangsübergreifenden Gruppen werden die Grundregeln von den älteren an die jüngeren Kinder überliefert.

[84] Ernst Purmann in einem mir gegeben Interview am 17.9.95. Ernst Purmann ist Schulleiter der Grundschule Vollmarshausen, wo der Morgenkreis in allen Klassen zum festen Bestandteil des Tagesrhythmus gehört; s.a. Garlichs 1993

Kinder und die Bewertung der Bedeutung von Kreisgesprächen durch Lehrerinnen und Lehrer. Aufmerksamkeit wird auch auf die Frage gerichtet, wie Lehrerinnen und Lehrer die geschlechtsspezifische Nutzung der Sozialform Kreis und ihre Wirksamkeit zur Gestaltung förderlicher Lernprozesse für beide Geschlechter einschätzen. Die quantitative Auswertung wird ergänzt durch qualitative Verfahren. Zehn LehrerInnen, die mit der Sozialform "Kreis" vielfältige Erfahrungen gesammelt haben, werden als ExpertInnen befragt; in zwanzig unterschiedlichen Klassen werden Kreisgespräche teilnehmend beobachtet und in zwei Klassen mehrere Tage aufgezeichnet, transkribiert und mit der tiefenhermeneutischen Interpretationsmethode des "szenischen Verstehens" (Lorenzer) ausgewertet. Das szenische Verstehen greift auf die Beziehungsfiguren in den Erzählungen zurück; es richtet sich auf das Verstehen der Interaktion der Subjekte mit ihrer Mitwelt und Umwelt (Lorenzer 1970 und 1986).

Im folgenden soll eine erste Annäherung an das Verstehen der Bedeutung der Sozialform Kreis in der Grundschule versucht werden. Als Gestalt verwirklicht der Kreis zwei verschiedene Dimensionen: zum einen ordnet er die ihn bildenden Personen zu einer besonderen Formation im Raum - der Sozialform des Kreises. Und zum anderen präsentiert er einen spezifischen Symbolgehalt. Im Symbol des Kreises realisieren sich Handlungsentwürfe und er symbolisiert Lebensformen. Es bilden sich soziale Erfahrungen ab und Handlungen können entworfen werden (vgl. Lorenzer 1970). Insofern ist der Kreis Ausdruck von sozialen Situationen und Modell für soziale Situationen (Geertz 1987, S. 53). Bevor ich auf den Kreis als reale Sozialform näher eingehe, will ich zunächst einige Aspekte seiner symbolischen Funktion herausarbeiten.

Der Kreis als Symbol

Der Kreis ist das wichtigste und am weitesten verbreitete geometrische Symbol, welches auch im Erscheinungsbild von Sonne und Vollmond vorgegeben ist. In der platonischen und neuplatonischen Philosophie wird der Kreis als die vollkommenste Form angesehen. In religiösen Systemen ist der Kreis von der Antike bis in die Neuzeit hinein Symbol Gottes. Am Kreis ist weder Anfang noch Ende, weder Richtung noch Orientierung zu sehen, und der Himmel wird infolge der kreisförmigen Bahnen der Sterne um den Himmelspol als runde Kuppel vorgestellt, weshalb der Kreis auch für den Himmel steht.

Ein Kreis mit eingezeichnetem Mittelpunkt ist in der traditionellen Astronomie das Symbolzeichen für die Sonne, in der Alchimie steht er für das ihr analoge Metall Gold. In magischen Lehren hat der um den Magier gezogene Kreis die Funktion, einen Schutz vor bösen Geistern zu bieten. Der Kreis ist als Symbol des Ursprungs und der Harmonie immer wieder mit dem Weiblichen verbunden worden. Das lebensspendende Runde mit den Funktionen des Enthaltenseins und des Aus-sich-Entlassens wird dem Mütterlichen zugeordnet. In den sexualsymbolischen Vorstellungen der Psychoanalyse entsprechen runde, gewölbte und hohle Formen dem Weiblichen, längliche und spitze Formen dem Männlichen.

Der Kreis wird definiert als eine ebene Kurve, deren Punkte von einem festen Punkt (Kreismittelpunkt) einen konstanten Abstand (Radius) haben. Er verfügt über ein Zentrum und eine Peripherie. Durch die Kreislinie wird der Raum in ein Drinnen und ein Draußen geteilt; das umschlossene Drinnen bildet eine eigene Wirkungsphäre. Er ist die treffendste Figur, um das Hineingestelltsein oder Verbundenheit zu symbolisieren. Symbole sind - wie in diesen kurzen Ausführungen deutlich wurde - mehrdimensional. Wenn sie als Modell für etwas genutzt werden, wie dies im Gebrauch des Kreises als Sozialform geschieht, eröffnet dies, die unterschiedlichen Dimensionen des Symbols auch nutzen zu können. Mit dem Kreis verbunden sind Vorstellungen wie: Wärme, Geborgenheit, Bindung, Schutz, Harmonie und, wie sich im folgenden zeigen wird, Demokratie.

Der Kreis als Sozialform

Die Sozialform "Kreis" kann als eine menschliche Urform angesehen werden, denn das Umstehen oder Umsitzen des Feuers läßt sich bis in die Steinzeit hinein zurückverfolgen. Der Kreis hat auch erhebliche Bedeutung in Spiel und im Tanz (z.B. es tanzt ein Bi-Ba-Butzemann; Ringel, Ringel, Rose oder auch Volkstänze). Der Kreis als Form einer Versammlung findet sich in verschiedenen Überlieferungen, Kulturen und Zeitaltern. In der Tafelrunde des Königs Artus sitzen die zwölf hervorragendsten Ritter um einen runden Tisch, in dessen Mitte der Gral steht. Auch die zwölf Apostel nehmen an einem runden Tisch das Abendmal ein. In verschiedenen Indianergruppen wird den Lagern, dem Tipi und den Sitzordnungen der Kreis zugrunde gelegt. Und das germanische Thing hat in den Zusammenkünften der Landgemeinde von Glarus (Schweiz) einen späten Nachfahren (vgl. Lurker, S. 160).

In Deutschland stehen seit der Wende die, in der Aufbruchszeit mit vielen Hoffnungen und Erneuerungsideen verbundenen, "runden Tische" für demokratische und verständigungsorientierte politische Zusammenkünfte.

Der deutsche Bundestag führte seit 1948 bereits sechs Debatten über seine Sitzordnung, die letzte am 9.März 1995. Die Frage, ob die zukünftige Sitzordnung der Abgeordneten des Deutschen Bundestages im Berliner Reichstag in Form eines Kreises oder einer Ellipse erfolgen soll, führte zu einem vollen Haus und einer angeregten Debatte (Verhandlungen des Deutschen Bundestages 1995).

In der Schule erhält der Kreis in der Reformpädagogik herausragende Bedeutung. Peter Petersen bemerkt zum Kreis: "In sämtlichen Neuen Schulen ist er von Anfang an aufgetreten, ob diesseits oder jenseits des Atlantik; er gehört für den Besucher oft zum ersten Merkmal Neuer Erziehung" (Peter Petersen 1930, S.44). Im Kreis verloren Lehrer und Lehrerinnen ihren dominierenden Platz, und die Kinder handelten von Angesicht zu Angesicht auf gleicher Ebene. Daß sich alle im Kreis Versammelten in die Augen sehen und sich ansehen konnten, war nach Petersen der "am stärksten empfundene Gegensatz zur Alten Schule" (ebd)[85].

Annedore Prengel und Dörthe van der Voort bezeichnen den Kreis als "eine Grundordnung der demokratisch orientierten pädagogischen Gruppe. Während die Form der frontalen Instruktion Zusammenhang stiftet, indem die Blicke aller auf die dozierende Person hin ausgerichtet sind und die Lernenden sich wechselseitig nicht ansehen, entsteht im Kreis Zusammenhang durch ein unregelmäßiges Netz wechselseitiger Blicke und die abwechselnde Zentrierung der Aufmerksamkeit auf die verschiedenen Gruppenmitglieder" (Prengel/ van der Voort 1996).

Der Kreis fördert einerseits das Zusammengehörigkeitsgefühl der Kinder und andererseits eröffnet die reale Formation des Kreises mit der Spezifik einer demokratischen Anordnung eine bestimmte Gruppendynamik, die soziale Konflikte der Klasse sichtbar macht, z.B. dann wenn ein Kind nicht in den Kreis kommen möchte, wenn sich Jungen- und Mädchencliquen gruppieren oder wenn ein Kind immer neben der Lehrerin oder dem Lehrer sitzt. Im Kreis nehmen Lerngruppen Gestalt an. Der Prozeß der Kreisbildung kann Aufschluß über die Situation der Gruppe oder über die einzelner Kinder geben.

Susanne Bohnert, Lehrerin an der Reformschule Kassel, hat die Erfahrung gemacht, daß es Gruppen von Kindern gibt, die nicht kreisfähig sind. Sie stellte fest, daß manchmal von LehrerInnen ein enormer Aufwand an Energie aufgebracht werden muß, um Gemeinschaftsformen wie den Kreis überhaupt zu kultivieren (Gespräch mit Susanne Bohnert am 20.1.95). Die Gruppe ist gleichsam ein Kreis, der sich erst bilden muß. Das Zugehörigkeitsgefühl zu der neuen Gruppe ist dementsprechend auch eine der wichtigsten Erfahrungen, die die erste Begegnung mit der Schule strukturieren sollte (vgl. Lichtenstein-Rother/ Röbe 1993, S. 56ff).

Kinder und ihr Kreis

Wenn Kinder in die Schule kommen bedeutet dies für sie immer auch, das bisher vertraute soziale Umfeld teilweise zu verlassen und sich in ein neues soziales System einzufinden. Neben der Familie bildet bis zum Schulbeginn die altersheterogene Gruppe im Kindergarten das soziale Umfeld der Kinder.

---

[85] Zum Verhalten von "Schulneulingen in der Kreis-Situation" an der Universitätsschule Jena vgl. Opitz 1935.

In der Grundschule treffen sie dann auf einen neuen Personenkreis, der aus den etwa gleichaltrigen Kindern und der Lehrerin oder dem Lehrer besteht. Petillon kommt in seiner Untersuchung über das Sozialleben von Kindern in den ersten beiden Schujahren zu dem Ergebnis, daß die größten Schwierigkeiten der Kinder weniger in den schulischen Abläufen oder in der Person der Lehrerin bzw. des Lehrers als vielmehr in den Sozialbeziehungen liegen. (Petillon 1993)

In der Sozialwelt der Kinder konfrontieren sich relativ Gleiche mit ihren Erwartungen und Ansichten und stehen vor der Aufgabe, ihre Sichtweisen und Vorhaben zu koordinieren (vgl. Krappmann 1991, S. 356). Die Konkurrenz in der altershomogenen Gruppe, verbunden mit der Anforderung der Schule, zielorientiert zu lernen, stellt die Kinder vor anspruchsvolle Aufgaben. Sie müssen Kompetenzen interpersonaler Verständigung und sozialer Kooperation erwerben, die nicht einfach von den Erwachsenen übernommen werden können, sondern sich in der Interaktion mit anderen Kindern herausbilden (ebd. S. 356). Die Gleichaltrigengruppe hat neben den Eltern, den LehrerInnen und anderen erziehenden Personen einen sehr großen Einfluß auf die Sozialisation jedes Kindes. Die Gleichaltrigen präsentieren einander verschiedene Realitätssichten, die in umfassendere Perspektiven eingebunden werden müssen. Kinder können einander insbesondere dann in ihrer Entwicklung anregen, wenn ihre Interaktionen in einen Rahmen eingelagert sind, der Bedeutung stiftet und ihnen erlaubt, auf Geschehenes wieder zurückzukommen, um daran weiterzuarbeiten (vgl. Krappmann 1991, S.362). Über Aushandlungsprozesse in Kreisgesprächen können sie lernen, Erfahrungen, Wünsche, Vorhaben und Vereinbarungen so zu besprechen, daß die Atmosphäre einer gerechten Gemeinschaft entstehen kann (Wallrabenstein 1995, S.11).

Zur Förderung der Klassengemeinschaft ist es wichtig, wenn die Kinder erfahren, daß sie miteinander lernen und sich gegenseitig helfen können. Persönliche Kontakte müssen gepflegt und Regeln des Zusammenlebens eingeführt oder ausgehandelt werden (vgl. Faust-Siehl/ Portmann 1992). Wie schwierig Aushandlungsprozesse unter Kindern sind, belegt die Studie von Oswald und Krappmann. Sie beobachteten Aushandlungsprozesse von Kindern in mehreren Grundschulklassen und stellten fest, daß die Kinder nur in etwa der Hälfte der Fälle eine Lösung erreichten, die von beiden Seiten akzeptiert wurde. Alle anderen Aushandlungen endeten damit, daß ein Kind dem anderen seinen Willen aufzwang, wobei freundschaftlich verbundene Kinder häufiger eine Lösung erreichen, mit der beide einverstanden waren. (Oswald/ Krappmann 1995, S. 97f) Das Helfen im Unterricht, so ein weiteres Ergebnis dieser Studie, ist unter Kindern nicht besonders verbreitet. Doch wer einen gesicherten Platz in der Klasse hat, erhält auch Unterstützung (ebd. S. 146). Oswald und Krappmann bilanzieren, daß die Interaktion der Gleichaltrigen nicht grundsätzlich kognitive Fähigkeiten der Kinder fördere. Es bedürfe vielmehr stabiler sozialer Gruppierungen und einer Atmosphäre, die frei von Besserwisserei, Angeberei, Abwertung und Ausstechen sei. Die Kultivierung der Sozialform Kreis in der

Grundschule kann nach meiner Auffassung dazu beitragen, eine solche Atmosphäre herzustellen.

Wichtige Voraussetzung für die sozialisierende Wirkung der Gruppe ist die emotionale Beziehung der Kinder zueinander und häufiges Interagieren (vgl. Krappmann/ Oswald 1995, S.44). Mädchen und Jungen interagieren in der Grundschule jedoch wenig (vgl. Krappmann/ Oswald 1995, S. 73; Petillon 1993, S. 176). Im sozialen Leben der Grundschulkinder bilden sich vielmehr geschlechtsspezifische Sphären heraus: die der auffälligen, agressiven und um Rang und Einfluß raufenden Jungen einerseits und die der ruhigen, sozial sensiblen, taktierenden Mädchen andererseits (vgl. Petillon 1993, S. 174f). Dennoch haben Mädchen und Jungen in der Grundschule das Gefühl zusammenzugehören, obgleich insbesondere die Mädchen auch Schattenseiten des gemeinsamen Unterrichts benennen und sich manchmal durch die Jungen gestört fühlen (vgl. Faulstich-Wieland/ Horstkemper 1995).

Geschlechtshomogene und koedukative Gesprächskultur im Kreis

Ulrike Domas, die im Berliner Modellversuch "Konfliktbewältigung für Mädchen und Jungen" tätig ist, unterrichtet jeweils die Mädchen einer dritten, vierten und sechsten Klasse je zwei Stunden wöchentlich[86]. Der Mädchenkreis ist fester Bestandteil des Konzepts. Zuerst wird bei den Treffen der Mädchen ein Energiekreis oder ein Blitzlicht durchgeführt. Die Mädchen fassen sich an den Händen, spüren sich und beginnen mit einer Phantasiereise (Ausgangspunkt sind Anregungen wie z.B. "Stell dir vor, du wärest ein Tier..." oder "Wenn du von oben schauen würdest, welche Farbe hätte der Kreis...") oder der Kreis wird mit einem Blitzlicht eröffnet (Fragen sind z.B.: "Was hat dich in der letzten Woche gefreut?" oder "Wo warst du in der letzten Woche mutig?" oder "Worüber hast du dich letzte Woche geärgert?"). Anschließend folgt eine offene oder themenzentrierte Erzählrunde. Gesprächsgegenstände, die in den Mädchengruppen behandelt werden, sind z.B. Mut, Angst, Vertrauen, gute und schlechte Berührungen, Streit mit Freundinnen oder Streit mit den Jungen. Der Keis dient insbesondere dazu, daß die Mädchen zur Ruhe kommen, sich als Mädchengruppe erfahren und innere Kraft entwickeln (Gespräch mit Ulrike Domas am 21.2.96).

---

[86] Ziel des Modellversuches ist die Entwicklung und Erprobung eines Konzepts, das stereotypen Selbsteinschätzungen und Vorurteilen gegenüber Kindern des anderen Geschlechts entgegenwirkt. Es geht u.a. darum, die Interaktionsstrukturen von Jungen und Mädchen zu verbessern. Getrennt unterrichtet wird wöchentlich eine Doppelstunde in den 3 bis 6 Klassen an je drei Schulen im Ost- und Westteil Berlins. Es finden drei Durchgänge innerhalb des Modellversuchs statt.

Auch in den Jungengruppen wird im Rahmen des Modellversuchs der Kreis als Sozialform gebraucht. Sven Hirsch erklärte mir, daß der Kreis in den Jungengruppen als Rahmen am Anfang und häufig auch am Ende der Gruppenarbeit eingesetzt werde. Zu Beginn gehe es in einem Blitzlicht um die aktuellen Befindlichkeiten der Jungen. Es falle den Jungen jedoch schwer zuzuhören und die Runde durchzuhalten. Spiele, in denen sich die Jungen bewegen könnten, würden besser angenommen als der Kreis. Als wichtigen Konflikt der Jungen beschreibt Sven Hirsch ihre Aushandlungen im Grenzbereich zwischen Spaß und Ernst (Gespräch mit Sven Hirsch, Mitarbeiter im Modellversuch am 21.2.96).

In dem Projekt "Mädchen-Jungensozialisation" an der Laborschule Bielefeld ging es Anfang der 90er Jahre darum, eine Stärkung der Identität der am Projekt beteiligten Schülerinnen und eine Verbesserung der Sozialkompetenz der Schüler zu erreichen. Im Rahmen des Projektes wurden in der Sekundarstufe I der Laborschule "Mädchen- und Jungenkonferenzen" eingerichtet. Der Name "Mädchen- und Jungenkonferenzen" wurde von den Schülerinnen und Schülern selbst geprägt, um den Kreisgesprächen von vornherein eine wichtige Bedeutung zuzumessen (Wachendorff u.a. 1992, S. 56). Die Konferenzen fanden je einmal im Monat statt. Besprochen wurden vorher festgelegte Themen. Die Teilnahme war freiwillig (ebd. S. 57). Nach Auffassung der Beteiligten war es für den Erfolg der Konferenzen besonders wichtig, daß es bereits eine entwikkelte Gesprächskultur und einen reflektierten koedukativen Alltag in der Laborschule gab (ebd. S. 58f). Die Mädchen, so stellte sich in dem Modellversuch an der Laborschule heraus, wußten ihre Konferenzen besser für sich zu nutzen als die Jungen. Sie konnten eine lange Wunschliste für gemeinsame Themen benennen, während sich die Jungen außer beim Thema Sexualität nicht auf eine geschlechtshomogene Gesprächsform festlegen wollten.

Die Erfahrungen in Berlin und Bielefeld zeigen verschiedene Funktionen der Mädchen- und Jungenkreise auf:

- Mädchen und Jungen können sich als geschlechtshomogene Gruppe erfahren und als solche handeln.
- Themen, die geschlechtsspezifische Interessen oder die Intimität berühren, können angesprochen werden.
- Geschlechtsspezifische Erfahrungen können ausgetauscht werden.
- Eine Vergewisserung über eigene Wahrnehmungen wird möglich.
- Jungen und Mädchen können auch Differenzen in der geschlechtshomogenen Gruppe artikulieren.
- In jeder Gruppe müssen die Rollen im Kreis, die sonst vom anderen Geschlecht übernommen werden, geschlechtsuntypisch verteilt werden.

- Es wird deutlich, wann der Austausch in der geschlechtshomogenen Gruppe nützlich ist und wann ein heterogener Austausch gewünscht wird.

Christine Krüger, Lehrerin in Dessau, die im Kreis erstmals das Thema "Wie sind Mädchen, wie sind Jungen?" behandelte, war überrascht über die Vorurteile mancher Kinder und deshalb froh, dieses Thema im Kreis zum Gegenstand gemacht zu haben. Sie hatte vor dem Hintergrund der Erfahrungen mit dem in der ehemaligen DDR propagierten Frauenbild gehofft, daß geschlechtsspezifische Rollenklischees nicht mehr so stark ausgeprägt seien.

Da die Gleichaltrigengruppe aber neben der Familie für den sozialen und geschlechtsspezifischen Identitätsbildungsprozeß junger Menschen entscheidend ist und in besonderem Maße an der Vermittlung der heimlichen Symbole des Patriarchats beteiligt ist, erscheint es auch besonders wichtig, den Jungen und Mädchen Räume für gleichberechtigte und demokratische Interaktionen zu schaffen. Der getrennte Unterricht hat jedoch keinesfalls nur positive Auswirkungen, sondern kann auch die Vorurteile von Schülerinnen und Schülern verstärken. Wenn er erfolgreich sein soll, muß er eingebettet sein in eine Unterrichtssituation, in der die Kinder und die Lehrerin oder der Lehrer für geschlechtsspezifische Unterschiede, ihre Ursachen und Wirkungen sensibilisiert sind. Für diese Sensibilisierungen kann der geschlechtsheterogene Kreis ein geeignetes Instrument sein. Ernst Purmann bezeichnet den Kreis als "in höchsten Maße geeignet, geschlechtsspezifisch einschränkendem Verhalten entgegenzuwirken". Der Kreis könne ein emanzipatorisches Forum sein. Eine bewußte Morgenkreisgestaltung im Sinne der Veränderung des Geschlechterverhältnisses sei möglich. Doch der Kreis sei nur ein Werkzeug. Entscheidend für den Erfolg des Kreises seien die Aushandlungen im Kreis und die demokratisch-emanzipatorische Kompetenz der Lehrerinnen und Lehrer (Gespräch mit Ernst Purmann am 17.9.1995). Kreisgespräche stellen hohe Anforderungen an die Fähigkeiten der LehrerInnen und SchülerInnen. So ist es z.B. wichtig, daß Jungen und Mädchen lernen, bei Streitigkeiten nur von sich selbst und ihren eigenen Befindlichkeiten zu sprechen. Auch Purmann, der zum Thema Morgenkreis forscht, hat an seiner Schule den Eindruck gewonnen, daß sich die Mädchen insgesamt häufiger im Kreis beteiligen. Die Beiträge von vierzig Kinder (26 Mädchen, 14 Jungen) aus zwei Großgruppen eines 2. Schuljahr, die in der Grundschule Vollmarshausen den Morgenkreis gemeinsam durchführten, wurden von den Lehrerinnen der Gruppen (Frau Most und Frau Manske) ein halbes Jahr lang ausgewertet. Auf die 26 Mädchen entfielen durchschnittlich 56, auf die 14 Jungen durchschnittlich 34 Beiträge.

Insgesamt scheinen Jungen mehr Probleme sowohl mit dem geschlechtshomogenen als auch mit dem geschlechtsheterogenen Kreis zu haben, wohl auch deshalb, weil die bisher dem weiblichen Lebenszusammenhang zugeschriebene Sozialkompetenz hier zu einem anerkannten Wert und zentralen Prinzip entwickelt werden kann. So verwundert es auch nicht, wenn Jungen bereits im Kindergarten den Kreis schon mal als "etwas für Mädchen" oder "Klickerkram für Kleine" abtun (Gespräch mit Dörte van der Voort am 21.10.95 in Halle). Wird der Kreis jedoch zum Bandentreffen, zur Konferenz oder gar zum Parlament, ändert sich die Haltung der Jungen wieder.

Die Sozialform "Kreis" als bedeutende Lernform einer demokratischen Schule

Schon als der Deutsche Bundestag 1948 erstmals über seine Sitzordnung debattierte, sagte der Abgeordnete Schwippert, daß eine kreisrunde Sitzordnung die einer Demokratie baulich angemessenste Form wäre, worauf Konrad Adenauer damals entgegnete, daß man für den Anfang der parlamentarischen Arbeit doch nicht gleich zu solch radikalen Neuerungen greifen sollte (vgl. Verhandlungen des Deutschen Bundestages 1995)[87].

Im Kreis gibt es kein "Oben" und kein "Unten", alle Teile der Peripherie sind im gleichen Abstand von der Mitte; es gibt keine Bevorzugung und keine Benachteiligung. Zudem erweckt die Reihung um die Mitte den Eindruck einer vielgliedrigen Ganzheit, weshalb der Gedanke der Gemeinschaft in der Figur des Kreises am besten zum Ausdruck kommen kann. Prengel und van der Voort bezeichnen den Kreis in der Arbeit mit Kindergruppen in Kindergarten, Hort und Schule als "die demokratischste aller Formen". Der Kreis sei eine "gute Ordnung", eine klare und einfache Struktur, um sich zugehörig zu erleben und Sicherheit zum individuellen und selbsttätigen Handeln gewinnen zu können (Prengel, van der Voort 1996). Der Kreis ermöglicht wie keine andere Sozialform des Unterrichts die öffnende Zuwendung der Teilnehmer zueinander. Jedes Kind hat ein Rederecht, aber jedes Kind fängt etwas anderes mit diesem Recht an (Prengel, van der Voort 1996). Der Kreis fördert auch bei Kindern in Außenseiterpositionen (Petillon 1993) die Erfahrung von Zugehörigkeit und Gleichwertigkeit. Wenn ein Kind nicht sprechen möchte, kann es mitteilen "ich möchte jetzt nicht sprechen" und so Zugehörigkeit andeuten. Es zählt nicht immer nur das Wort, sondern auch das Sein. Mädchen und Jungen, Schülerinnen und Schüler sind ebenso wie ihre Lehrerin oder ihr Lehrer im Kreisgespräch an einer diskursiven Verständigung beteiligt. Die Eingewöhnung in die Verhaltensmuster einer Gruppe beinhaltet nicht, daß den Kindern nur ein fertiger Katalog fester Regeln präsentiert wird, sondern daß bei Streit, Agressionen und Problemen der Ablauf des Geschehens im Kreis besprochen und transparent gemacht wird, um mit den Kindern dann eine Regel zu vereinbaren. Entscheidungskompetenzen werden in die Verantwortung der Betroffenen verlegt.

---

[87] 1987 und 1988 hat der Bundestag dann eine kreisrunde höhengleiche Sitzordnung beschlossen. Mit der Mehrheit von CDU/CSU und FDP wurde dieser Beschluß für die Sitzordnung im Berliner Reichstag im März 1995 wieder aufgehoben. Hier soll nun eine elliptische Gestaltung des Plenarsaals vorgenommen werden.

Im Kreisgespräch kann Konzentration geschaffen und deutlich werden, was die Kinder trennt und was sie verbindet. Die Balance von Differenz und Gleichheit ist ein zentrales Thema im Kreis; insofern kann der Kreis ein hervorragendes Mittel einer geschlechterbewußten Pädagogik sein. Sowohl geschlechterhomogene als auch geschlechterheterogene Kreissituationen können Lernorte sein, die Mädchen und Jungen zu einer demokratischen Lebensgestaltung befähigen. Der Kreis - so möchte ich abschließend bemerken - ist "nur" eine Form, aber jeder Inhalt sucht die ihm gemäße Form. Und die Form der Demokratie ist der Kreis.

Literatur

Biedermann, Hans: Knauers Lexikon der Symbole. München 1989

Enders-Dragässer, Uta; Fuchs, Claudia: Interaktionen der Geschlechter. Sexismusstrukturen in der Schule. Weinheim und München 1989

Faulstich-Wieland, Hannelore; Horstkemper, Marianne: "Trennt uns bitte, bitte, nicht!" Koedukation aus Mädchen- und Jungensicht. Opladen 1995

Faust-Siehl, Gabriele; Portmann, Rosemarie (Hg): Die ersten Wochen in der Schule. Beiträge zur Reform der Grundschule. Bd 98. Arbeitskreis Grundschule. Frankfurt/M 1992

Grabbe, Beate: Stuhlkreisgespräche I. Umgang mit verhaltensauffälligen Kindern - 11. Teil. In: Grundschule 1/1992, S. 46-48

Grabbe, Beate: Stuhlkreisgespräche II. Umgang mit verhaltensauffälligen Kindern - 12. Teil. In: Grundschule 2/1992, S. 56-57

Garlichs, Ariane: Alltag im offenen Unterricht. Das Beispiel Lohfelden-Vollmarshausen. Frankfurt/M 1993

Geertz, Clifford: Dichte Beschreibung. Beiträge zum Verstehen kultureller Systeme. Frankfurt/M 1987

Hahn, Manfred: Sozialformen im Unterricht der Grundschule (Teil 2). In: LehrerJournal - Grundschulmagazin 4/1990, S.46 - 48

Heckt, Dietlinde H.; Sandfuchs, Uwe: Grundschule von A bis Z. Braunschweig 1993

Krappmann, Lothar: Sozialisation in der Gruppe der Gleichaltrigen. In: Hurrelmann, Klaus und Dieter Ulich (Hg.): Neues Handbuch der Sozialisationsforschung. Weinheim und Basel 1991 (4. Aufl.), S. 355-375

Krappmann, Lothar; Oswald, Hans: Alltag der Schulkinder. Beobachtungen und Analysen von Interaktionen und Sozialbeziehungen. Weinheim und München 1995

Kreienbaum, Anna-Maria: Erfahrungsfeld Schule. Koedukation als Kristallationspunkt. Weinheim 1992

Lichtenstein-Rother, Ilse; Röbe, Edeltraut: Grundschule. Der pädagogische Raum für die Grundlegung der Bildung. Weinheim und Basel 1993 (6.Aufl.)

Lorenzer, Alfred: Sprachzerstörung und Rekonstruktion. Vorarbeiten zu einer Metatheorie der Psychoanalyse. Frankfurt/M 1970

Lorenzer, Alfred (Hg.): Kultur-Analysen. Psychoanalytische Studien zur Kultur. Frankfurt/M 1986

Lurker, Manfred: Der Kreis als Symbol im Denken, Glauben und künstlerischen Gestalten der Menschheit. Tübingen 1981

Opitz, Ilse: Schulneulinge in der Kreis-Situation des Jena-Plans. Ein Beitrag zur pädagogischen Tatsachenforschung. Weimar 1935

Petersen, Peter: Eine freie allgemeine Volksschule nach den Grundsätzen neuer Erziehung. (Der Jena Plan) Band 1: Schulleben und Unterricht einer freien allgemeinen Volksschule nach den Grundsätzen Neuer Erziehung. Weimar 1930

Petersen, Peter: Führungslehre des Unterrichts. Berlin und Leipzig 1937

Petillon, Hans: Das Sozialleben des Schulanfängers. Weinheim 1993

Prengel, Annedore: Erziehung von Mädchen und Jungen. Plädoyer für eine demokratische Differenz. In: Pädagogik 7/8 1990, S. 40-44

Prengel, Annedore: Pädagogik der Vielfalt. Verschiedenheit und Gleichberechtigung in Interkultureller, Feministischer und Integrativer Pädagogik. Opladen 1993

Prengel, Annedore; van der Voort, Dörte: Vom Anfang bis zum Abschluß: Vielfalt durch "Gute Ordnung" - Zur Arbeit mit Kindern in einer Schule der Demokratie. Erscheint in: Helsper, Werner; Krüger, Heinz-Hermann; Wenzel, Hartmut (Hg.): Schule und Gesellschaft im Umbruch. Theoretische und internationale Perspektiven. Weinheim und Basel 1996

Ritz-Fröhlich, Gertrud: Kinderfragen im Unterricht. Bad Heilbronn 1992

Röbe, Edeltraut; Walcher, Sabine: "Den Morgenkreis fand ich am besten..." In: Priewe, Hiltrud; Röbe, Edeltraut (Hg.): Blickpunkt Grundschule. Bilder einer zukunftsoffenen Schullandschaft. Donauwörth 1992, S. 40-47

Spinner, Kaspar H.: Elemente der Gesprächserziehung. In: Praxis Deutsch 14/1983, S. 29-30

Verhandlungen des Deutschen Bundestages. 13. Wahlperiode. Stenographische Berichte. Band 177. S. 1655-1667

Verhandlungen des Deutschen Bundestages. 13. Wahlperiode. Drucksachen. Band 523. Drucksache 685

Wachendorff, Annelie; Schütte, Marlene; Heuser, Christoph; Biermann, Christine: Wie Reden stark macht und Handeln verändert. Emanzipatorische Mädchen- und Jungenarbeit an der Laborschule. In: Lüttgers, Will (Hg.): Einsichten. Berichte aus der Bielefelder Laborschule. Impuls. Informationen, Materialien, Projekte, Unterrichtseinheiten aus der Laborschule Bielefeld. Band 21. Bielefeld 1992, S. 48-68

Wallrabenstein, Wulf: Offene Schule - Offener Unterricht. Ratgeber für Eltern und Lehrer. Reinbek 1991

Wallrabenstein, Wulf: Ich und Du: Gespräche führen. In: Die Grundschulzeitschrift 1/95, S. 6-11

Elisabeth Neuhaus-Siemon

Frühes Lesen unter geschlechtsspezifischem Aspekt [88]

In den letzten Jahren haben die Leistungs- und Entwicklungsunterschiede zwischen den Kindern einer Schulklasse zunehmend Aufmerksamkeit gefunden. Sie sind besonders augenfällig bei Schuleintritt. So reicht die Streubreite der Leselernvoraussetzungen vom Kind, das bereits lesen kann (Frühleser) bis zu Kindern, die auf Grund visueller und akustischer Wahrnehmungsschwächen oder anderer Lernbehinderungen große Schwierigkeiten beim Lesenlernen haben. Aber selbst innerhalb der Frühleser, einer dem oberen Leistungsbereich zuzuordnenden Schülergruppe, liegen große Unterschiede in den Lese- wie auch in weiteren intellektuellen und schulischen Leistungen vor. Das ergab eine Frühleseruntersuchung, die von 1984 bis 1990 an der Universität Würzburg durchgeführt wurde (Neuhaus-Siemon 1991 und 1993). In diesem Langzeitprojekt wurden u.a. quantitative Daten wie die Frühleserquote ermittelt sowie das Niveau der Leseleistung untersucht. Von Interesse waren auch die Entwicklung der Lesefähigkeit und der -interessen während der Grundschulzeit. Im Rahmen des Frühleser-Langzeitprojekts stellte sich auch die Frage nach geschlechtsspezifischen Besonderheiten. Über die diesbezüglichen Untersuchungsergebnisse soll im folgenden berichtet werden.

1. Frühleserquote

In vier aufeinanderfolgenden Schuljahren wurde durch eine Befragung aller Erstklaßlehrerinnen im Regierungsbezirk Unterfranken und in zwei aufeinanderfolgenden Schuljahren im Regierungsbezirk Köln die Anzahl der Kinder erfaßt, die bei Schulbeginn bereits lesen konnten (Neuhaus-Siemon 1991). Mit Lesen wird hier die Fähigkeit bezeichnet, kleine unbekannte altersgemäße Texte selbständig in Sprache umzusetzen und den Inhalt zu erfassen. Kinder, die ausschließlich Wortbilder wiedererkennen, gelten nicht als Leser. Ebenso-

[88] Erweiterte Fassung meines Beitrags "Mädchen und Jungen kommen als Leser zur Schule. Gemeinsamkeiten und geschlechtsspezifische Unterschiede". In: Richter, Sigrun/Brügelmann, Hans: Mädchen lernen anders lernen Jungen. Geschlechtsspezifische Unterschiede beim Schriftsprachenerwerb. Bottighofen am Bodensee 1994. S. 66 - 70.

wenig wird das Entschlüsseln von Texten ohne Sinnverständnis als Vollform des Lesens angesehen. Tabelle 1 gibt Auskunft über die im Untersuchungszeitraum in den Regierungsbezirken Unterfranken und Köln ermittelte Anzahl der erfaßten Schulneulinge, die absolute Zahl der Frühleser und Frühleserinnen, die Frühleserquote und die geschlechtsspezifische Verteilung.

Tabelle 1: Anzahl der erfaßten Schulanfänger (N), Anzahl der Frühleser, Frühleserquote und geschlechtsspezifische Verteilung

Region und Jahr der Befragung N J, M, abs. u. in %	Gesamt Frühleser quote	Anzahl der Frühleser davon Jungen abs.	 in % d. Fl. in % d.m. Schulanf.	 davon Mädchen abs.	 in % d. Fl. in % d. w. Schulanf.
Unterfranken 1984 N 11 813 J: 5 955; M: 5 858 50,4% 49,6%	575 4,9	232	40,4 3,9	343	59,6 5,9
Unterfranken 1985 N 11 287 J: 5 718; M: 5 569 50,6% 49,3%	462 4,1	197	42,6 3,5	265	57,4 4,8
Unterfranken 1986 N 12 158 J: 6 190; M: 5 968 50,9% 49,1%	480 4,0	218	45,4 3,5	262	54,6 4,4
Unterfranken 1987 N 12 665 J: 6 460; M: 6 205 51,0% 49,0%	516 4,1	231	44,8 3,6	285	55,2 4,6
Köln 1986 N 30 597 J: 15 499; M: 15 098 50,7% 49,3%	862[89] 2,8	402	46,6 2,6	458	53,1 3,0
Köln 1987 N 32 031 J: 16 035; M: 14 958 50,1% 46,7%[90]	746[91] 2,3	341	45,7 2,1	403	54,0 2,7

Frühleserquote: Frühleser in % der Schulanfänger / J Jungen M Mädchen

Während in der Gesamtpopulation der Erstklässler die Geschlechter zugunsten eines leichten Übergewichts der Jungen fast gleichmäßig verteilt waren, waren

89 2 Kinder (0,2%) Geschlecht unbekannt

90 1038 Kinder (3,3%) Geschlecht unbekannt

91 2 Kinder (0,3%) Geschlecht unbekannt

in allen sechs Einzelbefragungen, die sich insgesamt auf mehr als 110 000 Schulneulinge bezogen, die Mädchen unter den Frühlesern überrepräsentiert. Ihr Anteil schwankte zwischen 53 und 60%. Der höhere Anteil der Mädchen unter den Frühlesern schlägt sich auch in der Frühleserquote nieder. In Unterfranken lag die Frühleserquote der Mädchen 0.9 bis 2% über der der Jungen. Im Regierungsbezirk Köln fielen die Unterschiede geringer aus. Unter den Mädchen waren 0.4 bis 0.6% mehr Frühleserinnen zu finden als unter den Jungen. Die Lehrerinnen wurden auch nach den Gründen, die nach ihrer Meinung bei den Kindern zum vorschulischen Lesenlernen geführt haben, gefragt.

- Hat das Kind von sich aus spontanes Interesse an der Schrift gezeigt und aufgrund eigener Aktivität das Lesen gelernt?
- Oder sind sie durch gezielte Leseinstruktionen von seiten Erwachsener in die Lesetechnik eingeführt worden?

In Hinblick auf die Motive, die zum frühen Lesen geführt haben, zeigten die ermittelten Werte in den sechs Befragungen nur geringfügige Unterschiede. Nach Auskunft ihrer Lehrerinnen haben im Befragungszeitraum etwa zwischen 42 und 52% der Frühleser eher durch eigene Initiative und etwa 32 bis 40% eher durch ältere Geschwister, durch Nachahmung oder durch "Schule spielen" das Lesen gelernt. Wenn man voraussetzt, daß auch bei Kindern, die durch ältere Geschwister, durch Nachahmung oder durch "Schule spielen" das Lesen gelernt haben, das Kind selbst und nicht der Erwachsene die Initiative zum Lesenlernen ergriff, ging bei 80 bis 84% der Frühleser die Motivation zum Lesen vom Kind und nicht vom Erwachsenen aus. Die These, Kindheit heute sei durch eine "Reduktion" bzw. einen "Verlust an Eigentätigkeit" gekennzeichnet (Rolff/Zimmermann 1985. S. 136; 1989, S. 30), trifft für die hier untersuchte Kindergruppe nicht zu. Vielmehr bestätigt sich, daß Lesenlernen ein aktiver Prozeß des Kindes ist, der in dieser Kindergruppe deutlich zutage tritt. Geschlechtsspezifische Unterschiede hinsichtlich der Gründe, die zum frühen Lesenlernen geführt haben, waren in den vier Befragungen in Unterfranken kaum feststellbar (siehe Tabelle 2). Das gilt auch für die Gründe "Eigeninitiative" und "gezielte Instruktion" in den Befragungen im Regierungsbezirk Köln, nicht jedoch für das "Imitationslernen" als Grund für das frühe Lesenlernen. Nach Auskunft der Lehrerinnen haben in beiden Befragungen im Regierungsbezirk Köln deutlich mehr Mädchen (40.4% und 43.5%) als Jungen (31.5% und 31.2%) durch "Imitationslernen" das Lesen gelernt. Die Sicherheit des Zusammenhangs ist statistisch relevant. Weitere Untersuchungen müßten klären, ob und wie weit dieses Ergebnis auf einem Vorurteil über das intellektuelle Verhalten von Mädchen beruht.

Tabelle 2: Gründe für das Lesenlernen - Geschlechtsspezifische Verteilung

Region und Jahr	Eigene Initiative				Geschwister, Imitationslernen				Instruktion				n 1	n 2
	Jungen		Mädchen		Jungen		Mädchen		Jungen		Mädchen			
	abs.	%*	abs.	%*	abs.	%*	abs.	%*	abs.	%*	abs.	%*		
Unterfranken 1984	110	48,5	162	47,1	71	31,3	114	33,1	42	18,5	61	17,7	227	344
Unterfranken 1985	76	39,2	116	44,1	77	39,7	103	39,2	27	13,9	35	13,3	194	263
Unterfranken 1986	99	46,7	114	45,2	69	32,6	102	40,5	31	14,6	27	10,7	212	252
Unterfranken 1987	111	50,5	147	54,0	76	34,6	79	29,0	27	12,3	40	14,7	220	272
Köln 1986	203	51,9	209	47,4	123	31,5	178	40,4	46	11,8	47	10,6	391	441
Köln 1987	172	51,7	176	44,8	104	31,2	171	43,5	29	8,7	42	10,7	333	393

* in Prozent der frühlesenden Jungen bzw. Mädchen
n 1 Anzahl der frühlesenden Jungen
n 2 Anzahl der frühlesenden Mädchen

2. Leseleistung

Im Mittelpunkt des Langzeitprojekts stand die Untersuchung der Leseleistung der Frühleser. Wie ist das Leseniveau und die Lesefertigkeit bei Schuleintritt einzuschätzen? In zeitlich sehr aufwendigen Einzeluntersuchungen in zwei Versuchsgruppen mit insgesamt 129 Frühlesern (59 Jungen und 70 Mädchen) wurden hierzu Ergebnisse ermittelt (Neuhaus-Siemon 1993). Als erstes stellte sich heraus, daß die Leseleistung der Frühleser und Frühleserinnen sehr unterschiedlich und die Streubreite zwischen dem besten und dem schlechtesten Leser sehr groß ist. Es gibt nicht den Frühleser, sondern die Leseleistung eines jeden Kindes muß individuell beurteilt werden. Die Leseleistung ist jedoch insgesamt gesehen sehr hoch.

Betrachtet man die Ergebnisse unter geschlechtsspezifischem Aspekt, so fällt insgesamt ein besseres Abschneiden der Jungen auf. Die Jungen sind den Mädchen nicht nur in der Anzahl der gelesenen Lesetexte überlegen (die Untersuchung wurde abgebrochen, wenn die Spannkraft der Kinder erlahmte oder sie nicht weiterlesen wollten), sondern auch in den drei untersuchten Lesevariablen Lesegeschwindigkeit, Sinnverständnis und Lesefehler.

In Abb. 1[92] ist ablesbar, daß deutlich mehr Jungen als Mädchen eine Lesegeschwindigkeit von bis zu 120 sec pro 100 Silben und damit die für das Ende des ersten Schuljahres angestrebte Lesegeschwindigkeit erreicht haben. Es sind dies in der ersten Versuchsgruppe 77.7% und in der zweiten Versuchsgruppe 81.3% der Jungen, aber nur 37.1% (Versuchsgruppe I) und 68.6% (Versuchsgruppe II) der Mädchen. Allerdings ist darauf hinzuweisen, daß die Unterschiede innerhalb der Geschlechter größer sind als die zwischen den Geschlechtern. Während für die erste Versuchsgruppe statistisch abgesichert werden konnte, daß sich die Gruppe der Jungen von der der Mädchen im Mittelwert der Lesegeschwindigkeit signifikant unterscheidet, lassen sich die besseren Leistungen der Jungen in den Variablen Sinnverständnis (Abb. 2) und Lesefehler (Abb. 3) statistisch nicht erhärten. Insofern lassen sich hier nur Tendenzen aufzeigen, die in weiteren Untersuchungen geklärt werden müßten. Vorläufig läßt sich sagen, daß in unseren Frühleseruntersuchungen die Mädchen unter den Frühlesern zwar häufiger vertreten waren als die Jungen (vgl. Tab. 1), und in den Einzeluntersuchungen zur Feststellung der Leseleistung ebenfalls in der Überzahl waren, daß aber in der Qualität der Leseleistung die Jungen besser abschnitten als die Mädchen.

Die weiteren Untersuchungen der Leseleistung und der Buchreife ergaben, daß sich die Geschlechter in der Leseleistung bis zum vierten Schuljahr weitgehend aneinander angleichen.

---

[92] Abbildungen siehe S. 213

3. Leseverhalten und Lektüreinteressen

Mädchen und Jungen unterschieden sich nicht in der Anzahl der in den letzten vier Wochen gelesenen Bücher, allerdings bejahten signifikant mehr Mädchen als Jungen die Frage, ob sie z.Zt. ein Buch lesen. Auch hinsichtlich der Lektüreinteressen zeigten sich Unterschiede zwischen Jungen und Mädchen. So bevorzugten die Mädchen unter den Frühlesern Abenteuerbücher und Bücher über Tiere und Pflanzen, während die Jungen mehrheitlich Büchern über Sterne und Planeten und Micky-Maus-Büchern den Vorrang gaben.

4. Schulleistungen

Wie entwickeln sich die Schulleistungen der Frühleser in den ersten beiden Schuljahren unter geschlechtsspezifischem Aspekt?

Bei einer schriftlichen Befragung der Lehrerinnen zum Leistungsstand der Frühleser im ersten und zweiten Schuljahr hat sich folgendes herauskristallisiert:

Die Mädchen unter den Frühlesern gehören nach Einschätzung ihrer Lehrerinnen im ersten und zweiten Schuljahr im Rechtschreiben und in Sprachlehre/Wortschatz zum oberen Leistungsdrittel, während dies für die Jungen in Mathematik zutrifft. Im Lesen ist die bessere Einstufung der Mädchen im zweiten Schuljahr zu konstatieren. Den Lehrerinnen fällt die in Einzeluntersuchungen festgestellte bessere Leseleistung der Jungen im ersten Schuljahr nicht auf. In Heimat- und Sachkunde wurden die geringsten Unterschiede zwischen den Geschlechtern festgestellt.

5. Begabungsinteressen

Die Einschätzung der Begabungsschwerpunkte der Kinder durch ihre Lehrerinnen ergab folgendes Bild: In Deutsch, Sport und Darstellendem Spiel zeigten sich in den beiden voneinander unabhängigen Versuchsgruppen keine Unterschiede zwischen Jungen und Mädchen. Demgegenüber sind in den Bereichen Naturwissenschaft/Technik, Kunst, Musik, Handwerkliches Geschick und Mathematik deutliche Differenzen zwischen den Geschlechtern festzustellen. In Naturwissenschaft/Technik werden die Jungen von ihren Lehrerinnen deutlich häufiger "weit über dem Durchschnitt" eingestuft als die Mädchen, ebenso in Mathematik. In beiden Fällen ist der Zusammenhang statistisch relevant.

Abb. 1: Mittlere Lesegeschwindigkeit in sec pro 100 Silben (MLGS) - geschlechtsspezifische Verteilung

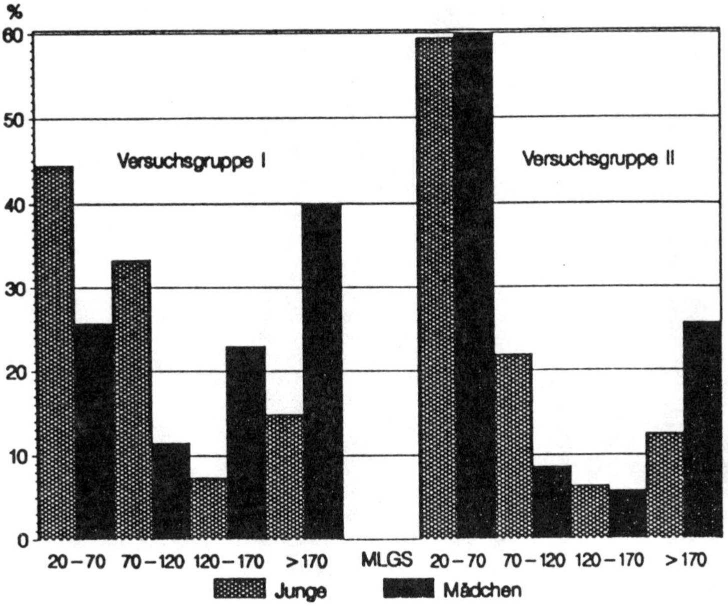

Abb.2: Mittelwerte für das Sinnverständnis - geschlechtsspezifische Verteilung

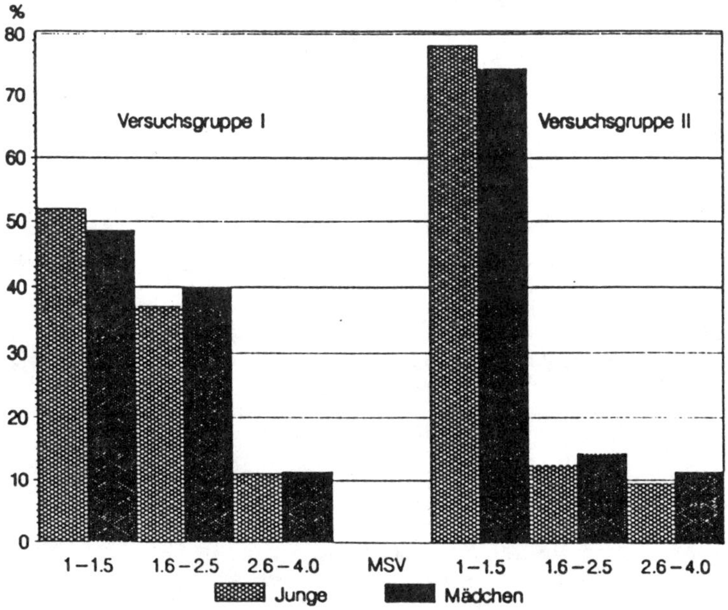

Abb. 3: Anzahl der Lesefehler (LF) - geschlechtsspezifische Verteilung

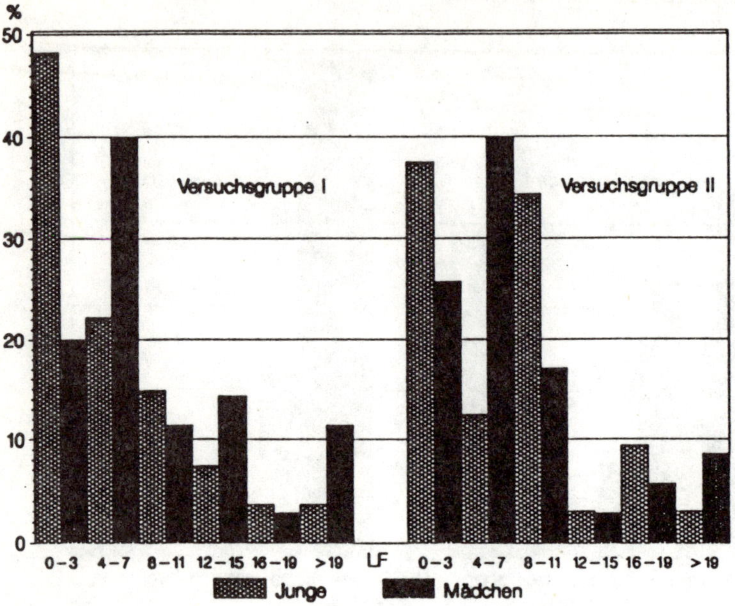

Abb. 4: Persönlichkeitsprofil der Frühleser nach Geschlecht
Mittelwertvergleich

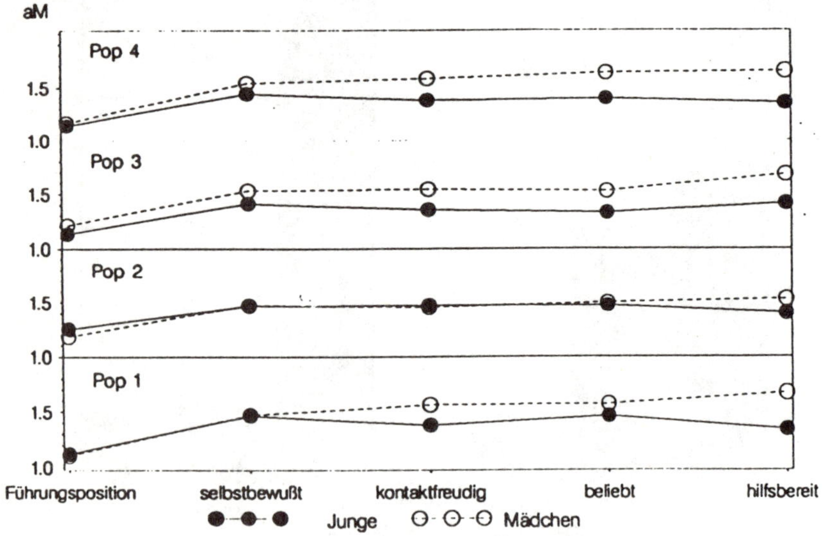

Demgegenüber attestieren die Lehrerinnen in den beiden Versuchsgruppen den Mädchen in Kunst, Musik und Handwerklichem Geschick weitaus häufiger das Prädikat "weit über dem Durchschnitt". Es bleibt offen, wieweit sich in dieser Einschätzung auch geschlechtsspezifische Vorurteile der Lehrerinnen niederschlagen. Bemerkenswert ist jedoch die große Übereinstimmung in den beiden Versuchsgruppen mit jeweils voneinander unabhängigen Lehrpersonen.

6. Persönlichkeitsprofil

Die geschlechtsspezifische Aufschlüsselung der Einstufung von Persönlichkeitsmerkmalen und des Sozialverhaltens der Jungen und Mädchen der vier Frühleserpopulationen zeigte, daß entgegen dem Ergebnis einschlägiger Untersuchungen (Fend/Knörzer 1976. S. 415) in drei von vier Populationen (Pop. 2, 3 und 4) den Mädchen häufiger als den Jungen von ihren Lehrerinnen attestiert wird, daß ihr Selbstbewußtsein "sehr ausgeprägt" ist. Der Mittelwertvergleich zeigt in den Populationen 1 und 2 ein minimales in den Populationen 3 und 4 ein deutlich besseres Abschneiden der Mädchen (Abb. 4).

Auch die Frage, ob der Frühleser eine Führungsposition in der Klasse einnimmt, wird nicht - wie nach herkömmlichen Vorstellungen zu erwarten wäre - eindeutig zu Gunsten der Jungen beantwortet. In den ersten beiden Befragungen (Pop. 1 und 2) wird prozentual mehr Jungen als Mädchen bescheinigt, daß sie eine Führungsposition in der Klasse einnehmen, in den Populationen 3 und 4 ist es umgekehrt. Die Ergebnisse werden durch den Mittelwertvergleich bestätigt. Die Unterschiede zwischen den Geschlechtern sind jedoch insgesamt gering und statistisch nicht relevant.

Die Ergebnisse im Hinblick auf die Kontaktfreudigkeit entsprechen ebenfalls nicht den traditionellen Annahmen über die größere Kontaktfreudigkeit der Mädchen. Zwar verfügen in drei Befragungen (Pop. 1, 3 und 4) prozentual mehr Mädchen als Jungen über eine sehr ausgeprägte Kontaktfreudigkeit, was ebenfalls im Mittelwertvergleich sichtbar wird, während es in der Population 2 mehr Jungen sind. Die Sicherheit des Zusammenhangs ist jedoch nur in der Population 4 zugunsten der Mädchen statistisch nachweisbar. In der Einstufung der Beliebtheit in der Klasse schneiden die Mädchen in allen vier Befragungen prozentual besser ab als die Jungen, wobei die Unterschiede in den Populationen 3 und 4 größer sind als in den Populationen 1 und 2. Der größte Vorsprung vor den Jungen wird den Mädchen in der Hilfsbereitschaft zugeschrieben. In allen vier Populationen wird den Mädchen deutlich häufiger als den Jungen bescheinigt, daß ihre Hilfsbereitschaft sehr ausgeprägt ist.

Die Beantwortung der Frage, ob das hier gegenüber früheren Untersuchungen konstatierte höhere Selbstbewußtsein der Mädchen und die größere Tendenz, Führungspositionen einzunehmen, auf die Gruppe der Frühleser zu beschränken ist oder ob sich die Ergebnisse veränderter Sozialisationsbedingungen und

Interaktionsmuster abzeichnen, muß weiteren Untersuchungen vorbehalten bleiben. Vor allem müßte geklärt werden, ob das Selbstbewußtsein der Mädchen unter den Frühlesern im Laufe der Schulzeit erhalten bleibt. Horstkemper (1987) hat in einer Studie über die Entwicklung des Selbstvertrauens bei Jungen und Mädchen ermittelt, daß der Zuwachs an Selbstvertrauen bei Schülern während der Sekundarstufe in der Schulzeit größer ist als bei Schülerinnen und daß sich die Geschlechter zuungunsten der Mädchen auseinanderentwikkeln[93]. Die Untersuchung hat im Hinblick auf die geschlechtsspezifischen Besonderheiten der Frühleser ein überraschendes Ergebnis gebracht:

In sechs großräumig angelegten Befragungen hat sich herausgestellt, daß sich unter den Frühlesern mehr Mädchen als Jungen befinden (etwa im Verhältnis 5:4). Fragt man jedoch nach der Qualität der Leseleistung, so sind die Jungen unter den Frühlesern den Mädchen bei Schulanfang in der Leseleistung und dabei besonders in der Lesegeschwindigkeit überlegen. Dies entspricht einem Untersuchungsergebnis von Baer (1979), der ebenfalls feststellte, daß in der ersten Jahrgangsstufe Jungen den Mädchen in der Lesegeschwindigkeit voraus sind.

Über die Gründe für dieses auffällige Ergebnis lassen sich nur Vermutungen anstellen, die im Zusammenhang mit den Motiven, die jeweils bei den Frühlesern zum frühen Lesen geführt haben, zu sehen sind. Wie bereits ausgeführt, hatte sich in zwei Befragungen im Regierungsbezirk Köln herausgestellt, daß Mädchen häufiger als Jungen durch Nachahmung älterer Geschwister ("Imitationslernen") zum frühen Lesen kommen. Wenn abgeklärt ist, ob dieses Ergebnis nicht auf Grund eines Vorurteils der Lehrerinnen über das intellektuelle Verhalten von Mädchen zustande gekommen ist und wenn weiter abgeklärt ist, ob ein Zusammenhang zwischen Motiv zum frühen Lesen und Geschlecht erhärtet werden kann (was in unserer Untersuchung für Unterfranken nicht der Fall war), so erhebt sich die Frage, ob bei "Nachahmungs-Frühleserinnen" das Interesse am Lesen nicht schneller nachläßt als bei Kindern, die durch Eigeninitiative zum Lesen gekommen sind, und demzufolge sich die Leseleistung durch die geringere Übung bei den ersteren nicht so entwickeln kann. Es bleibt weiteren Untersuchungen vorbehalten, hier nähere Zusammenhänge zu ermitteln.

Literatur

Baer, J.R.: Der Leselernprozeß bei Kindern. Analysen und Untersuchungen zur experimentellen Leseforschung und zu Problemen der Lesemethodik. Weinheim - Basel 1979

---

[93] Ausführliche Darstellung der Untersuchungsergebnisse mit weiterem Zahlenmaterial in Neuhaus-Siemon 1993.

Horstkemper, M.: Schule, Geschlecht und Selbstvertrauen. Eine Längsschnittstudie über Mädchensozialisation in der Schule. Weinheim - München 1987

Neuhaus-Siemon, E.: Frühleser - Ergebnisse einer Fragebogenerhebung in den Regierungsbezirken Unterfranken und Köln. In: Z.f. Pädagogik. 37. Jg. 1991. Heft 2. S. 285 - 308

Neuhaus-Siemon, E.: Frühleser in der Grundschule. Leseleistung, Lesegewohnheiten und Schulerfolg. Bad Heilbrunn/Obb. 1993

Fend, H./Knörzer, W. u.a.: Sozialisationseffekte der Schule. Soziologie der Schule II. Weinheim - Basel 1976

Rolff, Hans-Günter/Zimmermann, Peter: Kindheit im Wandel. Eine Einführung in die Sozialisation des Kindesalters. Weinheim - Basel 1985

Rolff, Hans-Günter/Zimmermann, Peter: Veränderte Kindheit - veränderte pädagogische Herausforderung. In: Veränderte Kindheit - Veränderte Grundschule. Arbeitskreis Grundschule e.V. Frankfurt/Main 1989. S. 28 - 39

Sigrun Richter

Geschlechtsspezifische Aspekte des Schriftspracherwerbs im Rahmen einer ökologischen Grundschuldidaktik

Wenn über das Problem „Jungen und Mädchen in der Schule“ gesprochen wird, geht es fast immer um Benachteiligungen von Mädchen - in bezug auf den mathematisch-naturwissenschaftlich-technischen Unterricht und in bezug auf die Beachtung, die ihnen von den Lehrpersonen gewidmet wird. Im Bereich (schrift)sprachlicher Leistungen haben wir es mit dem umgekehrten Fall zu tun. Verschiedene Untersuchungen zu Leistungsunterschieden zwischen den Geschlechtern weisen hier eine Überlegenheit des weiblichen Geschlechts aus. Dies zeigt sich in signifikant besseren Leistungen bei der Normierung von standardisierten Lese- und Rechtschreibtests (zuletzt Grund u.a. 1994) und spiegelt sich in der Schule in den besseren Zensuren der Mädchen wider.

1. Geschlechterdifferenzen beim Schriftsprachlernen: Forschungsergebnisse und Erklärungsmodelle

Bereits die ersten Wissenschaftler, die LRS untersuchten (u.a. Ranschburg 1916), fanden eine größere Betroffenheit der Jungen. Diese Erscheinung ist inzwischen repräsentativ empirisch belegt. So erbrachte die internationale Lesestudie der IEA (*International Association for the Evaluation of Educational Achievement)*, über deren Ergebnisse Elley (1992) berichtet, daß in allen 30 einbezogenen Ländern (aus allen Erdteilen) im Durchschnitt die Mädchen überlegen waren.

Richter/Brügelmann (1994) haben in dem Sammelband „Mädchen lernen anders/ anders lernen Jungen“ sieben neue deutsche Untersuchungen zusammengetragen, die bei aller Unterschiedlichkeit der Stichproben und Aufgabenstellungen für das Lesen und Schreiben die folgenden Trends zeigten:

1. Mädchen zeigen durchgängig bessere schriftsprachliche Leistungen als Jungen.

2. Mädchen haben höhere Mittelwerte als Jungen. In den Extremgruppen sind Mädchen bei den guten und Jungen bei den schlechten überrepräsentiert.

3. Die Unterschiede sind statistisch bedeutsam, die Effektstärken aber gering, d.h. die Verteilungen überlappen sich stark in einem breiten von beiden Gruppen besetzten Mittelfeld, und: Es gibt auch sehr gute (männliche) Schreiber und Leser und sehr schlechte Schreiberinnen und Leserinnen.

Zur Erklärung für die Geschlechterdifferenzen in schriftsprachlichen Leistungen wurden in der Literatur bisher im wesentlich zwei Faktorengruppen diskutiert: biologische und soziologische.

In biologischen Erklärungen (u.a. Witelson 1979) werden sowohl entwicklungsbiologische als auch hirnphysiologische Verursachungen diskutiert. Während bei den entwicklungsbiologischen Erklärungen von bekannten Entwicklungsvorsprüngen (wie dem früheren Sprechen der ersten Wörter und dem früheren Eintritt der Geschlechtsreife bei den Mädchen) auf eine raschere Entwicklung auch der für den Schriftspracherwerb notwendigen Voraussetzungen geschlossen wird, diskutieren die neurophysiologischen Modelle vor allem die unterschiedliche Hemisphären-Spezialisierung. Sie ist bei Frauen nicht so stark ausgeprägt, sie können sozusagen „mit beiden Hirnhälften" lesen und schreiben, was als ein Vorteil angesehen wird (für die räumliche Vorstellung, in der häufig Jungen als überlegen betrachtet werden, aber als ein Nachteil, was schon nicht so leicht einzusehen ist).

Soziologische Erklärungen (u.a. Downing 1979) gehen davon aus, daß Lesen/Schreiben in unseren Kulturen „Frauensache" ist und deshalb für Jungen eine Sache minderer Wichtigkeit. Dies wird noch dadurch unterstützt, daß Lese-/Schreib-„Modelle" meist Frauen sind (Mütter, Kindergärtnerinnen, Lehrerinnen).

Untersucht man nun den Erklärungswert dieser Modellgruppen für die vorhin dargestellten Trends, dann muß man zunächst feststellen, daß der weite Überschneidungsbereich mit dem biologischen Modell nicht zu erklären ist: Wenn es genetisch bedingte Unterschiede gibt, müßte die Verteilung stärker zu separieren sein. Das soziologische Modell erscheint in dieser Frage etwas flexibler zu sein, weil Sozialisationsbedingungen generell nicht so eindeutige Ergebnisse erzeugen wie genetische Determinierungen. Die Zweifel - an beiden Modellgruppen - werden noch größer, wenn man genauere qualitative Analysen anstellt. Dabei zeigen sich nämlich auch gegenläufige Tendenzen:

- für das Lesen: Beim Lesen von Gebrauchs- und Sachtexten schneiden Jungen gleich gut oder besser ab als Mädchen. Deren Überlegenheit beschränkt sich auf Erzählungen, also die in der Schule dominierende Textsorte (Lehmann in Richter/ Brügelmann 1994, S. 99-109).

- für das Schreiben: Jungen schreiben Wörter, die inhaltlich eher zum männlichen Interessenspektrum zählen, häufiger richtig als andere Wörter, z.T. sogar häufiger richtig als die im Durchschnitt überlegenen Mädchen (z.B. Computer, Schiedsrichter, Torwart). Auf diese Erscheinung wurde zuerst May (1993) aufmerksam (dargestellt auf einem Vortrag der Deutschen Gesellschaft für Lesen und Schreiben - DGLS - in Ludwigsfelde, November 1993).

Inzwischen sind auch von Richter/Brügelmann (1994) Untersuchungen mit diesem Ergebnis vorgelegt worden. Jungen schreiben und lesen demnach nicht generell schlechter als Mädchen, sondern sie schreiben und lesen anderes (richtig). Diese „Andersartigkeit" scheint sich dabei entlang der Interessendimension zu bewegen. Wenn dies so ist, dann verlieren sowohl das biologische als auch das soziologische Modell - zumindest in der engen inhaltlichen Füllung von Downing (1979) mit alleinigem Bezug auf die geschlechterstereotype Zuordnung schriftsprachlicher Tätigkeiten - noch mehr an Erklärungskraft. Wieso sollte ein Junge „Geburtstag" nicht schreiben können, sehr wohl aber „Schiedsrichter" und „Computer", wenn sein Gehirn für das Schreiben generell schlechter ausgerüstet ist als das eines Mädchens? Wieso, wenn seine Schreibmodelle Frauen sind? Bei der Suche nach einem anderen Erklärungsmodell kommt uns die Gesamtheit der vorliegenden Forschungsergebnisse über Geschlechterdifferenzen im nicht-biologischen Bereich zu Hilfe, die ausweisen, daß tatsächlich gravierende Differenzen nur in zwei Bereichen eindeutig nachzuweisen sind (siehe im Überblick: Richter 1995):

1. in den Schriftsprachleistungen, wo - wie ich schon dargestellt habe - eine Überlegenheit der Mädchen angenommen werden kann, und

2. im Interessenspektrum, wo auch in neueren Befragungen (u.a. Schnabel 1993) die bekannten herkömmlichen Rollenklischees von Kindern und Jugendlichen reproduziert werden.

May/ Brügelmann/Richter (1993) haben deshalb die Hypothese aufgestellt, daß die Leistungen unmittelbar mit der inhaltlichen Bedeutsamkeit zu tun haben. Brügelmann (1994, S. 32) verwendet dafür den Begriff „psycholinguistische Erklärung". Ich verwende lieber den Terminus „sozio-psycholinguistische Erklärung" (Richter 1995), um dem Faktum Rechnung zu tragen, daß auch eine geschlechterspezifische inhaltliche Bedeutsamkeit - zumindest zu einem großen Teil - sozialisationsbedingt ist. Wenn sich Mädchen und Jungen als Gruppen vor allem in den Bereichen Interesse und Schriftsprachleistung unterscheiden, so kann eine Untersuchung dieser Gruppen wichtige Hinweise auf den Gesamtzusammenhang von Interesse und Schriftsprachleistung geben - über die Frage nach der Ursache der Geschlechterdifferenzen hinaus.

2. „Jungenwörter“ und „Mädchenwörter“ und ihre Berücksichtigung im Unterricht

Diese Hypothese kann allerdings nur gelten, wenn sich die in Fragebogenerhebungen ermittelten Interessenunterschiede zwischen den Geschlechtern nicht nur in bezug auf bevorzugte Tätigkeiten, sondern auch bei schriftsprachlichen Vorlieben finden lassen, wenn es also tatsächlich so etwas wie eine „geschlechterspezifische inhaltliche Bedeutsamkeit“ von Wörtern gibt. May (1994) und Richter (1994; 1995) sind dieser Frage nachgegangen und haben sie in unterschiedlichen Untersuchungen bestätigt gefunden.

Mein Design umfaßte die direkte Befragung von Kindern nach „Jungen- und Mädchenwörtern“, nach individuellen „Lieblingswörtern“ und nach solchen Wörtern, die für sie wichtig sind und von ihnen gleichzeitig in Bezug auf die Rechtschreibung als schwierig angesehen werden. Ich möchte im folgenden die Wörter betrachten, die Jungen und Mädchen als für das eigene Geschlecht „beim Geschichtenschreiben wichtig“ genannt haben. Die Ergebnisse stammen aus einer 1993 durchgeführten Untersuchung mit 442 Kinder der Klassen 2-4. Um die Ergebnisse auf Interessenbereiche fokussieren zu können, habe ich die Wörter, die jeweils von mindestens 5 % der Jungen und Mädchen genannt wurden, in einem Rating von ca. 80 Lehramtsstudierenden zu Wortfeldern bündeln lassen, was zu folgendem Ergebnis führte:

Am häufigsten genannte Jungen- und Mädchenwörter (Wortfelder)

Wortfeld	% Jungen*)	% Mädchen*)
Sport	112,5	79,7
Technik	65,6	-
Tabu-Wörter	42,6	-
Angst/Trauer/Aggression	19,2	11,3
positiv besetzte Wörter	9,6	19,8
Tiere	7,8	42,9
Menschen	5,7	12,2
Körper	5,7	11,8
musisches Hobby	5,7	66,0
Natur	-	10,8
Kleidung	-	41,5
nicht-techn. Spielzeug	-	86,3

*) Die Nennungen zu den einzelnen Wörtern innerhalb des Wortfelds wurden addiert. Werte über 100 % bedeuten, daß jedes Kind im Durchschnitt mindestens eine Nennung in dem Wortfeld hat.

Die Tabelle zeigt, daß sich Jungen und Mädchen in Bezug auf die bevorzugten Schreibwörter erheblich unterscheiden, und zwar entsprechend den altbekannten Geschlechterstereotypen. Dieses Ergebnis wird auf der Ebene der Einzelwörter sogar noch erheblich deutlicher, wie ich am Beispiel des Wortfeldes „Sport“ zeigen möchte, das in der Zusammenfassung zwar von den Jungen deutlich häufiger angesprochen wurde, bei dem aber auch die Mädchen mit einer Frequenz von fast 80 % vertreten sind. Betrachtet man im einzelnen die dabei von Mädchen und Jungen aufgeschriebenen Wörter, werden innerhalb des Wortfeldes jedoch erhebliche Unterschiede deutlich, wie die folgende Tabelle zeigt.

Im Wortfeld »Sport« genannte Wörter (von mindestens 5 %, Kl. 2 - 4)		
Sportart	% Jungen	% Mädchen
gesamt	112,5	79,7
Fußball	54,8	-
Basketball	8,2	-
Handball	8,2	-
Tischtennis	7,0	-
Judo	6,1	-
Karate	6,1	-
Reiten	-	20,8
Seilspringen	-	16,5
Gummitwist	-	16,0
Spielen	8,7	14,2
Tennis	8,2	6,1
Schwimmen	5,2	6,1

Diese Befunde lassen sich durch die Ergebnisse der Befragung mit geschlechterneutraler Instruktion („Schreibe Wörter auf, die für dich beim Geschichtenschreiben besonders wichtig sind.“) bestätigen und - mit einigen interessanten Variationen - auch in der Befragung nach „wichtigen und schwierigen Wörtern“ (vgl. Richter 1995). Auch Wort- und Inhaltsanalysen freier Texte (Prevot 1993; Röhner 1993) zeigen diesen Trend.

Daß sich Jungen und Mädchen in bezug auf von ihnen als bedeutsam erlebte und häufig gebrauchte Wörter unterscheiden, kann also als belegt angesehen werden. Die Annahme, daß die allgemein festgestellten schlechteren Schriftsprachleistungen der Jungen mit diesem Faktum in Verbindung stehen, setzt nun aber voraus, daß im schriftsprachlichen Unterricht die „Jungenwörter“ nicht in demselben Umfang berücksichtigt werden wie die „Mädchenwörter“.

Für die Textsorten beim Lesen geht Lehmann (1994) davon aus, daß die den Mädchen näher liegenden narrativen Texte im Deutschunterricht dominieren. Auf der Wortebene und den dabei angesprochenen Bereichen bin ich dieser Frage mit Wortanalysen von Unterrichtsmaterialen für die Grundschule nachgegangen, indem ich den Übungswortschatzes von Menzel (1985) und fünf Fibeln, die im Einzugsbereich meiner Untersuchungen besonders verbreitet sind, ausgezählt habe (Metze, W./Sennlaub, G. et al.: Tobi-Fibel 1, Verlag Cornelsen 1992; Menzel, W./ Baurmann, J.: (1994). Die Fibel, Westermann Verlag, Neubearb. 1994; Mauthe-Schonig, D. et al.: Die kleine weiße Ente. Beltz Verlag, 5. Auflage, 1992; Hinrichs, J./ Will-Beuermann, H.: Bunte Fibel, Schroedel Verlag 1990; Dick, G./ Lewandowski, T./ Walter, W.: Lesen lernen. Verlag Schwann-Bagel, 4. Auflage, 1986).

Ergebnis: Bei den Fibeln fanden sich bei den Inhaltswörtern (Nomen, Adjektive, Verben, Adverbien) ungefähr 20 % „Jungenwörter" gegenüber 70 % „Mädchenwörter" bei ca. 10 % „neutraler Wörter" (die von Jungen und Mädchen gleich häufig genannt wurden). Auch in dem Übungswortschatz war ein Mißverhältnis zugunsten der Mädcheninteressen festzustellen: Bei den Inhaltswörtern entfiel auf je 2,5 Mädchenwörter nur 1 Jungenwort.

3. Erklärungsmöglichkeiten für den Zusammenhang zwischen Schriftsprachleistung und Interesse

Wie kann man diese Korrespondenz von Interesse und Rechtschreibleistung nun erklären? Eine sehr einfache Erklärung liegt in der Annahme eines Übungseffekts: Wörter aus dem eigenen Interessenbereich werden öfter gelesen und geschrieben, werden also besser „gekonnt".

Eine theoretisch weitergehende Erklärung bietet der Ansatz der Interessenforschung von Schiefele u.a. (1979), wonach Interesse eine Person-Gegenstands-Beziehung ist, die Einfluß auf kognitive Leistungen hat. Den Zusammenhang zwischen Interesse und Schulleistung haben Schiefele/ Krapp/ Winteler (1992) und Krapp (1992) vielfältig in anderen Leistungsbereichen belegt. Es wäre nun aber zu einfach, sich auf die Analogie zu anderen Bereichen als Erklärung zu begnügen. Ich möchte deshalb im folgenden auf Modelle und Ergebnisse der kognitiven Psychologie insbesondere für den Schriftspracherwerb eingehen. Solche kognitiven Modelle des Schriftsprachgebrauchs - „Prozeßmodelle"- hat Coltheart (1987) in einer Zusammenschau dargestellt. Dabei wurde deutlich, daß alle zwei unterschiedliche Zugriffsweisen auf die Schrift annehmen: Zum einen die Möglichkeit, Phonem-Graphem-Zuordnungen zu kodieren (schreiben), bzw. Graphem-Phonem-Zuordnungen zu dekodieren (beim Lesen). Zum anderen baut sich im Verlauf der Schriftsprachaneignung ein „inneres Lexikon" auf, in welchem Wörter sozusagen als Ganzes abgespeichert werden und so schneller zum Gebrauch zur Verfügung stehen. Beide Speicher arbeiten beim kompetenten Schriftsprachverwender nebeneinander.

Bei unbekannten bzw. unvertrauten Wörtern wird eher der erste, bei vertrauten Wörtern eher der zweite Speicher aktiviert. Solange es keine Eintragungen im „inneren Lexikon" gibt, muß jedes Wort nach der ersten Strategie kodiert bzw. dekodiert werden. Die Verschriftung geschieht dabei meist lauttreu, also orthographisch häufig nicht korrekt. Es muß also Ziel des Schriftsprachunterrichts sein, möglichst viele Wörter in dieses „innere Lexikon" gelangen zu lassen. Welche Mechanismen können dabei angenommen werden?

Scheerer-Neumann (1986) geht davon aus, daß ein Wort im „inneren Lexikon" nicht nur als Graphemfolge gespeichert wird, sondern simultan mit sieben Merkmalsgruppen, von denen zwei die inhaltliche Bedeutsamkeit betreffen: „Wortbedeutung" und „emotionale Besetzung" (neben dem „akustisch-artikulatorischen Code", der „orthographischen Regelmäßigkeit", dem „morphologischen Aufbau", den „schreibmotorischen Merkmalen" und den „visuellen Merkmalen"). Diese sieben Merkmalsgruppen stehen in vielfältigen Beziehungen zueinander, und es kann angenommen werden, daß sowohl das automatisierte richtige Schreiben als auch das Wiedererkennen beim Lesen wesentlich schwieriger ist, wenn zwei dieser Eintragungen fehlen.

Diese Annahme findet ihre kognitionspsychologische Rechtfertigung in der Gedächtnisforschung. Klix (1992, S. 213) weist darauf hin, daß das Gedächtnis kein „passiver Informationsspeicher" ist, sondern ein „aktives Organ der Informationssuche, der Bildung von Erwartungen, der Verarbeitung und Nutzung von Information für Verhaltensentscheidungen". Emotionalen Faktoren, also Interesse und damit subjektiver Bedeutsamkeit, kommt dabei also eine entscheidende Bedeutung zu. In einem Experiment von Hyde/Jenkins (1973) wurden diese Annahmen gerade für das Lernen sprachlichen Materials nachgewiesen: Den Versuchspersonen wurde eine Liste mit 24 Wörtern präsentiert. Eine Gruppe bekam die Aufgabe zu prüfen, ob die Wörter bestimmte Buchstaben enthielten, während eine andere einschätzen sollte, wie (subjektiv) angenehm die Wörter empfunden wurden. Je der Hälfte beider Gruppen wurde außerdem die eigentliche Aufgabe des Experiments mitgeteilt, nämlich das Lernen der dargebotenen Wörter. Mit dieser Bedingung sollte der Einfluß intentionalen vs. inzidentellen Lernens überprüft werden. Während diese Versuchsvariation nicht zu signifikant unterschiedlichen Ergebnissen führte, zeigte sich die Gruppe erheblich überlegen, die die Angenehmheit der Wörter einschätzen sollte. Das gezielte Lenken der Aufmerksamkeit auf die emotionale Bedeutsamkeit der Wörter steigerte demnach die Lernleistung.

Wenn also die Gruppe der Jungen im Unterricht weniger Gelegenheit hat als die der Mädchen, mit Wörtern umzugehen, die für sie subjektiv bedeutsam sind, wäre hier eine Ursache für ihre insgesamt niedrigeren Schriftsprachleistungen zu sehen. Damit wäre auch die große Überschneidung der Stichproben zu erklären, weil auch Interessen nicht im Verhältnis 1:1 dem Geschlecht zugeordnet sind, sondern sich ebenfalls überschneiden. Wie die oben dargestellte

Tabelle der bevorzugt angesprochenen Wortfelder zeigt, waren nur fünf der zwölf jeweils ausschließlich einem Geschlecht zuzuordnen.

4. Folgerungen für den Unterricht

Angewendet auf den Unterricht heißt das, daß die schriftsprachlichen Differenzen zwischen den Geschlechtern auszugleichen oder wenigstens zu verringern wären, wenn die Interessen der Jungen im Lernmaterial stärker berücksichtigt würden. Dies entspricht dann - unter umgekehrten Vorzeichen - den Forderungen nach einem naturwissenschaftlichen Unterricht, der die Interessen der Mädchen stärker berücksichtigt. Brauchen wir also einen geschlechtergetrennten Schriftsprachunterricht?

Diese Frage ist aus mehreren Gründen zu verneinen. Von allgemeinen pädagogischen Argumenten abgesehen, die die Koedukation nach wie vor als einen Fortschritt im Bildungssystem betrachten lassen, greift diese Alternative aber auch fachdidaktisch und psychologisch zu kurz: Sie läßt zum einen das Problem der großen Überschneidung der Leistungsverteilungen außer acht. Die oben diskutierten Ergebnisse bezogen sich weitgehend auf den Durchschnitt, sowohl im Hinblick auf schriftsprachliche Leistungen als auch im Hinblick auf bevorzugte Wörter und Wortfelder. Wenn man das Augenmerk nur auf statistische Gruppenkennwerte richtet, wird übersehen, daß sich auch ein großer Teil der Jungen z.B. für den Bereich *Tiere* und nicht oder nur am Rande für *Technik* interessiert. Zum anderen aber könnte ein solcher Unterricht die Männlichkeits- bzw. Weiblichkeitsstereotype noch weiter verfestigen, weil er keinen Raum ließe für die Auseinandersetzung mit den bevorzugten Inhalten des jeweils anderen Geschlechts.

Sowohl für den mathematisch-naturwissenschaftlichen als auch für den schriftsprachlichen Bereich ist vielmehr ein Unterricht erforderlich, der die Interessen jedes einzelnen berücksichtigt - geschlechterstereotype und auch davon abweichende. Für den Schriftsprachunterricht bedeutet dies, daß Gelegenheit gegeben werden muß, eigene Interessenbereiche zu verschriften und persönlich bedeutsame Textsorten zu lesen. Ein solcher Unterricht darf sich nicht nur an einem Lernwerk für alle orientieren, sondern muß daneben Raum lassen für die Interessen der Kinder.

Die subjektiven schriftsprachlichen Interessen der Kinder sind, wie meine Untersuchungen ergeben haben, zu einem großen Teil an Geschlechterstereotypen orientiert. Daraus ergibt sich für die Schule der Zukunft die Notwendigkeit, eine Balance herzustellen zwischen Berücksichtigung geschlechterspezifischer Interessen einerseits und deren kritischer Reflexion andererseits. Dies wiederum ist am ehesten in einem koedukativen Unterricht zu erreichen, weil er die Möglichkeit bietet, durch gemeinsame Diskussion der Inhalte nach der Entstehung und der tatsächlichen Unsinnigkeit eines geschlechterspezifischen Interessenspektrums zu fragen.

Wie ich mit der Darstellung kognitiver Lernmodelle deutlich machen wollte, muß bei diesem Balanceakt unter fachdidaktischem und lernpsychologischem Aspekt aber die Interessenansprache der Ausgangspunkt sein. Niederdrenk-Felgner (1995, S. 56) schlägt als Fazit von Untersuchungen über den „Geschlechter-Bias“ in Mathematikbüchern ein gestuftes Vorgehen vor, um „Geschlechter-Fairness“ zum Zwecke der Interessenansprache (der in diesem Fall benachteiligten Mädchen) und emanzipatorische Erziehung miteinander zu verbinden: „Wären erst einmal männliche und weibliche Bereiche gleichermaßen berücksichtigt, könnte im nächsten und wichtigeren Schritt am Abbau der Stereotype gearbeitet werden".

In diesem Zusammen ist auch Hochhuth (1993) zu zitieren, die für den Schriftsprachunterricht das Problem diskutiert, ob das, was Jungen gern und ausgiebig verschriften, denn mit dem Erziehungsauftrag der Schule vereinbar ist, z.B. aggressionsgeladene Darstellungen kriegerischer Situationen. Aber sie folgert: „Das Interesse der Jungen an den Kriegsthemen wird sicher nicht nachlassen, wenn ich verbiete, darüber zu schreiben" (a.a.O., 39). Sie hofft, daß Kinder, wenn sie durch „Schreibkonferenzen“ (Spitta 1992) Texte als etwas Veränderungsbedürftiges und Veränderbares begreifen lernen, auch die Inhalte in diesen Bearbeitungsprozeß einbeziehen. Man kann hinzufügen: Nur wenn die Lehrperson z.B. über die „kriegerische Grundstimmung“ ihrer (männlichen) Schüler weiß, hat sie auch die Möglichkeit, sie in ihrer Zielsetzung der Erziehung zum Frieden zu berücksichtigen. Verbote würden dann nicht nur die Schreibbereitschaft der Jungen einschränken, sondern auch allgemeineren pädagogischen Zielsetzungen im Wege stehen. Ein weiteres Problem könnte gerade bei Lehrpersonen, die sich um emanzipatorische Erziehung bemühen, und in Lernwerken mit demselben Ziel dadurch entstehen, daß den Jungen in den Texten die für sie emotional wichtige männliche Identifikationsperson genommen wird. Vielleicht ist z.B. die Fußballgeschichte in „Die blaue Fibel" (Binder et al. 1993, 20) für Jungen nicht mehr so interessant, weil *Lisa* im Tor ist (daß Lisa dann den Ball nicht hält, könnte höchstens noch zur Bestätigung männlicher Vorurteile dienen). Eine wichtige pädagogische Intention hätte in dieser Betrachtungsweise das fatale Nebenergebnis, den Schriftspracherwerb der Jungen zu behindern. Daraus ist zu folgern, daß ein einfacher „Rollentausch“ in den Schulbüchern eine zu einfache Antwort auf die in der Vergangenheit mit Recht kritisierte Festschreibung von Rollenklischees ist.

Die Forderung, bei der Schriftsprachförderung an den subjektiven Interessen anzusetzen, wird auch von Barton (1993, S. 219) gestützt, der aus seinen Untersuchungen über die sozio-kulturellen Aspekte des Schriftgebrauchs für den Schriftspracherwerb u.a. die These ableitet: „Schriftförderung muß vom Vorverständnis der Menschen selbst ausgehen, von ihren Definitionen des Lesens und Schreibens, von ihren Zielen und von ihren aktuellen Praktiken der Verständigung mit anderen.“

Ein didaktisches Modell für diesen Ansatz eines gestuften Vorgehens - zuerst „Interessenfairness" und dann Abbau von Stereotypen - kann in einer „ökologischen" Grundschuldidaktik gesehen werden (Richter 1995, S. 358ff). Sie orientiert sich an der ökologischen Entwicklungspsychologie von Bronfenbrenner (1989, S. 37), die sich „mit der fortschreitenden gegenseitigen Anpassung zwischen dem aktiven, sich entwickelnden Menschen und den wechselnden Eigenschaften seiner unmittelbaren Lebensbereiche" befaßt. Das Kind hat in dieser Sicht also zunächst einmal eine eigene Persönlichkeit, mit der es seine Umwelt beeinflußt und von dieser beeinflußt wird. Bronfenbrenner faßt diese Umwelt dabei als eine „ineinandergeschachtelte Anordnung konzentrischer ... Strukturen" (a.a.O., S. 38) auf. Geht man davon aus, daß Geschlechterstereotype bei Kindern schon in der Vorschulzeit anzutreffen sind, wie es die Ergebnisse von Dannhauer (1973) und Tibbetts (1975) nahelegen, dann muß die Grundschuldidaktik sie zunächst aufgreifen, um dann in einem weiteren Schritt (in dem weiteren „Kreis" der Schule) den Versuch machen zu können, sie zu relativieren.

Literatur

Barton, D.: Eine sozio-kulturelle Sicht des Schriftgebrauchs - und ihre Bedeutung für die Förderung des Lesens und Schreibens unter Erwachsenen. In: Balhorn, H./ Brügelmann, H. (Hrsg.). Bedeutungen erfinden - im Kopf, mit Schrift und miteinander. Konstanz 1993

Binder, G./ Kämpf, F./ Meiers, K./ Weigle-Haarmann, Ch.: Die blaue Fibel. Berlin 1993

Bronfenbrenner, U.: Die Ökologie der menschlichen Entwicklung. Frankf./Main 1989

Brügelmann, H.: Warum haben Jungen mehr Schwierigkeiten beim Lesen- und Schreibenlernen als Mädchen? In: Richter, S./ Brügelmann, H. (Hrsg.): Mädchen lernen anders - anders lernen Jungen. Bottighofen 1994

Coltheart, M. (Ed.): The psychology of reading. Attention and performance. Vol. XII. Hove/ London 1987

Dannhauer, H.: Geschlecht und Persönlichkeit. Berlin 1973

Elley, W.B.: How in the world do students read? s'Gravenhage 1992

Downing, J.: Reading and Reasoning. Edinburgh 1979

Grund, M./ Haug, G./ Naumann, C.L.: DRT 4. Diagnostischer Rechtschreibtest für 4. Klassen. Weinheim 1994

Hochhuth, M.: Gewalt in Kindertexten. Die Grundschulzeitschrift, H. 67, 1993, S. 38-40

Hyde, T.S./ Jenkins, J.J.: Recall for words as a function of semantic, graphic, and syntactic orienting tasks. Journal of Verbal Learning and Verbal Behavior, 12, 1973, 471-480

Klix, F. : Gedächtnis. In: Asanger, R./ Wenninger, G. (Hrsg.). Handwörterbuch Psychologie. Weinheim 1992, S. 213-219

Lehmann, R.: Lesen Mädchen wirklich besser? Ergebnisse aus der internationalen IEA-Lesestudie. In: Richter, S./ Brügelmann, H. (Hrsg.). Mädchen lernen anders - anders lernen Jungen. Bottighofen 1994, S. 99-109

Krapp, A.: Interesse, Lernen und Leistung. Zeitschrift für Pädagogik, 38 (4), 1992

May, P.: Jungen und Mädchen schreiben »ihre« Wörter. In: Richter, S./ Brügelmann, H. (Hrsg.), Mädchen lernen anders - anders lernen Jungen. Bottighofen 1994, S. 110-120

May, P./ Brügelmann, H./ Richter, S.: Brauchen Jungen einen anderen Rechtschreibunterricht als Mädchen? Grundschule, 26, 10, 1993, S. 28-29

Menzel, W.: Rechtschreibunterricht. Praxis und Theorie. Aus Fehlern lernen. Seelze 1985

Niederdrenk-Felgner, C.: Textaufgaben für Mädchen - Textaufgaben für Jungen? Das Problem „Gleichberechtigung" aus der Sicht einer Schulbuchautorin. Mathematik lehren, Heft 68, 1995, S. 54-57

Prevot, A.: Mädchenwörter - Jungenwörter. Zu Rechtschreibwortschatz und Fehlerquoten in freien Texten von Viertklässlerinnen und Viertklässlern. Schriftliche Hausarbeit für die 1. Staatsprüfung für das Lehramt an öffentlichen Schulen. Universität Bremen (unveröffentlicht) 1993

Ranschburg, P.: Die Leseschwäche (Legasthenie) und Rechenschwäche (Arithmasthenie) der Schulkinder im Lichte des Experiments. Berlin 1916

Richter, S.: Geschlechterunterschiede in der Rechtschreibentwicklung von Kindern der 1. bis 5. Klassen. In: Richter, S./ Brügelmann, H. (Hrsg.). Mädchen lernen anders - anders lernen Jungen. Bottighofen 1994

Richter, S.: Unterschiede in den Schulleistungen von Mädchen und Jungen. Universität Bremen, unveröffentlichte Habilitationsschrift, 1995

Richter, S./ Brügelmann, H. (Hrsg.): Mädchen lernen anders - anders lernen Jungen. Bottighofen 1994

Röhner, C.: Das starke und das schöne Geschlecht. In: Pfister, G./ Valtin, R. (Hrsg.). Mädchenstärken. Frankfurt/ M. 1993, S. 135-155

Scheerer-Neumann, G.: Wortspezifisch: ja - Wortbild: nein. In: Brügelmann, H. (Hrsg.). ABC und Schriftsprache: Rätsel für Kinder, Lehrer und Forscher. Konstanz 1986, S. 171-185

Schiefele, H./ Haußer, K./ Schneider, G.: Interesse als Ziel und Weg der Erziehung. Überlegungen zu einem vernachlässigten pädagogischen Konzept. Zeitschrift für Pädagogik, 25, 1979, S. 1-20

Schiefele, U./ Krapp, A./ Winteler, A.: Interest as a predictor of academic achievement: A review of research. In: Renninger, K.A./ Hidi, S./ Krapp, A. (Eds.): The role of interest in learning and development. Hillsdale, N.J. 1992, 183-212

Schnabel, K.: Vereintes Land - vergleichbare Zukunft? Zur schulischen und beruflichen Perspektive ost- und westdeutscher Jugendlicher. MPG-Spiegel, 4/1993

Spitta, G.: Schreibkonferenzen - ein Weg vom spontanen Schreiben zum bewußten Verfassen von Texten in 3. und 4. Klassen. Berlin 1992

Tibbetts, S.-L.: Sex role stereotyping in the lower grades: part of the solution. Journal of Vocational Behavior, 6, 1975, 255-261

Witelson, S.F.: Geschlechtsspezifische Unterschiede in der Neurologie der kognitiven Funktionen und ihre psychologischen, sozialen, edukativen und klinischen Implikationen. In: Sullerot, E. (Hrsg.). Die Wirklichkeit der Frau. München 1979, S. 341-368

Hartmut Giest

Kognition und Geschlecht beim sachbezogenen Lernen

1. Anliegen der Untersuchung

Im Zentrum meiner Untersuchungen steht der Zusammenhang zwischen Unterricht und kognitiver Entwicklung der Kinder (Begriffsbildung, Denkentwicklung - vgl. Giest 1991, 1994, 1995 a,b,c, im Druck).

Strategisches Ziel der Untersuchungen ist die Effektivierung unterrichtlichen Lernens im Hinblick auf die kognitive Entwicklung in engem Zusammenhang mit der Entwicklung anderer Komponenten der Persönlichkeit. Es geht also nicht schlechtweg um Kognition, sondern um eine ganzheitliche Persönlichkeitsentwicklung, bei der Kognition jedoch ein zentrales Moment darstellt. Konstatierende differentialpsychologische Untersuchungen, die den Einfluß verschiedener Variablen auf die Entwicklung kognitiver Fähigkeiten im Kontext Unterricht (hier Sachunterricht und naturwissenschaftlicher Unterricht) zu erhellen versuchen, bilden eine wesentliche Voraussetzung, um unterrichtliches Lernen kausal-genetisch erforschen und schließlich im Unterricht effektivieren zu können. Unter den in unseren Untersuchungen einbezogenen Variablen hat das biologische Geschlecht, neben der Klassenstufe und der schulischen Leistungsgruppe eine besondere Bedeutung.

Der bislang bekannte Stand der Analysen zur Rolle des biologischen Geschlechts als unabhängige Variable, zeigt zwischen beiden Geschlechtergruppen geringe Unterschiede bei intellektuellen Fähigkeiten, Persönlichkeitseigenschaften und im sozialen Verhalten. Bekannt sind Unterschiede zwischen Mädchen und Jungen bezogen auf mathematische Fähigkeiten, visuelle-räumliche Fähigkeiten, Aggressivität (hier liegen die Jungen „vor“ den Mädchen) sowie bei den verbalen Fähigkeiten (hier liegen die Mädchen vorn - vgl. Trautner 1993, 1994)

Generell sind die festgestellten Unterschiede gering, die Gemeinsamkeiten jedoch groß. Problem vieler Untersuchungen ist die Betonung der Fragestellung nach den Unterschieden zwischen den Geschlechtern und die Vernachlässigung der Unterschiede innerhalb der Geschlechtergruppen.

2. Ziel-, Fragestellung und Arbeitshypothesen der Untersuchung

Das *Ziel* unserer Untersuchung bestand vor allem darin, ausgehend von Voruntersuchungen in 4. und 6. Klassen (vgl. Lompscher 1993a, 1993b; Krassa 1993a, 1993b, Giest 1994, 1995c)

- diese unter einer entwicklungspsychologischen Fragestellung auf die Klasse 8 auszudehnen
- interindividuelle Besonderheiten beim Problemlösen zu identifizieren
- Zusammenhänge zwischen Lernstrategien und dem Problemlösen beschreiben zu können
- Zusammenhänge zwischen Lösungsstrategien und anderen Merkmalen des Lernens aufzudecken
- Zusammenhänge zwischen Problemlösen und schulischen Bedingungen des Lernens (typische Unterrichtsanforderungen vs. untypische; Merkmale der Schule - Stadt vs. Land; Schulart u.a.) aufzuhellen.

Als ein weiteres Moment wurde die Kontolle der Untersuchungssituation in das Design der Forschungsarbeit einbezogen. Insbesondere ging es um die Belastung der Kinder in der Untersuchung und die Auswirkungen des Geschlechts des Versuchsleiters auf das Belastungserleben der Kinder als auch auf die Resultate der Anforderungsbewältigung.

Zu folgenden Fragestellungen möchte ich Untersuchungsergebnisse vorstellen:

1. Worin bestehen Besonderheiten der Orientierung in typisch schulischen Anforderungen und in Anforderungen des Problemlösens sowie bei deren Bewältigung?

2. Wirken die Untersuchungsbedingungen (Belastung in der Untersuchungssituation, Geschlecht des Versuchsleiters) bei beiden Geschlechtern unterschiedlich?

Unsere Voruntersuchungen veranlaßten uns zu folgenden Annahmen:

1. Da nach unseren Erkenntnissen und ersten vorsichtigen Erhebungen das Problemlösen eine eher marginale Rolle im Unterricht spielt, wir ferner von der Entwicklungsfunktion des Unterrichts im Sinne Wygotskis ausgehen, sollte ein eher gering ausfallender Unterschied zwischen den Klassenstufen erwartet werden. Dies müßte auch auf die Wirkung der unabhängigen Variablen Geschlecht zutreffen, bezieht man sich auf Untersuchungen zum Problemlösen (vgl. Hyde, Fennema und Lamon 1990).

2. Als interindividuell variierende, für das hier geprüfte Problemlösen relevante Komponenten lassen sich das Selbstvertrauen (Helmke 1992a), der Anreizfokus (Rheinberg 1989), das Vorwissen und das schulische bzw. intellektuelle

Leistungsniveau abheben (vgl. Giest 1994, 1995b). Betrachtet man nun die Bedeutung des Selbstvertrauens für das Problemlösen und andererseits bekannte Ergebnisse über geschlechtsspezifische Unterschiede, läßt sich nach Horstkemper (1987) vermuten, daß Jungen selbstbewußter sind und ein positiveres (die Frage ist, ob angemesseneres) Selbstbild besitzen. Daher sollte ein geschlechtsspezifischer Unterschied beim Problemlösen zu beobachten sein, werden die Variablen Selbstvertrauen und Selbstbild im Untersuchungsdesign angemessen berücksichtigt.

3. Untersuchungsmethode

Den Schülern wurde folgende Aufgabe, bei der wir in Voruntersuchungen eine hohe Motiviertheit aller Probanden feststellen konnten, vorgelegt:

Rinderherdenaufgabe

> In Landschaften, wo nur Gras wächst, leben die Menschen oft von der Viehzucht. Das ist z.B. in Afrika so. Hier regnet es wenig und das Wasser in den wenigen Wasserstellen ist knapp. Die Rinderherden der Menschen sind klein, denn die Rinder brauchen Wasser, um leben zu können. Die Menschen haben deshalb wenig zu essen.
>
> Stell dir vor, du willst den Menschen helfen, ihre Herden zu vergrößern und schlägst vor, Brunnen zu bauen. Durch Brunnen sollen die Menschen mehr Wasser für ihre Herden bekommen. Nach 10 Jahren besuchst du die Menschen wieder. Wie werden sich ihre Rinderherden verändert haben?

Die spontane Antwort ist nahezu ausnahmslos: Die Herde wird größer. Die Problemsituation entsteht dadurch, daß der Proband durch den Versuchsleiter erfährt, daß genau das Gegenteil eintritt, die Herde tatsächlich kleiner wird. Die Lösung des Problems besteht in der Verknüpfung verschiedener Regelkreise.

Randbedingung des Problems: pro Zeiteinheit ist nur eine, in den Savannengebieten geringe (wenig Regen), über die Zeit jedoch konstante Wassermenge (Regenmenge) verfügbar.

Das Lösen des Problems erfolgte im Rahmen eines heuristischen (Unterrichts-) Gesprächs, wobei festgelegte Interventionsmodi das Lern-Lehr-Geschehen steuern sollten. Insbesondere wurde den Schülern das für die Lösung des Problems erforderliche Wissen über zugrundeliegende Begriffe und Zusammenhänge bei Bedarf in Form von Lösungskärtchen verbal oder bildlich im Sinne von Lösungshilfen präsentiert.

Die Lösung konnte sich - je nach Wunsch der Kinder - im Grad der angestrebten Selbständigkeit und im gewählten Anreizfokus unterscheiden. Die Kinder konnten einmal zwischen:

A) einer Lösung ohne Hilfe,

B) einer Lösung mit der Hilfe, Fragen an den Versuchsleiter stellen zu können,

C) einer Lösung mit zusätzlichen Lösungshilfen (in Form der Lösungskärtchen)

wählen.

Untersucht wurden 234 Schüler (122 Mädchen, 112 Jungen, Klasse 4 - 72 Schüler; Klasse 6 - 88 Schüler, Klasse 8 - 74 Schüler) aus zwei Grund- und Gesamtschulen im Land Brandenburg. Die Untersuchung wurde in Einzelsitzungen realisiert und mit Hilfe der Videotechnik aufgezeichnet. Eine Transkription der Videoaufzeichnungen steht noch aus, so daß an dieser Stelle nicht über darauf fußende Analysen von Strategien beim Problemlösen berichtet werden kann.

4. Ausgewählte Ergebnisse der Untersuchung

Zunächst interessierte uns, ob es Unterschiede in der Orientierung in einer typisch schulischen Anforderung gegenüber der gestellten Problemanforderung gab. Hieraus war u.a. zu schlußfolgern, welchen Einfluß der Unterricht auf das Bewältigen der von uns gestellten Problemaufgabe hat.

Leseverhalten

Eine typische schulische Lernanforderung ist das Lesen. Wir fragten nach der Orientierung auf Selbständigkeit im Lesen. Dazu wurde den Kindern die Option gelassen, den Aufgabentext a) selbst zu lesen (höchste Ausprägung des Merkmals), b) gemeinsam mit dem Versuchsleiter zu lesen (mittlere Ausprägung) und c) sich vorlesen zu lassen (geringe Ausprägung des Merkmals).

Es war festzustellen, daß Jungen in der untersuchten Situation selbständiger lesen als Mädchen. Die Unterschiede zwischen den Klassen 4, 6 und 8 ließen einen Entwicklungseffekt vermuten. Statistisch relevante Unterschiede bestanden zwischen den Klassen (p= .024; Klasse 4 zu 8 - p= .041) und den schulischen Leistungsgruppen[94]. An dieser Stelle sollte erwähnt werden, daß sowohl die angestrebte Selbständigkeit beim Problemlösen (r= .25; p<= .001) als auch die Güte der Problembearbeitung (r= .14; p= .038) zwar schwach, aber signifikant, mit dem Leseverhalten korreliert. Wer selbständiger liest, löst in der Regel die Problemaufgabe selbständiger und auch besser.

---

[94] Anhand des Notendurchschnitts, gebildet aus den Fächer Deutsch, Mathematik, Sachunterricht bzw. den natur- und gsellschaftswissenschaftlichen Fächern in den Klassen 6 und 8, wurde eine Drittelung der Stichprobe vorgenommen.

Haben die Schulnoten einen Einfluß auf das Selbstvertrauen? Die Abb. 1 vermittelt einen Überblick über die Beziehung zwischen schulischer Leistung (hier bezogen auf die Deutschnote), Klasse und Geschlecht. Die Prüfung der Daten bezogen auf die unabhängige Variable Klasse (ONEWAY-ANOVA) ergab signifikante Unterschiede ($p< .05$) zwischen Klasse 8 und den Klassen 4 und 6. Die Prüfung der Mittelwertunterschiede (t-Test) bezogen auf den Faktor Geschlecht erbrachte signifikante Unterschiede zwischen Mädchen und Jungen insgesamt ($p<= .001$) sowie innerhalb aller untersuchten Klassenstufen (Klasse 4 - $p= .001$; Klasse 6 - $p<= .001$; Klasse 8 - $p= .001$).

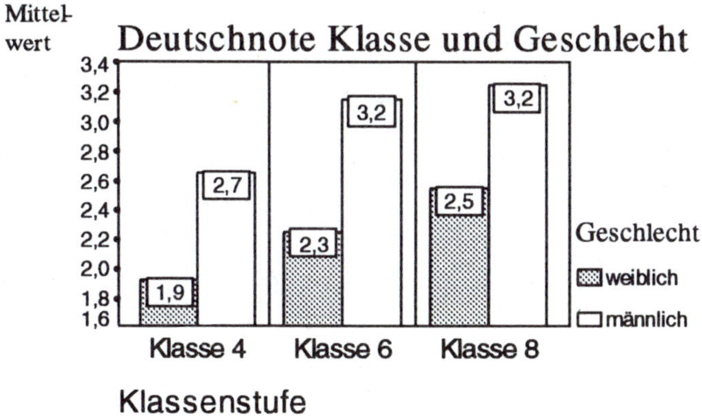

Abbbildung 1

Beziehung zwischen Deutschnote, Klasse und Geschlecht

Die Analyse des Leseverhaltens stützt die Hypothese, daß Unterricht einen nachweisbaren Einfluß auf die in ihm geförderten Leistungseigenschaften hat. Bemerkenswert ist jedoch eine festzustellende Diskrepanz zwischen Selbstvertrauen beim Lesen und der schulischen Leistung.[95] Glücklicherweise, so darf man wohl anhand der Daten vermuten, wächst das Selbstvertrauen der Schüler mit der Klassenstufe, obwohl die in den Noten dokumentierte schulische Leistung sinkt. Dieser Sachverhalt gilt vor allem für Jungen. Bei den Mädchen ließ sich ein schwacher, wenn auch signifikanter Zusammenhang zwischen der Deutschnote und dem Leseverhalten feststellen ($r= .21$; $p= .022$). Anders ausgedrückt: Sinken bei Mädchen die Schulnoten, so ist auch ein Absinken des Selbstvertrauens zu vermuten. Das aber haben wir beim Problemlösen beobachten können. Deshalb ist nun wiederum zu vermuten, daß Mädchen sehr viel mehr unter dem Selektionsdruck in Klasse 6 sowie unter dem Schulwechsel leiden als Jungen. Diese scheinen trotz erheblich geringerer schulischer Leistungen (das gilt nicht nur für das Schulfach Deutsch) ein höheres Selbstvertrauen als Mädchen zu entwickeln (vgl. Horstkemper 1987).

---

[95] Es darf an dieser Stelle allerdings nicht unerwähnt bleiben, daß in die Deutschnote nicht nur das hier untersuchte Leseverhalten als Leistungseigenschaft eingeht.

Die Varianzanalyse der Daten (Deutschnote im Hinblick auf die Faktoren Klasse und Geschlecht) erbrachte einen signifikanten Haupteffekt (p<= .001), der auf beide Faktoren zurückzuführen war (Geschlecht - p<= .001; Klasse - p= .001).

Angestrebte Selbständigkeit (Selbstvertrauen) beim Problemlösen

Einen Einblick in das Selbstvertrauen beim Problemlösen verschafft die Analyse der Wahl der Lösungsvariante bezogen auf die angestrebte Selbständigkeit (vgl. Tab. 1).

Tabelle 1: Angestrebte Selbständigkeit (Selbstvertrauen) beim Problemlösen

Lösungsvariante	gesamt	Mädchen	Jungen	Klasse 4	Klasse 6	Klasse 8
Anhieb	5%	3%	8%	7%	1%	8%
Wahl A	6%	5%	6%	7%	3%	7%
Wahl B	27%	21%	34%	35%	21%	28%
Wahl C	62%	71%	52%	51%	75%	57%

Deutliche - d.h. signifikante - Unterschiede bestehen zwischen den Klassen (p= .031) und den Geschlechtern (p= .01). Jungen besitzen offenbar auch hier ein größeres Selbstvertrauen und streben eine selbständigere Lösung an. Die Klassen 4 und 8 sind in diesem Merkmal vergleichbar. Es besteht ein signifikanter Zusammenhang zwischen der angestrebten Selbständigkeit und der Güte der Problembearbeitung (r= .38; p<= .001). Die verschiedenen Selbständigkeitsgruppen (Wahl der Lösungsvariante) unterscheiden sich signifikant voneinander bezüglich der Güte der Problembearbeitung: Wer mehr Selbstvertrauen besitzt, löst in der Regel besser (vgl. Helmke 1992a, 1992b).

Die Varianzanalyse belegt einen signifikanten Haupteffekt (p= .001) der vor allem auf die Faktoren Klasse (p= .002) und Geschlecht (p= .007) zurückzuführen ist. Dabei ist eine deutliche Interaktion zwischen Klasse und Geschlecht zu verzeichnen (p= .008). Diese veranlaßte uns zu differenzierten Analysen der Variablen Geschlecht und Klasse (vgl. Abb. 2). Bei den Jungen zeigte sich mit Ausnahme der Klassen 6 zu 8 (p= .043) kein signifikanter Unterschied beim Streben nach einer selbständigen Lösung, wohl aber bei den Mädchen (p= .0007) - hier nun auch wieder mit Ausnahme der Klassen 6 zu 8 (4 zu 6 - p<= .0001 und 4 zu 8 - p= .02). Das Bild ist komplementär.

Bei Jungen wächst offenbar das Selbstvertrauen mit dem Alter, während es bei den Mädchen, bezogen auf die geprüfte Anforderung, eher zurückgeht. Besonders deutlich wird dies bei den Mädchen der 6. Klassen. (Es ergibt sich die Frage, ob dies Ausdruck der Labilisierung der Mädchen infolge der Pubertät und/ oder der bevorstehenden Schullaufbahnentscheidung und der damit zusammenhängenden Verunsicherung - höhere Anforderungen durch Lehrer, Leistungsdruck - ist. Zu beachten ist ferner, daß vor allem von Klasse 4 zu Klasse 6 der Notendurchschnitt besonders stark ansteigt, bei Mädchen von 1.8 auf 2.3, bei Jungen von 2.3 auf 2.9. Da Mädchen jedoch signifikant höhere Werte bei der Testung der Leistungsmotivation erzielten als Jungen ($t=-2.2$; $p=.029$), zudem ein Zusammenhang zwischen Selbstvertrauen und schulischer Leistung nur bei den Mädchen festgestellt werden konnte, läßt sich die Hypothese von der stärkeren Labilisierung der Mädchen durch die Verschlechterung der schulischen Noten anhand der erhobenen Daten stützen.)

Berachtet man die erreichte Selbständigkeit (hier spiegeln die Abb. 2. erfaßten Kategorien nicht den Wunsch, sondern das reale Lösungsgeschehen wider), so sind Unterschiede zwischen den Klassen ($p= .005$) und den Geschlechtern ($p= .06$) auffällig. Das Bild, welches bereits im Zusammenang mit der angestrebten Selbständigkeit beim Problemlösen sichtbar wurde, ist hier auch bezogen auf die statistische Auswertung nicht wesentlich verändert. (Aus diesem Grund haben wir auf eine entsprechende Graphik verzichtet.)

Vergleicht man angestrebte und realisierte Selbständigkeit, so fällt für die Gesamtpopulation der hochsignifikante Unterschied auf ($z=-6.24$, $p<= .0001$). Die deutlichen, allerdings auf Grund der geringeren Gruppengröße nur bei den Geschlechtern signifikanten ($z=-2.02$; $p= .043$) Unterschiede zwischen Wunsch und Realität, was die Selbständigkeit bei der Lösung betrifft, verweisen doch insgesamt auf ein eher unrealistisches Selbstbild (vgl. Abb. 3). Obwohl sich auf Grund der nun doch recht kleinen Gruppen keine statistisch relevanten Unterschiede sichern ließen, so war doch festzustellen, daß vor allem Jungen mit einem Notendurchschnitt über 3.9 deutlich schlechter lösten als Mädchen mit vergleichbaren Leistungen. Genau das Gegenteil war übrigens für den Notendurchschnitt kleiner als 2.0 festzustellen. Hier lösten die Jungen besser als die Mädchen.

Jungen haben insgesamt ein höheres Selbstvertrauen als Mädchen. Sie neigen allerdings zur Selbstüberschätzung, die sich, wenn sie angemessen ist, in einer höheren Lösungsgsgüte niederschlagen sollte (vgl. Helmke 1992a). Besonders bei den Jungen am Leistungsende der Schulnoten schlägt sich die Divergenz zwischen angestrebter und realisierter Selbständigkeit in einer geringen Güte der Problembearbeitung nieder (unangemessene Selbstüberschätzung - unrealistisches Selbstbild), wenngleich erwähnenswert ist, daß im Gegensatz zu den Mädchen auch bei Jungen mit schlechten Schulnoten Lösungen auf Anhieb vorkommen.

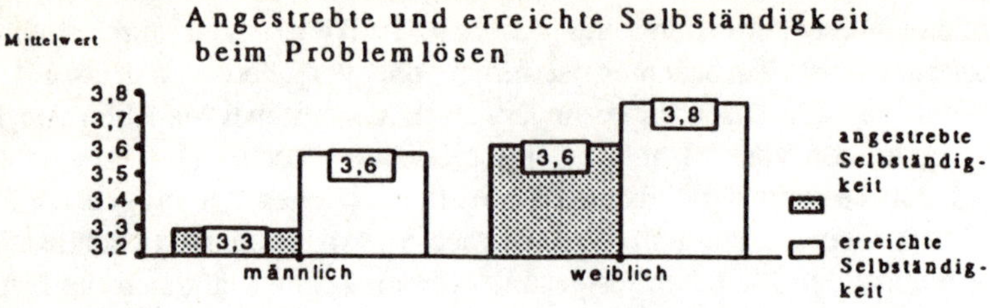

Abbildung 2: Angestrebte und realisierte Selbständigkeit beim Problemlösen[96]

Güte der Problembearbeitung

Bei der Güte der Problembearbeitung (vgl. Tab. 2) lassen sich als Trend zwar Unterschiede zwischen den Klassen sowie Mädchen und Jungen feststellen (Jungen lösen besser als Mädchen, die Klasse 8 besser als die Klassen 4 und 6).

Tabelle 2: Güte der Bearbeitung der Problemaufgabe[97]

	Güte der Problembearbeitung (Mittelwerte der Rangplätze)
gesamt	2,77
Mädchen	2,87
Jungen	2,66
Klasse 4	2,9
Klasse 6	2,88
Klasse 8	2,5
Leistungsgruppe I	2,62
Leistungsgruppe II	2,9
Leistungsgruppe III	2,78

[96] Es wurden die Mittelwerte der Rangreihen 1-4 (Lösungsvarianten - vgl. Tab.1) berechnet.

[97] Der Berechnung wurde ein Maß zugrundegelegt, welches den Lösungsverlauf anhand der notwendigen Hilfestellungen abbildet. Dazu wurden die Lösungsvarianten gewichtet (A sowie Lösung auf Anhieb - 1 Punkt, B - 2 Punkte, C - 3 Punkte) und sämtliche Schritte des Lösungsverlaufs (pro Hilfestellung 1 Punkt) in einem Summenwert zusammengefaßt. Die Güte der Problembearbeitung wird hier also auf die Anzahl der zur Lösungsfindung benötigten Hilfen bezogen. Um eine Beziehung zu den schulischen Leistungen herstellen zu können, sind die Daten auf ein Intervall von 1 bis 6 abgebildet worden, so daß die Mittelwerte analog zu Notendurchschnitten interpretierbar sind.

Dennoch sind diese Unterschiede nicht statistisch relevant. Das ist einigermaßen verwunderlich, liegen doch immerhin 4 Schuljahre zwischen der Klasse 4 und 8. Mittels Varianzanalyse läßt sich ein signifikanter Haupteffekt (p= .03) bezogen auf die jeweils untersuchten Variablen (Schulart, Ort, Notendurchschnitt, Klasse, Geschlecht) feststellen. Dieser ist jedoch hauptsächlich auf den Faktor schulische Leistung (p= .012) zurückzuführen. Auf die Zusammenhänge zwischen Selbständigkeit und Güte der Problembearbeitung ist oben schon eingegangen worden.

Besondere Lösungsmerkmale

Als besondere Lösungsmerkmale wurden die Variablen Lösung auf Anhieb (Ausdruck der Kreativität oder Intuition - vgl. Weinert 1994; Dörner, Kreuzig, Reither und Stäudel 1994), die Notwendigkeit der Darbietung bzw. Klärung des Konzepts Grundwasser - entspricht dem Aspekt des Vorwissens, des konzeptuellen Kontexts (vgl. Weinert & Helmke 1994) sowie das Raten - entspricht einer häufig gut beobachtbaren Strategie des Problemlösens ausgegliedert.

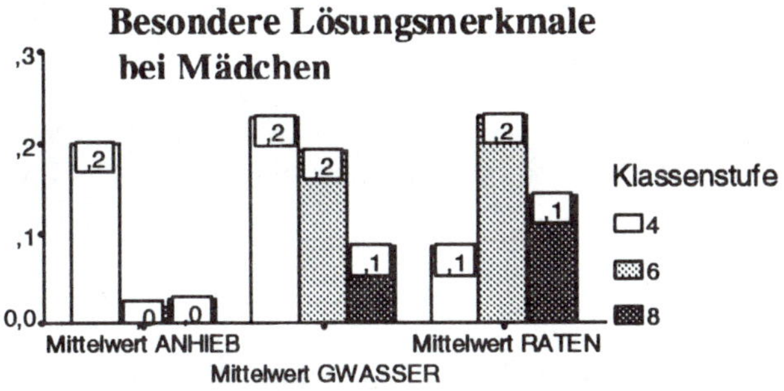

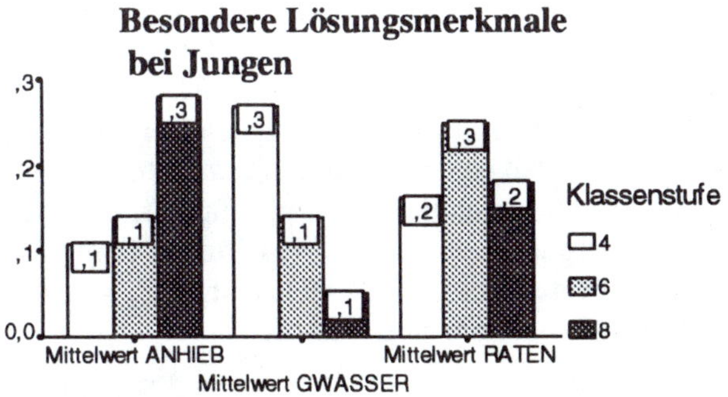

Abbildung 3: Besondere Lösungsmerkmale bei Mädchen und Jungen

Insgesamt wurde ein signifikanter Unterschied zwischen Mädchen und Jungen beim Merkmal Intuition (Lösung auf Anhieb) festgestellt. Eine Varianzanalyse der Güte der Problembearbeitung bezogen auf die Faktoren Anhieb, Grundwasser und Raten zeigt einen signifikanten Haupteffekt ($p <= .001$), der auf das Wirken der Variablen Anhieb ($p <= .001$) und Grundwasser ($p = .026$) zurückzuführen ist. In diesem Ergebnis spiegelt sich die Bedeutung der Intuition und des Vorwissens für das Problemlösen wider. Eine differenzierte Analyse nach Geschlechtern und Klassenstufe erbrachte folgende Ergebnisse (vgl. Abb. 3):

Bei Mädchen fällt besonders der „Rückgang" bei der Intuition, der Lösung auf Anhieb, auf. Dies mag mit dem oben erwähnten Problem des geringeren Selbstvertrauens zusammenhängen. Mädchen der Klassen 6 und 8 trauen sich weniger zu als Mädchen der Klasse 4 - und zusammenhängend mit dem Selbstvertrauen nimmt die Kreativität bei der Lösung ab. Der Effekt könnte aber auch durch einen Wandel in den Interessen (evtl. zusammenhängend mit der Pubertät) erklärbar sein. Dieser könnte dann dazu führen, daß die Motivation zu einer eigenständigen Lösung nicht ausreicht.

Bei den Jungen können die Unterschiede (bezogen auf Raten, Grundwasser) eine Hypothese der Entwicklung stützen. Jungen mußte der Begriff Grundwasser in Klasse 4 signifikant ($p < .05$) häufiger dargeboten werden als in Klasse 8 und insgesamt häufiger als Mädchen in dieser Klassenstufe. Bei Mädchen stützen die Daten eine solche Hypothese nur für das Merkmal Grundwasser, nicht jedoch für das Merkmal Lösen auf Anhieb. Warum das Raten in der Klasse 6 eine so große Ausprägung erfährt, bleibt zunächst unerklärlich (beachtet werden muß jedoch, daß der Unterschied nicht statistisch relevant ist).

Untersuchungssituation

Anhand der Beobachtung und Bewertung der Merkmale - Kontakt zur Versuchsleiterin bzw. zum Versuchsleiter, Blickkontakt während der Lösung, Hinwendung zum Text, Gesprächscharakter, Selbstberuhiger, Aufregung am Anfang und am Ende der Untersuchung, Hemmung am Anfang und am Ende der Untersuchung, Ablenkbarkeit und Leistungsdruck sollte die Untersuchungssituation eingeschätzt werden. Dazu wurden trainierte Beobachter eingesetzt. Aus den Beobachtungsdaten (dreistufig Ausprägung der Merkmale) wurden im Rahmen einer Faktorenanalyse drei Faktoren ermittelt, von denen nur einer positive Momente der Untersuchungssituation erfaßt (Kontakt zum Versuchsleiter, Blickkontakt, Gesprächscharakter). Diese Beobachtungsdaten wurden vom Summenwert aller beobachteten Merkmale subtrahiert, so daß die Summe ein Maß für die Untersuchungsbelastung darstellt.

Der Unterschied zwischen den Versuchsleitern bezüglich der Wirkung des Faktors Geschlecht auf die Untersuchungssituation war nicht signifikant. Allerdings nahm das Belastungserleben der Probanden nach Klassse 8 ab. Bei

Frauen gab es einen signifikanten Unterschied zwischen der Klasse 4 sowie den Klassen 6 und 8, bei Männern nur zwischen Klasse 4 und 8 (ONEWAY ANOVA, p< .05). Die Trends sind jedoch durchaus ähnlich. Eine Varianzanalyse (die abhängige Variable Untersuchungssituation wurde gegen die Faktoren Klasse, Geschlecht, Versuchsleiter, Leistungsgruppe geprüft) ergab einen signifikanten Haupteffekt (p<= .026), der auf die Variable Klasse (p= .01) zurückzuführen war. Es gab jedoch eine Interaktion zwischen Geschlecht und Klasse. Diese veranlaßte uns wieder zu einer differenzierten Betrachtung der Variablen Geschlecht und Klasse (vgl. Abb. 4).

Bei Mädchen wurden bezüglich der Belastung durch die Untersuchung bei Frauen und Männern als Versuchsleiter keine statistisch relevanten Unterschiede festgestellt. Gleiches gilt auch für Jungen. Diese scheinen zunächst in Klasse 4 die Untersuchung belastender als Mädchen zu erleben. Allerdings geht bei Jungen das beobachtbare Belastungserleben bei Männern (p= .002) und Frauen (p= .003) als Versuchsleiter zurück (signifikanter Unterschied zwischen den Klassen 4 sowie 6 und 8). Die Unterschiede zwischen Versuchsleiterinnen und Versuchsleitern sind nicht signifikant. Bei Mädchen steigt es bei Männern tendenziell (wenn auch nicht signifikant) an, während es bei Frauen leicht (aber auch nicht signifikant) absinkt bzw. stagniert. Interessant ist, daß Jungen bei Frauen die Untersuchung in allen Klassenstufen ein wenig belastender erleben als bei Männern.

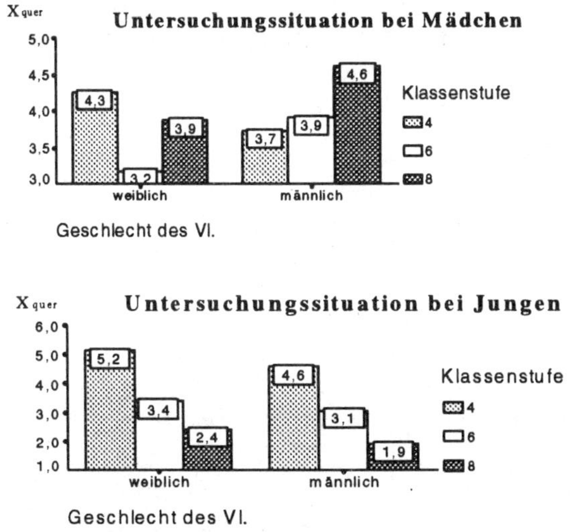

Abbildung 4: Untersuchungssituation bei Mädchen und Jungen

Mädchen belastet nur in den Klassen 6 und 8 die Anwesenheit eines männlichen Versuchsleiters mehr. In Klasse 4 liegen die Belastungswerte der Mäd chen bei Frauen als Versuchsleiter sogar über denen bei Männern (es handelt sich hierbei jedoch um keine statistisch zu sichernden Unterschiede).

Vergleicht man Mädchen und Jungen in den einzelnen Klassenstufen bezüglich der Wirkung des Faktors Geschlecht des Versuchsleiters auf die Untersuchungssituation, so sind die Unterschiede bei den Frauen nicht signifikant. Bei Männern als Versuchsleiter fällt ein signifikanter Unterschied zwischen Jungen und Mädchen in der Klasse 8 auf (p= .005). Mädchen erleben hier bei Männern die Untersuchung deutlich belastender als Jungen. Der Trend ist gegenläufig: Während bei den Jungen die beobachtbare Belastung in der Untersuchung bei Frauen und Männern mit ansteigender Klassenstufe abnimmt, steigt sie bei den Mädchen bei Männern an. (Anzumerken bleibt, daß es sich bei den Beobachtern um Studentinnen handelte. Es ist nicht auszuschließen, daß eine unbewußte Solidarisierung mit dem eigenen Geschlecht oder die Rückerinnerung an die eigene Schülerinnenposition die Objektivität der Beobachtung beeinträchtigt hat. An dieser Stelle müßte die Beobachtung dazu im Vergleich auch von Männern vorgenommen werden, um diese mögliche Fehlerquelle auszuschließen.)

Zusammenfassung

1. Die differenzierte Untersuchung von Untergruppen, sowie die Differenzierung der Unterschiede innerhalb der Geschlechtergruppen vermittelt ein konturiertes und insgesamt uneinheitliches Bild. Plausibel erscheint, daß mit Fortschreiten der Pubertät und der damit verbundenen veränderten Wirkung biopsycho-sozialer Faktoren Unterschiede zwischen den Geschlechtern zunehmen. Dieser Sachverhalt konnte in der Untersuchung bestätigt werden.

2. Die Hypothese des eher geringen Einflusses des Unterichts auf die kognitive Entwicklung (zumindest in dem hier geprüften Bereich der Güte der Problembearbeitung) konnte bestätigt werden. Die Unterschiede zwischen den Klassenstufen sind nicht signifikant, obwohl doch insgesamt 4 Schuljahre zwischen Klasse 4 und 8 liegen. Bezogen auf dieses globale Merkmal beim Problemlösen gibt es auch keine statistisch relevanten Unterschiede zwischen den Geschlechtern. Im einzelnen zeigten sich jedoch deutliche Unterschiede zwischen Mädchen und Jungen. Mädchen profitieren offensichtlich mehr vom Unterricht - zumindest erreichen sie bessere Schulnoten und, so darf man vermuten, auch dahinterstehende Leistungen. Gleichzeitig wirkt sich dies nicht in der erwarteten Form auf das Selbstvertrauen aus. (Vielleicht fördert ja der Unterricht auch diese Persönlichkeitseigenschaft nicht, sondern fordert eher Anpassung, reproduktives Lernen.) Jungen sind dazu jedoch offensichtlich weniger bereit. Ihr Selbstvertrauen wird durch schlechte Schulnoten weniger beeindruckt, sie trauen sich bei für den Unterricht typischen und den hier geprüften Anforderungen wesentlich mehr zu als Mädchen. Das schlägt sich insgesamt in einer besseren Problemlösefähigkeit nieder - in (wenn auch

nicht signifikant) besseren Werten bei der Güte der Problembearbeitung, beim Lösen auf Anhieb (der Intuition - zum Zusammenhang zwischen Nonkonformismus und Intuition - vgl. auch Weinert 1994). Mädchen scheinen durch den in Klasse 6 anwachsenden Leistungsdruck und die damit einhergehende Verschlechterung ihrer Noten stark verunsichert zu sein. Sie erleben geradezu einen Selbstvertrauenseinbruch. Dies sollte zu denken geben und nicht ohne Auswirkungen auf den Unterricht bleiben.

3. Bei der Untersuchungssituation und dem Einfluß des Geschlechts des Versuchsleiters auf die Untersuchung ergaben sich im wesentlichen keine statistisch relevanten Unterschiede zwischen den Geschlechtern. Sowohl die Ergebnisse der Problemlöseaufgabe als auch die Belastung durch die Untersuchungssituation ist bei Frauen und Männern vergleichbar, wenngleich auch hier die Analyse der einzelnen Klassenstufen getrennt nach dem Geschlecht besonders in Klasse 8 Unterschiede zutage förderte.

4. Was hier nicht gezeigt werden konnte: Obwohl zwischen vielen geprüften Variablen keine signifikanten Unterschiede zwischen den Geschlechtergruppen festgestellt werden konnten, ergab eine auf einer Faktorenanalyse beruhende Maßentwicklung signifikante Unterschiede zwischen Jungen und Mädchen bei allen Maßen mit Ausnahme der Untersuchungssituation (hier gingen die o. g. Beobachtungswerte und die Variable soziale Erwünschtheit ein). Geprüft wurden die Maße: Zusammengefaßte Ergebnisse des Lernstrategiefragebogens, Persönlichkeitseigenschaften (Note, Leistungsmotivation, Intelligenz, Selbstwirksamkeitsüberzeugungen); Ergebnisse beim Problemlösen und die drei Angstwerte (manifeste Angst, Prüfungsangst, Schulunlust). Dies werten wir als einen Hinweis auf das kumulative Wirken der einzelnen Variablen, welches die täglich beobachtbaren Unterschiede zwischen den Geschlechtern zu erklären vermag.

Literatur

Dörner, D.; Kreuzig, H. Reither; F. und Stäudel, Th. (1994). Lohausen - Vom Umgang mit Unbestimmtheit und Komplexität. Bern: Hans Huber.

Giest, H. (1991): Psychologische Aspekte der Aneignung fachspezifischen Wissens im Rahmen sachbezogenen Lernens. Empirische Pädagogik, 53, S. 229-243.

Giest, H. (1994). Rinderherdenaufgabe - ein Beispiel für Problemlösen in der Grundschule. In Lern- und Lehrforschung, Berichte Nr. 9 (S. 59-113). Potsdam: Universität Potsdam.

Giest, H. (1995a). Zum Problem der Begriffsbildung in der Grundschule. In Lern- und Lehrforschung, Berichte Nr. 10 (S. 35-79). Potsdam: Universität Potsdam.

Giest, H. (1995b). Jungen und Mädchen beim Problemlösen. In M. Hempel (Hrsg.), Verschieden und doch gleich (S. 146-172). Bad Heilbrunn: Klinkhardt.

Giest, H: (1995c): Kognition und Unterricht in der Grundschule. Potsdamer

Studien zur Grundschulforschung, Heft 9. Potsdam: Universität Potsdam.
Giest, H. (im Druck): Problemlösen bei Schülern 4., 6. und 8. Klassen. Empirische Pädagogik.
Helmke, A. (1992a). Selbstvertrauen und schulische Leistung. Göttingen: Hogrefe.
Helmke, A.: (1992b). Determinanten der Schulleistung: Forschungsstand und Forschungsdefizit.
Horstkemper, M (1987): Schule, Geschlecht, Selbstvertrauen. Eine Längsschnittstudie über Mädchensozialisation an der Schule. Weinheim, München: Juventa.
Hyde, J. S.; Fennema, E. und Lamon, S. I. (1990). Gender differences in mathematics performance: A meta analysis. Psychological Bulletin, 107, 139 - 237.
Krassa, K. (1993a). Begriffe bestimmen/ Begriffe raten" - ein Beitrag zur Analyse begrifflichen Wissens bei Schülern 4. und 6. Klassen. In Lern- und Lehrforschung, Berichte, Nr. 6 . Potsdam: Universität Potsdam.
Krassa, K. (1993b). "Begriffe ergänzen" - eine Untersuchung zur Erfassung von Wissenskomponenten. In Lern- und Lehrforschung, Berichte, Nr. 5 (S. 81-150). Potsdam: Universität Potsdam.
Lompscher J. (1993a). Lernstrategien und Lernleistungen von Schülern der 4. und 6. Klassen. In Lern- und Lehrforschung, Berichte, Nr. 5 (S. 3-8). Potsdam: Universität Potsdam.
Lompscher, J. (1993b). Lernstrategien - metakognitive Aspekte. In Lern- und Lehrforschung, Berichte, Nr. 5 (S. 9-80). Potsdam: Universität Potsdam.
Rheinberg, F. (1989). Zweck und Tätigkeit. Göttingen: Hogrefe.
Trautner, H. M. (1993): Geschlechtszugehörigkeit als individuelles Merkmal oder als soziale Kategorie. In Montada, L., Bericht über den 38. Kongreß der Deutschen Gesellschaft für Psychologie in Trier 1992, Bd. 2 (S.760-769). Göttingen: Hogrefe.
Trautner, H. M. (1994): Geschlechtsspezifische Erziehung und Sozialisation. In K. A. Schneewind (Hrsg.), Psychologie der Erziehung und Sozialisation (S. 167 -198). Göttingen: Hogrefe.
Weinert, E. (1994): Entwicklung und Sozialisation der Intelligenz, der Kreativität und des Wissens. In K. A. Schneewind (Hrsg.), Psychologie der Erziehung und Sozialisation (S. 259 - 284). Göttingen: Hogrefe.
Weinert, F. und Helmke, A. (1994). Wie bereichsspezifisch verläuft kognitive Entwicklung? In Lern- und Lehr- Forschung, Berichte Nr.9 (S. 13-35). Potsdam: Universität Potsdam.

Die Autorinnen und Autoren

Meike Aissen-Crewett, Dr. phil., habil., Professorin für Grundschulpädagogik/Lernbereich musisch-ästhetische Erziehung mit dem Schwerpunkt Ästhetische Erziehung (Kunstpädagogik) an der Universität Potsdam. Arbeitsschwerpunkte: Kunstpädagogik, musisch-ästhetische Erziehung, Kunsttherapie, Ästhetik.

Karin Becher, Dr. paed., wissenschaftliche Mitarbeiterin am Institut für Grundschulpädagogik der Universität Potsdam. Arbeitsschwerpunkte: Entwicklungs- und Förderdiagnostik. Lese-Rechtschreibschwäche, Unterrichtsstörungen.

Claudia Biskup, M.A. in Erziehungswissenschaften, Freie Universität Berlin. Arbeitsschwerpunkte: Sozialisation in Familie Gleichaltrigengruppe und Schule, geschlechtsspezifische Entwicklung und Sozialisation, schulische Interaktions- und Kooperationsstrukturen.

Ilse Brehmer, Dr. phil., Professorin am Institut für Erziehung der Universität Graz/Österreich. Arbeitsschwerpunkte: Geschlechtsspezifische Sozialisation, Geschichte der Frauenbildung.

Johann Brink, Dipl.-Psych., Freie Universität Berlin. Arbeitsschwerpunkte: Moral- und Entwicklungspsychologie.

Hartmut Giest, Dr. paed., Professor für Grundschulpädagogik/Sachunterricht (naturwissenschaftlich-technischer Schwerpunkt) an der Universität Potsdam. Arbeitsschwerpunkte: Lernpsychologie, Unterrichtsforschung - Schwerpunkt Lern- und Lehrforschung, Grundschuldidaktik und Didaktik des Sachunterrichts

Christa Händle, Dr. phil., wissenschaftliche Mitarbeiterin am Max-Planck-Institut für Bildungsforschung. Arbeitsschwerpunkte: Schulentwicklung, integrative Lehrerausbildung, Sozialisation von Lehrerinnen und Lehrern.

Jutta Hartmann, Dipl.-Päd., wissenschaftliche Mitabeiterin im Fachbereich Erziehungswissenschaften der Technischen Universität Berlin. Arbeitsschwerpunkte: Soziale Kategorie „Geschlecht“ in Schule und Ausbildung, Abwehrhaltungen gegenüber feministisch-patriarchatskritischen Bildungsinhalten, Pluralisierung von Lebensformen und gesellschaftlichen Normierungsprozesse.

Friederike Heinzel, Dr. phil., wissenschaftliche Assistentin am Fachbereich Erziehungswissenschaften an der Martin-Luther-Universität Halle-Wittenberg. Arbeitsschwerpunkte: Politische Sozialisation von Frauen und Mädchen, soziales Lernen in der Grundschule, Frauenforschungsdokumentation.

Marlies Hempel, Dipl.-Päd., Dr. paed., wissenschaftliche Mitarbeiterin am Institut für Grundschulpädagogik der Universität Potsdam. Arbeitsschwerpunkte: Geschlechtsspezifische Sozialisation und Erziehung, Koedukation, soziales Lernen bei Mädchen und Jungen, Grundschulpädagogik, Sachunterricht, Anfangsunterricht.

Ulrich U. Hermann, Dr. phil., Assistenzprofessor für Erziehungswissenschaft, Akademischer Oberrat an der Universität Bremen. Arbeitsschwerpunkte: Einbeziehung kognitiver Psychologien und Psychotherapien in alltägliche Erziehungspraxis und in ein theoretisches Verständnis von Erziehungswissenschaft.mit dem Schwerpunkt empirische Erziehungswissenschaft und Pädagogische Psychologie.

Astrid Kaiser, Dr. phil., Professorin für "Didaktik des Sachunterrichts" an der Carl-von-Ossietzky-Universität Oldenburg; Arbeitsschwerpunkte: Grundschulpädagogik, Sachunterrichtsdidaktik, pädagogische Frauenforschung.

Elisabeth Neuhaus-Siemon, Dr. phil., Professorin, Inhaberin des Lehrstuhls für Grundschulpädagogik und Grundschuldidaktik. Mitvorstand des Instituts für Pädagogik II der Universität Würzburg. Arbeitsschwerpunkte: Geschichte der Grundschule, Frühleser.

Getrud Pfister, Dr., Dr., Professorin an der Freien Universität Berlin. Arbeitsschwerpunkte: Sozialwissenschaften/Sportwissenschaften mit den besonderen Schwerpunkten: Frauen, Gesundheit, Sozialisation, interkultureller Vergleich.

Annedore Prengel, Dr. phil., habil., Professorin für Grundschulpädgogik an der Martin-Luther-Universität Halle-Wittenberg. Arbeitsschwerpunkte: Bildungstheoretische Aspekte der Erziehung von Mädchen und Jungen, Integrationspädagogik, Heterogenität in der Grundschulpädagogik, Pädagogische Selbsterfahrung

Sigrun Richter, Dr. phil., habil., Schulpsychologin, Privatdozentin an der Universität Bremen. Arbeitsschwerpunkte: Schriftspracherwerb bei Mädchen und Jungen, Interessenbezogene Methodik des Rechtschreibunterrichts.

Charlotte Röhner, Pädagogische Mitarbeiterin im Fachbereich Erziehungswissenschaften an der Universität Gesamthochschule Kassel, Mitarbeit in der wissenschaftlichen Begleitung der Reformschule Kassel und der LehrerInnenausbildung mit dem Schwerpunkt Grundschulpädagogik.

Andreas Zieske, Diplom-Pädagoge und Bildungsreferent. Mitbegründer der Beratungs-, Fortbildungs- und Forschungseinrichtung DISSENS e.V. Arbeitsschwerpunkte: Fortbildungen zur geschlechtsspezifischen Pädagogik.